Georg Ortenburg
Waffe und Waffengebrauch im Zeitalter der Revolutionskriege

Heerwesen der Neuzeit

Herausgegeben von Georg Ortenburg

Abteilung III
Das Zeitalter der Revolutionskriege

Band 1

Georg Ortenburg

Waffe und Waffengebrauch
im Zeitalter der Revolutionskriege

Bernard & Graefe Verlag

Georg Ortenburg

Waffe und Waffengebrauch im Zeitalter der Revolutionskriege

Bernard & Graefe Verlag

© Bernard & Graefe Verlag, Koblenz 1988
Alle Rechte vorbehalten. Nachdruck und fotomechanische Wiedergabe, auch auszugsweise,
nur mit Genehmigung des Verlages.
Satz, Druck und Bindung: Druckerei Mühlberger, Augsburg
Herstellung und Layout: Walter Amann, München
Printed in Germany

ISBN 3-7637-5807-0

Inhalt

Vorwort

Solange der Krieg noch uneingeschränkt als eine legitime Fortsetzung der Politik mit anderen Mitteln galt, war sein Ziel »das denkbar höchste: Staatswohlfahrt und Sieg!«[1]. Damit hat Max Jähns, ein richtungsweisender Mitbegründer der deutschen Militärwissenschaft in den letzten Dezennien des vorigen Jahrhunderts, die Bedeutung der Staats- und Kriegskunst auf den kürzesten Nenner gebracht. An den Raum gebunden, in dem er stattfand, und stets die Züge des Kulturzustandes tragend, den die kriegführenden Staaten im Wandel der Zeiten ausgebildet hatten, ist der Krieg in den Jahrhunderten nachantiker Geschichte als Ausnahme zur »ultima ratio« geworden. Das sich ausformende Völkerrecht suchte ihn in Regeln zu fassen. Niemals war aber der Krieg ein isolierter Akt zwischen den Kontrahenten, sondern er hat stets das ganze Volksleben beherrscht.

In jedem Fall hing der Entschluß zu einem Krieg von der Politik ab. Sie war und sollte auch die Lenkerin des Geschehens sein. Man führte Krieg, wenn man glaubte, dadurch eine schnellere und wohlfeilere Erfüllung seiner Absichten zu erreichen, aber auch, wenn man fürchtete, daß Abwarten nur Nachteile bringen würde. Stets war aber der Kriegszweck ein politischer, nämlich das Erreichen der gewünschten Verhältnisse im nachfolgenden Frieden. Um dieses Ziel zu erreichen, mußte der Gegner niedergerungen oder zumindest verhandlungsbereit gemacht werden. Das Mittel dazu war die bewaffnete Macht des Staates, die Armee. Man griff an, wenn man sich moralisch und physisch stärker glaubte, verteidigte sich, wenn man durch geschickte Nutzung seiner Kräfte in Raum und Zeit die Machtmittel des stärkeren Gegners abnutzen wollte. Der Erfolg hing, wie schon Clausewitz erkannte, von politischen, historischen, moralischen, wirtschaftlich-technischen sowie geographischen Momenten ab. Die inneren Zusammenhänge zwischen diesen Bereichen zu erkennen, will diese Buchreihe helfen. Das soll durch eine einander durchdringende Betrachtung des technischen Bereiches, also der Waffenherstellung, der Waffenfunktion und des Waffengebrauchs mit den Staats-, Wirtschafts-, Sozial- und Heereszuständen geschehen.

Dafür kommen in erster Linie Zeugnisse geschichtlicher Überlieferung in Betracht. Sachquellen wie Waffen und andere Realien befinden sich heute weitgehend in musealem Besitz und sind meist schon in der Literatur gründlich ausgewertet worden. Zeitgeschichtliche Literatur und Abbildungen sind oft mit Vorsicht zu betrachten, denn es kann sich auch nur um Projekte und Entwürfe handeln oder gar um recht subjektiv gefärbte »Erinnerungen«. Lehrbücher fassen zwar das Bekannte zusam-

---

1 M. Jähns: Die Kriegskunst als Kunst, in: Militärgeschichtliche Aufsätze, Neudruck der Veröffentlichungen 1866–1883, Osnabrück 1970, S. 4

men, bringen aber auch oft Vorschläge und Projekte. Darauf wies schon Max Jähns mit den Worten hin: »Zwischen dem, was geschehen ist, und zwischen dem, was gleichzeitig wissenschaftlich formuliert worden ist, besteht nicht selten ein tiefgreifender Unterschied[2]«. So ist auf diesem Gebiet eine kritische Sicht geboten. Eine recht sichere Grundlage gibt Aktenmaterial, von dem viel vorhanden war und auch noch ist. Davon ist schon ein großer Teil in bemerkenswerten Untersuchungen bearbeitet worden, es bleibt aber noch vieles für die Forschung zu tun. Solchen Arbeiten muß ein besonderer Wert beigelegt werden, ein kritischer Vergleich bleibt trotzdem geboten.

Diese Reihe will Studierenden, Historikern und Offizieren, aber auch den vielen an der Geschichte interessierten Menschen eine leicht verständliche, anschauliche und knapp geschriebene Grundlage geben. Es soll ein brauchbares Handbuch entstehen, das gleichzeitig konkrete Hinweise gibt, wo ein Interessent zu dem jeweiligen Thema vertiefend Informationen finden kann. Die riesige Stofffülle des Gesamtgebiets zwingt, um Übersichtlichkeit und schnelle Erfassung eines Einzelproblems zu erreichen, zu einer Aufteilung. Diese geschieht nach Zeitabschnitten, in denen die Wesenszüge des Heerwesens nahezu gleich blieben. Zwar gab es auch dann keinen Stillstand, doch kaum Änderungen grundlegender Natur. Der erste Zeitraum behandelte das Kriegswesen zur Zeit der Landsknechte, also der kurzzeitig geworbenen Berufskrieger. Dazu sind bereits zwei Bände erschienen. Der zweite Zeitabschnitt befaßte sich mit den stehenden Söldnerheeren (1650–1792) die, vom Staat errichtet, als Instrumente der Regierungen in Kabinettskriegen eingesetzt werden konnten. Auch hier liegen schon zwei Bände vor. Der jeweils erste befaßt sich mit der Waffentechnik und dem Waffengebrauch, der zweite mit der Zusammensetzung der Heere und der Kriegführung. Der Inhalt des vorliegenden Bandes reicht vom Ausbruch der großen Revolution in Frankreich und ihren unmittelbaren militärischen Folgen über Aufstieg und Untergang Napoleons bis zu den Nachwirkungen wie bis an das Ende des sogenannten vortechnischen Zeitalters auch im Militär- und Kriegswesen um die Mitte des 19. Jahrhunderts. Dieser Band behandelt wiederum die Waffen und den Waffengebrauch, ein nachfolgender wird ebenfalls die Zusammensetzung der Heere und die Kriegführung bringen. In gleicher Art sollten sich dann die Zeitalter der Einigungskriege (1848–1871) und der Millionenheere (1871–1914) anschließen.

Historiker und auch viele Leser wird es zunächst verwundern, weshalb entgegen der sonst üblichen Einteilung das Zeitalter der Revolutionskriege so weit gefaßt ist. Üblicherweise läßt man es mit dem Einsetzen der Restauration und der Neuordnung Europas im Wiener Kongreß enden. Doch vom Thema her, dem Heerwesen und seinen Grundlagen, der Technik, der Bewaffnung und den taktischen Formen gab es zu diesem Zeitpunkt keine Zäsur. Diese findet sich aus vielfachen Gründen erst in der Mitte des 19. Jahrhunderts. Damit gehört auf diesem Gebiet dessen erste Hälfte sinngemäß zu dem hier behandelten Zeitraum.

---

2 Max Jähns: Geschichte der Kriegswissenschaft, Bd. 1, München 1889, S. XI.

Einführung

Wenn jeder Krieg die Existenz der Menschen aufs höchste gefährdete und um des Zweckes willen zerstörte, je mehr es zu zerstören gab, so lag das schicksalshaft im grundsätzlichen Gebrauch aller vorhandenen technischen Hilfsmittel begründet. Allgemein kann man sagen, daß zwischen der Entdeckung von Naturgesetzen und ihrer Nutzbarmachung sowie der Erfindung technischer Neuheiten und ihrer schrittweisen Verbesserung ein enges Wechselverhältnis besteht. Oft lag auch ein verhältnismäßig großer Zeitraum zwischen der ersten Erfindung und der schließlichen Auswertung. Neue Erkenntnisse der Technik wurden sofort im Kriege genutzt, umgekehrt aber auch Erfahrungen aus den Kriegen sofort in die allgemeine Technik übertragen. Deshalb gleicht die Kriegstechnik auch der allgemeinen Technik in ihren Herstellungsverfahren und zum großen Teil auch in ihrer Verwendung. Darum ist zum Verständnis des jeweiligen Heerwesens die Kenntnis von technischen Grundtatsachen, Zusammenhängen und Möglichkeiten unerläßlich. Historiker und auch Soldaten haben hier oftmals Schwierigkeiten. Zudem ist der militärische Bereich der Technikgeschichte bisher sehr stiefmütterlich behandelt worden. Es gibt zwar eine Reihe von Monographien, doch noch keine zusammenfassende Bearbeitung des Gesamtgebietes. Daher müssen am Anfang unserer Betrachtung die Werkstoffbesonderheiten und die Herstellung der Waffen mit angesprochen werden.

Als zweiter Hauptteil folgt in bewährter Einteilung die Waffenbeschreibung. Dabei werden nur die im Heerwesen verwandten Stücke berücksichtigt, ausgeschlossen bleiben Jagdwaffen und reine Prunkwaffen. Die Wortbeschreibungen werden durch bildliche Darstellungen unterstützt, wobei klaren Strichzeichnungen der Vorzug gegeben wird.

Der nächste Hauptteil befaßt sich mit dem Waffengebrauch, also den Aufgaben des Soldaten in seiner Waffengattung und seiner Ausrüstung. Dazu gehören das Erlernen der Waffenhandhabung, das Einüben in eine für das Gefecht gebildete Gruppe und die Gesetze und Regeln, nach denen solche Gruppen eingesetzt werden. Das gehört schon zum Bereich der Taktik, ebenso wie die Durchführung von Märschen und das Anlegen von Lagern. Als Krönung der Taktik galt das optimale Zusammenwirken aller Waffen in einer Feldschlacht. Weit darüber hinaus kennzeichnete es die Aufgabe wie die Fähigkeit des Feldherrn, von der richtigen Anlage der Gefechte und allen damit zusammenhängenden Bewegungen überlegenen Gebrauch zu machen, um möglichst rasch und ebenso wirksam unter geringerem eigenen Kräfteverlust als auf der Gegenseite das Feldzugsziel zu erreichen. Das gehörte zum Bereich der Strategie. Der letzte Hauptabschnitt behandelt die Anlage, die Verteidigung und den Angriff auf militärische Kunstbauten, befestigte Orte und reine Festungen.

Weil, wie jedes Gebiet, auch das Heerwesen seine besonderen Fachausdrücke besitzt, die der Umgangssprache der darin Tätigen, wie Soldaten, Techniker und Handwerker entstammen, werden sie erklärt und in einem ergänzenden Glossar im Anhang zusammengefaßt. Denn oft sind sie nicht mehr gebräuchlich und fehlen in modernen Lexikas, meist sind sie aber zu speziell, und ihr Sinn hat sich auch im Laufe der Zeit gewandelt.

Die Literaturangaben beschränken sich auf das Wesentliche. Dem Leser ist die vorhandene Vielfalt ohnehin nicht mehr zugänglich. Wichtig dagegen sind die heute noch in den großen Bibliotheken erhältlichen Arbeiten zu den jeweiligen Gebieten. Auf Nachdrucke von Quellenwerken wird besonders hingewiesen. Diese kann sich der Leser entweder selbst beschaffen oder über den auswärtigen Leihverkehr der Bibliotheken kommen lassen.

Der Wandel im Staats- und Heerwesen

Das Zeitalter des Absolutismus war für die Staatenbildung in Europa und deren Heeresverfassungen insofern eine wichtige Übergangsperiode, als die Könige dieser Staaten ihre Macht auf den regelmäßigen Unterhalt stehender Heere gründen konnten. Waren dadurch fundamentale Fortschritte in der Organisation zum modernen einheitlichen Staatswesen in bezug auf zentralisierte Bürokratie, leistungsfähige Finanzverwaltung und ertragreichere Landesökonomie erzielt worden, so wirkte das Wachstum in gleicher Weise auf das Militär zurück: Die Soldaten wurden pünktlich bezahlt, gleichmäßig ausgerüstet und mit allem versorgt, was sie zum Leben brauchten. Ihre Offiziere wuchsen ins Amt treuer Staatsdienerschaft hinein. Die nun hierarchisch durchgegliederte Ordnung von Dienstgraden gipfelte in der Person des Monarchen, dem Inhaber höchster Kommandogewalt. Zusammen mit strengen, einheitlichen Dienstvorschriften und Exerzierreglements bildeten sie die Grundlage deutlich verschärfter Heeresdisziplin. Eine durch die Friedenszeit intensivierte Ausbildung erhöhte die Schlagkraft der Truppe. Wie bisher ergänzten sich die Regimenter durch die Fremdwerbung, doch konnten sie auch mittels Aushebung von Landeskindern aufgefüllt werden. Das Resultat aller neuen Führungs- und Organisationsprinzipien bestand in der Verstaatlichung der Armee und damit in ihrer Kriegszucht auch zum Wohle des Landes.

Die relativ geringe Stärke der Heere, die sich aus ihrer hohen Kostspieligkeit im engsten Wechselverhältnis zur absolutistischen Staats- und Wirtschaftsverfassung wie aus der steigenden Desertionsgefahr ergab, bedingte eine eigentümlich strukturelle Schwäche mit allen Auswirkungen auf die Kriegführung. So weit die Taktik infolge der verbesserten Gewehre und Geschütze zu immer kunstvolleren Gefechtsformen bis zur maschinenmäßig funktionierenden Feuer-Linie fortschritt, so wenig vermochte sich die Strategie in ihren Grundzügen zu ändern. Eben jene höchst störanfällige lineare Ordnung im Zusammenhang mit der kritischen personellen Qualität der nach Waffengattungen gegliederten Einheitsarmee behinderte das Ausnützen blutig errungener Schlachtensiege. Die streng geregelte Gebundenheit der Versorgung an das Magazinsystem trat hinzu, so daß nur ein beschwerlicher, überaus langsamer Operationsverlauf auf ziemlich kurz gesteckte Ziele hin möglich schien. Schließlich war überhaupt die Annahme einer Schlacht immer ein hohes Risiko, weil sich dezimierte Söldnerheere, großenteils mit Zwang geworben und mühsam auf den nötigen Leistungsstand einexerziert, schwer ersetzen ließen. Schon allein deshalb blieb die Strategie in ihrem herkömmlichen Widerspruch zwischen dem Herbeiführen der Waffenentscheidung und dem Bestreben, ihr durch vorsichtige Manöverbewegungen auszuweichen.

Noch im Siebenjährigen Krieg wurde mit höchstem Einsatz gefochten. Danach setzte sich die Erkenntnis durch, daß Waffenentscheidungen nichts erreicht hätten[1]. Deshalb erfolgte allgemein eine Hinwendung zur Manövermethodik. Eine Erklärung hierfür können zwei in der damaligen Generation hochangesehene Schriftsteller geben. Der Sachse Tielke führt aus: »Je mehr die Taktik ihre wahre Höhe und Vollkommenheit erreichen wird und die Officiers in selbiger Stärke und Einsicht erlangen, je seltener werden die Schlachten, ja die Kriege selbst werden[2].« Der durch seine damals neuartige Geschichte des Siebenjährigen Krieges bekannte Engländer Lloyd formuliert gar: »Wer sich auf diese Dinge versteht, kann Kriegsunternehmen mit geometrischer Strenge einleiten und beständig Krieg führen, ohne jemals in die Notwendigkeit zu kommen, schlagen zu müssen[3].«

Der gravierende Anstoß zur allgemeinen Veränderung, die sich am Ende des 18. Jahrhunderts vollzog, ging von der Französischen Revolution aus. Im Kampf gegen die Invasionsheere Alt-Europas schloß sich Frankreich zu einem Volk in Waffen, von nationalem Enthusiasmus, einheitlichem Staatsbewußtsein und demokratischen Freiheitsideen erfüllt, fest zusammen. Die revolutionäre levée en masse bedeutete die allgemeine Wehrpflicht für die Dauer des Krieges. Dieses erste Massenheer der Neuzeit mußte jedoch die entsprechend anwendbaren Gefechtsformen erst auf dem Wege turbulenter Improvisation durch praktische Erfahrung erlernen. Zum Gebrauch der konventionellen Linear-Taktik, die hochgradigen Exerzierdrill erforderte, war der »citoyen armée« weder willens, noch hätte die Ausbildungszeit dafür ausgereicht. Freilich waren wesentliche Reformgrundsätze zum Übergang in eine neue Epoche der Kriegskunst hin in Frankreich schon bekannt: die Rückkehr von der dünnen, zerbrechlichen Linie zur Ordnung nach der Tiefe zwecks schlachtentscheidendem Kolonnenstoß, die Verwendung von Schützen vor der Front, die organische Gliederung der Armee in Divisionen und die Befreiung von den Fußschellen der Magazinversorgung durch die Nutzung aller praktikablen Möglichkeiten der Requisition[4]. Vor 1789 konnten diese Ideen vor allem deswegen noch nicht verwirklicht werden, weil sich dazu erst die Heeresverfassung mit der Staatsordnung ändern mußte. Im Revolutionskriege kamen sie, von der Not des Vaterlandes angetrieben, zum vollen Durchbruch, nachdem die politischen und sozialen Umschichtungen den Weg gebahnt hatten.

Über die ersten Schwierigkeiten halfen das schlechte Wetter und die dadurch gegebene schwierige Versorgungslage der vorrückenden Preußen und Kaiserlichen, die entsprechend ihrem Kriegsbild nur zögernd vorgingen, sowie die politisch instinktlose

---

1 H. Delbrück: Geschichte der Kriegskunst, IV. Bd., Berlin 1920, S. 448.
2 J. G. Tielcke: Beyträge zur Kriegs-Kunst und Geschichte des Krieges, II. Stück, Freyberg 1776, Vorbericht.
3 Des Herrn General von Lloyds Abhandlung über die allgemeinen Grundsätze der Kriegskunst, Frankfurt und Leipzig 1783, S. XVIII.
4 Siehe M. Jähns: Geschichte d. Kriegswissenschaften, III, S. 2438, 2581 ff. u. 2591 ff.; dazu R. Vierhaus: Lloyd und Guibert, in: Klassiker der Kriegskunst, Darmstadt 1960, S. 210.

Drohung ihres Führers, des Herzogs von Braunschweig. Beim ersten größeren Zusammentreffen am 20. September 1792 bei Valmy waren die Franzosen zwar praktisch schon ausmanövriert, man stand mit verkehrten Fronten, doch es kam nur zu einem heftigen Artillerieduell. Der Herzog entschied sich aus übertriebener Sorge um seinen Nachschub, nicht zu kämpfen und zog in das Feldlager zurück. Das erschien den Franzosen wie ein Sieg, sie hatten Selbstbewußtsein gewonnen. Als nun der Konvent die Aushebung von 500 000 Mann verfügte, war der erste Schritt zu einem Massenheer getan. So sagt auch der erste Artikel des Erlasses vom 23. August 1793, daß von diesem Augenblick an, bis die Feinde vom Gebiet der Republik vertrieben sind, alle Franzosen ständig für den Dienst in der Armee herangezogen werden können[5]. Clausewitz schreibt dazu: »Die französische Revolution hat durch die Kraft und die Wirksamkeit ihrer Grundsätze und durch die Begeisterung, zu der sie das ganze Volk hingerissen hat, das volle Gewicht dieses Volkes und seiner ganzen Kräfte in die Waagschale geworfen, die bis dahin das Gewicht eines begrenzten Heeres und begrenzter (gewöhnlicher) Staatseinkünfte enthielt[6].«

Tüchtige Generale, aus dem großen Reservoir der Talente mit dem »Marschallstab im Tornister« hervorgegangen, verstanden es, daraus militärisch brauchbare Truppen zu formen. Bald waren sie in der Lage, schneller zu marschieren als der Feind, ihn mit der aus zerstreutem Schützengefecht und massierter, beweglicher Bataillonskolonne kombinierten Taktik anzugreifen und zurückzuschlagen. Die politische Notwendigkeit steigerte die gesuchte Schlachtaktion zur Vernichtung des feindlichen Heeres, während im Zeitalter der vorangegangenen Kabinettskriege die Feldzüge mehr die Ermattung als die Niederwerfung erstrebt hatten.

Bei jeder Regierung beruht die Autorität auf der Ausübung der Gewalten. Kommt es bei einer Revolution zu einer Anarchie, wird man überall nach jemandem rufen, der die Ordnung wieder herstellt. Ist das geschehen, will man die durch die Ereignisse geweckten Energien irgendwie ablenken. Wählt man dazu einen Krieg gegen auswärtige Feinde, erhalten die bisher verfeindeten Gruppen relativ leicht einen neuen Zusammenhalt. Das geschah in der Republik schon während der Jakobinerherrschaft, später unter dem Direktorium und erst recht unter Napoleon Bonaparte, als dieser ab 1799 faktisch die Alleinherrschaft ausübte.

»Wie in Bonapartes Hand sich das alles vervollkommnet hatte, schritt diese auf die ganze Volkskraft gestützte Kriegsmacht zertrümmernd durch Europa mit einer solchen Sicherheit und Zuverlässigkeit, daß, wo ihr nur die alte Heeresmacht entgegengestellt wurde, auch nicht einmal ein zweifelhafter Augenblick entstand...[7]« Das Feldherrngenie Napoleons hat mit unvergleichlicher Meisterschaft von den militärischen Möglichkeiten Gebrauch gemacht, die durch die Französische Revolution ge-

---

5 Siehe auch Moniteur 1793, p. 1007–1009.
6 Siehe auch C. v. Clausewitz: Vom Kriege, 18. Aufl., Bonn 1972, S. 971, 997, 998.
7 Clausewitz: Vom Kriege, 16. Aufl., Bonn 1952, S. 869.

schaffen worden waren; es hat ihr Heer für die Zwecke seiner Kriegführung umgebildet und damit die moderne Vernichtungsstrategie begründet.

Ein Schrittmacher der technischen Entwicklung ist der Militärkaiser allerdings nicht gewesen, ja es geschah so gut wie nichts, die Armee auch auf diesem Gebiet zu modernisieren. Trotz aller Kriege wurden neue Waffen nicht erfunden. Gewehre und Geschütze gelangten über den Stand der Ära Friedrichs d. Großen kaum hinaus. Schon aus diesem Grund ist die gesamte militärische Revolution allein auf gesellschaftliche, wirtschaftliche und politische Bedingungen zurückzuführen. Die Waffentechnik erforderte auch weiterhin die geschlossene Ordnung der Kolonnentaktik, die fortgesetzt einexerzierte stereotype Formveränderungen mit entsprechend festgelegten Bewegungsabläufen notwendig machte. Das Schützengefecht, das sogenannte »Tirallieren«, konnte immer nur kampfeinleitenden Charakter haben, während die Wucht des Bajonettangriffes stets die Schlacht entschied, freilich unterstützt von massierter Artillerie und vollendet durch die »losgelassene« Kavallerie. Erst mit der waffentechnischen Revolution seit der Mitte des 19. Jahrhunderts erfolgte die allmähliche Auflösung der festen Gefechtsformen.

Durch das Größerwerden der Heere wurde der bis dahin üblich gewesene Einheitsakt einer Schlacht immer mehr in Aktionen verschiedenen Charakters zerlegt. Anstelle der flachen Linearschlacht mit der Aufstellung in der Ordre de bataille entwickelte sie sich nun immer mehr aus der Tiefe. Damit wurde es notwendig, größere Verbände zu schaffen, die aus allen drei Waffengattungen zusammengesetzt waren (Infanterie, Kavallerie und Artillerie) und neben- oder hintereinander für selbständige Aufgaben gebraucht werden konnten. Sie blieben nun dauernd als Kampf- und Verwaltungseinheiten beisammen und hießen Divisionen, von denen mehrere ein Armeekorps bilden konnten. Man konnte solche Abteilungen nacheinander für verschiedene Aufgaben wie Beschäftigen und Abnutzen des Gegners, für die Umfassung und auch für den Entscheidungsstoß gebrauchen. Da das bisher notwendig gewesene Magazinsystem nun durch ein Requisitionssystem ersetzt war, bestand erstmalig sowohl versorgungstechnisch als auch taktisch-strategisch die Möglichkeit, getrennt zu marschieren und vereint zu schlagen.

Diese Grundzüge konnten natürlich im Verlauf der vielen Feldzüge nicht alle überall beachtet werden, doch sollten sie der Normalfall sein. Die neue Militärverfassung entwickelte sich in Frankreich schrittweise nach vielen Experimenten, meist aber rein empirisch. Nach ihren Erfolgen wurde sie dann zum Vorbild für nahezu alle europäischen Staaten, die die Konzeption mehr oder weniger übernahmen.

Nicht nur in Frankreich, auch in Preußen haben schon lange Altes und Neues miteinander gerungen. Es gab viele Erörterungen und Diskussionen, die Notwendigkeit eines Wandels wurde den Einsichtigen klar. Doch vor dem Jahre 1806 konnten solche tiefgreifenden Reformen nicht erfolgen. Es fehlten einfach die politischen Voraussetzungen. Erst die Not der Jahre 1806/07 erzwang die umwälzende Reform des gesamten Staatswesens einschließlich des Militärs. Die Grundlage dafür war ein völlig neues Staatsbewußtsein sowie die Erkenntnis, daß Anspruch auf eine Stellung sich unabhängig von Stand und Geburt nur auf die Tüchtigkeit stützt. Der Erfolg der Reformer beruhte zum Teil auch darauf, daß sie nicht das stehende Heer in Frage stellten, sondern nur suchten, es den Bedürfnissen anzupassen. Damit entstand eine Armee, die zwar ein zuverlässiges Instrument des Monarchen und seiner Regierung blieb, sich aber trotzdem der Allgemeinheit verpflichtet fühlte. Das zeigte sich dann auch mit der Heranziehung der gebildeten Stände für die Errichtung der »Freiwilligen Jäger« und später der Wehrpflicht, sichtbar gemacht in der Devise: »Mit Gott für König und Vaterland«, die die Landwehr auf ihrem Mützenkreuz trug. Aus einem Weltbürger alter Art wurde auch in Deutschland ein Patriot, aus dem Untertan ein Bürger, der eine Verfassung fordern konnte. Am deutlichsten zeigte sich dieser Wandel beim Militärstand, bei dem sich aus streng abgeschlossenen Berufsheeren Volksheere entwickelten, die auf der Konskription wie der allgemeinen Wehrpflicht beruhen konnten.

Auch nach der Niederlage Napoleons ließen sich der überall entstandene Nationalgedanke und die Mitwirkung des Volkes an der Erhebung sowie die schon eingeführten Reformen nicht mehr verdrängen, ein neues Weltbild war entstanden, das nun weit bis in die zweite Hälfte dieses Jahrhunderts nachwirkte. Deshalb war die Restauration im eigentlichen Sinne auf gar keinen Fall die Wiederherstellung der alten Verhältnisse. Es hatte sich schon zu vieles unwiederbringlich geändert.

Der Ausgang des Wiener Kongresses enttäuschte viele Hoffnungen, vor allem nationale. Die zwischen den Monarchen Rußlands, Österreichs und Preußens abgeschlossene »Heilige Allianz« überschattete die weitere Entwicklung. Der neugeschaffene Deutsche Bund war ein Gebilde, das ohne Zentralgewalt aus 39 Bundesstaaten bestand, die krampfhaft an ihrer Souveränität festhielten. Dieser Bund bedeutete für die kleinen Staaten eine Bestandsgarantie, legte aber dem Ehrgeiz seiner beiden Großmächte Österreich und Preußen hinderliche Fesseln an. Trotzdem blieb in Deutschland die nationale Idee und die der Mitbestimmung lebendig. Weil aber für den national gemischten habsburgischen Gesamtstaat das Vordringen solcher nationalen und liberalen Gedanken verderblich sein mußte, versuchte dessen Staatskanzler Metternich sie zu unterdrücken, wo es anging. Den Vorwand gaben ihm das Wartburgfest und die Ermordnung Kotzebues. So kam es 1819 zu den Karlsbader Beschlüssen mit dem Verbot der Burschenschaften, der Einführung der Pressezensur und dem Beginn der Demagogenverfolgung. Preußen schloß sich diesem Vorgehen an. Damit war das Ende der Reformen aus außen- und innenpolitischen Rücksichten gekommen. Und doch machte Preußen in dieser Zeit den ersten Schritt zur späteren nationalen Einheit durch Gründung des Zollvereins. Zunächst fielen 1818 die Zollschranken innerhalb seiner Staatsgrenzen. Von den 28 Staaten, die mit ihm gemeinsame Grenzen hatten, schloß sich als erster Staat Hessen-Darmstadt an; 1836 waren schließlich schon 25 Millionen Deutsche darin vereinigt.

Das Heer dieses Deutschen Bundes setzte sich aus Truppen aller 39 Staaten zusammen. Es wäre vernünftig gewesen, wenn sich kleine und kleinste Kontingente den größeren Armeen angeschlossen hätten. Doch dagegen sträubten sich die kleineren

Staaten. Dazu kam der österreichisch-preußische Dualismus. Nach der Bundesverfassung sollte ja selbst der Schein einer Vorherrschaft eines Bundesstaates über den anderen vermieden werden. Weil aber der größte Teil der Habsburgermonarchie nicht zum Bund gehörte, stellte Österreich nur drei Armeekorps. Damit durfte Preußen auch nur drei stellen. Die restlichen vier Korps brachten die kleineren Staaten auf, wobei Bayern allein ein Korps, die anderen entsprechend ihrer Bevölkerungszahl ein Kontingent stellten, so z. B. Liechtenstein ganze 55 Mann. Die Gesamtstärke des Bundesheeres sollte in zehn Armeekorps 293 000 Mann betragen. Es gelang aber nicht, während der Zeit des Bestehens des Bundes einheitliche Bewaffnung, Dienstvorschriften und Ausbildung durchzusetzen, so daß eigentlich nur auf die Truppen der größeren Mächte voll zu zählen war.

Die Waffe als Mittel des Krieges

Eine Voraussetzung des kriegerischen Erfolges war die zweckentsprechende Bewaffnung. Sie schrieb in der Regel die Art des taktischen Vorgehens zwingend vor, damit auch den Einsatz der einzelnen Waffengattungen auf verschiedenem Gelände. Bessere und wirkungsvollere Angriffswaffen zwangen den Gegner neue Mittel zur Abwehr zu finden. So bestand eine Wechselwirkung zwischen den Fortschritten in der Bewaffnung und der Taktik.

Entsprechend dem Ziel dieses Buches sollen nur für das Kriegswesen dieses Zeitabschnitts wichtige Waffen behandelt werden. Damit bleiben Jagd- und Prunkwaffen ausgeschlossen, sowie reine Versuchsstücke, die militärisch bedeutungslos blieben. Für uns sind Waffen alle Werkzeuge und Geräte, die von vornherein zum Angriff und zur Verteidigung bei einer militärischen Aktion erdacht und hergestellt wurden. Mit der Kenntnis und der Beschreibung von Waffen beschäftigt sich die »Historische Waffenkunde« als Zweig der Kulturgeschichte. Sie stützt sich, wie jede Wissenschaft, zunächst auf noch vorhandene Originale und deren Teile, aber auch auf schriftliche zeitgenössische Berichte und Zeichnungen, Archivalien, Inventarlisten, Rechnungen aber auch Vorschriften und Lehrbücher der Zeit. Aus diesen Quellen schöpft durch Auswertung und kritischen Vergleich die Fachliteratur ihr Wissen. Die so gewonnenen Erkenntnisse sucht man dann in ein allgemeingültiges System zu bringen. Das hat im deutschen Sprachraum für das gesamte Gebiet schon vor fast einem Jahrhundert Wendelin Boeheim versucht[7a]. Die von ihm gefundene Einteilung ist auch heute noch nicht überholt. Zwar gibt es für solche Versuche recht unterschiedliche Bewertungs- und Betrachtungsmöglichkeiten, für die Kenntnis des Heerwesens dieses Zeitabschnittes reicht die hier vorgezogene einfache Einteilung völlig aus.

Danach zählen alle Waffen und Waffenteile, die am Körper getragen und vor Stoß, Schlag, Stich und Schuß schützen sollten, zu den Schutzwaffen. Die sogenannten Trutzwaffen waren für den Angriff bestimmt. Man sprach von Nahewaffen oder Blankwaffen, wenn sie nur im Handgemenge gebraucht wurden, von Fernewaffen (in dieser Zeit praktisch nur Feuerwaffen), wenn sie ihre Geschosse durch die Kraft der Pulvergase antrieben. Die ein Mann mit einer Hand bedienen konnte, hießen Faustfeuerwaffen, die beide Hände erforderten Handfeuerwaffen. Vermochte ein Mann eine Waffe nicht mehr allein zu bewegen und bedienen, rechnete sie zu den Geschützen.

Gegenüber der zurückliegenden Zeit war die Bewaffnung der Truppen schon viel einheitlicher. Denn nahezu alle Waffen wurden nun vom Staat beschafft und waren

---

7a Wendelin Boeheim: Handbuch der Waffenkunde, Wien 1890, ist der erste, in deutscher Sprache erschienene und in seiner Gesamtheit noch nicht überholte Abriß des Gesamtgebietes.

nach einem bestimmten festgelegten Muster in Manufakturen, wenn auch auf überlieferte handwerkliche Weise, gefertigt worden. Die meisten Teile einer Waffe wurden immer noch frei aus der Hand geschmiedet. Erst um 1800 kam man dazu, wenigstens Schloßbleche und andere kleinere Teile in Gesenken herzustellen. So war eine Austauschbarkeit der einzelnen Teile (von Waffe zu Waffe) kaum gegeben. Selbst innerhalb einer gleichen Lieferung gab es Abweichungen, die schon bei der Herstellung entstanden. Daher sind die heute bekannten Maßangaben bestimmter Modelle meist Mittelwerte aus Messungen gefundener Exemplare. So mag in dem hier beschriebenen Zeitraum unter dem Begriff Modell eine Waffe verstanden sein, die nach einem bestimmten Muster gefertigt, doch gewisse Abweichungen zeigen kann. Erst die langsam zunehmende Verwendung von Werkzeugmaschinen am Ende unseres Zeitabschnittes rückte eine gewisse Austauschbarkeit der Einzelteile in den Bereich der Möglichkeiten.

Beim Beschreiben der Waffen und ihrer Einordnung ergeben sich mehrere Probleme. Noch weit bis in das 19. Jahrhundert hinein konnten Offiziere und Offizianten für ihre Ausrüstung schon vorhandene Waffen mitbringen. Das geschah teils aus Tradition (Vater-Sohn-Erbfolge), teils aber auch nur aus Ersparnisgründen. Weiter zwang der recht begrenzte finanzielle Spielraum oder einfach die Unmöglichkeit, schnell genug neue Waffen zu erhalten zur Verwendung alter, oft technisch überholter Typen, die nun wieder aus Magazinen hervorgeholt werden mußten. Das war ohne weiteres möglich, weil gerade in dem hier behandelten Zeitraum die Entwicklung der Waffentechnik relativ langsam erfolgte. Praktisch waren die Leistungen wie die Nachteile des Feuergewehrs die gleichen geblieben. Man nahm sogar Beutestücke zur Hilfe. Bei der Festlegung des Pistolenmodells 1789 in Preußen wurden weitgehend Teile der alten Pistolen verwandt. Den Zusammenbau übernahmen die Büchsenmacher der Truppe. In viel größerem Umfang sollte dieses Verfahren in den Notjahren nach 1806 erfolgen, als man Tausende von Gewehren aus schon vorhandenen Teilen zusammensetzen mußte. Eine zusätzliche Unsicherheit bringen die sogenannten Aptierungen, also Änderungen einer bereits vorhandenen Waffe entsprechend einer neuen Vorschrift oder eines neuen technischen Systems. Dabei kann der Zeitpunkt einer solchen Aptierung oft nicht genau festgelegt werden. Teilweise ließ man sich vor 1806 in Preußen bei den einzelnen Regimentern bis zu zwei Jahrzehnte Zeit, vor allem bei der Reiterei. So kam die angeordnete Verkürzung des Pistolenlaufes und das Aufbohren zum konischen Zündloch lange nicht zum Tragen. Als andere Kolbenformen angeordnet wurden, verwandte man für die neuen Schäfte die alten vorhandenen Metallteile[8]. Die meisten Aptierungen erfolgten aber beim Umrüsten riesiger Mengen noch guter vorhandener Steinschloßwaffen auf die Perkussionszündung. In der Regel brauchte man nur statt der Zündpfanne ein neues Laufendstück, eine Schwanzschraube mit Piston einzusetzen und den Hahn wechseln, eine relativ einfache Maßnahme.

8 Dieter Lehner: Die altpreußischen Schußwaffen und ihre Beiwaffen, Krefeld 1973, Tafel 22.

So ist das Alter und das Modell einer Waffe meist nicht von einer Stempelung ablesbar, weil Teile weitergebraucht und bei Reparaturen in der Truppe Teile neugefertigt wurden sowie Änderungen geschahen. Deshalb ist die Stempelung eines Schloßbleches keineswegs ein sicheres Indiz für das Alter der Waffe, sondern lediglich für das des Schloßblechs.

Beispiele für Stempelungen und Kennzeichen preußischer Waffen geben Zachariae[9] und Wirtgen[10]. Demnach waren bis zum Jahre 1801 üblich:

1. Der Namenszug des Fürsten auf dem Daumenblech, später der Kolbenkappe oder Schlange;
2. auf dem Schloßblech außen die Bezeichnung der Gewehrfabrik, evtl. die Initialen ihrer Betreiber;
3. Beschußstempel am Laufpulversack in Adlerform (bis 3), Meisterzeichen an der Laufunterseite;
4. auf der Innenseite des Schloßblechs der Schloßabnahmestempel in Adlerform, daneben Meisterzeichen;
5. die Kennzeichnung der Zusammengehörigkeit von Waffen- und Schloßteilen geschah durch Einstriche oder Einhiebe (später Nummern);
6. einem Endabnahmestempel des Kontrolleurs (meist Buchstabe).

Daneben gab es Bezeichnungen des Truppenteils (meist Initialen des Kompaniechefs) und die Waffennummer innerhalb der Truppe. Diese konnten sich auf dem Laufvorderteil, dem Abzugsbügel oder dem Kolben befinden.

Später erschien die königliche Namenschiffre mit Krone auf der linken Fläche des Pulversacks, darüber der Abnahmestempel in Kursivschrift mit einer Krone, dazu kam das Herstellungsjahr der Waffe. Stempel konnten immer fehlen, sei es, daß sie überhaupt nicht angebracht, Läufe gekürzt und damit die angebrachten Kennzeichen weggeschnitten oder Teile ausgetauscht waren oder schließlich durch das ständige Schmirgeln beim Putzen weggearbeitet wurden. In ähnlicher Form entwickelte sich die Kennzeichnung der Militärwaffen auch bei den anderen Staaten.

Technik und Waffenbau

Eine wenigstens allgemeine Kenntnis der verwendeten Werkstoffe und üblichen Produktionsverfahren scheint notwendig, um die Probleme besser zu verstehen, die mit den Eigenschaften und der Herstellung einer Waffe verbunden sind. Form, Werkstoff und auch die Fertigungsmethode hängen sowohl von den kriegstechnischen Anforde-

---

9 Heinrich Zachariae: Die Handwaffen der Armee des Großen Soldatenkönigs, Spandau 1907, Textblatt 4.
10 Arnold Wirtgen: Die preußischen Handfeuerwaffen 1700–1806, Osnabrück 1976, S. 75–85, S. 191.

rungen als auch den Produktionsbedingungen mit ihren Fortschritten in der Berg-
und Hüttentechnik sowie den Guß- und Metallverarbeitungsverfahren ab. Auch damals war der wichtigste Werkstoff das Eisen. Man unterschied aus Erfahrung zwischen Gußeisen, Schmiedeeisen und Stahl.

Das Gußeisen besaß einen relativ hohen Kohlenstoffanteil von über 2,5 Prozent.
Ein Teil des Kohlenstoffs lag in ihm in Form von Graphitplättchen zwischen den
Gefügeteilchen des Eisens eingebettet. Daher erfolgte bei einem Schlag der Bruch
entlang dieser Graphiteinlagerungen, die Bruchfläche erschien grau. So hieß Gußeisen auch Grauguß. Es war hart, aber schlagempfindlich und deswegen nicht zu
schmieden. Beim Erwärmen blieb es aber bis zu seinem Schmelzpunkt, im Gegensatz
zum Schmiedeeisen, hart, um dann nahezu ohne Übergang sehr dünnflüssig und also
sehr gut gießbar zu werden. Weil es also selbst bei Ofenhitze noch hart blieb, war es
für Herdplatten gut brauchbar. Seine Dünnflüssigkeit gestattete komplizierte Güsse.
Gebraucht wurde es für Kaminplatten, Kochtöpfe, den Guß von Kanonenrohren.

Das Schmiedeeisen, auch geschmeidig Eisen oder Stabeisen genannt, war ein fast
reines Eisen und damit sehr weich und zäh. Es ließ sich mit dem Hammer schon kalt
strecken und biegen. In jedem Falle wurde es bei Erwärmung auf Rotglut plastisch
und ließ sich dann in jede Form schmieden sowie verschweißen. Selbst bei sehr hoher
Erwärmung mit den damaligen Mitteln wurde es nur so dickflüssig, daß es in keine
Gußform lief. Es ließ sich aber recht leicht feilen, sägen und meißeln. Man brauchte
es für alle geschmiedeten Teile wie Gewehrläufe, Schlösser und Beschläge von Waffen, Fahrzeuge, für Bauteile und Nägel. In den Handel kam es in Form von Stangen,
Blechen und Draht.

Der Stahl wurde damals vom Eisen streng unterschieden. Als seine besonderen
Eigenschaften galten seine Elastizität, daß er sich biegen ließ, ohne zu brechen und
dann, nach Aufhören der Krafteinwirkung, seine alte Form wieder einnahm, sowie
daß er sich durch starkes Erwärmen auf Rotglut mit nachfolgendem Abschrecken in
Wasser härten ließ. Um diese Eigenschaften zu erreichen, mußte das Eisen mindestens einen Kohlenstoffanteil von 0,3 Prozent haben, der dann chemisch gebunden in
Form von Eisenkarbid zu einem Mischgefüge führte. Federn benötigten allgemein
Stahl mit Kohlenstoffgehalten zwischen 0,4 bis 0,8 Prozent. Daneben brauchte man
ihn damals für die Klingen aller Blankwaffen und Bajonette, für Ladestöcke und für
die Schlagflächen der Steinschloßbatterien, damit der harte Feuerstein Funken für die
Zündung reißen konnte.

Im heutigen Sprachgebrauch nennen wir Stahl alles Eisen, das einen chemisch
gebundenen Kohlenstoffanteil von unter 2 Prozent besitzt und in dem kein Graphit
vorkommt. Bei einem solchen Werkstoff steigt die Zähigkeit und Schmiedbarkeit mit
abnehmendem Kohlenstoffgehalt. Nimmt dieser aber zu, werden Härtbarkeit und
Härte, gleichzeitig auch die Sprödigkeit größer[11]. Damit würde das frühere Schmiede-

---

11 Siehe auch die Erklärung in Bd. I1 dieser Reihe: G. Ortenburg: Waffe und Waffengebrauch
   im Zeitalter der Landsknechte, Koblenz 1984, S. 19 f.

eisen heute als weicher Baustahl oder Einsatzstahl, der frühere Begriff Stahl dem heutigen harten Baustahl oder Vergütungsstahl und dem heutigen Werkzeugstahl entsprechen. Jeder Stahl, gleich welcher Art, ist aber nur gut brauchbar, wenn keine Verunreinigungen, vor allem Schwefel und Phosphor, vorhanden sind. Denn Eisen mit Schwefelgehalt war zwar weich und zäh, ließ sich aber kaum schmieden, weil es bei Rotglut brechen konnte, so als »rotbrüchig« galt und zudem leicht rostete. Enthielt Eisen Phosphor, ließ es sich zwar gut schmieden, brach aber leicht bei Schlagbeanspruchung, war also »kaltbrüchig«. Bei dem damals gelieferten Stabeisen kamen im gleichen Stück oft verschiedene Qualitäten nebeneinander vor, so daß der Schmied oder Schlosser in jedem Falle probieren mußte.

Die Grundlage für die Eisengewinnung waren Erz und als Brennstoff die Holzkohle; außerdem benötigte man reichlich Wasserkraft, um Windräder, Blasebälge und Eisenhämmer zu betreiben. Schon früh bestand eine Arbeitsteilung zwischen den Ofenleuten, die aus dem rohen Erz das Metall erschmolzen, und den Hammerschmieden, die dem Roheisen durch Frischen die unerwünschten Bestandteile entzogen und damit Schmiedeeisen erhielten. Nahezu alle Schmelzöfen waren nun »Hohe Öfen« (Hochöfen). Die Erfahrung hatte nämlich gezeigt, daß höhere und weitere Öfen mehr und besseres Eisen brachten. In der Regel hatten sie schon runde Querschnitte, die eine gleichmäßigere Verbrennung gestatteten. Die Flammentemperatur wurde durch Blasebälge gesteigert. Ein solcher Ofen war ständig im Betrieb, weit über ein Jahr, und lieferte jährlich über 500 t Roheisen, also wöchentlich etwa 200 Zentner.

Dieses Roheisen ließ sich entweder direkt aus dem Ofen in Formen gießen und hieß dann als Gußeisen »Guß erster Schmelzung«, oder es erstarrte in einem Sandformbett zu Metallknüppeln, den Masseln, die dann zur Weiterverarbeitung zu Schmiedeeisen an die Hammerhütten oder als Werkstoff für den »Guß zweiter Schmelzung« an Gießhütten verkauft wurden. Ein Guß »erster Schmelzung« war ohnehin nur möglich, wenn das verwendete Erz es zuließ und als Brennmaterial reine Holzkohle genommen wurde, die ja keine schädlichen Beimengungen besaß. Holzkohle wurde jedoch immer knapper und dadurch teurer. So begann schon im Anfang des 18. Jahrhunderts in England die neuzeitliche Eisengewinnung mit dem Einsatz von Koks als Brennstoff, d. h. ein aus Steinkohle hergestelltes, nicht flammendes Brennmaterial. Ähnlich der Holzkohle wurde es zunächst in Meilern gewonnen, die in der Mitte eine gemauerte und mit einem Deckel verschließbare Esse besaßen. Später verwendete man auch geschlossene Öfen. Dabei entwichen der Kohle unter Luftabschluß die brennbaren Gase; war Schwefel enthalten, wurde auch der Großteil davon mit ausgetrieben. So entstand ein Produkt von viel größerer Reinheit und Wärmeeffekt.

Der Kokshochofen lieferte ein Roheisen, das relativ viel Silizium und Schwefel enthielt, also für Schmiedeeisen nicht geeignet war. Silizium verbesserte aber entscheidend die Gießeigenschaften. So konnte man nun billig viele Dinge gießen, die bis dahin geschmiedet werden mußten, wie Tore, Gitterwerk, Bauelemente und Maschinenteile. Anfänglich geschah dieses als »Guß erster Schmelzung«. Eiserne Geschützrohre waren erheblich billiger als solche aus Zinnbronze, benötigten aber wegen der Sprödigkeit des schlechten Rohmaterials große Wandstärken, waren damit zu schwer für den Feldkrieg. Sie leichter zu machen ging, wenn ihr Eisen kein Schwefel enthielt und für einen Guß die notwendige Menge auf einmal zur Verfügung stand. Ein Hochofen allein schaffte es nicht, nahm man die erschmolzene Menge von zwei Öfen, war die Qualität im Rohr nicht gleichartig. So gebrauchte man Masseln aus an sich schon sauberem Roheisen und ließ sie in einem anderen Schachtofen noch einmal schmelzen und frischen. In Frankreich hat dieses Verfahren 1775 erstmalig Grignon angegeben[12]. Die Engländer, vor allem Vater und Söhne Wilkinson, arbeiteten damit schon länger. Der vom Bronzeguß bekannte Schmelzofen war mit Steinkohlenfeuerung und hohem Schornstein versehen, um größeren Zug und damit höhere Temperatur zu haben. Statt der bisherigen aufwendigen Lehmformen[13] nahmen sie für größere Gußteile feuchten Sand. Wilkinson erhielt dann im Jahre 1794 das erste Patent auf den Kupolofen. Dieser ähnelte dem Hochofen, war aber schlanker und besaß einen Vorherd zur Sammlung des flüssigen Gußgutes. Der unterste Teil des Schachtes hieß Sumpf, darüber kam die Düsenebene, in der mittels Gebläse »Wind« (d. i. Luft) durch mehrere Öffnungen eingeblasen wurde, so daß Temperaturen von 1800 Grad entstanden. Darüber kam die Reduktionszone, oben war der Ofen offen, so daß die Gase frei verbrennen konnten. Als Einsatz dienten Masseln und Gußschrott, als Brennstoff Koks, dazu Kalk, um die Schlacke gut flüssig zu machen.

Der erste Kokshochofen in Deutschland wurde im Jahre 1796 in Gleiwitz angeblasen, doch gab es schon vorher nach englischem Vorbild modernen Eisenguß. Man sammelte Erfahrungen, denn es war schwierig, die richtige Temperatur beim Guß zu erhalten. War die Schmelze zu heiß, zerriß das Stück beim Erkalten; war sie zu kalt, lief die Form nicht voll. Bekannte Gießhütten wurden Gleiwitz, Malapane, Ilsenburg, die Sayner-Hütte, das Lauchhammerwerk und seit 1804 die königliche Eisengießerei in Berlin.

Das Schmiedeeisen konnte aus einigen wenigen Erzen noch in alter Art in Zerrennöfen in Form von Luppen gewonnen werden, meist aber doch durch die Methode des Frischens aus Roheisenmasseln. Dazu steckte man das Ende dieser Masseln in ein Frischfeuer und ließ es abschmelzen. Dieses wiedergeschmolzene Gut wurde nun unter den mit Wasserkraft getriebenen Hämmern durchgeschmiedet und dann geglüht. Die so ausgeschmiedeten Stücke wurden nochmals zu einer Luppe zusammengeschmolzen und schließlich zu Stabeisen oder Blech ausgeschmiedet. Dabei war dieses »Frischeisen« so oft im Luftstrom durchgeknetet worden, bis die unerwünschten Beimengungen, aber auch der Kohlenstoff verbrannt war. Die Leistung eines solchen Frischhammers betrug wöchentlich etwa 2500 kg Schmiedeeisen.

---

12 J. G. Hoyer: Allgemeines Wörterbuch der Artillerie, Band I, Tübingen 1804, S. 257.
13 Siehe auch die Erklärung bei G. Ortenburg: Waffe und Waffengebrauch im Zeitalter der Kabinettskriege, Koblenz 1986, S. 24 f.

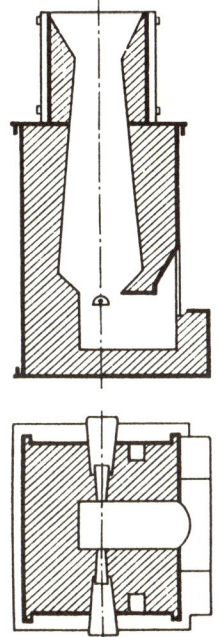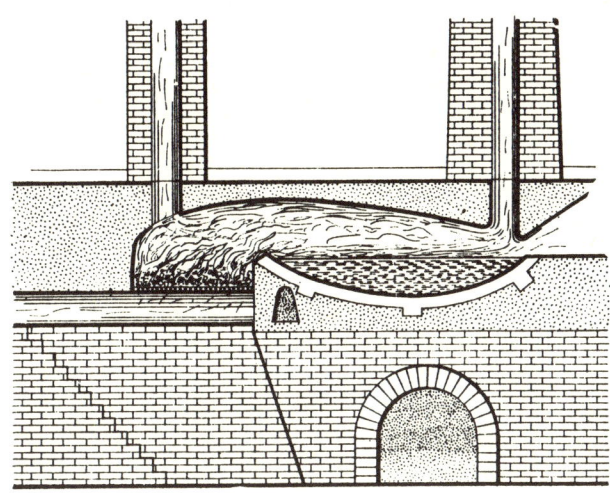

Abb. 1.　Puddelofen und Kupolofen.
Oben: Schnitt durch einen Puddelofen.
Links: Schnitt durch einen Kupolofen mit offenem Vorherd.

Ebenfalls schon im 18. Jahrhundert erfolgten Versuche, leicht gießbaren Gußeisenteilen Eigenschaften zu geben wie Schmiedeeisen. Die ersten beschrieb schon der bekannte Réaumur[14]. Dazu packte man Gußeisenteile in ein Sauerstoff abgebendes Mittel wie Erzstaub und glühte diese unter Luftabschluß stundenlang. Dabei verband sich der im Gußteil als Graphit liegende Kohlenstoff mit dem Sauerstoff des Erzes zu Kohlendioxidgas. Das Stück ist dann weitgehend entkohlt, seine Eigenschaften ähneln dem Schmiedeeisen. Doch lassen sich nur Teile mit bis zu 6 mm Stärke vollkommen entkohlen. Man bezeichnete damals diese Verfahren als »Schmiedbares Gußeisen« oder »Temperstahlguß«, heute heißt es nach dem Aussehen des Bruches »Weißer Temperguß« oder »europäisches (deutsches) Verfahren«. Man braucht es für kleine Stücke wie Schlüssel, Schnallen, Kleinteile.

Am schwierigsten war Stahl herzustellen. Das geschah in der Regel dadurch, daß dem Schmiedeeisen in die obersten Schichten Kohlenstoff zugeführt werden mußte. Dazu packte man das Eisen in Kohlenstoffträger, wie mit Urin angefeuchtetem Ofenruß, in feine Hornspäne oder Holzasche und glühte es längere Zeit unter Luftabschluß. Dann drang der Kohlenstoff, aber auch Stickstoff in die Randschichten des Eisens ein und verwandelte es so zu Stahl. Dieses Verfahren hieß »Einsetzen«, »Ze-

14 Karl Stölzel: Gießerei über Jahrtausende, Leipzig o. J. (1982?), S. 90.

mentieren« oder »Verstählen«, der Stahl wurde als Zementstahl bezeichnet. Auch aus kohlenstoffreichem Roheisen ließ sich Stahl gewinnen, wenn man diesem mittels Luftzufuhr, dem »Frischen«, durch Verbrennung Kohlenstoff entzog, und zwar nicht restlos, sondern so, daß der notwendige Anteil im Eisen verblieb. Doch war diese Methode damals noch sehr unsicher. Solcher Stahl hieß Schmelzstahl. Zu Anfang des 19. Jahrhunderts entwickelte sich das Puddelverfahren. Dabei schüttete man Roheisen in eine flache Herdschale. Geheizt wurde mit Steinkohlen, weil nicht die schwefelhaltige Kohle selbst, sondern nur die Verbrennungsgase das flüssige Roheisen berührten. Durch ständiges Umrühren mit langen Stangen kamen der Kohlenstoff und die Beimengungen des Einsatzes mit der heißen Luft in Berührung und verbrannten. Damit entkohlte das Roheisen und wurde immer dickflüssiger, je weiter die Entkohlung fortschritt. So konnten in zwei Stunden etwa 200 kg Roheisen in Stahl verwandelt werden, eine für die damalige Zeit (1824) beachtliche Menge.

Eine gewisse Bedeutung sollte ein Spezialverfahren erlangen, das schon seit der Mitte des 18. Jahrhunderts der Engländer Huntsman entwickelt hatte, der Tiegelstahl. Huntsman packte den damals auf andere Art nicht zu schmelzenden Stahl in einen geschlossenen feuerfesten Tontiegel, in den weder etwas hinein, noch hinausgelangen konnte. Diesen setzte er in einen mit Steinkohle beheizten und durch ein Gebläse mit gutem Zug versehenen Ofen. Während die Temperatur auf etwa 1600 Grad stieg, wurde der Stahl geschmolzen, überhitzt und damit bedingt gießfähig. Man goß diese kleine Menge in Blöcke und schmiedete sie dann aus. Damit hatte er den damalig besten Uhrfederstahl der Welt erhalten. Der Deutsche Jakob Mayer lernte dieses Verfahren in England kennen; ab 1836 gründete er eine eigene Fabrik in Bochum, die Keimzelle des späteren Stahlgusses.

Die Massenproduktion von Militärwaffen geschah zunächst noch in Manufakturen. Dabei brauchten alle Hersteller die bekannten handwerklichen Methoden, wenn auch schon Spezialisierung und Arbeitsstellung erfolgte. Mit dem Beginn des 19. Jahrhunderts kam langsam aber sicher eine industrielle Produktion in Gang. Sie bezog die neuentwickelte Antriebsenergie Dampf mit ein, zunehmend auch Werkzeugmaschinen[15].

Die gebräuchlichen Handwerkzeuge hatten ihre spätere Form schon recht früh erhalten. Damit kam man in der Regel aus, denn die Herstellung von Gewehren blieb meist so wie schon beschrieben[16]. Industrialisierung bedeutete aber, daß die manuellen Arbeitsmethoden mechanisiert von Maschinen übernommen werden. Ein erster Einsatz in größerem Umfang erfolgte zur Herstellung von hölzernen Rollenblöcken für die Takelung britischer Kriegsschiffe. Im Jahre 1800 benötigte man jährlich etwa 130 000 Stück, die 110 Handwerker von Hand fertigten. Auf den Vorschlag von

15 Siehe auch Henning Eichberg: Militär und Technik als historische Problemstellung, in: Wehrwissenschaftliche Rundschau, 1970, S. 29.
16 Siehe G. Ortenburg: Waffe und Waffengebrauch im Zeitalter der Kabinettskriege, a. a. O., S. 21 f.

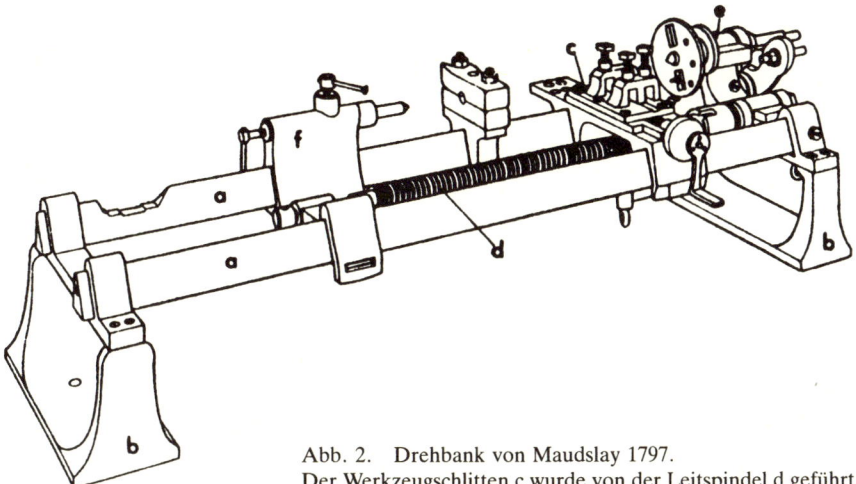

Abb. 2.   Drehbank von Maudslay 1797.
Der Werkzeugschlitten c wurde von der Leitspindel d geführt.

M. I. Brunel entstanden 45 Maschinen. Diese hatten neuartige Bauteile, wie eine Kreissäge, eine Zapfmaschine, und Kegelkupplungen und wurden von zwei Dampfmaschinen angetrieben. Damit konnten ab 1808 nur zehn ungelernte Arbeiter die notwendigen Blöcke in vier Baureihen herstellen[17].

Auch in der Gewehrproduktion begannen die Fachhandwerker schon vor 1800, die Rohformen der Schloßbleche und Hähne in Gesenken zu schmieden. Das Ergebnis war neben einer schnelleren und damit preisgünstigeren Fertigung eine größere Gleichmäßigkeit. Pionierarbeit leistete bei der Entwicklung von Spezialmaschinen zur Herstellung von Gewehrteilen nach 1811 Johann G. Bodmer in St. Blasien im Schwarzwald. Das Ziel beim Bau solcher arbeitsparender Maschinen war, einmal einzelmenschliches Fehlverhalten auszuschließen, dann aber auch die Produkte größerer Bauserien gleich zu machen mit dem Fernziel eines Systems austauschbarer Teile. Wenn dieses auch in dem hier behandelten Zeitabschnitt noch nicht erreicht wurde, machten sich doch schon erste Erfolge bemerkbar; vor allem beim genauen Bohren von Kanonenrohren und Zylindern für Dampfmaschinen, aber auch der Herstellung genauerer Gewinde. Dazu wurde die erste moderne Metalldrehbank, wie sie in ihrem Grundaufbau noch heute besteht, 1810 von Henry Maudslay entwickelt. Entscheidend war dabei ein Werkzeugschlitten (auch Support genannt), der auf einer genau gearbeiteten V-Führung glitt und den Werkzeugstahl sicher hielt. Bei jeder Umdrehung des Drehteils zog eine mit Gewinde versehene Leitspindel den Werkzeugschlitten ein genau bemessenes Stück weiter. Damit ließen sich Schraubengewinde mit exakt eingehaltener Ganghöhe schneiden. Auch wegen der Dampfmaschinenproduktion fing der britische Werkzeugmaschinenbau an, sich stark zu entwik-

17 Sigvard Strandh: Die Maschine, Freiburg 1980, S. 54.

keln, man forderte Präzision. Dieses Streben beeinflußte viele Nachahmer und regte zur Fortentwicklung an, wie J. Whitworth, der sich 1835 eine Plandrehmaschine patentieren ließ, die Grundlage seines Werkzeugmaschinenunternehmens.

Mit dem Steigen der wirtschaftlichen Möglichkeiten und dem Anwachsen der Heere stieg auch der Bedarf an Waffen gewaltig an. Das am meisten gefertigte und auch nachgeahmte Gewehr war das französische Modell 1777 mit seinen verschiedensten Variationen. Davon wurden zwischen den Jahren 1777 und 1839 allein etwa sieben Millionen Stück gebaut. Die wichtigsten Herstellungsorte befanden sich in Charleville, St. Etienne, Mutzig, Lille, Chatellerault, aber auch zeitweise in Lüttich, Herzberg, Essen, Schmalkalden und auch Turin. Die englische Waffenindustrie hatte ihr Zentrum in Birmingham. Meist waren es private Unternehmer, doch gab es auch einen staatlichen Betrieb in Lewisham. Deren Leistungsfähigkeit zeigen die Produktionszahlen von 1809 und 1810, als etwa 500 000 Gewehre erzeugt wurden. England belieferte einen großen Teil seiner Verbündeten. Auch Österreich besaß eine sehr leistungsfähige Waffenindustrie, besonders in Ferlach und Wien. Dort kamen zwischen den Jahren 1805 und 1815 jährlich etwa 100 000 Gewehre zustande. In Preußen wurde die vom Staat geschaffene und unter der Regie der Firma Gebr. Schickler gebliebene Produktionsstätte Spandau/Potsdam im Jahre 1806 ausgeplündert und konnte sich danach nur langsam erholen. Daneben entstanden unter staatlicher Regie Neiße, ab 1815 auch Saarn und 1817 Danzig. Dazu kam im Jahre 1815 Suhl mit seinen vielen Unterlieferanten, das bis dahin Sachsens Waffenschmiede war. Hannover hatte in Herzberg, Baden seit 1810 in St. Blasien und Württemberg ab 1812 in Oberndorf seine Manufaktur.

Auch der wachsende Bedarf an Blankwaffen führte zu speziellen Herstellungsbetrieben. Das betraf in Frankreich Versailles, dann im Elsaß Klingenthal und Mutzig mit Hilfe geworbener Solinger. In Deutschland war und blieb das Zentrum Solingen mit etwa 40 Firmen. Daneben produzierten in kleinem Umfang Potsdam und Oberndorf. Auch in Rußland etablierten sich in Kaluga, ab 1814 auch in Slatausk Betriebe, die mit angeworbenen Solingern begannen und mit eigenen Arbeitern fortgeführt wurden. Wichtigster Ort in England war Birmingham, in Spanien Toledo.

Die Schutzwaffen

Man verstand darunter alle Teile, die am Körper getragen, diesen vor Stich, Stoß, Hieb oder gar Schuß schützen sollten und die noch früher in ihrer Gesamtheit einmal Harnisch hießen. Davon waren im Laufe der Zeit nur geringe Reste übrig geblieben, kaum jemand trug noch einen Küraß mit Brust- und Rückenstück, selbst die kaiserlichen schweren Reiter legten seit 1767 nur noch Bruststücke an. Auch der Helm war verschwunden, Kopfbedeckung nur der Filzhut, wenn auch gelegentlich noch mit dem eisernen Hutkreuz.

26

Doch schon in der Mitte des 18. Jahrhunderts sollte langsam eine gegenläufige Entwicklung einsetzen, als in Frankreich der Marschall Moritz von Sachsen seinen Dragonern und Ulanen einen Metallhelm in antikisierender Form mit einem Bügel und daran hängendem Roßhaarschweif gab. Durch Anfügen eines Augenschirms entstand daraus die Grundform des französischen Dragonerhelms, den ab 1803 auch die schweren Reiter, wie Kürassiere und Carabiniers, übernahmen. Auch in England trugen die leichten Dragoner ähnliche Helme, ebenfalls andere Truppen.

Neben den Metallhelmen entstanden weiter solche aus gebranntem Leder mit Metallbeschlag und Metallbügel. Vor allem in Württemberg, in Kurpfalz-Bayern, in Frankreich und auch in Österreich wurden Lederhelme getragen. In Bayern sollte sich aus diesem Modell der spätere bayerische Raupenhelm entwickeln. Auch in Rußland war 1803 für die Kürassiere und Dragoner ein Lederhelm mit Bügel und Haarbusch eingeführt worden. Dieses Muster wurde im Jahre 1808 von Preußen für die Kürassiere übernommen und fand dann in ähnlicher Form Verwendung bei Reitern der deutschen Bundesstaaten.

Alle Helme sollten den Kopf vor allem vor Hieb und Schlag schützen. Bei ihnen wurde die Frage der notwendigen Verstärkung des Scheitels durch einen Aufsatzbügel gelöst, der vielfach noch mit einem Haarbusch oder einer Woll- bzw. Fellraupe verstärkt wurde. Zum Ende unseres Zeitabschnitts erfolgte zuerst in Preußen 1842 ein neuer Lösungsversuch, dem Soldaten eine gefällige, bequeme und sichere Kopfbedeckung zu geben durch die Einführung der Pickelhaube. Sie war aus Leder, bei Kürassieren aus Metall und hatte zur Scheitelverstärkung eine auf einem Kreuzblatt sitzende Spitze.

In größerem Umfang wurde der Küraß ab 1802 in Frankreich für die Kürassiere und Carabiniers eingeführt. Er bestand aus einem Brust- und Rückenstück, die oben durch zwei mit Metallschuppen oder Metallketten besetzte Lederriemen, an der Taille durch einen einfachen Lederriemen zusammengehalten wurden. Kürasse stellte man aus gewalztem Eisenblech her. Sie sollten bis auf 80 Schritt schußfest sein[18]. Zur Probe wurden sie beschossen, die Schußdelle diente als Beweis und gab dem Träger so psychologischen Rückhalt. Zu der Schußfestigkeit eines Kürasses trug aber nicht nur die Metallstärke, sondern auch seine Form bei. Deren Krümmung sollte ein senkrechtes Auftreffen der Kugel verhindern. Zusätzlich polierte man das Eisen, um ein Abgleiten der Kugel zu begünstigen. Das Gewicht eines Kürasses betrug zwischen 9 und 10 Kilogramm. Während der Jahre 1813 und 1814 erbeuteten die Preußen viele französische Kürasse und rüsteten damit ebenfalls ihre Kürassiere aus. Auch in anderen Staaten gehörten solche Brustpanzer zur Ausstattung der schweren Reiter.

Als ein zusätzlicher Hiebschutz konnten die nach dem Jahre 1800 aufkommenden und auf den Schultern getragenen metallenen Epauletten gelten.

18 F. W. Graf von Bismark: System der Reuterei, Berlin und Posen 1822, S. 52.

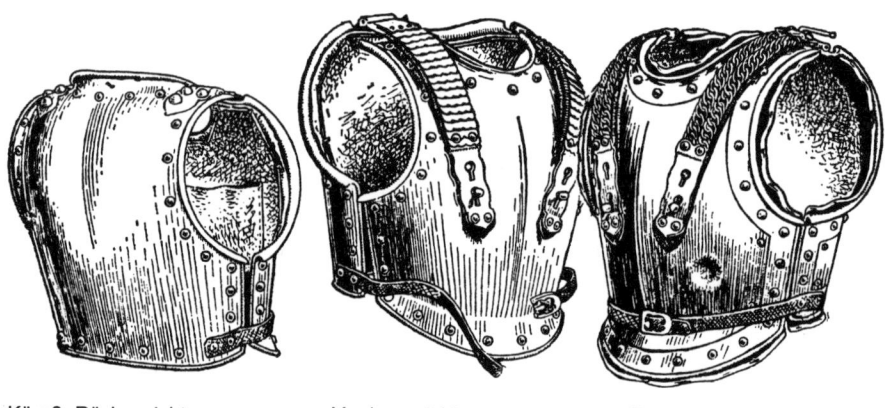

Küraß: Rückansicht   Vorderansicht   am Bruststück
Schußdelle erkennbar

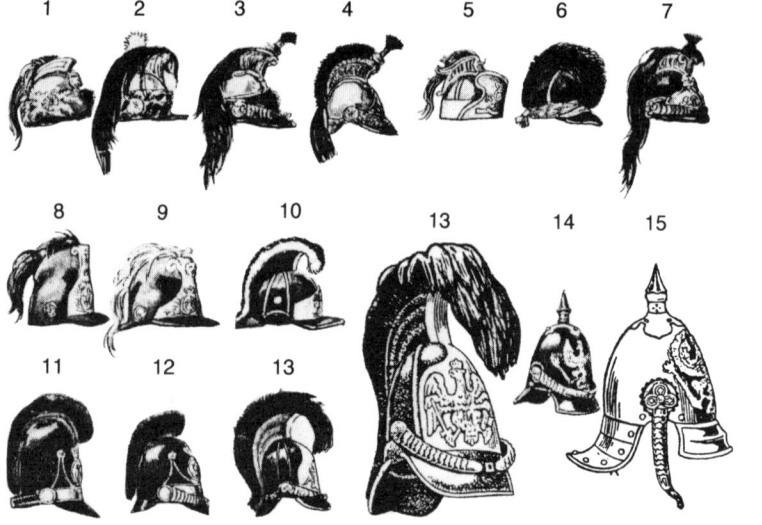

1 franz. Dragonerhelm 1748
2 franz. Dragonerhelm 1790
3 franz. Kürassiere und Dragoner 1812
4 franz. Kürassiere und Dragoner 1825
5 engl. leichte Dragoner 1788
6 engl. leichte Dragoner 1792
7 engl. Dragonerhelm 1812
8 württemberg. Helm 1787

9 bayerischer Helm 1789
10 österreich. Helm 1798
11 bayerischer Inf.Helm 1806
12 bayerischer Inf.Helm 1832
13 preußischer Kürassierhelm 1808
14 preußischer Inf.Helm 1843
15 preußischer Kürassierhelm 1843

Abb. 3. Schutzwaffen.

Die Blankwaffen

Darunter verstehen wir allgemein Waffen, die für Angriff und Abwehr im Handgemenge gedacht waren. Doch kann an dieser Stelle keine Gesamtübersicht über dieses große Gebiet erfolgen, weil zu verschiedenen Zeiten und in verschiedenen Kulturkreisen eine große Vielfalt entstand. Waffensammler und Interessenten finden einen solchen geglückten Einteilungsversuch in den kürzlich erschienenen Arbeiten von Gerhard Seifert[19]. Daher wollen wir nur die im untersuchten Zeitraum im nennenswerten Umfang gebrauchten Militärwaffen vorstellen, Sonderwaffen und Einzelfertigungen fallen damit naturgemäß aus.

Vorwegnehmend kann jetzt schon gesagt werden, daß die Soldaten dieses Zeitabschnitts, abgesehen von Notsituationen bei plötzlichen Neuaufstellungen, doch recht einheitlich bewaffnet auftraten. Die Waffen waren, wenn auch noch auf überlieferte handwerkliche Weise, in Manufakturen nach vorgegebenem Muster hergestellt worden. Dabei hatte sich die Technik kaum verändert. Wichtigstes Bauteil einer Blankwaffe war die Klinge, die auch über die Qualität entschied. In der Regel wurden Klingen aus mehreren im Feuer geglühten Stahlstäben zusammengeschweißt und unter Hammerschlägen gestreckt. Dabei brauchten die Arbeiter zunehmend Gesenke und Schablonen, um möglichst gleichartige Stücke zu erhalten. Das läßt sich bei den aus dieser Zeit stammenden Waffen recht gut feststellen. So können die heutigen Sammler schon getrost zur Bezeichnung den Modellbegriff anwenden. Nach dem Schmieden wurden die Klingen gehärtet, zuletzt an Sandsteinen geschliffen. Abnahmekontrollen erfolgten durch Schlag- und Schnittprobe sowie Biegetest und wurden durch Abnahmestempel bestätigt, dazu traten nach und nach Revisionsstempel, Klingenschmiedemarken und auch Truppenstempel.

Die Offiziere und Offizianten versorgten sich noch größtenteils selbst. Doch waren sie bei ihrer Wahl schon an bestimmte Proben gebunden. Bei den Reitern entsprachen diese meist den entsprechenden Mannschaftswaffen, waren aber leichter und trugen Verzierungen, die dem damals viel nachgeahmten antiken Umfeld des Empire-Stils, später auch den Blumen- und Pflanzenmustern des Biedermeiers entstammten. Die Knäufe solcher Blankwaffen stellen oft Tierköpfe (Löwe, Adler, Greif, Hahn) dar. Offizierswaffen tragen, weil privat beschafft, meist nur das Markenzeichen des Herstellers, das gleichzeitig als Abnahmestempel die Güte nachwies. Führend bei der Fertigung dieser Waffen war immer noch Solingen. Schon im Jahre 1825 pries dort die Herstellerfirma Knecht in einem eigenen bebilderten Katalog allein 500 lieferbare Muster an[20]. Wenn Feldwebel schon Offizierswaffen tragen durften, stellte diese der Staat. Daher sind diese Waffen an einem angebrachten Truppenstempel zu erkennen. Die Initiativen zur Modellentwicklung gingen in dem vorliegen-

---

19 Gerhard Seifert: Einführung in die Blankwaffenkunde, Haiger 1982.
20 Müller/Kölling: Europäische Hieb- und Stichwaffen, Berlin 1981, S. 133.

den Zeitraum meist von Frankreich aus. Dessen festgelegte Muster[21] dienten oft seinen Verbündeten zum Vorbild, meist wurden diese auch mit französischen Waffen ausgestattet und behielten sie ebenso wie die Gegner Frankreichs als Beutegut in ihrer Bewaffnung bei. Die in Klingenthal hergestellten Waffen zeigen auf ihrem Rükken neben dem Herstellungsort auch das Herstellungsjahr.

Die Griffwaffen

Alle blanken Waffen, deren Handhabe deutlich als Griff erkennbar ist, rechnet man zu den Griffwaffen. Diese waren für den Stich, für den Hieb, meist aber für beides zugleich gedacht. Um Wiederholungen zu vermeiden, soll das für alle Gemeingültige vorweggenommen werden. Grundsätzlich bestehen Griffwaffen aus zwei Hauptteilen, der Klinge und dem Gefäß; eine zur Waffe gehörende Scheide gilt lediglich als Zubehör. Für eine Waffenbeschreibung ist eine richtige Nomenklatur wichtig. Stellt man sich die Waffe an der linken Seite des Trägers hängend vor, ergeben sich an ihr die Richtungen oben und unten sowie vorn und hinten. Die Seite der Waffe, die vom Körper wegliegt, heißt Außenseite oder auch »Terzseite«, die am Körper anliegt, Innenseite oder »Quartseite«.

Die Klingen bestehen aus dem gehärteten stählernen Blatt mit einer daran geschmiedeten ungehärteten Angel. Sprach man von der Klingenform, konnten zwei unterschiedliche Dinge gemeint sein. Einmal war es der Klingenverlauf, der gerade oder gekrümmt sein konnte. Es war möglich, daß eine Klinge vorn und hinten Schneiden besaß, doch meist war die hintere Seite stumpf und hieß dann Rücken. Bei gekrümmten Klingen bezeichnete man das größte Maß der Krümmung als Pfeilhöhe. Weiter konnte beim Begriff Klingenform auch der Querschnitt der Klinge gemeint sein. Sie hießen »volle« Klingen, wenn ihr Querschnitt keine eingearbeiteten Längsrinnen oder Rippen zur Erhöhung der Festigkeit oder zur Gewichtserleichterung besitzt. Grundform ist aber stets ein Keil. Die Klingenquerschnitte werden wie auf Abbildung 4 dargestellt bezeichnet.

Gefäß nennt man das Teil, an dem man die Waffe ergreift. Gefäße wurden entweder aus Messing gegossen oder aus Eisen geschmiedet. Das Griffstück bestand oft aus Holz und war mit Leder überzogen oder einer Drahtwicklung umgeben. Oben wurde es von einem Knauf oder einer Kappe begrenzt, gleichzeitig dort das Ende der Angel vernietet, später auch verschraubt. Unten verhinderte eine Zwinge das Aufplatzen. Zu einem solchen »einfachen« Gefäß konnten Parier- oder Handschutzteile hinzutreten, die der Abwehr einer gegnerischen Klinge dienten. Der einfachste Handschutz war die Parierstange. Aus dieser konnten zum Fingerschutz ein Griffbügel und zum Faustschutz außen, also an der Terzseite, ein oder mehrere Faustschutzbügel angesetzt sein, die teilweise durch ein Stichblatt verstärkt waren. Man unterschied neben

---

21 Tabellenübersichten siehe W. Gohlke: Die blanken Waffen und die Schutzwaffen, Nachdruck Krefeld 1972, S. 39–45.

Bezeichnungen

Rücken

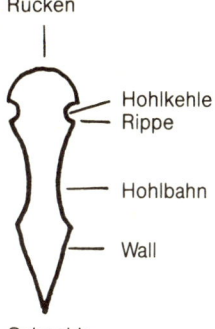

Schneide

a) volle zweischneidige Klinge
b) Gratklinge (rhomb. Querschnitt)
c) Sechskantklinge
d) volle Klinge mit flachem Rückem
e) volle Klinge mit rundem Rücken
f) Steckrückenklinge
g) zweibahnige Mittelrippenklinge

h) Zweibahnenklinge (Doppelhohle)
i) beiderseits einfach gekehlte Klinge
k) beiderseits doppelt gekehlte Klinge
l) Klinge mit beiderseitiger Hohlbahn
m) Dreikanthohlschliffklinge
n) Vierkanthohlschliffklinge

Abb. 4. Wichtige Querschnittsformen des Klingenblattes.

dem einfachen Gefäß ohne jeden Bügel das Kreuzgefäß, das Bügelgefäß und das Glockengefäß. Die militärischen Waffen dieser Zeit hatten vorwiegend Bügelgefäße. Die Benennungen sollen am Beispiel eines typischen Reiterdegens in Abbildung 5 gezeigt werden.

Griffwaffen wurden in Scheiden getragen. Diese sollten Verletzungen durch die Klinge verhüten, aber auch die empfindliche Schneide selbst schonen. Der Scheidenkörper bestand zunächst aus Holz mit Lederüberzug oder starkem Rindsleder, bei Reiterwaffen am Ende des 18. Jahrhunderts zunehmend aus Metall. Dazu wurde gewalztes Eisenblech über einen Dorn geschmiedet und zusammengelötet. Innen waren Scheiden mit Holz verspänt, damit die Klinge im Holzfutter festsaß und gleichzeitig die Schneide erhalten blieb. Oben befand sich die Einschuböffnung (Mundblech), unten das Ortblech mit dem Ortband.

Kurze Griffwaffen wie Dolche und Messer gehörten nicht zur regulären Bewaffnung. Sie waren persönliches Eigentum und dienten zur Selbstverteidigung oder als Werkzeug für den täglichen Gebrauch. Die Dolche waren für den Stich gedacht und hatten daher gerade schmale Klingen und symmetrische Griffe. Messer brauchte man primär zum Zerteilen, so hatten sie nur eine Schneide und aus praktischen Gründen einen asymmetrischen Griff. Für alle Übergänge vom Dolch bis zum Messer blieb die

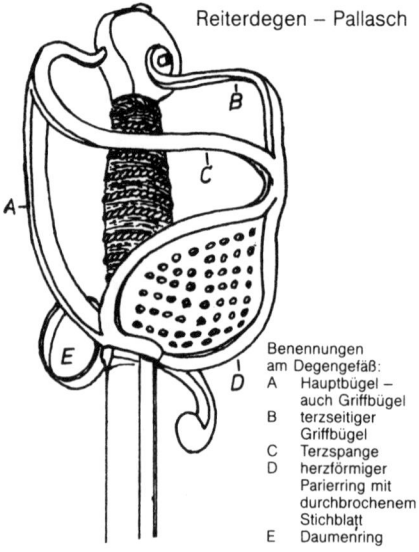

Reiterdegen – Pallasch

Benennungen
am Degengefäß:
A   Hauptbügel –
    auch Griffbügel
B   terzseitiger
    Griffbügel
C   Terzspange
D   herzförmiger
    Parierring mit
    durchbrochenem
    Stichblatt
E   Daumenring

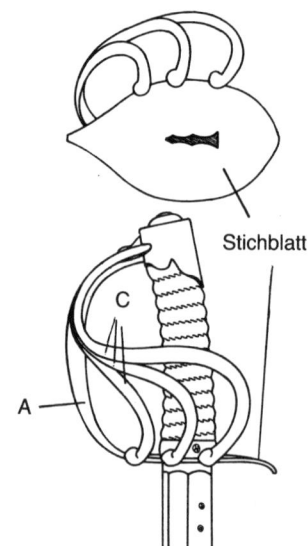

Stichblatt

Abb. 5.   Benennungen am Degengefäß.

Form der Klinge namengebend. Als Arbeitsgeräte, die gleichzeitig Waffen waren, hatten Pioniere, Artilleristen aber auch Jäger kürzere Griffwaffen, die Faschinen- und Haumesser und Hirschfänger, die an geeigneter Stelle besprochen werden.

Die langen Griffwaffen mit gerader Klinge waren aus dem mittelalterlichen Schwert entstanden. Besserer Stahl ließ die Klingen elastischer und damit auch leichter werden und führte somit zum Degen. Dieser Begriff und die dadurch gegebene Unterscheidung ist allerdings nur im deutschen Sprachraum üblich. Der Degen mit einer Klingenlänge von 75 bis 80 cm Länge blieb die Hauptbewaffnung des Infanterieoffiziers, war aber eine relativ leicht zerbrechliche Waffe für Hieb und Stich. Seine Handhabung forderte eine gewisse Übung und Geschicklichkeit. Die äußeren Formen blieben nahezu unverändert, doch bevorzugte man anstelle der bis dahin üblichen zweischneidigen nun einschneidige Rückenklingen. Nur die Spitze blieb zweischneidig, zur Gewichtserleichterung wurden Hohlkehlen eingearbeitet. Die Angel der Klinge, die bis dahin am Knauf des Degengefäßes vernietet war, begann man um 1815 mit dem Knaufknopf zu verschrauben. So ließ sich die Waffe notfalls leicht in ihre Bestandteile auseinandernehmen.

Länger und stabiler als der leichte Degen des Infanterieoffiziers blieb der Reiterdegen. Ursprünglich hatte er eine zweischneidige Klinge. Jedoch zu Beginn unseres Zeitraums setzte sich durchgehend die einschneidige Rückenklinge durch, ja, schon vorhandene zweischneidige Klingen wurden hinten abgeschliffen. Solche Reiterdegen nennt man auch Pallasch. Ihre Klingen sind zwischen 90 und 100 cm lang und entweder in der ganzen Länge gerade oder zumindestens in den ersten zwei Dritteln. Der letzte Teil konnte leicht gekrümmt sein, an der Spitze war er aber zweischneidig. Die Zeitgenossen haben bei den Benennungen keine großen Unterschiede gemacht, beide kommen nebeneinander vor und können das gleiche bedeuten.

Die Handhabung der Waffe erforderte viel Geschick und Übung, vor allem, wenn Hieb und Stoß miteinander verbunden wurde. Sollte der Hieb tief eindringen, mußte man den Gegner mit dem letzten Viertel der Klinge treffen, daher war richtige Abstandsschätzung wichtig. Ein Stoß war zudem für den Stechenden recht gefährlich, wenn er auf eine harte Stelle (Küraß, Bandelier) beim Gegner traf. Dann gab es Verstauchungen des Handgelenks und damit Wehrlosigkeit.

Der Degenkorb bestand zunächst bei den schweren Reitern oft aus einem Vollkorb, wie beim preußischen Kürassierdegen von 1733. Doch setzte sich als Handschutz meist ein Griffbügel mit Stichblatt und terzseitigen Nebenspangen durch. Maßgebend wurden hierfür die französischen Modelle AN IX und AN XI, die im Jahre

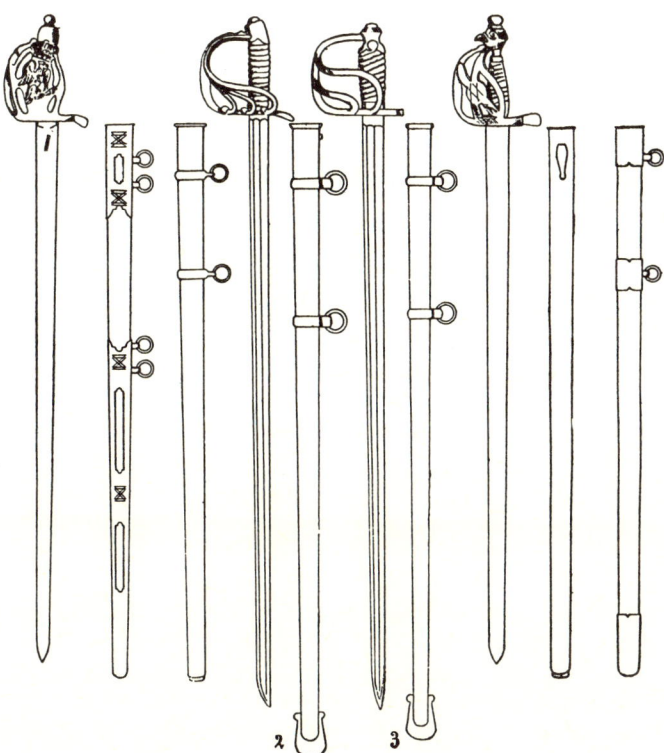

Abb. 6. Reiterdegen – Pallasche.
Von links: preuß. Kürassierdegen alter Art (von 1733), preuß. Kürassierdegen franz. Modell (ab 1814), preuß. Kürassierdegen, russ. Modell (ab 1819), preuß. Dragonerdegen von 1734.

33

1816 noch einmal verbessert wurden. Diese Muster übernahmen viele Staaten und behielten auch viele Stücke als Kriegsbeute im Dienst.

Eine Sonderform des Degens waren die Hirschfänger. Sie haben meist gerade, ein- oder zweischneidige Klingen von 50 bis 60 cm Länge, ein Gefäß mit asymmetrischem Griff, oft aus Horn, dazu kurze Parierstangen, auch kleines Stichblatt und gelegentlich einen Griffbügel. Weil zumindest anfangs, später auch in Notzeiten, die Jäger ihre Ausrüstung, also Büchse und Hirschfänger, selbst mitbrachten, gab es große Formenvielfalt. Stellte aber der Staat die Bewaffnung, so hatte man einheitliche Muster. Teilweise besaßen Hirschfänger am Griff einen länglichen Kasten, mit dem man sie auf einen Haken am Büchsenlauf aufschieben und so als Bajonett benutzen konnte. War die Klinge breit genug, konnte man sie auch als Haumesser benutzen. Daher verwendeten sie gelegentlich Artilleristen.

Griffwaffen mit gekrümmten Klingen nennt man Säbel. Sie fanden nun weite Verbreitung, auf die von einer Schutzrüstung entblößten Weichteile wie Muskel und

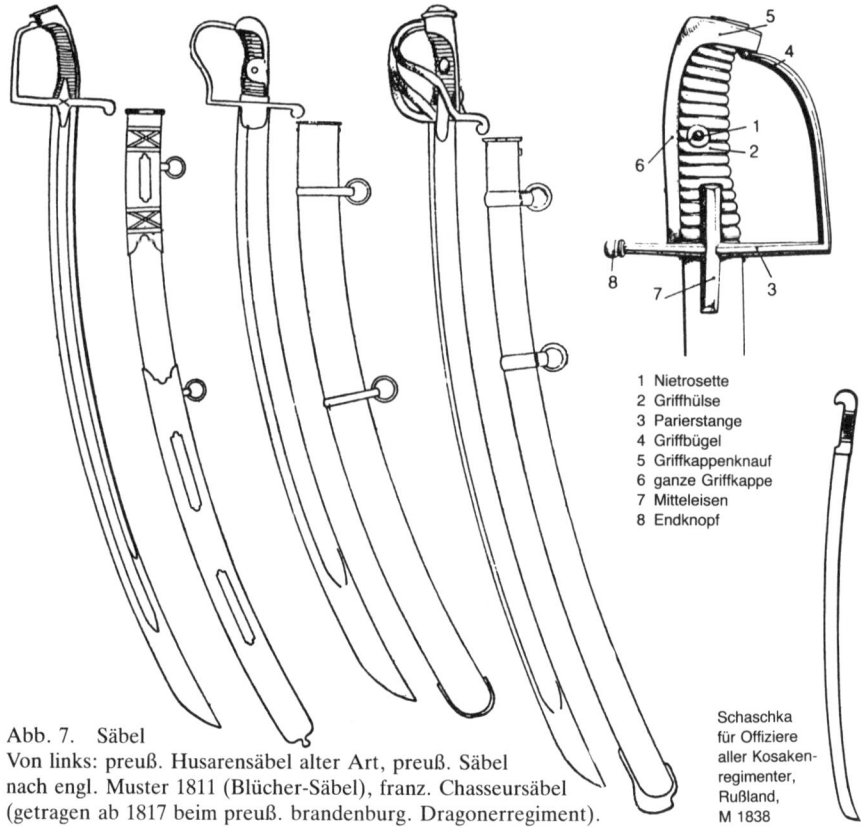

1 Nietrosette
2 Griffhülse
3 Parierstange
4 Griffbügel
5 Griffkappenknauf
6 ganze Griffkappe
7 Mitteleisen
8 Endknopf

Schaschka
für Offiziere
aller Kosaken-
regimenter,
Rußland,
M 1838

Abb. 7.   Säbel
Von links: preuß. Husarensäbel alter Art, preuß. Säbel nach engl. Muster 1811 (Blücher-Säbel), franz. Chasseursäbel (getragen ab 1817 beim preuß. brandenburg. Dragonerregiment).

Fleisch hatten sie große Wirkung. Denn zusätzlich zum Schlag und dem auch in gewissen Grenzen möglichen Stich konnte eine gekrümmte Klinge durch den »ziehenden« Schnitt wie ein Messer schneiden. Als reine Angriffswaffe war der Säbel gut im Handgemenge zu gebrauchen, weil mit ihm der Abstand nicht so sorgfältig bemessen werden mußte. Er traf fast überall mit gleicher Kraft, weil sich diese schon bei der letzten Hälfte der Klinge auf die Stelle konzentriert, wo die Schneide auftrifft. Die üblichen Reitersäbel entsprachen weitgehend dem schon bekannten ungarischen Typ mit seiner breiten, etwa 80 cm langen Klinge und einer relativ starken Pfeilhöhe von 50 bis 80 mm. Alle Klingen waren einschneidig mit Rücken und flachen Hohlkehlen, nur am Ort voll und dort zweischneidig. Dann hieß dieser Teil Schör. Die Gefäße bestanden aus einem oben nach vorn gezogenen Holzgriff, der mit Leder bezogen oder mit Draht umwickelt war. Oben saß eine Griffkappe, unten eine Parierstange mit Griffbügel und Mitteleisen. Typischer Vertreter dieser Bauart waren der altpreußische Husarensäbel und der aus England gekommene »Blüchersäbel«.

Daneben tauchen aber auch schon Gefäße auf, die terzseitige Nebenbügel oder sogar ein Stichblatt führen. Bekannt wurde hierbei die französische Version mit Griffbügel und zwei bis drei Nebenbügeln. Um 1830 erscheinen sogar Korbgefäße aus Stahlblech. Gleichzeitig wurden die Klingen schmaler, die Klingenkrümmung, also Pfeilhöhe verringerte sich, so daß der Säbel mehr zum Stich geeignet wurde. Damit war mit ihm nun auch eine Parade, also Abwehr eines Hiebes oder Stoßes möglich. Die Offiziersmuster entsprachen weitgehend denen der Mannschaft, waren dabei aber leichter und natürlich mehr künstlerisch verziert.

Als Seitenwaffen für die Offiziere der leichten Infanterie, der Jäger, Schützen und in Preußen der Füsiliere hatte sich anstatt des Degens der leichte Säbel eingebürgert. Dessen Klinge war gegenüber dem Reitersäbel erheblich schmaler, nur 70 bis 80 cm lang und ihre Pfeilhöhe geringer. Im oberen Drittel waren die Klingen meist gebläut, geätzt und reich verziert. Die Gefäße besaßen einfache Griffbügel mit schmalen Parierstangen, zum Teil auch Mitteleisen aus feuervergoldetem Messing, die Griffkappe war oft als Löwenkopf ausgebildet. Als modische Erscheinung wurden im Anklang an Napoleons Ägypten-Feldzug auch stark gekrümmte Mameluckensäbel geführt, die ein einfaches Kreuzgefäß mit Kettchen besaßen. Solche Waffen fand man nicht nur in Frankreich, sondern auch bei den Schützenoffizieren englischer und deutscher Truppen in britischem Sold.

Als nationale Besonderheiten des Säbels galten für die Völker Südosteuropas der Handschar, für die Kosacken Rußlands die Schaschka. Beide besaßen eine nur leicht gebogene Säbelklinge, die einschneidig und gekehlt war, mit einem einfachen Gefäß. Die Scheiden bestanden aus mit Leder bezogenem Holz. Die Schaschka war der Säbeltyp des Kaukasus, beim Handschar war der Knauf mit einer Kerbe versehen und so verbreitet, daß man ihn als Gewehrauflage nehmen konnte.

Im Laufe des 18. Jahrhunderts hatte auch bei der Infanterie der Säbel, wenn auch mit verkürzter Klinge, den bis dahin üblichen Degen verdrängt. In der Praxis zeigte sich aber, daß für den Infanteristen im Gefecht der Säbel überflüssig geworden war.

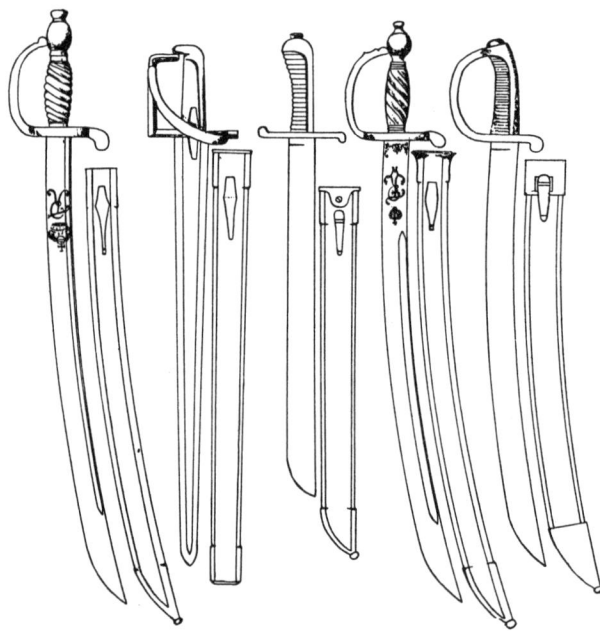

Abb. 8. Infanterie-Seitenwaffen.
Von links: Infanteriesäbel alter Art, Artilleriepallasch, Füsilierfaschinenmesser (M 1787), Infanteriesäbel mit Stichblatt von 1816, Infanteriesäbel franz. Musters (sabre briquet) ohne Stichblatt von 1818 (M AN IX).

So verzichtete man in einigen größeren Armeen wie Frankreich, England und Österreich, in Rußland ab 1807 auf ihn, jedoch nicht generell. Die Grenadiere behielten ihn als Elite zur Auszeichnung. Andere Mächte, wie zum Beispiel Preußen, führten ihn durchgehend. Die Klingen der Infanteriesäbel waren nur schwach gekrümmt und zwischen 50 bis 65 cm lang, dabei einschneidig und besonders am Rücken zur Gewichtsersparnis eingeschliffen. Man gebrauchte Bügelgefäße entweder mit einem Stichblatt, das herzförmig oder oval sein konnte oder ohne ein solches, wie es das berühmte französische Modell AN IX (sabre briquet) zeigt. Diese Waffe sollte das Standardmuster des Infanteriesäbels schlechthin werden. In Preußen wurde es als Modell ohne Stichblatt 1818 bezeichnet und für die Masse der Linieninfanterie verwendet, während die Garde Modelle mit Stichblatt besaß. Die Scheiden der Infanteriesäbel bestanden aus Rindsleder.

Bei den technischen Truppen wie der Artillerie, den Pionieren, aber auch bei leichten Infanteristen wurde der Infanteriesäbel als Seitengewehr weitgehend vom Faschinenmesser abgelöst. Das waren breitklingige Haumesser, die man brauchte, um Strauchwerk für Faschinen abzuschlagen, die aber gleichzeitig als Waffe dienen konnten. Das typische Faschinenmesser hatte eine gerade volle oder gekehlte Klinge, die an der Spitze auch geschweift sein konnte. Sie sollte vorderlastig sein, um die Wucht des Schlages zu erhöhen. Der Griff war als Kreuzgriff, der Knauf gelegentlich als Tierkopf gestaltet, die Scheiden aus Rindsleder.

Stangenwaffen und Bajonette

Unter Stangenwaffen versteht man geschäftete Blankwaffen, die länger als die Körpergröße eines Mannes sind. Für die Bewaffnung des Infanteristen waren sie in dem hier behandelten Zeitraum schon verschwunden. Sie hielten sich nur noch in den Spontons und Kurzgewehren als Dienstwaffen der Offiziere und Unteroffiziere in den in der Lineartaktik geschulten Berufsarmeen bis etwa zum Jahre 1808. Eine Ausnahme machten lediglich die britischen Unteroffiziere, die ihre Stangenwaffen erst 1826 endgültig ablegten. Einen Gefechtswert hatten die hier genannten Waffen niemals besessen. Beim Befreiungskrieg gegen Napoleon waren aber für die Landwehr und den Landsturm als Notbewaffnung Piken vorgesehen worden. Doch diese sind im Gefecht kaum jemals praktisch eingesetzt worden.

Bei der Reiterei wurde als Stangenwaffe die Lanze bedeutungsvoll. Sie hatte einen hölzernen Schaft, daran eine zweischneidige, öfter aber vierkantige Spitze. Um ein zu starkes Eindringen der Lanzenspitze, die ja den Reiter wehrlos machen würde, zu verhindern, setzte man in gewissem Abstand einen Knebel oder Stoßplatte. Diese Aufgabe konnte aber auch eine Lanzenflagge übernehmen, die einmal als Unterscheidungszeichen galt und zudem einen militärisch imposanten Anblick bot. Am unteren Ende der Lanze saß ein eiserner Spitzschuh, um diese bequem in den Boden einzustechen. Reiterlanzen waren damals zwischen 2,65 m und 3,16 m lang.

Für den Gebrauch der Lanzen gab es eigene Regeln. Entscheidend war eine gute Ausbildung von Reiter und Pferd, weil für wenig Geübte die Lanze nur hinderlich war. Ihr großer Vorteil lag im Angriff, der Verfolgung und im Kampf gegen auf dem Boden hockende Infanteristen. Denn der Gegner konnte schon außer Gefecht gesetzt werden, ehe er seine Blankwaffe einzusetzen vermochte. Zum Gebrauch benötigte man reichlich Raum, weil ja im Handgemenge eine längere Waffe immer nachteilig ist.

Schon zu Beginn des 18. Jahrhunderts war die Pike aus der Bewaffnung des Fußvolks verdrängt worden. Hierzu beigetragen hatte die verbesserte Ladeweise des Feuergewehrs durch das Steinschloß und der Gebrauch des Bajonettes. Eigentlich ist das Bajonett als Beiwaffe des Feuergewehrs zu betrachten, doch berührt es die blanken Waffen in mehrfacher Weise. Allgemein hatte sich das Dillenbajonett durchgesetzt, bei dem eine eiserne Hülse, die Dille oder Tülle, über die Laufmündung geschoben wurde. Mit dieser Dille war die Klinge mit einem horizontal abgeknickten Arm verbunden. So konnte man auch mit aufgesetztem Bajonett laden und schießen. Als Klingenform hatte sich das Dolchbajonett durchgesetzt, denn es war bei dem damaligen Stand der Eisentechnik leichter und stabiler, belastete daher das Gewehr kaum

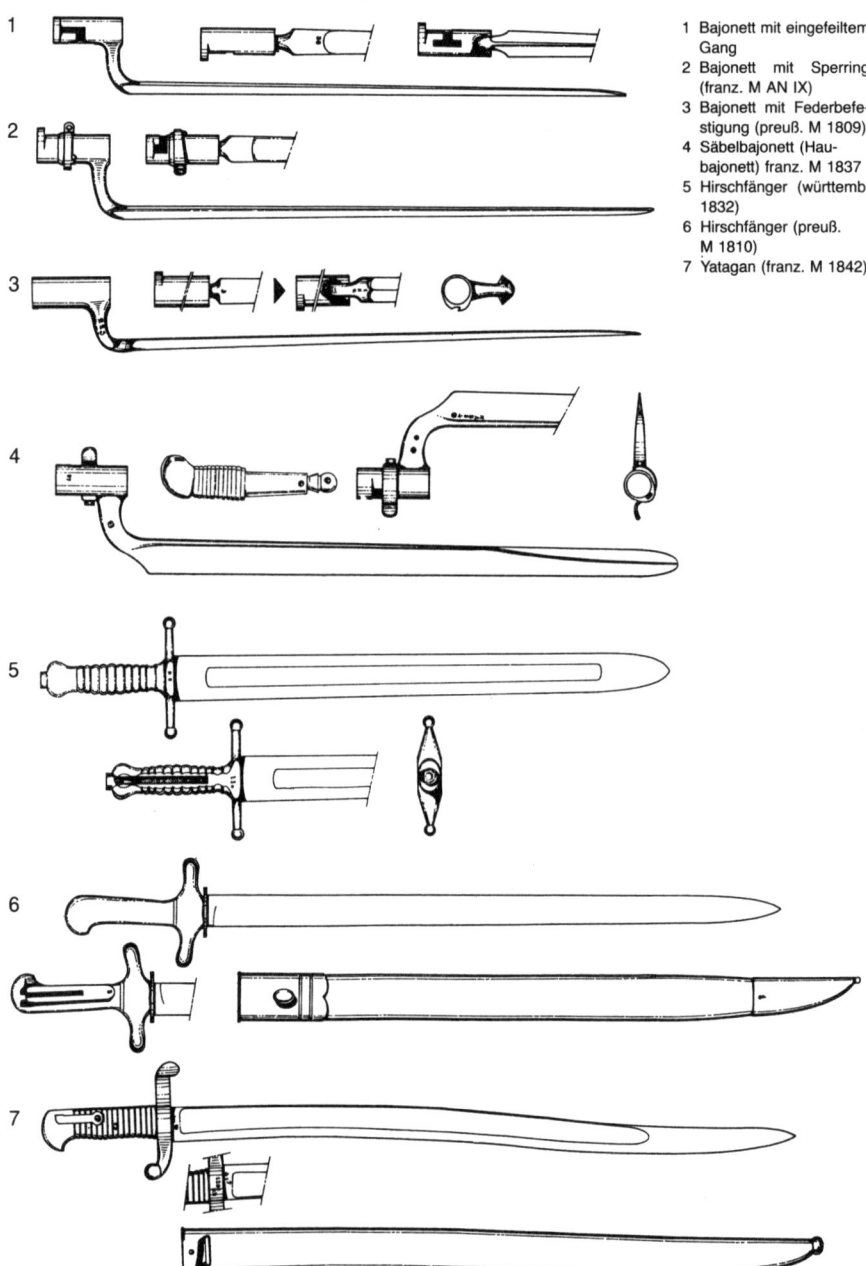

1 Bajonett mit eingefeiltem Gang
2 Bajonett mit Sperring (franz. M AN IX)
3 Bajonett mit Federbefestigung (preuß. M 1809)
4 Säbelbajonett (Haubajonett) franz. M 1837
5 Hirschfänger (württemb. 1832)
6 Hirschfänger (preuß. M 1810)
7 Yatagan (franz. M 1842)

Abb. 9. Bajonette und aufpflanzbare Seitengewehre.

und konnte so ständig auf dem Gewehr bleiben. Die Klingen selbst waren drei- oder vierschneidig und meist ausgekehlt. Im abgenommenen Zustand war diese Waffe allerdings nahezu bedeutungslos. Daneben gab es aber auch Haubajonette mit einer breiteren Klinge in Säbel- oder Messerform. Sie belasteten das Gewehr stärker, abgenommen konnte man sie als Stich- oder Hiebwaffe brauchen, doch war dieses taktisch bedeutungslos. Solche Bajonette benutzte man gelegentlich als Haumesser für Faschinen und Lagerarbeiten.

Um die Bajonette sicher auf dem Lauf zu befestigen, feilte man in die Dille einen zweifach geknickten Gang zur Aufnahme eines auf den Lauf gelöteten Kornes oder eines Bajonetthaftes. Noch sicherer war ein zusätzliches Festklemmen mit Hilfe eines Sperringes, der mit einer Schraube angezogen wurde. Diese Befestigung zog man in Frankreich vor. Einfacher war das Halten durch eine unter dem Lauf angebrachte Feder, die in eine Aussparung am Außenwulst der Dille griff. An Büchsen befestigte man anstelle eines Bajonetts oft die Seitenwaffe des Jägers, den Hirschfänger. Das geschah mit Hilfe eines an den Griff angelöteten Metallrahmens, den man über einen an der Laufseite sitzenden Haken schob. Aus dieser Hirschfängerbefestigung sollte sich um 1840 die spätere Methode des Aufpflanzens entwickeln. Ein messerartiges Griffbajonett (Yatagan) bekam in den Griffrücken eine Nut, mit der der Griff auf eine an den Lauf angebrachte Schiene geschoben wurde. Das Gegenlager bildete die Parierstange der Waffe, die, mit einer entsprechenden Bohrung versehen, über die Laufmündung geschoben wurde. Gegen Abfallen war die aufgepflanzte Seitenwaffe durch eine Blattfeder mit Drücker und Sperre gesichert. Damit war ein vielseitig verwendbares Seitengewehr geschaffen, das gleichzeitig kurzer Säbel, Haumesser und Bajonett sein konnte.

Die Feuerwaffen

Im Gegensatz ztu den blanken Waffen, die unmittelbar für den Kampf Mann gegen Mann bestimmt waren, sollten Fernewaffen einen Gegner schon auf Entfernung außer Gefecht setzen. Sie brauchten dafür Geschosse, die entweder durch Ausnutzung der Spannkraft elastischer Stoffe oder durch Pulverkraft getrieben wurden. Zu Waffen der ersten Art gehören Bogen und Armbrust. Doch benutzte man in unserem Zeitabschnitt die Armbrust nur gelegentlich zur Jagd, den Bogen führten militärisch nur noch russische Hilfsvölker, wie Kirgisen und Kalmücken. Außer einem Fall, bei dem eine Militärwaffe mit komprimierter Luft betrieben wurde, beruhten alle Fernwaffen praktisch auf der Kraft der Pulvergase. Daher kann man sie jetzt generell als Feuerwaffen bezeichnen. Die Kenntnis ihres Hauptantriebsmittels soll am Anfang unserer Betrachtung stehen.

Das Schießpulver

Das bekannte Schwarzpulver als ältester eigentlicher Sprengstoff war immer noch das allein verwendete Schieß- und Sprengmittel. Charakteristisch war seine relativ plötzliche und gleichmäßige Kraftabgabe bei einer Verbrennung durch schlagartiges Freiwerden der Pulvergase. Man hatte zunächst empirisch, dann auch durch theoretische Einsichten und Überlegungen erkannt, daß es bei der Qualität des Pulvers mehr auf die Güte seiner Bestandteile als auf deren bestimmte Zusammensetzung ankommt. So gab es in verschiedenen Staaten und für bestimmte Zwecke kleine Verschiedenheiten im Mengenverhältnis, allgemein hatte es sich aber auf etwa 75 Prozent Salpeter, 11 Prozent Schwefel und 14 Prozent Kohle eingependelt. Eine Änderung dieses Verhältnisses beeinflußte die Wirkung. Vergrößerte man den Salpetergehalt, stieg die Entzündlichkeit und die Verpuffungskraft, nahm man mehr Kohle, verringerte sie sich. Pulverkörner verbrannten schneller als Pulverstaub, doch kleinere Körner rascher als größere. Die Schnelligkeit der Pulververbrennung spielte eine große Rolle für seine Verwendung. Zum Sprengen sollte Pulver sehr rasch verbrennen, um stoßartig zu wirken, zum Treiben von Geschossen solange, um die gesamte Rohrlänge auszunutzen, bei Raketentreibsätzen oder Feuerwerkskörpern die Kraft aber über einen längeren Zeitraum abgegeben werden.

Wesentlich war allein die hohe Qualität der Ausgangsstoffe Salpeter, Schwefel und Kohle. Wichtigster war der Salpeter, der als Kalisalpeter (KNO_3) oder Natriumsalpeter ($NaONO_3$) vorkommen konnte. Der Kalisalpeter eignete sich besser für Pulver, weil sich der Natronsalpeter hygroskopisch verhielt, also leicht Feuchtigkeit anzog und zudem stärkere Rückstände hinterließ. Auf die Gewinnung ist bereits im vorherigen Band eingegangen worden[22]. Sie änderte sich in diesem Zeitabschnitt praktisch kaum, wenn auch nach dem Jahre 1820 der in Chile entdeckte Natursalpeter bekannt war. Schwefel kam immer noch als Stangenschwefel aus Italien. Die Holzkohle gewann man durchgehend jetzt statt in Meilern in geschlossenen Öfen in der Art einer Retorte, wodurch sie viel reiner und brauchbarer anfiel.

Um ein möglichst inniges Gemisch zu erreichen, mußten die einzelnen Bestandteile fein zerkleinert und miteinander vermischt werden. Dafür brauchte man mit Wasserkraft oder durch Pferde angetriebene Stampfmühlen sowie die neuen Walzmühlen. Bis zu der Mitte des 18. Jahrhunderts geschah das »Kleinen« und »Mengen« in einem Arbeitsgang. Danach pflegte man die Bestandteile erst einzeln zu kleinen, weil das viel ungefährlicher war.

Bei den Stampfmühlen kam das Pulver in trogartige Gruben oder Mulden aus hartem Holz, die mit Messing ausgeschlagen waren. In diese Mulden fielen durch ihr eigenes Gewicht etwa 4,5 Meter lange Stampfbäume, die jeweils einen halben Meter durch die Nocken eines Rundbaumes angehoben wurden. Der Stampfvorgang ging mit ungefähr 55 Stößen in der Minute vor sich und dauerte mit 20 Pfund Pulver je

---

22 Siehe Band II/1 dieser Reihe: G. Ortenburg: Waffe und Waffengebrauch im Zeitalter der Kabinettskriege, Koblenz 1986, S. 49 ff.

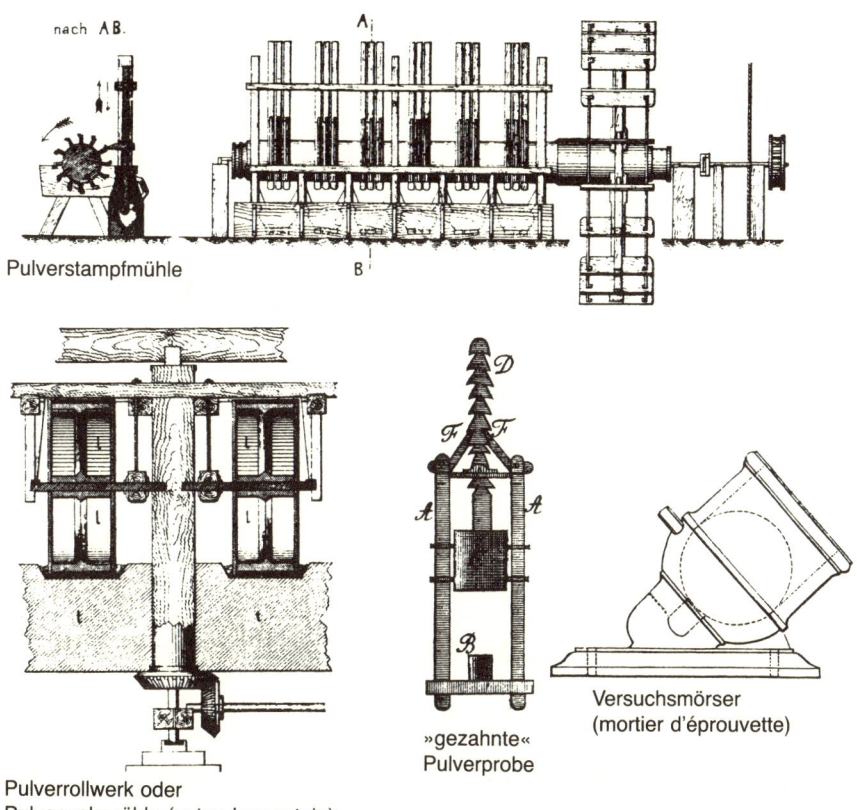

nach **AB**.

Pulverstampfmühle

Pulverrollwerk oder
Pulverwalzmühle (unten Lagerstein)

»gezahnte«
Pulverprobe

Versuchsmörser
(mortier d'éprouvette)

Abb. 10. Pulvermühlen und Pulverproben.

Grube 24 bis 30 Stunden. Alle vier Stunden mußte nachgefeuchtet werden, um die
Gefahr der Selbstzündung zu bannen.

Eine Verbesserung brachten die schon für das Kornmahlen bekannten Walzmühlen, auch Pulverrollmühlen genannt, weil sie schneller und sicherer arbeiteten. Von
einem sich drehenden Rundbaum geführt, liefen zwei Räder (Läufer) aus Bronze,
Gußeisen oder Marmor von zylindrischer oder leicht konischer Form und etwa
1,35 Meter Durchmesser auf einer Unterlage von hartem Holz oder einem marmor-
nem Läuferstein. Das Gewicht eines solchen Läufers lag zwischen 2500 und 5000
Kilogramm; das Walzenpaar drehte sich etwa achtmal in der Minute. Zunächst wurde
der Salpeter extra gekleint, dann Schwefel und Kohle zusammen. Aus Sicherheits-
gründen nahm man zum Mengen dieser Bestandteile nur bis zu 60 Pfund. Auch hier
war regelmäßiges Nachfeuchten notwendig.

41

In Frankreich kleinte man die Ausgangsstoffe in Holzfässern, die bis zu 30mal in der Minute um eine Welle liefen. In jedem Faß befanden sich 75 Pfund Satz und 80 Pfund Metallkugeln von etwa 18 mm Durchmesser. Durch die Bewegung dieser Kugeln war der Satz schon nach zwei Stunden völlig durchrieben.

Das auf diese Weise hergestellte Pulver war staubförmig. Dadurch konnten sich beim Transport die einzelnen Bestandteile wieder leicht entmischen sowie Feuchtigkeit anziehen. Beim Laden blieb ein solches Mehlpulver an den Laufwänden hängen, vor allem geschah die Verbrennung erheblich langsamer und war dadurch weniger kräftig. Deshalb pflegte man das Pulver zu körnen. Das geschah mit Hilfe von belasteten Holzscheiben, die den zerschlagenen Pulverkuchen durch Siebe drückten. Danach kamen die Körner in Trommeln oder Fässer, in denen durch Wälzen die Kanten der Körner abgeschliffen wurden. Das nannte man Runden, Schleifen oder Polieren. Sodann breitete man das Pulver auf Leinwandrahmen aus und trocknete nach, zuletzt kam das Sortieren nach Korngrößen mit Hilfe verschiedener Siebe. Meist waren es drei von unterschiedlicher Maschenweite, die dann die üblichen Pulversorten für die Praxis ergaben: grobes Korn für die Geschütze, mittleres Korn für die Handfeuerwaffen und feines Korn, auch als »Pirschpulver« bezeichnet, für die Büchsen.

Für Aufbewahrung und Transport des Pulvers nahm man Fässer aus trockenem Tannenholz, die zum Schutz vor Feuchtigkeit teilweise Überzüge aus Drell erhielten. In solchen Holztonnen hielt sich Pulver lose eingeschüttet am besten, schlechter in Säcken. Wurde Pulver feucht, begannen seine Bestandteile zu verklumpen. Damit war es verdorben oder wie der Feuerwerker sagt »verkuckt«. Um das zu verhindern, wurde das in Magazinen aufbewahrte Pulver von Zeit zu Zeit »gesonnt«, das heißt bei trockenem Wetter an der Luft der Sonne ausgesetzt. Die Kosten für einen Zentner Pulver betrugen im Jahre 1813 in Preußen von 45 bis 50 Taler, eine damals erhebliche Summe[23].

Schon zu Beginn des hier behandelten Zeitraumes hatten sich die Anschauungen über den Verbrennungsprozeß auf eine neue wissenschaftliche Grundlage gestellt. Hierbei wirkte maßgebend der bekannte Lavoisier, damals Leiter der französischen Pulvermühlen, mit, der die Verbrennung als Verbindung eines brennbaren Stoffes mit Sauerstoff erkannte. Daraus entstand eine eigene Spezialwissenschaft über die Theorie der Sprengstoffe[24]. Aber schon in der Praxis hatte man damals empirisch erkannt, daß die Kraft des Pulvers von mehreren Faktoren abhängen muß:

1. von reinen Bestandteilen und ihrem richtigen Mischungsverhältnis zueinander,
2. von der Schnelligkeit der Verbrennung,
3. von der Zusammenpressung des Pulvers sowie
4. von der Festigkeit und Form seiner Einschließung.

23 Großer Generalstab: Das Preußische Heer im Jahre 1813, Bd. 2, Berlin 1914, S. 413.
24 Eine kurze brauchbare Abhandlung findet man bei R. Biedermann: Die Sprengstoffe, Leipzig 1910 (Reihe »Aus Natur und Geisteswelt«, Bd. 286).

Zur Untersuchung der Wirkung gab es noch die älteren »gezahnten« Proben, bei denen in einem kleinen Behältnis eine geringe Pulvermenge bei Zündung eine Abdeckung hochschleuderte, die an einer gezähnten Stange geführt am obersten Punkt hängenblieb. Diese Höhe galt als Maß für die Güte, war aber relativ ungenau. Daher hatte sich für militärische Zwecke der Probiermörser durchgesetzt. Das war ein genau gearbeiteter Mörser mit 45 Grad Rohrerhöhung. Man lud stets die gleiche Pulvermenge (meist 6 Lot), setzte darauf eine gut passende sechzigpfündige Eisenkugel und tat fünf Würfe hintereinander. Der Mittelwert dieser Wurfweiten galt dann als Maß für die Beurteilung des Pulvers.

Normales Schwarzpulver zündete nur, wenn es mit einem kräftig glühenden Körper in Berührung kam. Das konnten die hellbrennende Luntenspitze, ein Zündlicht oder vom Feuerstein von der Batterie des Steinschlosses losgerissene glühende Stahlsplitter sein. Waren diese Voraussetzungen nicht gegeben oder wurden die Funken vom Wind verweht und durch Regen verhindert, kam es zur Fehlzündung. Das geschah fast bei jedem siebenten Schuß. Eine Abhilfe kündigte sich an, als neuentdeckte chemische Zündmassen zur Verfügung standen.

Um die Kraft des alten Schwarzpulvers zu steigern, versuchte 1786 der französische Chemiker Berthelot, den Salpeter durch etwas anderes zu ersetzen und nahm dabei auch Salze des Chlors. Er fand einen relativ leicht herstellbaren Stoff von bequemer Entzündbarkeit durch Stoß und Schlag sowie großer Explosionsfähigkeit und nannte ihn »überoxidiertes salzsaures Kali«. Vermischte man dieses chlorsaure Kali mit Schwefel und Kohle, so erhielt man ein Knallzündpulver. War dieses angefeuchtet, ließ es sich leicht und ohne Gefahr verarbeiten, sein Nachteil war, daß es auch Metallteile angriff. Kurz darauf fand der Engländer Howard das knallsaure Quecksilberoxid, indem er Quecksilber mit Salpetersäure behandelte und in Alkohol auflöste. Dabei bildeten sich weiße seidenglänzende Kristallnadeln, die bei Stoß, Schlag und Reiben an harten Körpern heftig explodierten. Als Stoff mit ähnlichen Eigenschaften kam das Knallsilber hinzu.

Es zeigte sich schnell, daß alle diese Stoffe stärker als das normale Pulver waren, dabei aber mehr einen sprengenden als treibenden Charakter aufwiesen. Deshalb konnte man sie nicht als Treibladungen für Geschosse brauchen, hervorragend aber für die Zündung der Ladung. Eine kleine Menge brachte schon einen kräftigen Feuerstrahl hervor. So benutzte man sie schon in den ersten zwei Jahrzehnten des 19. Jahrhunderts bei verschiedenen Jagdwaffen und bezeichnete diese Zündungsart als »chemische Schlösser«. Es gab eine große Zahl von Lösungsversuchen, Schloßvarianten und Patenten, bei denen die Zündmasse in Form von Pillen, Pulver, Körnchen, Röhrchen und Hütchen eingesetzt wurde.

Das Knallsilber schied, auch seines Preises wegen, bald aus der Betrachtung aus. Das Knallquecksilber war rein zwar sehr leicht entzündlich und schonte das Metall der Waffe, doch seine Flamme war nicht allzu intensiv, so daß die Treibladung gelegentlich ungezündet blieb. Mischte man Knallquecksilber Salpeter bei, wurde zwar die Flamme kräftiger, doch ging die Entzündlichkeit zurück[25]. So nahm man für Militärwaffen meist den einfach herzustellenden und ungefährlich zu verarbeitenden Chlorkalisatz. Versuche begannen in Deutschland um 1824 in Weimar, dann in Hannover und auch in den anderen Armeen. Der Satz wurde in Form von Zündpillen, die man durch einen Firnis- oder Wachsüberzug vor Feuchtigkeit schützen wollte, in Zündwürsten oder in gerollte Metallröhrchen gepackt, ausprobiert. Erfolg hatte man erst, als man die bereits 1818 vom Engländer Josef Egg gefundenen Metallhütchen aus Kupfer nahm, die ausreichend lager- und transportfähig waren. Anfangsschwierigkeiten ergaben sich dadurch, daß beim notwendigen Zündungsschlag Teilchen der durch das Herstellungsverfahren »Ziehen« hart und spröde gewordenen Kupferhülle wegspritzten und das Auge des Schützen gefährdeten. Auch löste sich das abgeschossene Hütchen nur sehr schwer, so daß es umständlich mit einem Werkzeug entfernt werden mußte. Man half sich, indem man nach dem Ziehen durch Ausglühen die Hütchen wieder weich machte und zudem die Wandungen der Kupferhülle anritzte, um Sollbruchstellen zu schaffen. Damit die doch recht groben Soldatenfinger die kleinen Hütchen besser ergreifen konnten, versah man sie auf Vorschlag des hannoverschen Generalmajors Röttiger von 1828 mit nach auswärts gebogenen Krempen oder Flügeln[26].

Die Versuche mit dieser Zündungsart (in Preußen ab 1827) umfaßten Vergleiche von Zündhütchen aus Kupfer und Blei, Proben ihrer Haltbarkeit, der Sicherheit der Zündung, der Wirkung des Schusses und der Ladegeschwindigkeit. Als Ergebnisse fand man:

1. eine sichere Zündung der Ladung bei jedem Wetter. Die Häufigkeit von Zündversagern war beim alten Steinschloß 64mal größer;
2. eine Ersparnis bei der Pulverladung der Patrone, da die Verluste des Aufschüttens auf die Pfanne entfielen. Es genügten nun 6,6 statt 10,8 Gramm Pulver;
3. eine damit verbundene genauere Ladungsbemessung und dadurch gleichmäßigere Schießergebnisse;
4. eine Vereinfachung der Ladegriffe.

Als Folge wurden in allen Armeen die Steinschlösser nach und nach durch die chemischen Schlösser abgelöst und damit die sogenannte Perkussionszündung angenommen.

Die Handfeuerwaffen

Alle Feuerwaffen, die ein Mann allein tragen, bedienen und anwenden konnte, rechnete man zu den Handfeuerwaffen. Es zählten also auch dazu die nur mit einer Hand

25 M. Thierbach: Die geschichtliche Entwicklung der Handfeuerwaffen, Dresden 1886, S. 117 f.
26 H.-D. Götz: Militärgewehre und Pistolen der deutschen Staaten 1800–1870, Stuttgart 1978, S. 114.

bedienbaren Faustfeuerwaffen. Die entscheidende Wichtigkeit aller dieser Waffen zeigt der nun schon erfolgte Bedeutungswandel des Begriffes »Gewehr«. Wurde er in der Vergangenheit für jede Art der Trutzwaffen gebraucht, bezog man ihn nun nahezu ausschließlich auf das Feuergewehr. Gleichzeitig war dieses (Feuer)Gewehr nicht nur die Hauptwaffe der Armeen, sondern stellte auch das einzige relevante Kampfinstrument von einiger technischer Komplexität dar[27].

Sieht man davon ab, daß – zumindest theoretisch – schon 1841 in Preußen die Zeit des Hinterladegewehrs begann[28], ist die beherrschende Waffe dieses Zeitraums das Vorderladegewehr, wie es sich schon im 18. Jahrhundert ausgebildet hatte. Es war bei der Infanterie fast aller Armeen bis in die 60er Jahre hinein die Hauptbewaffnung, bei den anderen Waffengattungen noch darüber hinaus. Bis in das vierte Jahrzehnt des 19. Jahrhunderts änderte sich die Leistung der Waffen gegenüber dem vorhergehenden Zeitraum kaum wesentlich. Erst dann brachten die Einführung gezogener Läufe mit verbesserten Geschossen und der neuen Zündungsart durch die Perkussion eine starke Leistungssteigerung.

Das übliche Feuergewehr besaß einen langen glatten Lauf, bei dem die Ladung von vorn, also von der Laufmündung her eingebracht wurde. Die dafür verwandte Kugel mußte kleiner als der Laufinnendurchmesser sein, somit von selbst in den Lauf rollen. Man bezeichnete sie daher als »Rollkugel«. Sie war notwendig, weil sich die Rückstände bei der Pulververbrennung im Lauf absetzten, diesen verkrusteten und rauh machten. So forderte dieser kleiner werdende Laufinnendurchmesser Spielraum, um noch die zehnte oder gar zwanzigste Kugel laden zu können. Andererseits schlotterte bei soviel Spielraum die Kugel beim Schuß, eine genaue Führung war nicht möglich. Daher verzichtete man weitgehend auf Zieleinrichtungen und suchte dafür möglichst schnell und gemeinsam zu schießen, das Gewehr wurde fast waagerecht gehalten. Die Masse sollte so die fehlende Qualität des Einzelschusses ersetzen. Die Stationen auf diesem Wege waren das schnelle Laden mit Papierpatronen, schnellere Zündung durch das Steinschloß, stählerner Ladestock und konisches Zündloch sowie ein unablässiges Üben durch mechanischen Drill. Die wirksamen Schußweiten gingen kaum über 300 m hinaus, nur auf kürzere Entfernung waren die Schießergebnisse zufriedenstellend.

Das glatte Gewehr des Infanteristen hieß nach dem zur Zündung benutzten Steinschloß meist Flinte (franz. fusil), nur in wenigen Armeen noch traditionell Muskete. Der Name war vom Feuerstein, dem Flintstein, abgeleitet, der zur Erzeugung des Zündfunkens diente. Die Feuergewehre der Reiter nannte man im deutschen Sprachraum Karabiner, in Frankreich musquetons. Neben den Waffen mit glattem Lauf gab es solche mit gezogenem Lauf. Sie hießen Büchsen, Reiterwaffen mit gezogenem Lauf, aber in Frankreich carabine.

---

27 W. Mosen: Eine Militärsoziologie, Neuwied, Berlin 1967, S. 13.
28 Praktisch ist das Zündnadelgewehr erst im Jahre 1849 in wenigen Fällen (Dresden, Schleswig und Baden) eingesetzt worden. Nur Füsiliere waren mit ihm bewaffnet.

Hauptbestandteile eines Feuergewehrs sind Lauf, Schaft, Zündmechanismus (Schloß) und Zubehör wie Garnitur, Ladestock und Bajonett. Wichtigster Teil, der auch die Qualität der Waffe bestimmte, war der Lauf. Er mußte dem Verbrennungsdruck standhalten und die Kugel führen können. Seine Länge wurde von der Größe des Mannes und dem zulässigen Waffengewicht bestimmt. Denn je länger der Lauf, desto weiter ging die Kugel. So lagen die Lauflängen zwischen 100 und 115 cm. Der Laufinnendurchmesser hieß Laufkaliber. Dieses konnte bei englischen und altpreußischen Waffen recht groß sein (18,6 bis 20 mm), bei Reiterwaffen sowie dem kleinkalibrigen Nothard-Gewehr nur 16 mm haben, betrug aber meist zwischen 17,5 und 17,6 mm in Frankreich und Österreich. Kaliberschwankungen bis zu 0,5 mm waren keine Seltenheit. Demnach mußte das Kugelkaliber kleiner sein. Als ausreichend galten ein Spielraum von 1,1 bis 1,8 mm. Wurde er zu groß, verlor der Schuß an Wirkung, war er zu klein, wurde der Rückstoß zu stark und der Lauf verschmandete leicht, setzte sich also mit Pulverschleim zu. Obwohl man schon erkannt hatte, daß ballistisch kleinere Kaliber vorteilhafter waren, blieb man aber bei einem größeren, um im Falle der Not auf Munition des Gegners oder Verbündeten zurückgreifen zu können.

Mit dem Kaliber hing die Eisenstärke des Laufes zusammen. Die Ladung wurde im Kammerraum (Pulversack) gezündet. Hier gab es, bis die Kugel sich in Bewegung setzte, wenig Raum und daher den größten Druck. So war hier die größte Stärke nötig, nach der Mündung zu durfte sie abnehmen, entsprechend dem abnehmenden Druck der Pulvergase. Eisenstärken, die einer doppelten Pulverladung genügten, galten als ausreichend. Nach hinten wurde der Lauf durch eine Schwanzschraube verschlossen, die in ein Gewinde, das in die Laufinnenbohrung geschnitten war, geschraubt wurde. An der Schwanzschraube befand sich rückwärts ein senkrechtes Kreuzteil mit dem Schweif, das genau in die Ausstechungen des Schaftes paßte. Durch den Schweif ging als hintere Befestigung des Laufes am Schaft die Kreuzschraube.

Um den Lauf handhaben zu können, saß er in einem hölzernen Schaft. Am geeignetsten waren zähe und relativ harte Sorten wie Nußbaum, Ahorn, notfalls die billige Weißbuche. Noch im 18. Jahrhundert galt es als elegant, das Gewehr beim Exerzieren steil zu halten. So gab man dem Kolben eine steile Schäftung und ließ die Nase nach oben ausschweifen, der »Kuhfuß« war entstanden. Damit ließ sich aber kaum richtig zielen. So hatten dann die Büchsen, zunehmend auch die glatten Infanterieflinten wieder eine vernünftige Kolbensenkung. Die Befestigung des Laufes am Schaft geschah durch Stifte und die Schwanzschraube. Dafür waren an der Unterseite des Laufes Hafte angelötet, durch deren Bohrungen die Stifte gingen. Eine bessere und schonendere Befestigung waren aber die Laufringe, auch Bünde genannt, die zunächst bei der österreichischen Kommißflinte, dann beim französischen Gewehr von 1777 gebraucht, sich überall durchsetzten.

Bei allen Waffen wurde die Ladung von außen durch ein durch die Laufwandung gehendes Zündloch gezündet. Abgesehen von wenigen Ausnahmen in Spanien und

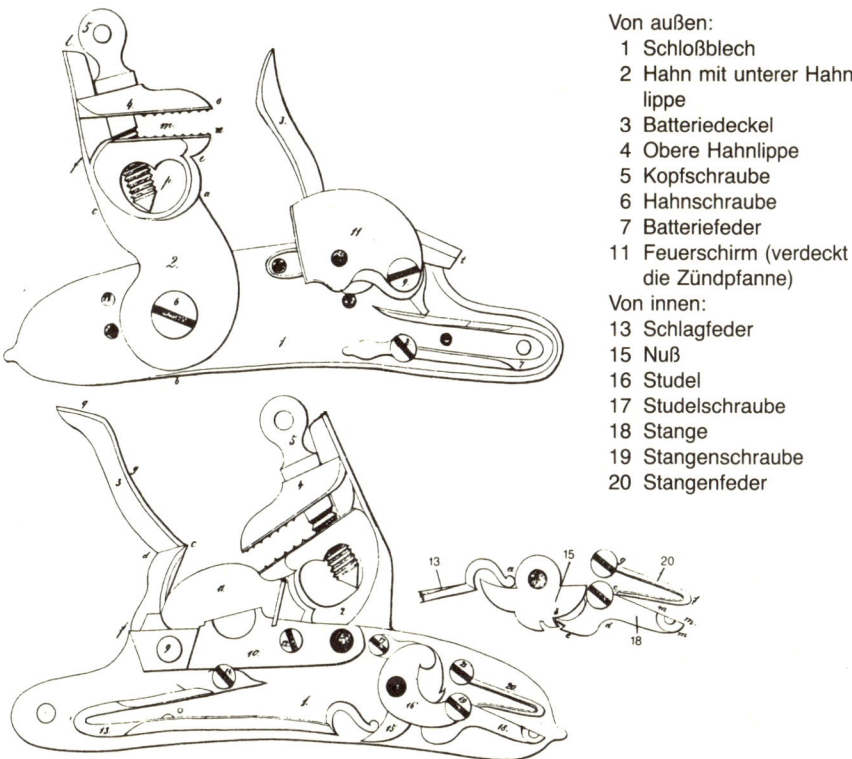

Von außen:
1 Schloßblech
2 Hahn mit unterer Hahn-
  lippe
3 Batteriedeckel
4 Obere Hahnlippe
5 Kopfschraube
6 Hahnschraube
7 Batteriefeder
11 Feuerschirm (verdeckt
   die Zündpfanne)
Von innen:
13 Schlagfeder
15 Nuß
16 Studel
17 Studelschraube
18 Stange
19 Stangenschraube
20 Stangenfeder

Abb. 11.   Schloß des neupreußischen Gewehrs.

Österreich, hatte sich überall das Stein- oder Batterieschloß, auch Flintenschloß oder »französisches« Schloß genannt, durchgesetzt. Sein eigentliches Kennzeichen wurde die Nuß mit ihren beiden Rasten (Einkerbungen), in die der Stangenschnabel greifen konnte. Durch Aufziehen des Hahns, der auf der Vierkantwelle der Nuß saß, wurde diese gedreht, und die Nase der Abzugsstange konnte in die Rast greifen. Die Nuß selbst ist beiderseits fest im Schloßblech und der Studel gelagert und hatte beim Zurückziehen des Hahnes die Schlagfeder gespannt. Bei Druck auf den Abzug wurde die Abzugsstange gegen die Kraft der Stangenfeder gehoben, und die Nase glitt aus der Rast. Damit konnte die gespannte Schlagfeder die Nuß und auch den Hahn kräftig nach vorn schlagen. Der eingespannte Feuerstein traf dann in gekrümmter Bahn auf die verstählte Schlagfläche der Batterie, riß die Zündfunken und öffnete dabei gleichzeitig die Pulverpfanne, in die nun die Funken fallen konnten. War die Schlagfeder nicht ganz gespannt, also der Hahn nicht weit genug zurückgezogen worden, saß die Stangennase nur in der vordersten Rast, der »Ruhrast«. Dann war der Abzug gesperrt und eine besondere Sicherung nicht notwendig. Trotzdem gab es,

47

besonders bei Reiterwaffen, auch Sicherungen, bei denen außen ein Haken in eine Einfeilung des Hahnes griff.

Bei einem solchen Steinschloß mußte sehr sorgfältig auf das Kraftverhältnis von Schlagfeder und Batteriefeder geachtet werden. War nämlich die Hahnkraft zu groß, der Widerstand der Batterie damit zu gering, flog die Batterie zwar leicht auf, es entstanden aber kaum Funken. Umgekehrt gab es zwar kräftige Funken, doch ging die Batterie nicht weit genug auf. So konnte eine einzige Feder, ein abgenutzter Feuerstein aber auch eine nicht richtig verstählte Schlagfläche der Batterie zu Fehlzündungen führen, ganz abgesehen vom Wetter, wenn starker Wind oder gar Regen die Zündung ausschlossen. Bei normalen Gefechtssituationen rechnete man daher mit jedem siebenten Schuß als Versager. Trotzdem war dieses Schloß wegen seiner leichten Handhabung und stabilen Bauart noch fast in dem ganzen hier behandelten Zeitraum das vorherrschende Zündsystem.

Eine nahezu revolutionäre Verbesserung brachten die sogenannten »chemischen« Schlösser; bei denen man als Zündmittel Chlorkali oder Knallquecksilber nahm. Nach einer Versuchsperiode von fast einem Jahrzehnt begann um 1834 in fast allen europäischen Heeren der Umbau der vorhandenen Steinschloßwaffen. Dabei gab es keine technischen Schwierigkeiten. Weil nur an den Schlössern Veränderungen vorgenommen werden mußten, blieben auch die Kosten gering. Man rechnete für eine solche Aptierung, also den Umbau auf die Perkussionszündung, etwa ein Fünftel bis ein Viertel des Neupreises der Waffe.

Vom Steinschloß kamen zunächst die Pfanne, die Batterie und die Batteriefeder weg, aber auch ein etwa vorhandener Feuerschirm. Anstelle des bisherigen Hahns nahm man einen einfachen Schlaghammer. An das Zündloch wurde seitlich ein Zünd-

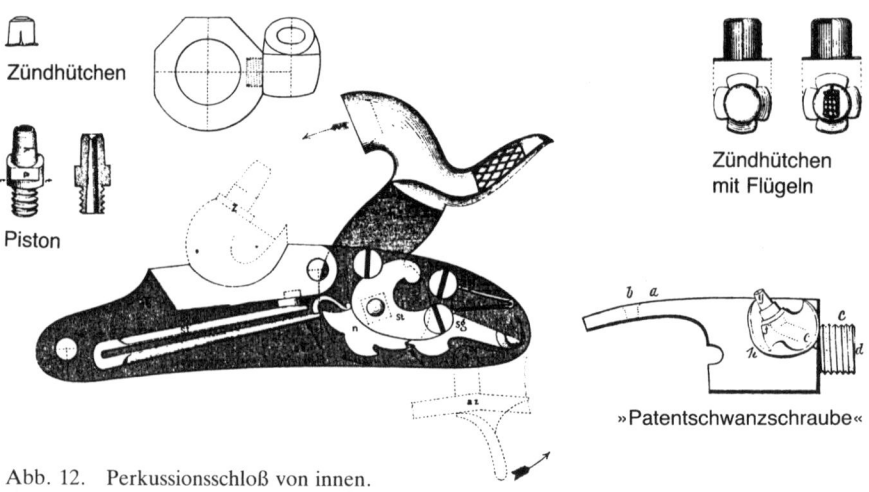

Abb. 12.   Perkussionsschloß von innen.

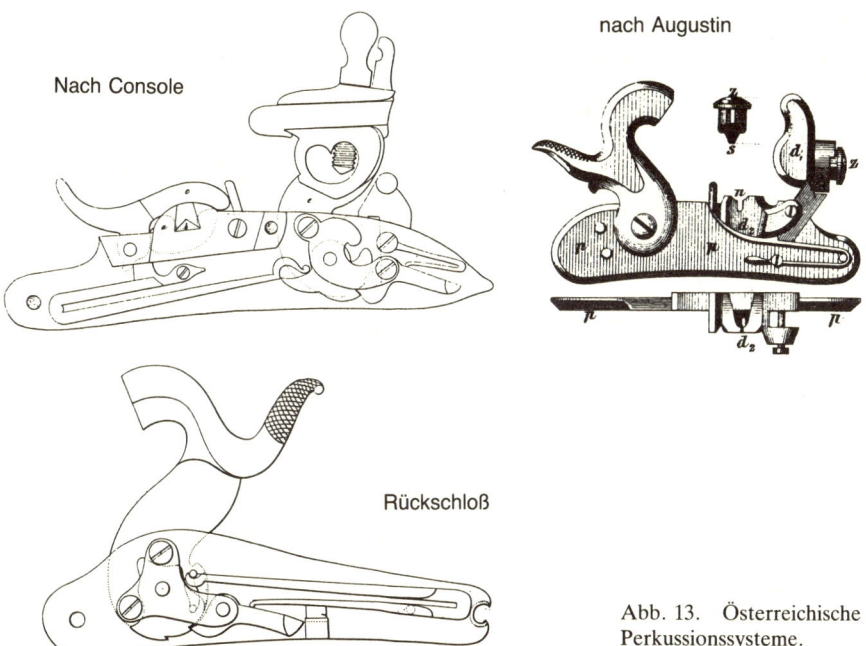

Nach Console

nach Augustin

Rückschloß

Abb. 13. Österreichische Perkussionssysteme.

stollen eingeschraubt, der ein Piston trug. Dieses war ein Röhrchen, auf das das Zündhütchen aufgesetzt wurde. Beim Schlag des hammerförmigen Hahns auf das Zündhütchen wurde durch die Bohrung des Pistons und das Zündloch die Ladung gezündet. Bei den meisten Armeen waren bei der Infanterie die Gewehre bereits um 1840 völlig perkussioniert.

Eine Sonderentwicklung sollte die Perkussionszündung in Österreich erleben. Einmal begannen die Versuche damit recht spät um 1830, dann entzündete sich gleich ein Streit, ob Zündhütchen oder besser eine Zündwurst zu nehmen wäre. Entscheidend blieb wohl die Tatsache, daß mit Hilfe der von Console vorgeschlagenen Methode, die vorhandenen Gewehre mit nur drei neuen Bauteilen schnell und billig zu aptieren waren. Man benötigte ein neues Pfannenteil zur Aufnahme der Zündwurst, einen dazugehörigen Deckel, den »Preller« und ein eisernes Schlagstück, das anstelle des Feuersteins zwischen die Lippen des alten Steinschloßhahnes gespannt wurde. Die Zündwurst war eine flach gewickelte und mit Chlorkali gefüllte Messingfolie von etwa 15 mm Länge und 3 mm Dicke, in die ein feiner Draht mit eingerollt wurde, der an beiden Enden herausragte. Diese Drahtenden verbanden den Zünder mit der Patrone, er war also gleich zur Hand. Gleichzeitig dienten sie auch zum Öffnen der Papierhülle der Patrone, ohne sie in alter Art aufbeißen zu müssen, aber auch zum Entfernen der Zünderreste aus dem Schloß. Die Zündwurst kam so in die Pfannenmulde, daß ihr Ende zum Zündloch zeigte. Der Pfannendeckel stützte sich mit seinem Fuß auf die Zündwurst. Wurde diese beim Schlag des Hammereinsatzes auf den Deckel gequetscht, erfolgte die Zündung. Nahm der Soldat beim Laden seine Patrone aus der Tasche, hatte er sofort den Zünder dabei. Er legte diesen mit noch anhängender Patrone in die Pfannenmulde, schloß den Deckel und riß die Patrone nach unten senkrecht ab, wobei sie gleich geöffnet wurde. Doch gab es auch Schwierigkeiten, weil bei dieser Methode das Zündloch halb verdeckt und schlecht zu säubern war, die Zündwurst durch den Schlag verformt wurde, abgesprungene Teile im Zündloch stecken blieben, aber auch der Feuerstrahl das Zündloch stark erweiterte. Auch konnten sich die Drähte der an der Patrone hängenden Zünder leicht in der Patronentasche verfangen.

So suchte man in Österreich Abhilfe durch das System Augustin. Die Zündwurst wurde nun rund gewickelt. Das erste Schloß, das sogenannte »große«, war auch hier aus Teilen des früheren Steinschlosses gebildet. Doch nahm man einen Hammer mit glatter Schlagfläche, anstelle des Prellers einen stählernen Pfannendeckel mit einem innen befindlichen verschiebbaren Zahn, dessen untere Schneide beim Hammerschlag in den Zünder drang. Doch auch hier gab es vielfache Störungen, die Reparaturen an den Schlössern notwendig machten. Daher führte man neue kleinere Schlösser ein, die nach einem neuen technischen Verfahren gegossen und dann getempert wurden, so daß sie stahlähnliche Eigenschaften erhielten. Solche ab 1841 eingeführten Schlösser hießen »kleine« oder »Maschinenschlösser«. Das Problem blieb das Zusammenwirken von Zahn und Zünder: War der Zahn zu scharf, schnitt er den Zünder entzwei, war er zu kurz oder stumpf, kam es nicht zur Zündung. Österreich hat schließlich erst im Jahre 1848 die Aptierung abschließen können.

Eine Vereinfachung des immer noch dem alten Steinschloß nachgebildeten Perkussionsschlosses war das Rückschloß. Bei ihm lagen alle inneren Schloßteile hinter der Nuß, und man kam mit lediglich einer Feder aus. Daher gab es ab der Mitte des Jahrhunderts nur noch neue Schlösser dieser Art.

Praktisch hatte im gesamten hier behandelten Zeitabschnitt die Masse der Infanterie als Waffe den Vorderlader mit glattem Lauf. Typisch für diese Zeit als angestrebtes und übernommenes Vorbild sollte das französische Modell von 1777 mit seinen Modifikationen und Verbesserungen werden. Seine Bedeutung zeigt schon die riesige Zahl dieser Waffen. Zwischen 1777 und dem Jahre 1839 wurden in Europa etwa sieben Millionen Stück gebaut. Das Grundmuster nahm im Jahre 1776 die Artilleriekommission an, ab 1777 wurde es gefertigt. Bei ihm war der Lauf auf dem Schaft durch zwei eiserne Ringe und einen eisernen Trichterbund, in den der Ladestock kam, befestigt. Der Kolben des Nußbaumschaftes besaß eine bequeme Absenkung und einen Backenausschnitt für richtigen Anschlag. Sehr stabil war das Schloß, die Pfanne bestand aus Messing, das weniger angegriffen wurde, der sehr kräftige Hahn hatte zunächst eine Schwanenhalsform, bald aber den typischen herzförmigen Durchbruch. Die Lauflänge war mit 113 cm recht groß, so daß die Waffe mit aufgepflanztem Bajonett immerhin 190 cm maß. Die Klinge des Bajonetts war dreikantig und

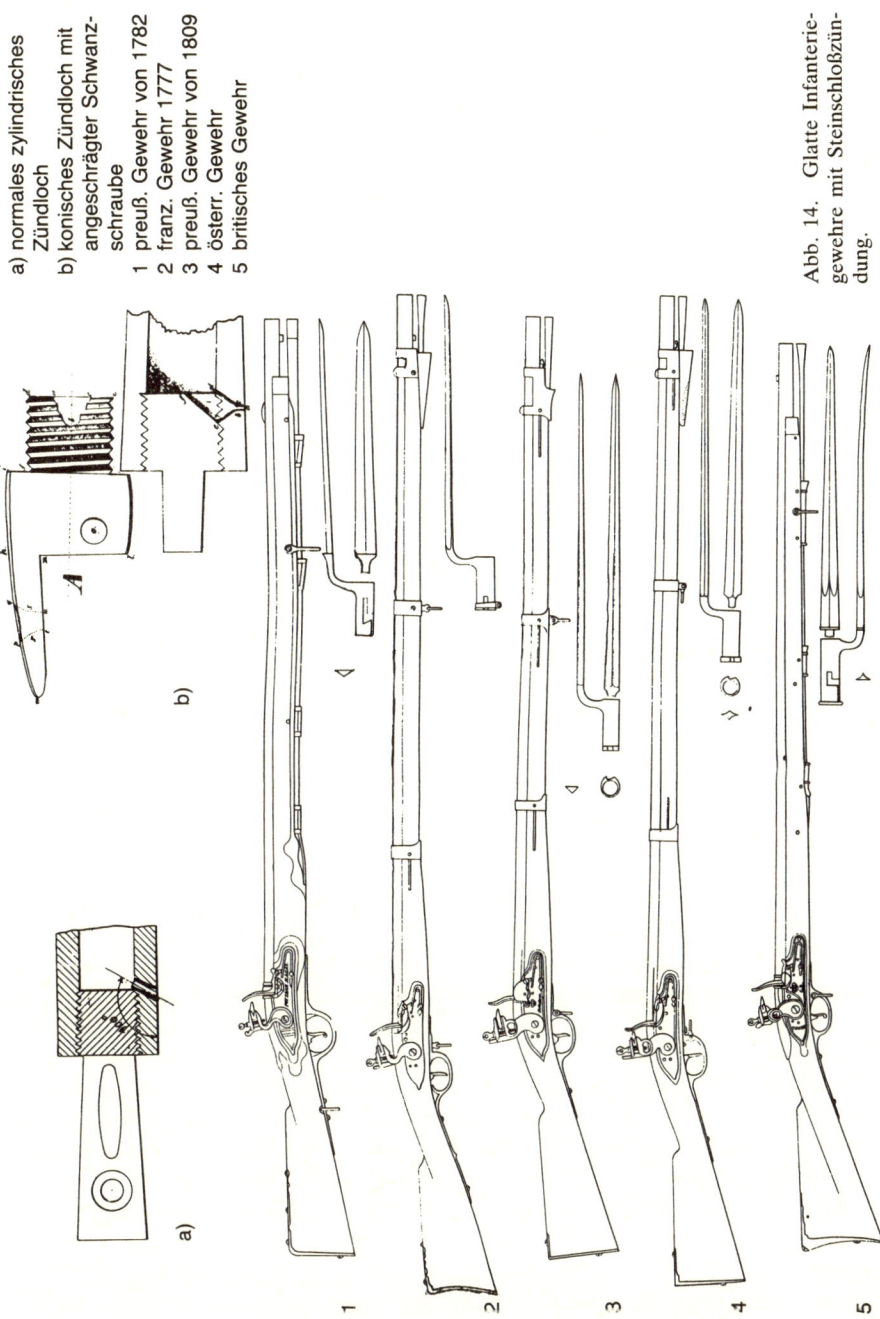

a) normales zylindrisches Zündloch
b) konisches Zündloch mit angeschrägter Schwanz-schraube
1 preuß. Gewehr von 1782
2 franz. Gewehr 1777
3 preuß. Gewehr von 1809
4 österr. Gewehr
5 britisches Gewehr

Abb. 14. Glatte Infanterie-gewehre mit Steinschloßzün-dung.

38 cm lang, die Dille hatte einen doppelt gebrochenen Schlitz sowie einen mit einer Schraube versehenen Sperring, was eine gute Halterung ergab. Die Garnitur der Waffe bestand aus Eisen, am Oberring saß ein aufgelötetes Korn. Der Ladestock war nur einseitig verdickt, mußte also beim Laden gewendet werden. Das Laufkaliber betrug allgemein 17,5 mm, das Kugelkaliber als Einheitsgeschoß für alle Waffen etwa 16 mm, so daß die Kugeln auch in den noch kleiner kalibrigeren Reiterwaffen benutzt werden konnten. Neben dem langen Normalmuster gab es für Sonderzwecke auch kürzere Modelle.

Als im Jahre 1800 (AN IX) der damalige Erste Konsul Napoleon Bonaparte eine Kommission berief, die dieses Gewehrmodell überprüfen sollte, beschloß diese, abgesehen von einigen geringfügigen Änderungen, die Beibehaltung. Offiziell hieß dieses neuere Muster nun Modèle 1777 (corrigé en l'an IX). Die damals dennoch vorkommenden häufigen Zündversager bei französischen Waffen müssen aber offenbar nicht der Waffe, sondern dem damals verwendeten Einheitspulver mit doch recht grober Körnung zugerechnet werden. Weitere Verbesserungen der Waffe erfolgten im Jahre 1816, als, um weniger Zündversager zu haben, Änderungen am Schloß, der Batterie und am Zündloch erfolgten. Im Jahre 1822 kürzte man die doch recht langen Läufe und verbesserte nochmals das Schloß[29].

Für die allgemeine Entwicklung des Feuergewehrs dieser Zeit soll Preußen als Beispiel dienen. Hier war die Masse der Infanterie mit dem im Jahre 1782 festgesetzgen Gewehr bewaffnet. Diese Waffe war nach Kriegserfahrungen für eine höchstmögliche Feuergeschwindigkeit mit gut exerzierter Mannschaft gedacht. Der Lauf wurde in damals üblicher Art mit Stiften am Schaft befestigt, das Schloß war das normale Steinschloß. Gegenüber anderen Gewehren gab es aber zwei wesentliche Unterschiede: Einmal besaß der sogenannte »zylindrische« Ladestock zwei gleich starke Enden, so daß man sich das damals übliche »Wenden« des Stockes beim Laden ersparen konnte. Dann war das Zündloch konisch gebohrt, sein erweitertes Ende begann schon in der nun verlängerten Schwanzschraube. Es ließ beim Laden das durch die Laufmündung eingebrachte Pulver gleich wie durch einen Trichter in die Zündpfanne rieseln. Damit entfiel das gesonderte Aufschütten des Zündpulvers auf die Pfanne. Mit einer solchen Waffe waren dann bei gutgedrillter Mannschaft Höchstleistungen im Schnellfeuer zu schaffen.

Gleichzeitig brachten diese Verbesserungen aber auch schwerwiegende Nachteile mit sich. Einmal brauchte man für den neuen Ladestock viel breitere Stocknuten, also auch stärkere Schäfte, die Waffe wurde schwer und klobig. Dann vergrößerte sich die engste Stelle des trichterförmigen Zündlochs recht schnell, weil die Kraft der treibenden Pulvergase ganz besonders hier wirksam wurde. Damit ging auch ein Teil des Druckes für das Treiben der Kugel verloren und gefährdete zudem als Feuerstrahl die nebenstehenden Schützen. So wurde als Schutz eine Blechabdeckung, der Feuer-

---

29 Die umfassendste Arbeit über diese Waffenfamilie ist: J. Boudriot: Armes à Feu Françaises Modèles Reglementaires 1717–1851, 4 Bde., Paris 1961.

schirm, notwendig, außerdem ein lederner Brandriemen, um beim schnellen Erhitzen des Laufes beim Schnellfeuer die Hand des Schützen vor Verbrennungen zu schützen. Dazu kam, daß durch das ständige Blankputzen der Waffen die Rohrwandungen immer dünner, die Schloßteile wackliger wurden. Trotz Verbotes löste man auch die Schrauben ein wenig, weil dann beim Exerzieren die Griffe gut zu hören waren, was als »stramm« galt. Obwohl also die Waffe aufgrund ihrer Konzeption vorzüglich sein sollte, war sie aber schon über zwei Jahrzehnte im Dienst und demzufolge verbraucht.

Zur Bewaffnung der seit 1787 für das zerstreute Gefecht eingeübten Füsiliere bestimmte man ein eigenes Gewehr. Dessen Kaliber hielt sich schon an der untersten Kalibergrenze von etwa 18 mm, auch die Kolbensenkung war schon stärker als üblich.

Ein entscheidender Schritt nach vorn und ein Wechsel der gesamten Bewaffnung sollte das im Jahre 1801 von der Prüfungskommission unter General Rüchel angenommene kleinkalibrige Gewehr nach Nothardt werden[30]. Diese Waffe hatte ein Laufkaliber von nur 15,7 mm, ein Kugelkaliber von 15 mm und damit einen für die damalige Zeit überaus knappen Spielraum. Die Senkung des Kolbens mit angearbeiteter Backe und die Anbringung einer kompletten Zieleinrichtung mit Kimme und Korn erlaubte einen richtigen Anschlag und Zielen. Gegenüber dem Vorgänger wurde etwa ein kg Gewicht gespart, obwohl man auch hier das konische Zündloch und den zylindrischen Ladestock beibehielt. Da auch die Treffleistungen recht gut waren, stellte es das modernste Infanteriegewehr seiner Zeit dar. Doch bei Ausbruch des Krieges von 1806 gab es so wenige davon, daß nur die Bataillone der Garde damit ausgerüstet waren.

Nach dem Zusammenbruch war die Masse der Waffenbestände Preußens in Feindeshand oder unbrauchbar. Die erbeuteten Nothardt-Gewehre überließ Napoleon seinen badischen und hessischen Verbündeten, vielleicht, weil sie ähnliche Waffen führten. So blieb dem preußischen Staat nur die Möglichkeit, die noch brauchbaren Waffen auszusuchen, bei schadhaften die unbrauchbaren Teile durch andere, vorhandene zu ersetzen oder gar Waffen aus Teilen verschiedener Herkunft zusammenzubauen. Solche Arbeiten wurden in vielen Teilen des Landes durchgeführt. Was nicht paßte, wurde passend gemacht, wie zum Beispiel bei einer Lieferung etwas zu kurzer Ladestöcke. Es findet sich eine Notiz von der Hand Scharnhorsts: »Wenn die Längen ungleich sind, so muß man sie gleich machen, und das kann nur geschehen, daß man sich nach der Kürze richtet. Daß dadurch nicht bedeutend von der Schußweite verloren wird, bin ich überzeugt[31].«

Gleichzeitig setzten aber auch Überlegungen und Versuche ein, um ein neues, allgemein einzuführendes Modell zu schaffen. Sie erfolgte unter maßgeblicher Mitwirkung von Scharnhorst und seiner Mitarbeiter durch die Einführungsorder von

30 Siehe auch Götz: Militärgewehre . . ., a. a. O., S. 54.
31 W. Hahlweg (Hrsg.): Carl von Clausewitz, Göttingen 1966, S. 132.

53

1808[32]. Die Waffe wurde als »Neupreußisches Gewehr« bezeichnet und wird heute meist kurz M 1809 genannt. Wesentliche Teile waren dem französischen Gewehr nachempfunden. Das Gewehr sollte die Leistungen des Nothardt-Gewehres bringen, aber dessen Nachteile, wie die Lauf-Schaft-Befestigung durch Stifte, vermeiden, ein besseres Schloß haben und in preußischer Fertigung rasch und billig herzustellen sein.

Das Kaliber nahm man wieder größer, um noch die vorhandene Munition gebrauchen zu können und Austausch mit anderen möglich zu machen. Das Kaliber sollte zwischen 71 und 73 Hundertstel Zoll liegen. Dann mußte der kleine Meßzylinder noch in den Lauf hineingehen, der größere aber nicht mehr. Clausewitz schreibt dazu im Jahre 1810: »Die Franzosen haben einen Zilinder, der genau das Calibre hat, etwas länger ist als der Lauf und ganz hinunter gehen muß, woraus sie dann zugleich erkennen, ob das Gewehr grade gebohrt ist[33].« Zum ersten Male waren nun bei preußischen Gewehren Lauf und Schaft durch Messingringe verbunden. Zwar saß am Oberring ein Messingkorn, doch ein Visier fehlte. Das Schloß war sehr kräftig gebaut und besaß wie das französische einen herzförmig durchbrochenen Hahn und Messingpfanne, behielt aber das preußische konische Zündloch, den Feuerschirm und einen beidseitig gleich starken Ladestock, der aber, um Gewicht zu sparen, in der Mitte stärker verdünnt war. Der Schaft aus Rotbuche hatte eine brauchbare Kolbensenkung sowie eine Aushöhlung für die Wange. Das Bajonett wurde nach österreichischer Art befestigt, indem eine unter dem Lauf angebrachte Blattfeder in eine Aussparung des Tüllenwulstes griff. Bei der Fertigung waren Gewichtabweichungen bis zu fünf Lot möglich. Die einzelnen Gewehrteile sollten nach Probe gemacht werden und wurden mit Hilfe von Schablonen geprüft, besonders bei dem Lauf, dem Bajonett, dem Schaft und Ladestock[34]. Von dieser Waffe gab es bis zum Jahre 1813 zwar erst an die 50 000 Stück für die Linientruppen. Sie blieb aber, wenn auch später zur Perkussionszündung aptiert, immerhin fast 50 Jahre im Truppendienst.

Sehr viel wurden österreichische Gewehre gebraucht, auch von den süddeutschen Staaten. Das alte Infanteriegewehr war auch in Österreich einseitig für Ladeschnelligkeit gedacht. Dafür hatte es konisches Zündloch und ein so kleines Kugelkaliber, daß die Kugeln auch ohne Ladestock von allein in den Lauf rollten. Naturgemäß versagte dieses Gewehr gegen tiraillierende Gegner. So schuf man mit dem Muster von 1798 eine Waffe, die stark vom französischen Vorbild beeinflußt war. Abweichend blieb immer noch der zylindrische Ladestock, der Oberring mit dem recht großen Trichter für diesen Ladestock und die Bajonettbefestigung. Später gab es nur geringe Veränderungen wie einen stärkeren Schaft, ein Korn auf dem Lauf und ab 1838 eine Schwanzschraube mit angearbeiteter Kimme.

---

32 Kriegsministerium: Das Königl. Preuß. Kriegsministerium 1809–1909, Berlin 1909, S. 158/ 159, hier AKO vom 23. Oktober 1808 (Herstellung befohlen) mit AKO vom 19. Mai 1809 (Einführung für die gesamte Infanterie beschlossen).
33 W. Hahlweg (Hrsg.): Carl von Clausewitz, a. a. O., S. 130.
34 Eine vollständige Monographie hierzu: v. Bagensky/Klaatsch: Das Neu-Preußische Infanterie-Gewehr, 3. Aufl., Berlin 1830 (Reprint Zürich 1976).

Bei den deutschen Mittelstaaten führte Sachsen zunächst das Alt-Suhler-Gewehr mit dem Kaliber 17,2 mm, nahm aber schon 1809 für seine Schützen ein Neu-Suhler-Gewehr an, das ein bemerkenswert kleines Kaliber von 16,5 mm hatte. Daneben war bei ihm der Lauf am Schaft mit Stiften mit breiten Schiebern befestigt und durch einen Haken an seiner Schwanzschraube eingehängt. Dadurch konnte er schnell und schonend zur Reinigung abgenommen werden. Die sächsische Linieninfanterie erhielt ab 1811 die sogenannten »Wiener Gewehre« mit dem gleichen kleinen Kaliber.

In Württemberg baute man in Oberndorf französische Modelle mit dem etwas abgeänderten Kaliber von 17,64 mm. Auch die meisten anderen kleineren Staaten behalfen sich mit französischen Waffen, teilweise kaufte man wie Bayern auch in Österreich. Große Bedeutung als Rüstungshilfe sollten englische Gewehre erhalten. Man fertigte in Großbritannien, seit 1717 nahezu unverändert, die »Long Land Muskete«, auch liebevoll »Brown Bess« genannt. Dazu trat später ein etwas leichteres Modell, ursprünglich für Ostindien bestimmt und als »India Pattern Musket« bezeichnet. Das Kaliber dieser Waffen war recht groß, etwa 19,05 mm (¾ engl. Zoll). Wenn auch die Laufbefestigung durch Stifte nicht mehr modern war, arbeitete das Steinschloß recht gut. So kamen viele dieser Gewehre in die Heere der Gegner Napoleons und blieben vor allem in den Armeen der norddeutschen Staaten noch lange im Truppengebrauch.

Auch die Armee des Königreichs Hannover war zunächst rein mit englischen Waffen ausgerüstet. Doch ab 1818 begannen in der alten Herzberger Manufaktur Versuche mit einem eigenen Modell, das dem französischen Vorbild weitgehend entsprach, doch eine Hakenschwanzschraube besaß, die in den Ausschnitt einer eisernen Scheibe griff. In Braunschweig führte die Hälfte der Armee englische Gewehre, die andere französische Beutewaffen, die man auf das größere englische Kaliber aufgebohrt hatte. Dazu mußte der Lauf an der Mündung gekürzt werden, weil er dort sonst zu schwach geworden wäre.

Ganz allgemein kann aber gesagt werden, daß man in den deutschen Staaten weit davon entfernt war, eine einheitliche Bewaffnung zu haben. Das galt nicht nur in Kriegszeiten, wie im Oktober 1813, als man im preußischen Heer 126000 Gewehre eigener Produktion, aber verschiedenen Modells, 30000 in Österreich gekaufte und 112000 von England gelieferte neben französischen Beutgewehren zählte[35]. Man suchte wenigstens in den taktischen Verbänden, den Bataillonen, eine einheitliche Bewaffnung zu haben. Aber noch viel später im Frieden ergab eine Revision im Jahre 1822 bei dem bayerischen 10. Infanterie-Regiment, daß von den vorhandenen 2270 Gewehren nur 11 ganz fehlerfrei, 97 gänzlich unbrauchbar und 2160 reparaturbedürftig waren. Von den Waffen waren 724 Amberger, 657 Suhler, 857 österreichische und 32 sonstige zusammengesetzte Modelle[36]. Naturgemäß suchte man zuerst

35 Großer Generalstab: Das Preußische Heer der Befreiungskriege, Bd. 2, Berlin 1914, S. 181.
36 Götz: Militärgewehre..., a.a.O., S. 69.

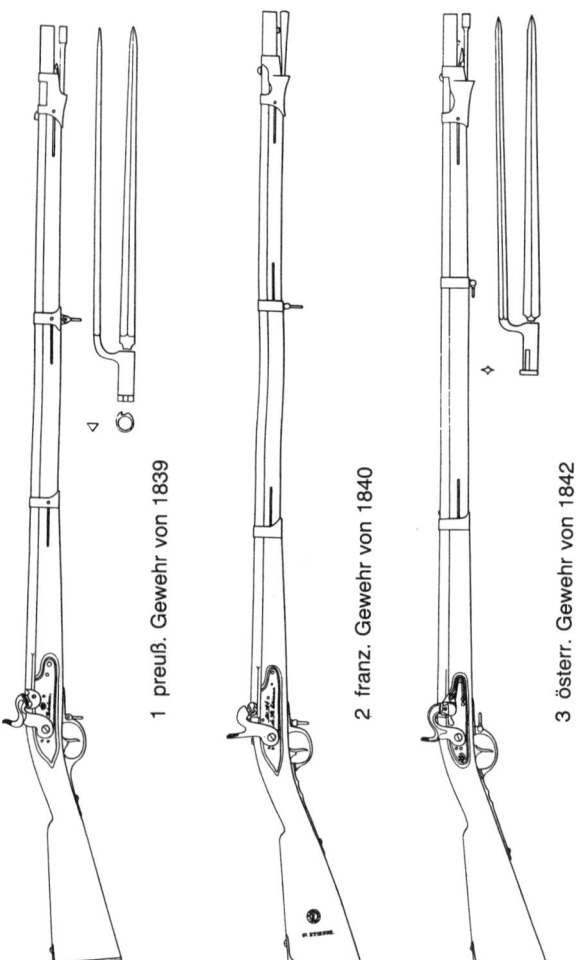

1 preuß. Gewehr von 1839

2 franz. Gewehr von 1840

3 österr. Gewehr von 1842

Abb. 15. Glatte
Infanteriegewehre
mit Perkussions-
zündung.

die Linientruppen mit neuen Waffen einheitlich auszurüsten, der Rest kam als Vorrat in die Zeughäuser.

Mit der Annahme der Perkussionszündung wurde überall der Großteil der noch brauchbaren Steinschloßwaffen aptiert. Gleichzeitig begann man aber schon neue Modelle mit Perkussionsschloß zu entwickeln. In Preußen beschloß man den Bau des »Patentgewehrs M 39« mit einer Patentschwanzschraube aus an der Oberfläche gehärtetem (zementiertem) Eisen, die Pulversack, Zündstollen, Piston und Standkimme enthielt. Sonst entsprach das Gewehr dem bisherigen M 1809, doch bei gleichem Kugeldurchmesser mit kleinerem Laufkaliber von 18,04 mm. Bis zum Jahre 1853 wurden davon etwa 240 000 Stück gebaut. Man gab die ersten aber nicht vor 1848 an die Truppe aus. Weil aber gleichzeitig auch schon die ersten Zündnadelwaffen zur Verfügung standen, blieb die Masse in den Zeughäusern. Dort wurden sie dann als Reserve für den Ernstfall in gezogene Gewehre nach dem System Minié umgewandelt. In Sachsen gab es schon 1835 eine solche Waffe, als »Oberndorfer Gewehr« bezeichnet, Frankreich, Österreich und Bayern begannen um 1840 und kurz danach ebenfalls mit dem Bau ähnlicher Waffen.

Die Reiterbewaffnung änderte sich gegenüber dem vorherigen Zeitraum kaum. Zunächst hatte noch jeder Reiter seine Garnitur Feuerwaffen, die aus einem Gewehr mit glattem Lauf, in Deutschland Karabiner, in Frankreich musqueton genannt, und

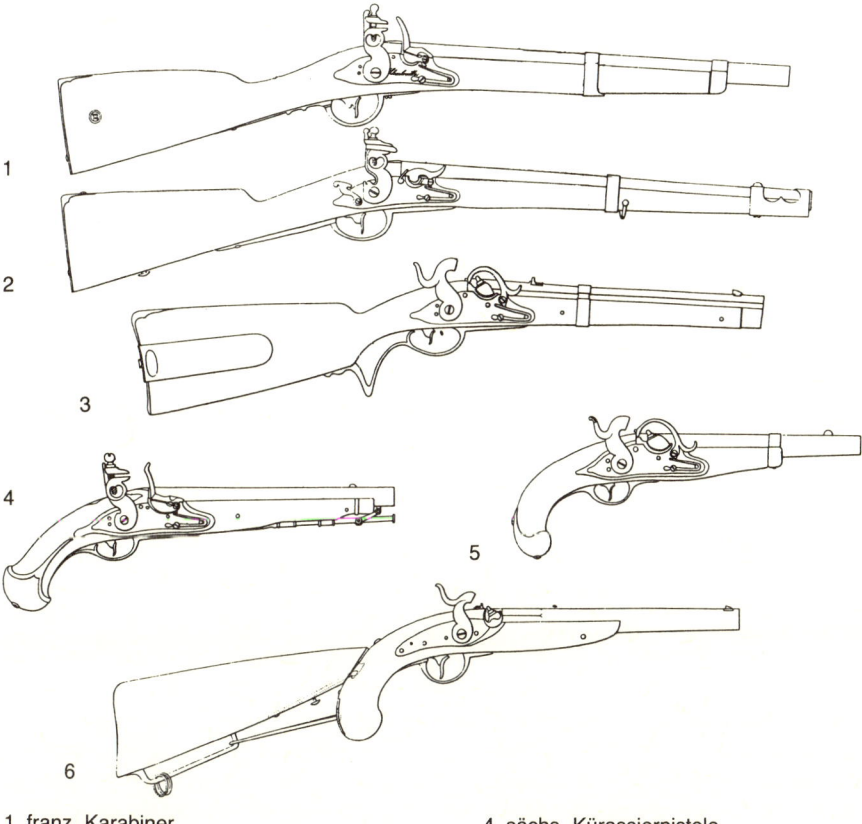

1 franz. Karabiner
2 österr. Karabiner
3 sächs. gezogene Reiterbüchse

4 sächs. Kürassierpistole
5 sächs. Pistole von 1834
6 gezogene hannoversche Kolbenpistole

Abb. 16. Kavalleriewaffen – Karabiner und Pistolen.

einem Paar Pistolen bestand. Die Pistolen steckten in den Holftern und gehörten zur Pferdeausstattung. Der Reiterkarabiner war immer leichter und auch kürzer als das Infanteriegewehr, oft besaß er auch kleineres Kaliber. Meist hatte er an seiner linken Seite einen eiserne Laufstange, auf der ein kleiner Ring lief, mit dem die Waffe in den Karabinerhaken des Bandeliers gehängt wurde. So konnte die Waffe auch zu Pferd geladen werden und nicht in Verlust geraten. Die Reiterpistolen waren erheblich kürzer, ihr Wert aber nicht sehr hoch anzuschlagen. Das zeigt die Äußerung des bekannten kavalleristischen Sachkenners dieser Zeit, des Grafen Bismark: »Die Pistole ist von keiner Wirkung. Sie ist nur Notwaffe im Getümmel[37].«

Karabiner und Pistolen englischer Herkunft hatten Ladestöcke, die an einem doppelt beweglichen Kettengelenk saßen. Das brachte den Vorteil, daß der Stock nicht verloren gehen konnte und immer griffbereit war. Auch hatten Reiterwaffen öfter schon am Steinschloß eine Hakensicherung gegen unbeabsichtigtes Losgehen. Mit dem Perkussionsschloß wurde dann der Piston gesichert. Eine Besonderheit waren Pistolen, an denen man zusätzlich einen Kolben anstecken konnte. Damit wurde eine solche Pistole praktisch zum Karabiner mit besseren Zielmöglichkeiten.

Streng unterschieden von den Gewehren mit glattem Lauf waren solche mit gezogenem; man nannte sie Büchsen. Während die glatten Läufe außen rund waren, wurden Büchsenläufe achtkantig geschmiedet. Die größere Eisenstärke gestattete dann ein Einschneiden von meist acht, doch auch sieben Zügen. So hießen die Vertiefungen in der Laufinnenwand, die stehengebliebenen Teile nannte man Felder. Züge verliefen gewöhnlich spiralförmig. Sie hatten einen Drall, der die Kugel in Rotation versetzten sollte, weil sie dann besser die Richtung behielt. Bei den Büchsen wurde die Schußweite noch nicht gesteigert, ihre Treffähigkeit stieg aber so an, daß bei 250 Schritt (187 m) Entfernung noch die Hälfte aller Schüsse in einer Mannscheibe saßen.

Eine schwierige und relativ langwierige Angelegenheit war das Laden einer solchen Waffe. Die genau passende Bleikugel wurde auf einem gefetteten Stofflappchen, dem Pflaster, auf die Laufmündung gelegt. Mit einem kleinen Holzhammer schlug man sie dann in den Anfang der Züge und drückte mit dem Ladestock zügig nach, bis die Kugel auf der Ladung saß. Dabei schnitt sich das weiche Blei in die Züge ein und wurde beim Schuß sicher geführt. Zum Zielen brauchten solche Büchsen natürlich eine Visiereinrichtung. In der Regel war es ein Klappenvisier für zwei, manchmal auch drei Entfernungen, das Korn saß stramm in einer Schwalbenschwanzführung an der Laufmündung und konnte nachjustiert werden. Büchsenläufe waren nur zwischen 65 und 80 cm lang, vorn und hinten dicker, also gestaucht und hatten Kaliber zwischen 15 und 18 mm. Der Nußbaumschaft besaß eine vernünftige Kolbenabsenkung mit Backe und oft auch rechtsseitig ein Fach mit Schiebedeckel für das notwendige Zubehör. Meist entsprachen die Militärbüchsen den zivilen, als Zugabe hatten sie lediglich an der Laufmündung einen Haken zum Aufstecken des Hirschfängers. Um

---

37 (Bismark): System der Reuterei, Berlin und Posen 1822, S. 54.

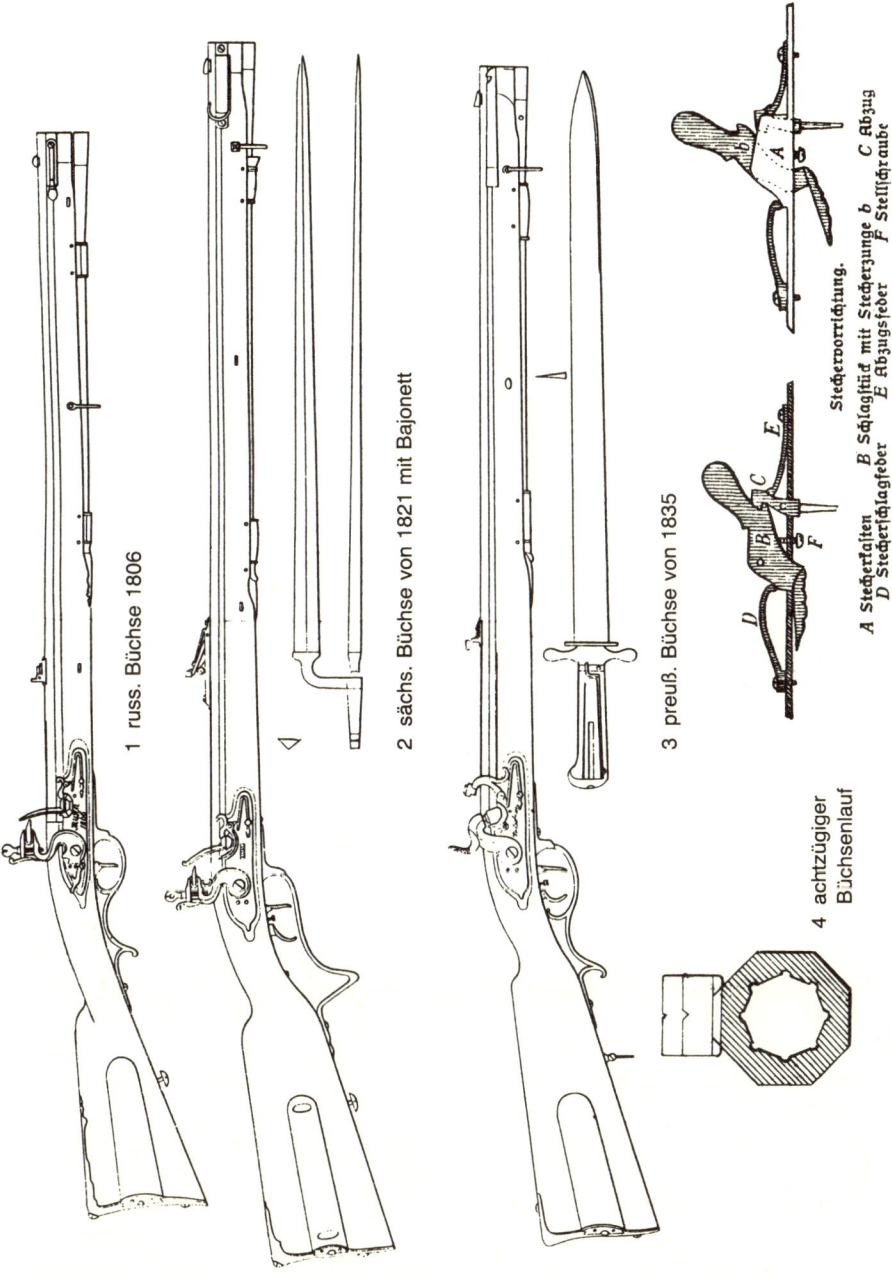

1 russ. Büchse 1806

2 sächs. Büchse von 1821 mit Bajonett

3 preuß. Büchse von 1835

4 achtzügiger Büchsenlauf

Stechervorrichtung.

A Stecherfalten   B Schlagstück mit Stecherzunge b   C Abzug
D Stecherschlagfeder   E Abzugsfeder   F Stellschraube

Abb. 17.   Büchsen.

bei dem damals meist schwer gehenden Abzug den Schuß nicht zu verreißen, fand man bei Büchsen oft einen Stecherabzug. Dabei wurde durch Andrücken der Stecherzunge Schlagfeder und Schlagstück gespannt und durch das Eingreifen der Abzugsnase in die Schlagstückrast gehalten. Bei leichtem Druck auf den Abzug tritt die Rast aus, die Schlagfeder löst plötzlich den Schuß aus. Mit einer Stellschraube kann das gewünschte Abzugsgewicht eingestellt werden.

Büchsen waren aber nur dann gut und treffsicher, wenn sie vom Eigentümer ständig gepflegt und auch benutzt wurden. Weitere Probleme waren, daß durch Pulverschleim und Rost sowie die notwendige Reinigung Abnutzung auftrat und sich auch die Züge mit Blei zusetzten. Dann mußten diese von Zeit zu Zeit nachgeschnitten – »gefrischt« – werden. Damit vergrößerte sich etwas das Kaliber, eine neue Kugel wurde notwendig.

Mit dem Beginn des hier behandelten Zeitabschnittes begann auch der Staat, solche Militärbüchsen zu liefern. In Preußen war es die sogenannte »Alte Corpsbüchse« mit einem Kaliber zwischen 14,5 und 15,5 mm, dann ab 1810 die »Neupreußische Büchse«. Diese hatte eine Gesamtlänge von 110 cm und ein Kaliber von 14,7 mm. Doch gab es dennoch Unterschiede in der Lauflänge, der Zahl der Züge, je nachdem aus welcher Manufaktur die Waffe kam.

Das Laden mit der genauen Paßkugel war, wie wir bereits hörten, sehr langwierig. So forderte man schon bald, in Notfällen schneller laden zu können, auch, wenn es dann auf Kosten der Treffsicherheit ginge. Scharnhorst beschrieb solche »Büchsenpatronen«: »Diese bestehen aus einer Kugel, welche etwas kleiner als die Paßkugel ist, und daher 2½ bis 3 Hundertteile Zoll Spielraum hat. Um diese Kugel wird ein viereckiges Stück trockenen Parchents gelegt, dessen 4 Spitzen über der Kugel zusammengebunden werden. An diesem Bund oder Knopf wird die Pulverpatrone befestigt. Hierauf wird die hervorstechende, mit Parchent umhüllte Kugel in zerlassenen Talg getaucht[38].« Solche Büchsenpatronen waren gegen Massenziele gedacht oder wenn der Lauf schon stark verschmandet war, was meist nach etwa 20 Schüssen eintrat. Als dritte Ladungsalternative nahm man später gewöhnliche Patronen mit Kugeln, die ohne Pflaster viel Spiel besaßen. Damit konnte noch schneller geladen werden, doch sank die Trefferzahl. Weil es damals bei den Jägern allein 12 verschiedene Kugelgrößen gab, sprach man spöttisch von ihrer »Munitionsapotheke«.

Gleichzeitig erkannte man aber auch schon, daß die Trefferzahl stieg, wenn die Kugeln ganz gleichmäßig wurden. Daher goß man schon 1822 in Sachsen Kugeln etwas überkalibrig und verdichtete sie danach in einer Presse. In Preußen pflegte man ab 1840 Kugeln nicht mehr zu gießen, sondern gleich zu pressen.

Die Büchsen waren die ersten Feuerwaffen, die Perkussionszündung erhielten. Zwischen 1831 und 1834 wurden die vorhandenen Waffen aptiert, ab 1835 begann man in Preußen mit dem Bau einer reinen Perkussionsbüchse. Abgesehen von der

---

38 Scharnhorst: Über die Wirkung des Feuergewehrs, Berlin 1813, Nachdruck Osnabrück 1973, S. 91.

Zündung waren bei ihr eine Verringerung des Dralls auf nur noch drei Viertel Umgang und die Verwendung einer Patentschwanzschraube neu. Bei dem früheren stärkeren Drall kam es oft zum Überspringen der Züge durch die Kugel und damit zu ungenauen Schüssen, weil beim Militär starke Pulverladungen üblich waren. In den anderen Armeen entwickelte man ebenfalls eigene Büchsenmodelle, die in Österreich und Bayern als Stutzen bezeichnet wurden. Die beste Leistung brachte damals die nach den Vorschlägen des Schweizers Wild gebaute Scharfschützenbüchse, die ab 1843 auch in Baden und Württemberg eingeführt wurde.

Die beiden verschiedenen Waffensysteme, das glatte Gewehr und die Büchse nebeneinander, brachten für das Militär eine Menge von Problemen. So mußte der Wunsch und die Zielvorstellung sein, eine Einheitswaffe zu haben, die sich so schnell und leicht laden ließ wie das glatte Gewehr, die aber trotzdem so treffsicher schoß wie die Büchse. Versuche zur Lösung des Problems geschahen auf verschiedene Weise: Schon 1828 gab Gustave Delvigne seine Stauchungsführung an. Er ließ gewöhnliche Kugeln mit Spielraum laden, die bis an den etwas engeren Pulverkammeransatz der Schwanzschraube hinabglitten. Dann wurde mit wuchtigen Stößen des Ladestocks die Kugel breiter geschlagen, also so deformiert, daß sie sich in die Züge preßte. Der kleinere Pulverkammeransatz verhinderte zudem, daß durch die Kugel das darunter liegende Pulver zerstampft wurde. Nachteilig war bei der Methode nach Delvigne, daß durch die Abplattung der Kugel sich der Schwerpunkt verlagerte und es so zu ungleichen Schußergebnissen kam. Um 1832 führte das von Carl Berner entwickelte Ovalgewehr durch seine Treffergebnisse zu großem Aufsehen. Er versah den glatten

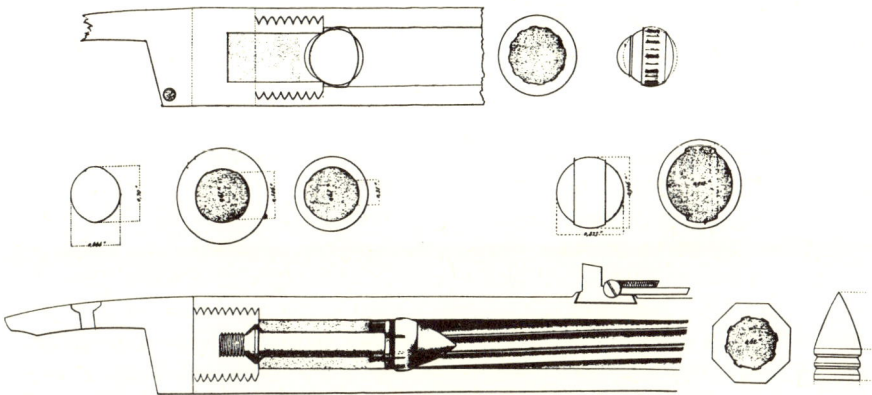

Oben: System Delvigne – Züge im Lauf – gestauchte Kugel
Mitte: Bernersches Ovalgewehr – Kugel – Lauf am Pulversack – an der Mündung –
engl. Ovalgewehr – Kugel – Laufquerschnitt
Unten: System Thouvenin – Züge im Lauf – kanellierte Spitzkugel

Abb. 18. Gezogene Gewehre.

Lauf mit zwei gegenüberliegenden breiten Zügen, wodurch der Querschnitt eine ovale Form bekam. Die zugehörige Kugel hatte angegossene Verdickungen, womit sie dann in den breiten Zügen geführt wurde. Es gab Pflasterkugeln, daneben auch gewöhnliche runde Rollkugeln. Die Waffen wurden ab 1835 in Braunschweig, in der oldenburgisch-hanseatischen Brigade und etwas abgeändert in England eingeführt. Als Nachteil zeigte sich in der Praxis eine schnelle Verschmandung des Laufes.

Die Entwicklung blieb nicht stehen. Delvigne setzte ab 1844 statt der bis dahin üblichen Rundkugel massive zylindrische Geschosse mit konischer Spitze ein. Bald kannelierte man die Außenwandung, weil solche Geschosse im Flug besser die Richtung hielten.

Ein weiterer Schritt nach vorn war das vom Artillerieobersten Thouvenin angegebene Dornsystem. Bei ihm wurde ein zylindrischer Dorn genau in die Achse der Schwanzschraube gebaut. Dann setzte sich die Pulverladung rings um den Dorn ab, das hinten mit einer Höhlung versehene Spitzgeschoß auf den Dorn. Durch kräftige Stöße mit dem Ladestock, der zur Schonung der Geschoßspitze eine kegelförmige Ausdrehung hatte, weitete sich die hintere Geschoßwandung auf und preßte sich dabei in die Züge. Der Dorn schützte gleichzeitig die Pulverladung vor dem Zusammendrücken, erschwerte aber auch das Reinigen des Rohres. Der große Vorteil dieses Systems bestand darin, daß es recht einfach und billig in vorhandene Waffen einzubringen war, das Laden war leicht, die Schußergebnisse waren günstig. Deshalb wurde es vielfach für vorhandene Büchsen und Gewehre angenommen. Diese hießen dann »Stiftbüchsen«. Wegen der weiteren Erhöhung der Schußweiten und Treffähigkeit wurden verbesserte Visiere oder Zusatzklappen notwendig.

Die letzte Verbesserung des Vorderladegewehrs sollte nach 1850 die Annahme der Expansionsführung nach dem System Minié darstellen. Bei ihm weitete der Druck der Pulvergase beim Schuß ein hinten ausgehöhltes Geschoß mit Hilfe eines wie ein Keil wirkenden Eisennäpfchens so aus, daß die Bleiwandung in die Züge gepreßt wurde. Diese Entwicklung war aber erst nach der Mitte des Jahrhunderts wirksam, ebenso wie die ersten Militärhinterladegewehre. Daher sollen beide im nächsten Zeitabschnitt behandelt werden. Als Kuriosum und Besonderheit ist eine Waffe zu erwähnen, die ab 1780 fast 35 Jahre lang in der österreichischen Armee eingesetzt war. Es ist die vom Tiroler Girandoni entwickelte Windbüchse. Solche Waffen, die als Antriebsmittel Druckluft verwandten, waren für den Jagdgebrauch schon länger bekannt. Die Büchse von Girandoni hatte ein kleines Kaliber von 13 mm und einen mit 12 Zügen versehenen Lauf. Als Kolben wurde eine Luftvorratsflasche angeschraubt, die mit verdichteter Luft gefüllt war. Durch den Schlag des Schloßhahns wurde das durch eine Feder zugehaltene Luftventil der Flasche kurzzeitig geöffnet. So konnte eine bestimmte Luftmenge in den Lauf gelangen und die dort befindliche Kugel treiben. Die Kugeln wurden durch ein Röhrenmagazin zugeführt, der Luftvorrat einer Flasche reichte praktisch für etwa 30 Schüsse. Der Schütze führte bis zu drei Ersatzflaschen mit. Zum Laden waren nur zwei Griffe notwendig: Einschieben der Kugel durch Druck auf das Magazin sowie Spannen des Schloßhahnes. Der Vorteil

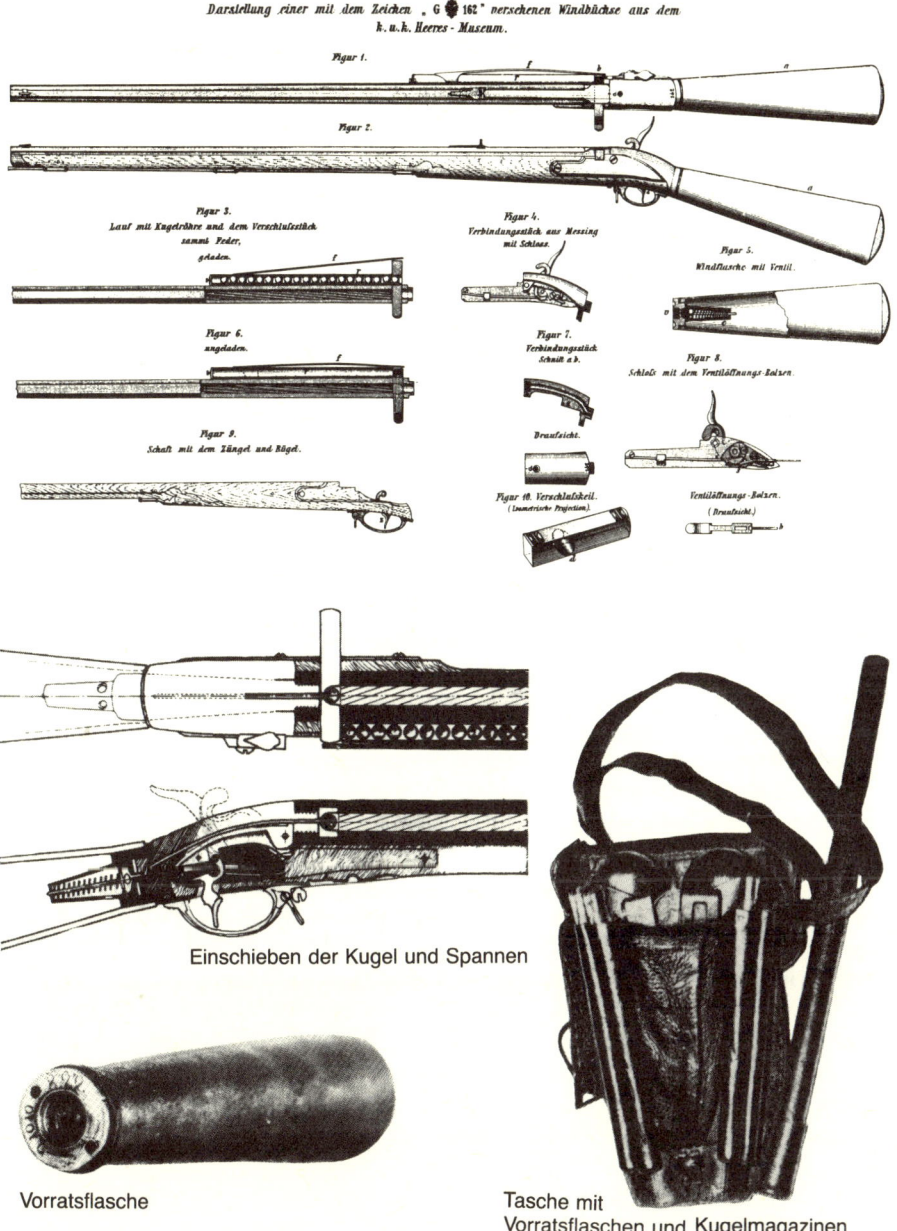

Darstellung einer mit dem Zeichen „ G ✦ 162 " versehenen Windbüchse aus dem
k. u. k. Heeres - Museum.

Figur 1.

Figur 2.

Figur 3.
Lauf mit Kugelröhre und dem Verschlußstück
sammt Feder,
geladen.

Figur 4.
Verbindungsstück aus Messing
mit Schloss.

Figur 5.
Windflasche mit Ventil.

Figur 6.
angeladen.

Figur 7.
Verbindungsstück
Schnitt a b.

Figur 8.
Schloss mit dem Ventilöffnungs-Bolzen.

Figur 9.
Schaft mit dem Zängel und Bügel.

Draufsicht.

Figur 10. Verschlußkeil.
(Isometrische Projection.)

Ventilöffnungs-Bolzen.
(Draufsicht.)

Einschieben der Kugel und Spannen

Vorratsflasche

Tasche mit
Vorratsflaschen und Kugelmagazinen

Abb. 19. Österreichische Windbüchse von 1780 (System Girandoni).

63

der Waffe war eine schnelle Schußfolge, der Schuß ohne Qualmwolke und beinahe lautlos. Der große Nachteil, der dann schließlich zur Aufgabe dieser Waffe führte, war die technisch zu anspruchsvolle Wartung[39].

Die Geschütze

Alle Feuerwaffen, die nicht mehr von einem Mann allein bewegt und bedient werden konnten, nannte man Geschütze, ihre Bedienung oblag der Artillerie. Schon im Laufe des 18. Jahrhunderts hatte diese ihre ursprünglich zünftige und handwerksmäßige Grundlage verloren und war zur militärischen Waffengattung geworden. Die alten hergebrachten Bezeichnungen der Geschütze wie Kartaunen, Falkaunen oder Schlangen, verschwanden. Mehr auf Erfahrung und auf praktischen Versuchen als auf wissenschaftlicher Grundlage beruhend, hatte sich ein System zweckmäßiger Größenabstufung, vernünftiger Rohrlängen und Rohrstärken sowie brauchbaren Gewichten von Rohr und Lafette herausgebildet. Der unbedingt notwendige Spielraum zwischen Rohrinnen- und Kugeldurchmesser war schon soweit verkleinert worden, daß einerseits ein schnelles Laden des Vorderladegeschützes möglich blieb, andererseits aber auch wenig Pulverkraft beim Schuß verlorenging. Schußweiten und Treffähigkeit waren soweit gesteigert, wie es glatte Vorderladerrohre überhaupt zuließen. So lag die Entwicklung der Artillerie im hier betrachteten Zeitabschnitt nicht so sehr im technischen Bereich als in ihrer Organisation und dem taktischen Einsatz mit der Forderung nach großer Beweglichkeit. Endgültig war nun die Trennung in die Feld- und die Belagerungs/Festungsartillerie. Erst nach den napoleonischen Kriegen, im dritten Jahrzehnt des 19. Jahrhunderts, erfaßte der Sog der Neuerungen zunächst die Handfeuerwaffen, danach mit einer gewissen Verzögerung die Artillerie.

Ganz allgemein konnten Geschütze ihre Geschosse entweder in einer der Geraden nahekommenden Linie treiben, also schießen, aber auch in einem deutlichen Bogen werfen. Zum Schießen brauchte man die Kanonen, zum Werfen die Mörser oder Wurfkessel. Die sogenannten Haubitzen konnten sowohl werfen als schießen, man rechnete sie aber zu dem Wurfgeschütz. Alle Kanonen wurden nach dem Gewicht der eisernen Vollkugel bezeichnet, die sie verschießen konnten, die Wurfgeschütze, also Mörser und Haubitzen, aber nach dem Gewicht einer Steinkugel, die aus ihnen zu werfen wäre. Weil die Dichte von Stein gegenüber dem für Vollkugeln verwandten Gußeisen viel geringer war, mußten bei gleicher Benennung die Rohrinnendurchmesser der Wurfgeschütze viel größer sein als die der Kanonen[40].

Die wichtigsten Bauteile und Benennungen sollen zunächst am Beispiel einer Kanone gezeigt werden. Wie in der Baukunst des klassischen Altertums der jeweils

---

39 A. Dolleczek: Monographie der k.u.k.österr.-ung. blanken und Handfeuerwaffen, Wien 1896, S. 71, und Arne Hoff: Windbüchsen und andere Druckluftwaffen, Hamburg 1977, S. 70 ff.
40 Vergl. die Tabelle auf Seite 80.

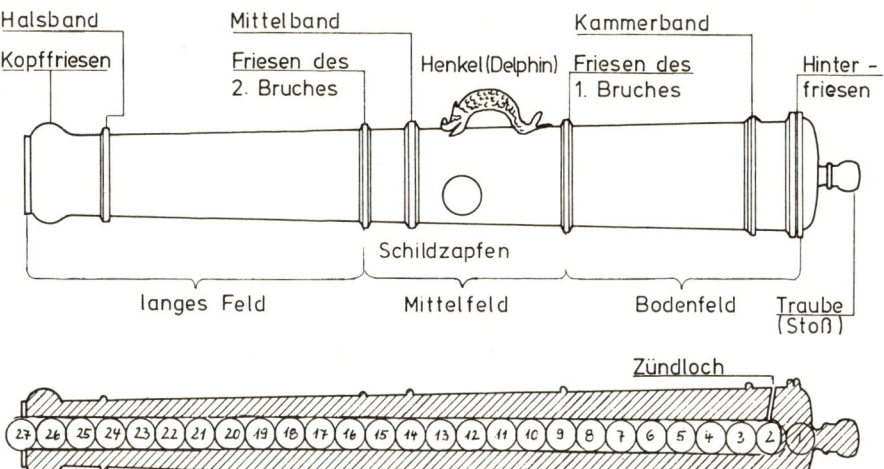

Rohrlänge in Kalibern

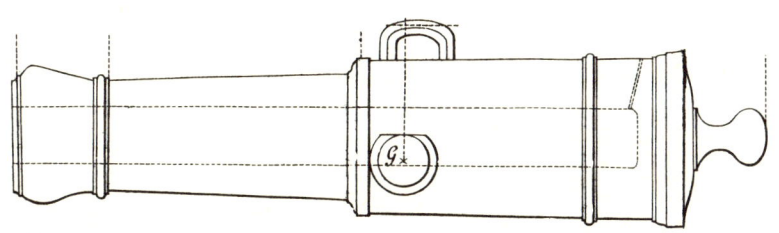

Kurze Kanone

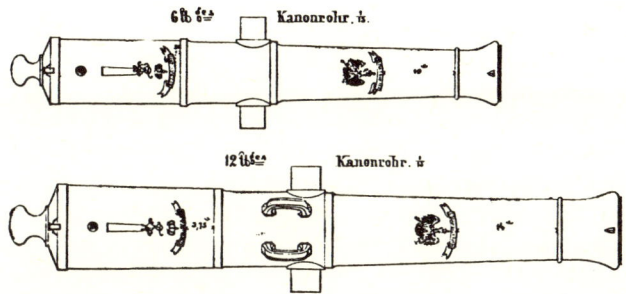

Größenverhältnis eines preußischen sechspfündigen und zwölfpfündigen Rohres C 42

Abb. 20. Das Kanonenrohr.

gebrauchte Säulendurchmesser das Grundmaß für alle Teile des Tempelgebäudes war, wurde nun der Durchmesser der Rohrinnenbohrung, das Rohrkaliber, das Maß für alle Teile des Geschützes. Dieses Rohrkaliber darf aber nicht mit dem Durchmesser der zugehörigen Rundkugel verwechselt werden, weil dieses deutlich kleiner war. Der Unterschied zwischen diesen beiden Kalibern hieß Spielraum.

Jedes Rohr bestand aus drei Hauptabschnitten, dem Bodenfeld mit der Traube und dem Zündloch, das Mittelfeld oder Zapfenfeld mit den Henkeln (Delphinen) und den Schildzapfen und schließlich dem langen Feld oder Mundfeld. Zunächst unterteilte man diese Abschnitte durch aus der Baukunst übernommene Zierate, die Bänder und Friesen, dann ließ man auch diese nach und nach fort. Die Rohrinnenbohrung hieß Seele, deren mittelste Linie Seelenachse. Bei den Kanonen war die Seele meist ganz zylindrisch gebohrt, beim Wurfgeschütz der hintere Teil des Rohres, der die Pulverladung aufnehmen sollte, aber enger und hieß dann Kammer. Solche Geschütze bezeichnete man als Kammerstücke. Für die Metallstärke des Rohres galt es als hinreichend, wenn die Wandung des Bodenfeldes ein Kaliber, die des Mittelfeldes dreiviertel und die des langen Feldes ein halbes Kaliber stark war. Die Rohrlängen der Kanonen sollten so groß sein, daß einmal eine gute Führung des Schusses, aber auch die restlose Ausnützung der Pulvergase erreicht wurde. Zu lange Rohre erschwerten aber bei der Feldartillerie die Bedienung und die Beweglichkeit. So hatten sich bei den Kanonen für die Feldartillerie 14 bis 18 Kaliber, bei der Belagerungsartillerie 20 bis 25 Kaliber durchgesetzt. Damit waren Schußweiten von etwa 1200 m erreichbar. Das genügte völlig, weil das damalige Infanteriegewehr nicht viel über 300 m wirksam war. Zur Auflagerung des Rohres in das Schießgestell, die Lafette, dienten die angegossenen Schildzapfen. Diese hatten etwa den Durchmesser von einem Kaliber und waren genauso lang. Henkel, auch Delphine genannt, kamen genau über den Schwerpunkt des Rohres und dienten, ebenso wie die Traube, zum Anheben des Rohres. Auf den Rohren waren Besitzzeichen, Herrschermonogramme, Wappen und Devisen mit eingegossen oder graviert, daneben auch Gußjahr und Gewicht. Als Metall gebrauchte man bei Feldkanonen die Zinnbronze, solche Rohre hießen »metallen«. Bei Festungs- und Schiffsgeschützen genügte das preiswertere Gußeisen.

Auch bei dem Schießgestell, der Lafette, waren alle Maße vom Kaliber abgeleitet worden. Lafetten für die Feldartillerie mußten im Gelände gut beweglich, möglichst leicht und doch genügend fest sein, dabei große stabile Räder haben. Zunächst kannte man nur die Wandlafetten, bei denen beide Seitenwände durch sogenannte »Riegel« verbunden waren. Beim Feldgeschütz hießen sie von vorn Vorder- oder Stirnriegel, in der Mitte der Ruhriegel (zum Ruhen des Rohr-Bodenstückes) und Stellriegel (für die Höhenrichtmaschine) und am Lafettenschwanz der Schwanzriegel mit dem Durchbruch zum Aufsetzen auf den Protzendorn. Alle rüsternen und eichenen Holzteile waren mit Eisenbeschlag verstärkt. Die Rohre lagen mit ihren Schildzapfen in den in die oberen Lafettenwände eingeschnittenen Schildpfannen und wurden von aufgeschraubten eisernen Deckeln gehalten. In Frankreich besaßen schwere Feldkanonen ein zusätzliches Marschlager, also weitere Schildpfannen, um das Rohrgewicht beim

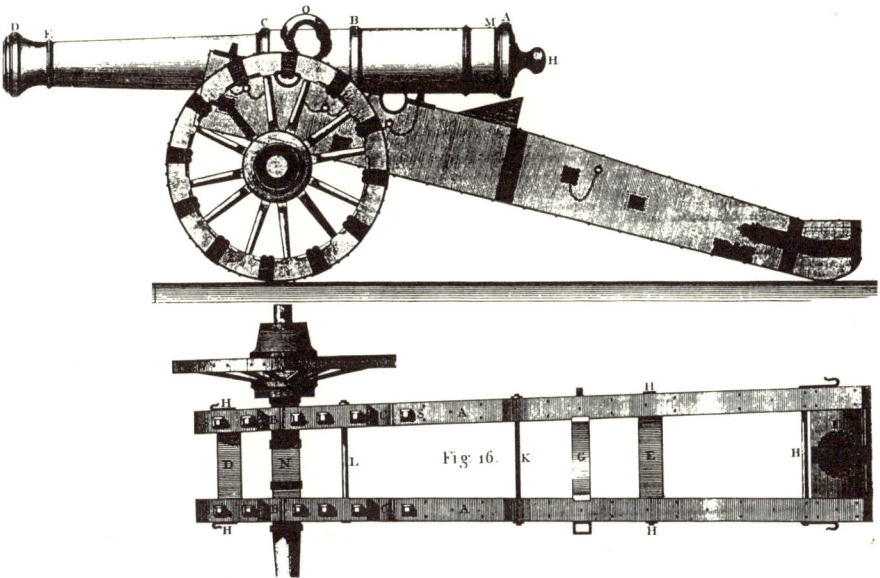

Kanone mit Wandlafette, Rohr liegt im Schußlager; rechts davon das Marschlager

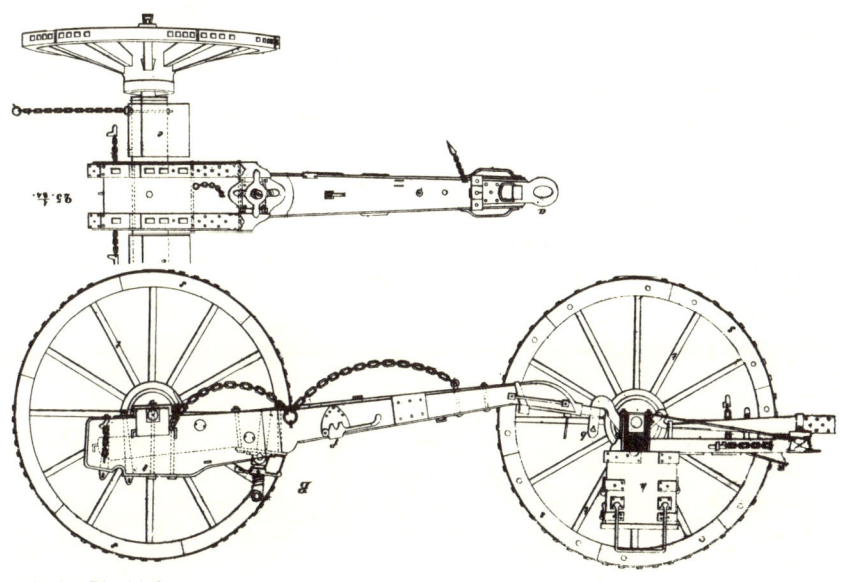

Bayerische Blocklafette

Abb. 21. Lafetten für Kanonen.

Marsch günstiger zu verteilen. Allerdings wurde dann vor der Feuereröffnung erst ein umständlicher Lagerwechsel erforderlich. Im Jahre 1800 begannen in England Versuche mit einer anderen Lafettenart, der sogenannten »Blocklafette«. Bei ihr bestand der hintere Teil aus einem einzigen balkenförmigen Block. Diese Lafette erwies sich als beweglich und genügend stabil. So wurde dieses System in England ab 1822 für alle Feldgeschütze vorgeschrieben und auch von einer Reihe anderer Staaten übernommen.

Für das Fahren gehörte zu jeder Lafette eine zweirädrige Protze, die bei der Feldartillerie meist einen Aufsatzkasten besaß, in dem der erste Munitionsvorrat mitgeführt wurde. Mit der Zeit gab es in verschiedenen Artillerien Einheitsprotzen, so daß oft nur noch zwei Größen vorhanden waren, die dann für verschiedene Rohre gebraucht wurden. Auf Festungswällen gab es besondere, einfacher gebaute Wallafetten. Deren Räder konnten viel primitiver sein, weil weite Transporte nicht notwendig waren. In Kasematten benutzte man spezielle Konstruktionen, die auf einer leicht geneigten Ebene nach dem Rücklauf wieder selbsttätig in ihre Ausgangslage zurückrollten. Andere gestatteten eine sonst nicht erreichbare starke Rohrabsenkung (Depressionslafette), um von sehr erhöhtem Standpunkt schießen zu können. Noch gedrungener gebaut waren Schiffslafetten für beengte Räume in Schiffen und Kasematten.

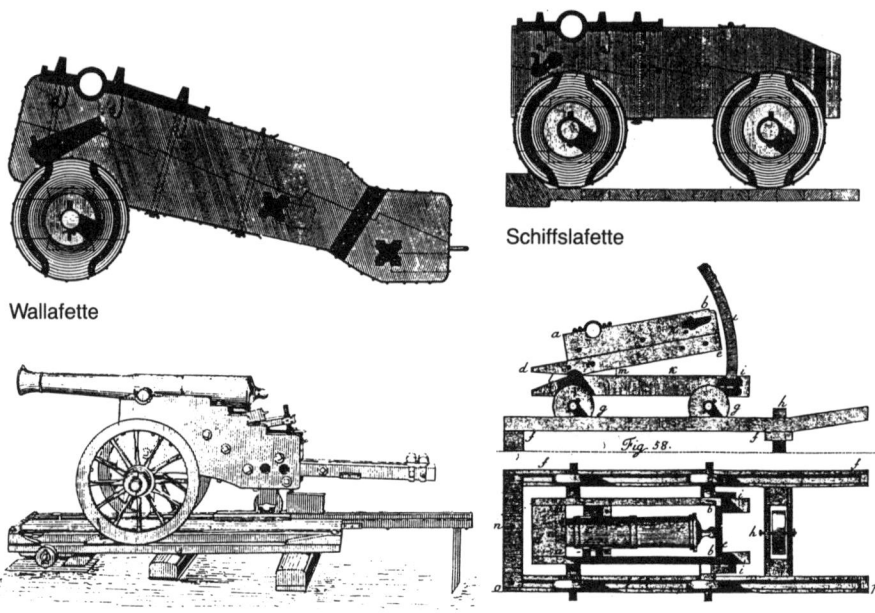

Wallafette

Schiffslafette

Gribeauval'sche Festungslafette

Depressionslafette

Abb. 22.   Lafetten.

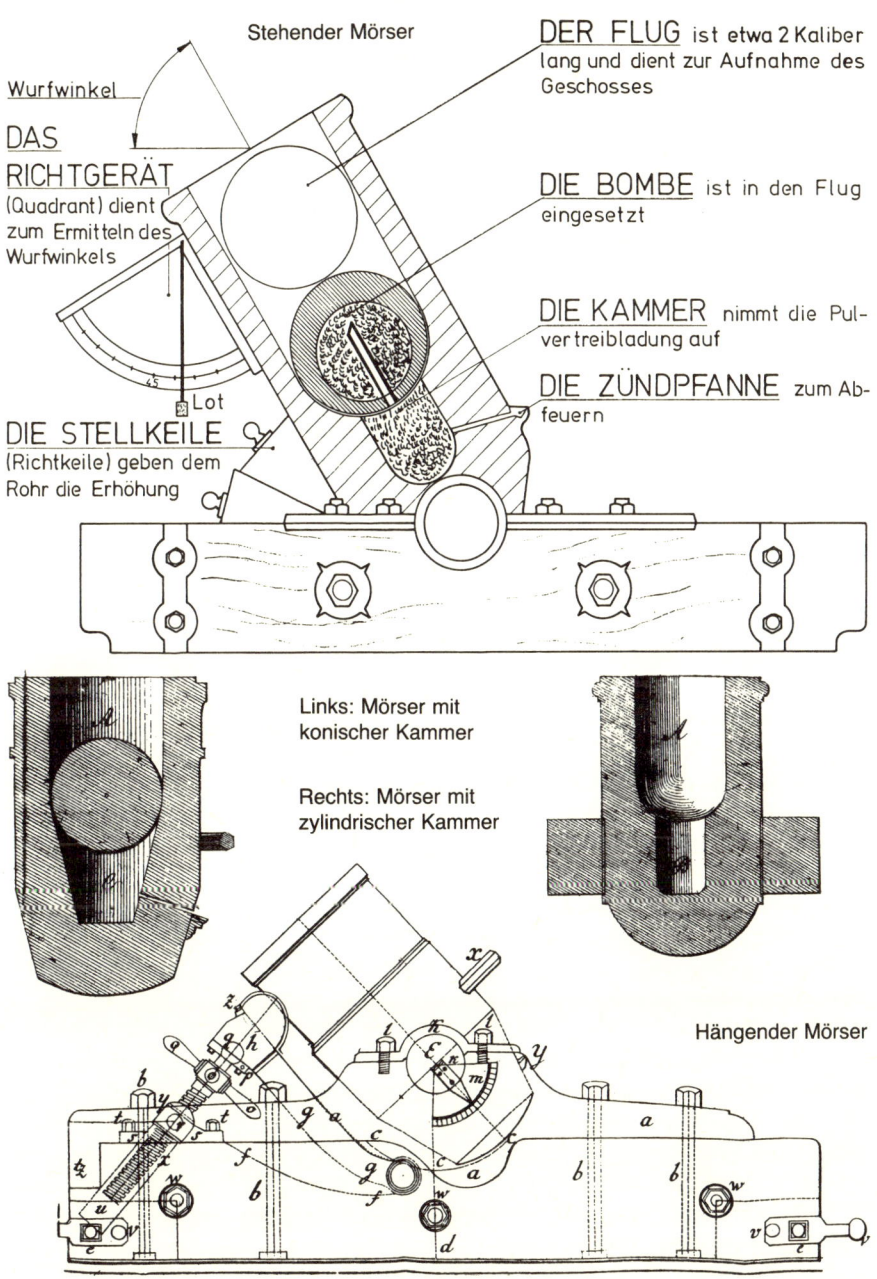

Stehender Mörser

Wurfwinkel

DAS
RICHTGERÄT
(Quadrant) dient
zum Ermitteln des
Wurfwinkels

Lot

DIE STELLKEILE
(Richtkeile) geben dem
Rohr die Erhöhung

DER FLUG ist etwa 2 Kaliber
lang und dient zur Aufnahme des
Geschosses

DIE BOMBE ist in den Flug
eingesetzt

DIE KAMMER nimmt die Pul-
vertreibladung auf

DIE ZÜNDPFANNE zum Ab-
feuern

Links: Mörser mit
konischer Kammer

Rechts: Mörser mit
zylindrischer Kammer

Hängender Mörser

Abb. 23. Der Mörser.

69

Die zweite Geschützart waren die Mörser, auch Wurfkessel oder Mortiere genannt. Sie zählten zu den Wurfgeschützen und warfen ihre Geschosse unter einem Winkel von meist mehr als 45 Grad. Man benannte sie nach dem Gewicht der aus ihnen verschießbaren Hohlkugel, in Deutschland traditionell dem der Steinvollkugel, in einigen Staaten aber nach ihrem Laufkaliber im Zollmaß. Ihr recht kurzes Rohr zeigte zwei deutlich unterscheidbare Abschnitte: oben der weitere Flug oder Lauf, für die Aufnahme des Geschosses bestimmt und nur zwei bis drei Kaliber lang, unten die im Durchmesser kleinere Kammer für die Pulverladung. Kammern konnten zylindrisch oder konisch sein. Zylindrische ließen sich leichter mit Kartuschen laden, konische hatten den Vorteil, daß Mitte und Schwerpunkt des Geschosses im Flug genau über der Kammermitte saßen. Die größte Metallstärke war an der Kammer, die Wandung des Fluges konnte dünn sein. Saßen die Schildzapfen etwa in der Rohrmitte, hießen Mörser »hängend«, befanden sie sich am Boden, dann »stehend«. Bei den leichten Mörsern waren Rohr und Fuß oft in einem Stück gegossen, sie hießen dann Fuß- oder Schemelmörser. Hängende Mörser brauchten Wandlafetten (Stühle), stehende die stabileren Blocklafetten, auch Schleifen, Blöcke oder Klötze genannt. Zum Transport solcher Mörser benutzte man besondere Wagen, die Sattelwagen. Um beim Richten den Rohren eine bestimmte Erhöhung zu geben, gab es Richtkeile und Richtschrauben.

Ebenfalls zu den Wurfgeschützen rechnete die Haubitze (obousier). Sie konnte in einem flachen Bogenwurf wie eine Kanone schießen, doch auch im hohen Bogenwurf unter einem Winkel von 20 bis 40 Grad indirekt Ziele hinter Deckungen bekämpfen. Alle Haubitzen waren Kammerstücke. Je nach der Länge des Fluges unterschied man kurze Haubitzen (etwa 6 Kaliber) und lange (bis 12 Kaliber). Bei den kurzen konnte die Granate mit der Hand noch so eingesetzt werden, daß der Zünder sicher nach vorn zeigte. Bei den langen Haubitzen mußte das Geschoß einen hölzernen Spiegel erhalten, damit der Zünder nicht zur Rohrwandung lag. Haubitzlafetten entsprachen weitgehend denen der Feldkanonen.

Als Geschosse dienten den Kanonen in erster Linie Vollkugeln aus Gußeisen. Zur Bestimmung der Kugelgrößen gab es Kaliberstäbe und runde Kugellehren, durch die eine Kugel gehen mußte, um brauchbar zu sein. Den Durchmesser bezeichnete man als Kugelkaliber. Der Spielraum zum Rohrkaliber betrug bei Feldkanonen etwa 1,5 mm, bei Belagerungskanonen etwas mehr. Vergleicht man aber in alten Maßtabellen heute die Kaliberangaben, finden sich oft Abweichungen. Das liegt an den vielen unterschiedlichen Maßen, die gebraucht wurden. Verhält sich doch der Pariser Fuß zum Rheinländischen wie 1000:1035, und 100 bei der Artillerie gebräuchliche Nürnberger Pfund waren nur 95 französische. Außerdem gaben die Geschoßbezeichnungen nicht die genauen Maße wieder. So wog beispielsweise die Kugel des preußischen Zwölfpfünders nur 11 und ein halbes Berliner Pfund, die eines österreichischen aber 13 Berliner Pfund[41].

41 F. L. Streit: Militärische Encyklopädie, Teil II, o. J. 1800, Tabelle zu S. 278.

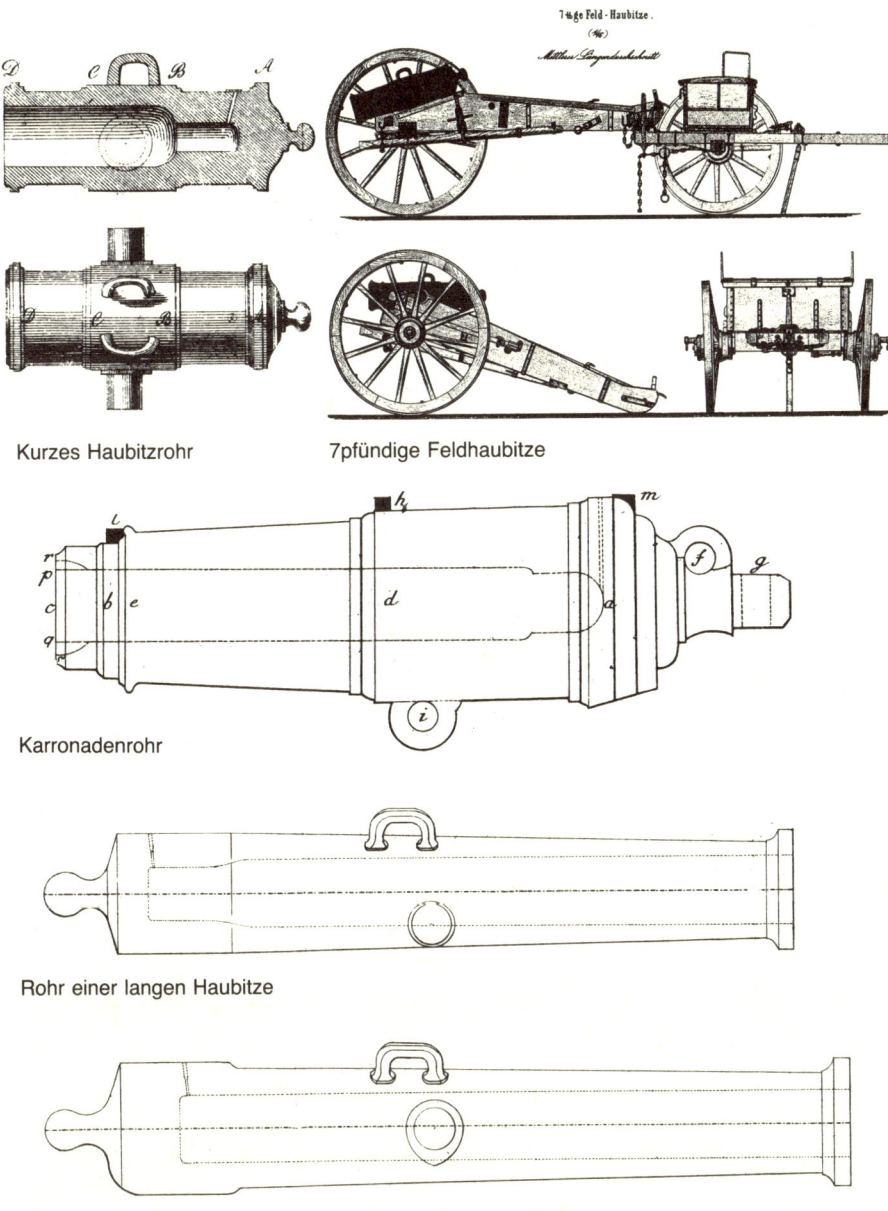

Kurzes Haubitzrohr   7pfündige Feldhaubitze

Karronadenrohr

Rohr einer langen Haubitze

Granatkanonenrohr

Abb. 24.   Haubitzen, Karronaden und lange Haubitzen.

71

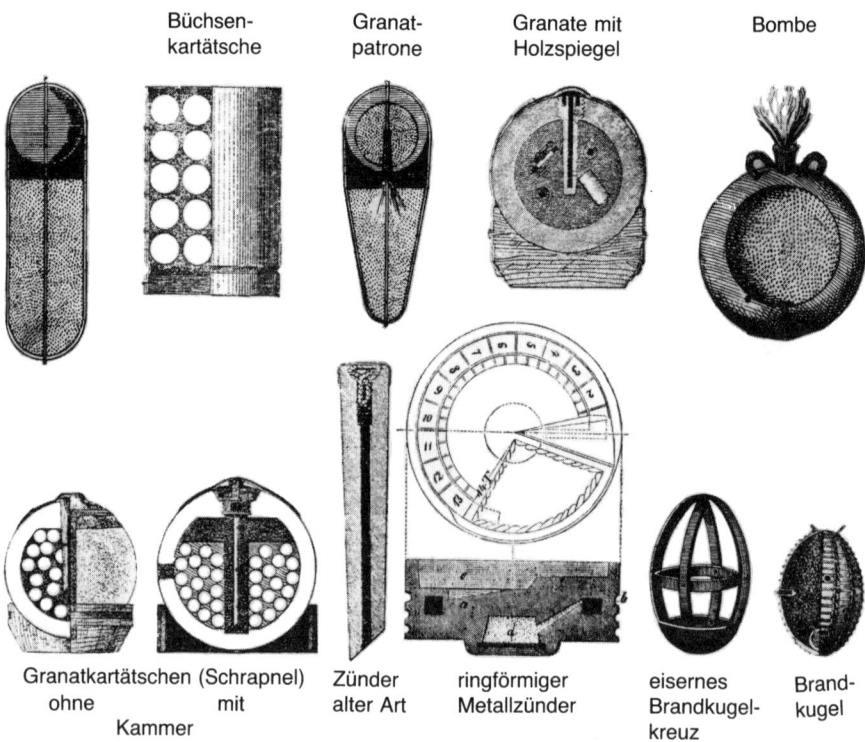

Abb. 25. Geschosse und Zünder.

Gegen nahe lebende Ziele nahm man Kartätschen, eine Ladung kleiner Kugeln aus Gußeisen oder Blei, die wie ein Schrotschuß aus einer Kanone wirkten. Kartätschkugeln konnten verschiedene Größen haben. Daher war die Zahl verschieden, gewichtsmäßig entsprach aber die Menge der üblichen Vollkugel. Nach 1840 benutzten die meisten Armeen nur noch eine Kugelgröße. Damit alle Kugeln beim Schuß gleichmäßig angetrieben wurden, saßen sie auf einer Scheibe, dem Spiegel. Die in der Vergangenheit verwandten Beutelkartätschen sowie die Traubenkartätschen, bei denen auf einem Holzspiegel die Kugeln mit Pech um einen Holzstiel geklebt waren, mußten mittlerweile den Büchsenkartätschen weichen. Bei ihnen steckten die Kugeln in einer dünnwandigen eisernen Büchse, die zur Pulverladung hin einen eisernen Spiegel hatte. Solche Kartätschen konnte man aus Kanonen, aber auch aus Haubitzen schießen. Die Grenze ihres Wirkungsbereiches betrug 400 bis 500 m.

Hauptgeschoß der Wurfgeschütze waren eiserne Hohlkugeln, die, mit Pulver gefüllt, nach einer gewissen Zeit zersprangen, wobei die Geschoßwandung in eine Reihe von Sprengstücken zerrissen wurde, die als Splitter einen großen Bereich bestreichen konnten. Die Zündung dieser Pulverladung geschah durch ein Brandröhrchen (Brandel), das beim Abschuß durch die Treibladung in Brand gesetzt wurde. Solche Brandröhrchen wurden aus trockenem Eichen-, Birken-, Weißbuchen- oder Lindenholz gefertigt, besaßen eine leicht konische Gestalt und waren mit einem langsam brennenden Satz gefüllt. Brenndauer des Satzes meist vier Sekunden auf ein Zoll Länge, also für den ganzen Zünder bis 15 Sekunden. Der Satz bestand aus drei Teilen Mehlpulver, drei Teilen Salpeter und einem Teil Schwefel. Zum besseren Anbrennen steckte man außen in den Zünder noch eine Stoppine.

Die größeren Hohlkörper für die Mörser hießen Bomben. Für ein leichteres Transportieren und Einsetzen in den Flug des Mörsers hatten sie meist zwei halbringförmige Ohren. Die Metallwandung von solchen Hohlkugeln konnte überall gleich stark sein. In der Regel war aber der gegenüber dem Zünder sitzende Boden stärker gehalten, damit dieser im Flug nach unten zeigte und die Bombe nicht auf den Zünder aufschlug.

Die kleineren Hohlkugeln für die Haubitzen waren nach dem gleichen Prinzip gebaut, hatten aber keine Ohren mehr. Dann hießen sie Granaten, später die noch kleineren, die aus speziellen Kanonen, den Granatkanonen, verschossen wurden, nur noch Hohlkugeln. Um mit Bomben und Granaten Brandwirkung hervorzurufen, hatten diese Geschosse neben ihrer Sprengladung eine Füllung mit einem Brandzylinder aus brennbaren Stoffen, die mit herausgeschleudert wurden. Das Hauptproblem beim Wurf von Hohlkugeln war der Zeitpunkt der Zündung. Da es zunächst nur den einfachen Säulenbrennzünder gab, der in seiner ganzen Länge auf die größtmöglichste Schußentfernung berechnet war, geschah die Sprengung der Granate meist nach dem Zielaufschlag. Es konnte somit einige Sekunden dauern, bis sie nach dem Aufschlag explodierte. Theoretisch hätte man ja den Zünder unten kürzen können. Doch blieb im Gefecht keine Zeit, die Geschosse waren schon fix und fertig gemacht in das Feld mitgenommen worden, und zwar für die größte Schußweite vorgesehen. Die Treffähigkeit bei einem Wurf war auch deshalb so schlecht, weil ständig erhebliche Längenstreuungen auftraten, die durch die Exzentrizität der Geschosse ausgelöst wurden. Durch den notwendigerweise stärkeren Boden und auch aus gußtechnischen Gründen trafen Schwerpunkt und Mittelpunkt des Geschosses niemals zusammen. So entstanden durch die Rotation des Geschosses nicht voraussehbare Abweichungen. Man sagte, daß ein direkter Granatschuß etwa drei bis fünf mal weniger Treffer ergäbe als ein Kanonenschuß. Daher suchte man das Problem durch viele Versuche in den Griff zu bekommen[42]. Am hilfreichsten war es, von vornherein exzentrische Geschosse zu fertigen und diese dann zu »polen«, also die Lage des Schwerpunktes auf dem Geschoß zu bezeichnen. Das geschah durch Einlegen des Geschosses in Quecksilber und Anzeichnen der Schwerpunktstelle. Bei solchen gekennzeichneten Geschossen legte man zuerst den Schwerpunkt nach unten, stellte bei Haubitzen und Granatkanonen aber fest, daß es mit Schwerpunkt oben größere Schußweiten gab.

42 H. Müller: Die Entwickelung der Feldartillerie, Berlin 1893, S. 28.

Das Laden solcher gepolter Granaten war mit der Hand nur bei den kurzen Haubitzen möglich, ihre Trefferquote verbesserte sich zusehend. Bei den langen Haubitzen mußten, entsprechend dem Schwerpunkt, die Geschosse einen Führungsspiegel aus Holz erhalten. Die langen Rohre dieser Haubitzen sollten die Treffähigkeit ähnlich den Kanonen steigern und dabei vorwiegend einen flachen Bogenschuß anwenden. Durch das größere Kaliber der Haubitzen ergaben sich weitaus wirkungsvollere Kartätschenschüsse.

Als Kammergeschütz dieser langen Haubitze im Bau und der Wirkungsweise ähnlich waren die russischen »Einhörner« mit einem 10 bis 12 Kaliber langen Rohr. Man brauchte sie sowohl für das Schießen von Vollkugeln und Kartätschen, aber auch für den flachen Bogenwurf mit Granaten. In England entstanden für den Seekrieg gußeiserne Karronaden mit sechs bis acht Kaliber langen Rohren. Mit ihrem großen Kaliber und verhältnismäßig schwacher Treibladung waren sie besonders gegen die Holzrümpfe der Schiffe wirksam. Denn bei der von der britischen Marine immer angestrebten relativ kurzen Breitseitenentfernung ergab ein Kanonenschuß ein rundes abgegrenztes Einschlagloch, das sich leicht abdichten ließ. Nun zersplitterte aber beim Einschlag die Bordwand. Um noch zusätzlich eine Explosion zu bewirken, forderte im Jahre 1822 in Frankreich Paixhans den Einsatz der sogenannten »Bombenkanonen« mit einer konischen Kammer[43]. Damit war es nun möglich, ein hölzeres Schiff schon auf größere Entfernung entscheidend zu beschädigen. Aus dieser Bombenkanone wurde im Landkrieg die Granatkanone. Weiterhin kann dann noch das französische Gebirgsgeschütz genannt werden, dessen Rohr nur sieben Kaliber lang war, aber bei einer Bohrung einer zwölfpfündigen Kanone Granaten von sieben Pfund und fünf Lot verschoß[44].

Um in den Stadtbezirken von Festungen Brände zu erzeugen, warf das Wurfgeschütz die Brandkugeln oder Karkassen (balles à feu). Diese hatten eine ovale Form und bestanden aus einem eisernen Kreuzgestell, das mit Pulver und Brandmaterial gefüllt und mit Sackleinen überzogen war. Ähnlich waren die Leucht- oder Lichtkugeln gebaut, deren Füllung aus langsam, aber hellbrennendem Feuerwerkssatz bestand, die einen Umkreis von etwa 75 m zwischen vier bis sechs Minuten beleuchten konnte.

Bei Kanonen gab es zwischen dem weittragenden Kugelschuß und dem nur auf nahe Entfernungen wirksamen Kartätschenschuß keine Zwischenlösung. Wollte man auf größere Abstände lebende Ziele, womöglich auch noch hinter Deckungen bekämpfen, blieb nur die Bombe und Granate des Wurfgeschützes. Aber auch dann brauchte man große Treibladungen für diese Entfernungen, wobei leicht das Geschoß beschädigt wurde. Die sehr großen Entfernungen waren also praktisch nur für Kanonenkugeln erreichbar, die naturgemäß wenig Wirkung zeigten. Erste Versuche, Granaten aus Kanonen zu verschießen, begannen schon 1761 in Preußen, weitere 1779

43 D. Pope: Feuerwaffen, deutsche Ausgabe, Wiesbaden 1971, S. 176.
44 v. Xylander: Waffenlehre, 3. Aufl., München 1844, S. 333.

bei der Belagerung Gibraltars durch die Spanier, als die britischen Verteidiger die entfernteren Belagerungsarbeiten stören wollten. Im Jahre 1784 schlug dann der Artillerieoffizier Shrapnel »kugelförmige Kartätschen« vor, also dünnwandige, mit Gewehrkugeln und Pulver gefüllte Granaten. Dieses Geschoß sollte, im flachen Bogenschuß geworfen, durch einen Brennzünder die Hohlkugel erst etwa 60 m vor dem Ziel so zerspringen lassen, daß die Wandstücke der Granate und der Inhalt sich mit gleicher Fluggeschwindigkeit kegelförmig gegen das Ziel ausbreiteten. Damit war es möglich geworden, auf große Entfernungen Kartätschwirkungen zu erzielen. Solche Geschosse werden heute als Schrapnells (ältere Schreibweisen Shrapnel oder Schrapnel) bezeichnet.

Kartätschgranaten wurden ab 1803 in England produziert und auch schon gelegentlich, vor allem im Spanien-Feldzug, eingesetzt. Zwischen 1825 und 1835 unternahmen dann die Artilleristen fast aller Staaten Versuche mit diesem neuartigen Geschoß. Der erste Eindruck der Geschoßwirkung führte zu übermäßigen Hoffnungen, doch ergab die Praxis dann eine Reihe von Schwierigkeiten. Einmal konnte sich durch die Reibung der innen befindlichen Kugeln das eingefüllte Pulver vorzeitig entzünden. Diese Gefahr führte zu einem getrennten Einsetzen von Pulverladung und Kugelfüllung, dem Kammerschrapnell. Noch entscheidender war aber das Problem der richtigen Entfernungsschätzung sowie der Zündereinstellung, weil sonst keine Wirkung zu erwarten war. Zwar konnte man den alten hölzernen Säulenbrennzünder entsprechend einstellen, also »temperieren«, wenn man ihn kürzte. Das mußte von Fall zu Fall direkt vor dem Schuß geschehen, war daher recht umständlich, weil der Zünder ja noch in das Geschoß einzusetzen war. Einen bedeutenderen Fortschritt brachte erst eine neue Zünderart, der von Bormann entwickelte Ringzünder[45]. Bei ihm war der Hauptkörper aus Metall und enthielt in einer horizontalen Scheibe ringförmig einen Kanal, der mit Satz gefüllt war und dessen Endpunkt zur Ladung führte. Nach außen war der Hauptkörper durch einen Deckel aus weichem Metall abgeschlossen, der eine auf der Satzrinne umlaufende, den verschiedenen Brennzeiten entsprechende Teilung nach halben Sekunden trug. Der Artillerist brauchte nur an der gewählten Stelle der Teilung den Deckel zu durchstechen, um die Satzlänge und damit die Brenndauer zu bestimmen. Dieser Zünder gab das Grundmuster für eine Vielzahl von Systemen und Versuchen. Alle Artilleristen glaubten aber, den anderen in der Entwicklung überlegen zu sein, so daß man eigene Konstruktionsbesonderheiten möglichst geheim hielt. Daher wurden auch erstmals 1837 Schrapnells bei Truppenübungen eingesetzt, ein Weg, der auf Drängen der preußischen Artillerieleitung begangen wurde. Trotzdem bestanden noch lange Zweifel an der praktischen taktischen Brauchbarkeit. Die erste Anwendung im Feldkrieg erfolgte in den Jahren 1848 und 1849.

---

45 Das Buch der Erfindungen, Gewerbe und Industrien, Leipzig und Berlin 1874, Stichwort: Geschichtliche Entwicklung des Waffenwesens, siehe auch H. Müller: Die Entwickelung..., a. a. O., S. 34.

Um die Geschosse zu treiben, brauchte man in allen Geschützen eine Pulvertreibladung. Bei der Feldartillerie führte man sie in dieser Zeit schon fertig abgepackt in Form von Kartuschen oder gar schon mit dem Geschoß zusammengepackt als Patronen mit. Nur die Belagerungs- und Festungsartillerie gebrauchte noch loses Pulver, das mit einer Ladeschaufel eingefüllt wurde. Die Treibladungen der Kanonen hatten sich auf höchstens ein Drittel des Kugelgewichtes eingespielt, die Regel war aber ein Viertel, oft auch nur ein Fünftel. Erheblich geringer fielen die Ladungen für das Wurfgeschütz aus. Sie wurden nach der Wurfweite bemessen, am geringsten für den hohen Bogenwurf, etwa ein Zwanzigstel des Bombengewichts.

Zum Zünden der Treibladung brauchte man die Zündmittel. Man unterschied feuergebende, mit denen der Artillerist den Schuß löste, und feuerleitende, die die Zündflamme durch das Zündloch zur Ladung brachten. Feuergebend waren die altbewährte Lunte, in Bleiacetat getränkter Hanfwergstrick, der die Eigenschaft besaß, mit einer spitzen Kohle zu glimmen. Daneben nahm man die Zündlichter, fingerdicke Papierhülsen, mit intensiv brennendem Satz gefüllt. Diese waren auch bei Regen brauchbar, wenn Lunten schon verlöschen konnten. In Sonderfällen, wie in Schiffsbatterien, wo eine offene Flamme gefährlich sein konnte, nahm man zur Zündung Flintenschlösser, später auch die Perkussionsschlösser.

Feuerleitende Zündmittel wurden in die Zündlöcher der Geschütze gesetzt. Dazu rechneten die Zündröhren, auch Brandel genannt, die Schlagröhren und die Stoppinen. Die Brandel bestanden aus Schilfrohr, starken Papier- oder Blechröhrchen und waren mit schnellbrennendem Satz gefüllt, oben hatten sie eine napfartige Anfeuerung. Schlagröhren hatten überdies in der Blechröhre eine kleine Schrotkugel, die wie ein Gewehrgeschoß die Stoffumhüllung der Kartusche durchschlug und damit der Zündflamme den Weg frei machte. Damit sollte das gesonderte Aufstechen erspart werden. Stoppinen waren mit Baumwollfäden umwickelte Kienholzstäbchen, die eine Flamme langsamer weiterleiteten, ein für die Wurfgeschütze genügendes Verfahren. Nach 1830 traten nach und nach die Perkussions- und Friktionsbrandel auf, die feuergebende Zündmittel überflüssig machten.

In der Ballistik, der Kenntnis der Flugbahn der Geschosse, war, ausgehend von den Versuchen des preußischen Artillerieoffiziers Jacobi, die Bedeutung der abnehmenden Geschwindigkeit durch den Luftwiderstand schon Allgemeingut geworden und damit auch die Erkenntnis, daß der abnehmende Ast der Flugbahn viel steiler sein müsse[46]. Auch hatte man schon festgestellt, daß die Durchschlagskraft eines Geschosses von seiner Masse und dem Quadrat seiner Geschwindigkeit abhängen müsse.

Bei den Kanonen unterschied man mehrere Schußarten. Als direktester galt der Kernschuß, bei dem die Seelenachse des Rohres direkt auf das Ziel wies. Er war nur bis etwa 150 m Entfernung möglich. Wollte man weiter wirken, brauchte man den Visierschuß. Bei ihm wurde das Ziel getroffen, wenn die verlängerte Visierlinie die Kugelbahn das zweitemal schnitt. Das war bei Kanonen bis 650 m möglich. Reichte

---

46 C. A. Struensee: Anfangsgründe der Artillerie, Leipzig und Liegnitz 1760, S. 209 f.

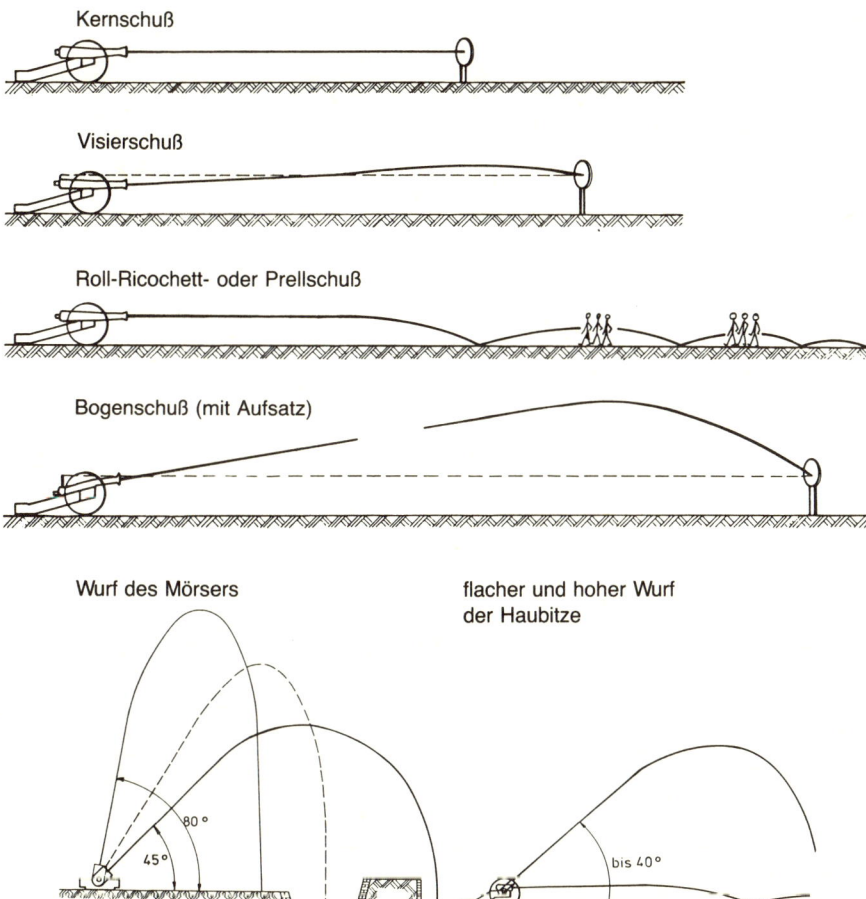

Kernschuß

Visierschuß

Roll-Ricochett- oder Prellschuß

Bogenschuß (mit Aufsatz)

Wurf des Mörsers

flacher und hoher Wurf der Haubitze

80 °

45 °

bis 40 °

Abb. 26.   Schußarten.

das Visier nicht mehr aus, mußte mit dem Aufsatz geschossen werden. Als Aufsatz bezeichnete man eine für viele Entfernungen einstellbare zusätzliche Visiereinrichtung, die entweder auf dem Bodenstück des Rohres aufgelegt (aufgesetzt) wurde oder dort auch fest angebracht war. Mit einem Aufsatz waren Rohrerhöhungen bis zu 15 Grad und Schußweiten bis 1350 m zu erreichen. Schußweite nannte man grundsätzlich die Entfernung bis zum ersten Aufschlag der Kugel. Die wirksamen Schußweiten für Kartätschen betrugen etwa 350 m, für die Schrapnells zwischen 350 und 900 m.

War der Boden relativ fest, konnte man beim Kern- und Visierschuß eine willkommene Vergrößerung der Schußweiten erreichen, da die Kugel beim ersten Aufschlag

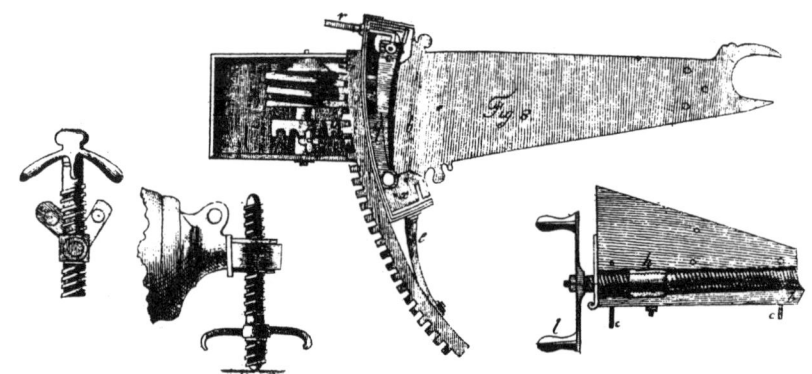

Richtmaschine und Richtschrauben

Geschützzubehör:

Ladeschaufel

Setzkolben

Wischer (Borsten)

Wischer (Fell)

Patronenzieher

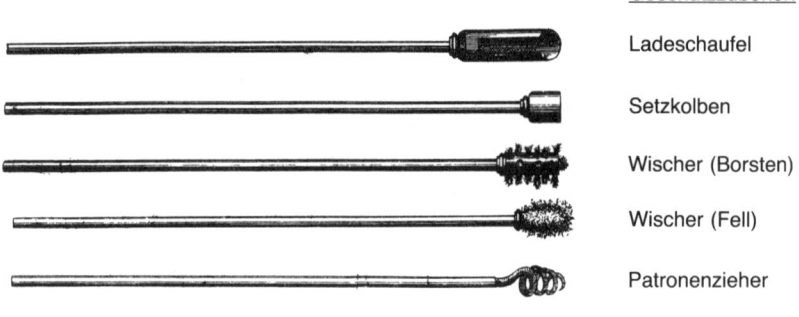

Hilfsmittel zum Richten

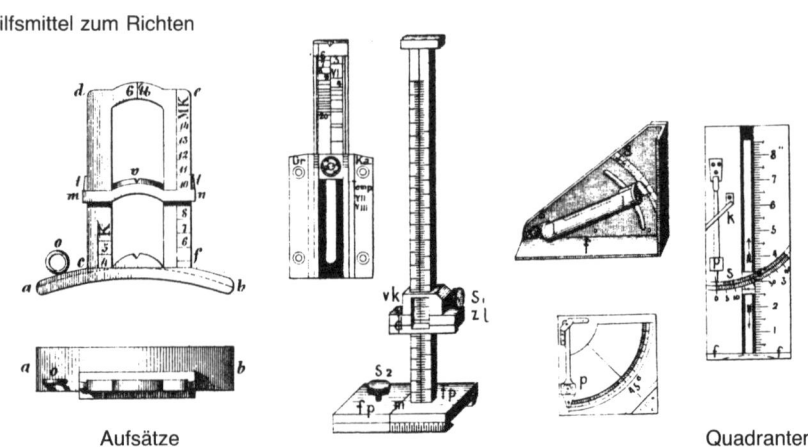

Aufsätze   Quadranten

Abb. 27.   Richtmaschinen, Zubehör zum Richten und Geschützzubehör.

im gleichen flachen Winkel abprallte und so mehrfach weiterhüpfte. Damit wurde die Wahrscheinlichkeit sehr erhöht, weil die Flugbahn beim Abprallen kaum über die Manneshöhe hinausging. Ein solcher Schuß hieß Roll-, Prell- oder Gellschuß (franz. rikoschettieren). Die Bezeichnung Rikoschettschuß benutzte man aber nur, wenn diese Schußart zum Demontieren von Festungseinrichtungen gebraucht wurde. In günstigen Fällen konnte es bis zu sieben Aufschläge geben, die dann jeweils immer näher beieinander lagen. Bei Schießversuchen auf eine Scheibe in der Größe 25 m mal 1,9 m auf 1000 m Entfernung gab es bei gutem Boden noch 25 Prozent Treffer[47]. Erreichbar waren bis 1800 m.

Wurfgeschütze konnten im hohen und im flachen Bogenwurf werfen. Bei den Mörsern war der Winkel meist größer als 45 Grad, die Wurfweite bestimmte die Rohrerhöhung und die Stärke der Treibladung, daneben aber auch im gewissen Umfang auch die Windstärke und Windrichtung sowie die Tatsache, ob bergauf oder bergab geworfen wurde. Daher galt ein genaues Treffen mit einer Bombe stets als artilleristisches Meisterstück. Bei den kurzen Haubitzen diente der hohe Bogenwurf zum Bewerfen versteckter Ziele. Die Granate sollte dann im Ziel liegen bleiben und nicht weiterrollen. Man brauchte dazu Rohrerhöhungen zwischen 15 und 22 Grad, möglich waren aber bis 40 Grad. Die Wurfweiten betrugen bis 1600 m, doch waren die Treffergebnisse erst bei der Anwendung gepolter Granaten zufriedenstellend. Der flache Bogenschuß der Haubitzen gestattete sogar ein Rikoschettieren mit Granaten, daneben auch einen wirkungsvollen Kartätschenschuß. Schrapnells wurden nur im Bogenwurf gebraucht.

Die kleinen Kanonen wurden über den höchsten Punkt des Bodenfeldes und das Korn gerichtet. Am Bodenfeld des Rohres war auch eine Fläche für das Auflegen des Aufsatzes vorgesehen. Diese Aufsätze trugen für verschiedene Schußentfernungen Zeichen und konnten durch Verschieben und Feststellen mit einer Rändelschraube entsprechend eingestellt werden. Für hohen Bogenwurf benutzte man Quadranten. Deren Einteilung geschah nach Grad oder rein empirisch nach angebrachten Punkten. Zur Einstellung der Rohrerhöhung, der Elevation, benutzte man Richtmaschinen, die mit Hilfe von Keilen oder Schraubgewinden arbeiteten. Die verschiedenen Bauarten zeigt die Abbildung. Um auch nachts richten zu können, band man anstelle des Korns eine glühende Luntenspitze an die Rohrmündung.

Schon zu Beginn unseres Zeitabschnitts gab es bei der Artillerie eine zweckmäßige Kaliberfolge. In Deutschland umfaßte sie eine Abstufung von 24-, 12-, 6- und 3pfündigen Kanonen, in Frankreich von 24-, 16-, 12-, 8- und 4pfündigen Rohren. Die anderen Staaten schlossen sich in der Regel einem dieser beiden Systeme an. Als schwerste Feldkanone hatte sich überall der Zwölfpfünder durchgesetzt. Decker erklärte seine Notwendigkeit mit den Worten: »Das zwölfpfündige Kaliber ist als die Grenze des Feldgeschützes anzunehmen, es ist gegen feste Ziele nötig... dreipfün-

---

47 H. Müller: Entwickelung..., a. a. O., S. 51, siehe aber auch Scharnhorst: Handbuch für Offiziere, Teil I, 2. Aufl., Hannover 1815, S. 214 f.

dige taugen nicht für das Feld, achtpfündige Kanonen können zwölfpfündige nicht ersetzen[48].« Als Hauptgeschütz der Feldartillerie sollte sich der Sechspfünder durchsetzen. Neben den Kanonen führte die Feldartillerie sieben- bis zehnpfündige Haubitzen. Einige Kaliberangaben über die verwandten Geschütze mag nachfolgende Tabelle geben[49]:

Kanonenbezeichnung	24			12		6		3	deutsches System
Geschoßgewicht		18			9				
in Pfund	24		16	12		8		4	franz. System

mittleres Rohr Kaliber in cm	14,9	13,2	12,9	11,8	10,4	10,2	9,4	8,1	7,6

Wurfgeschütze Bezeichnung in Pfund Steingewicht	Mörser			Haubitzen			zöllige Bezeichnung	
	25	50	100	10	8	7	8	6

mittleres Rohr-kaliber in cm	22,9	28,5	34,3	17,3	15,5	15,0	21,7	16,3

Die Angaben weichen bei den einzelnen Artillerien leicht ab, da verschiedene Maßsysteme verwandt wurden. Es ist hier als Anhalt ein mittlerer Wert gewählt worden.

Im einzelnen führten die wichtigsten Staaten folgende Geschütze: Frankreich besaß zu Beginn des Zeitraums in seinem System Gribeauval ein vorzügliches Material mit der Kanonenkaliberabstufung 12-, 8-, 4pfündig sowie eine fünfeinhalbzöllige Haubitze. Während der Feldzüge stellte sich jedoch vor allem bei der Reitenden Artillerie heraus, daß das Geschütz doch recht schwer und wenig beweglich war. Auch erwiesen sich die Vierpfünder als zu schwach, die Achtpfünder aber als zu schwer. Bei diesen machte außerdem das notwendige Umsetzen des Rohres aus dem Marschlager in das Schußlager viel Schwierigkeiten. So entschloß sich Napoleon im Jahr XI (1802/03), Sechspfünder einzuführen, wobei ihm die vielen erbeuteten Kanonen halfen. In der Praxis führte man daneben die bisherigen Kaliber weiter, soweit sie noch vorhanden waren. Erst im späteren System von 1827 (genannt Vallée) hat man in Frankreich nur noch zwei Kanonen, einen Achtpfünder und einen Zwölfpfünder angenommen, dazu 15 cm- und 16 cm-Haubitzen, alle mit Blocklafetten nach britischem Muster.

Österreich behielt in dem gesamten Zeitraum sein bewährtes altes Liechtensteinsches System bei, das aus 12-, 6- und 3pfündigen Kanonen bestand. Die sogenannten Kavallerie-Batterien führten Drei- und Sechspfünder mit einer eigenartigen Lafette. Der zwischen ihren Seitenwänden untergebrachte Munitionskasten war am Deckel mit einer Polsterung versehen, die »Wurst« genannt wurde. Darauf konnten fünf

48 C. Decker: Die Artillerie für alle Waffen, Teil II, Berlin 1816, S. 25–27.
49 Weitere tabellarische Angaben finden sich in W. Gohlke: Geschichte der gesamten Feuerwaffen, Slg. Göschen, Leipzig 1911, S. 92/93, 95, 101, 102 und 136.

hintereinandersitzende Kanoniere mitfahren. Ab 1832 gab es auch siebenpfündige Haubitzen, die dreipfündige Kanone wurde 1843 entfernt.

Preußen besaß zunächst sein altes Material mit 12-, 6- und 3pfündigen Kanonen sowie 7- und 10pfündigen Haubitzen. Nach den starken Verlusten in den Kriegsjahren 1806/07 führte man auch viel fremdes Material, das aber ab 1816 aus dem Feldetat entfernt wurde. Es blieben 12- und 6pfündige Kanonen sowie 10- und 7pfündige Haubitzen in der Ausrüstung, die alle mit den leichteren eisernen Achsen versehen waren. Nach langen Versuchen beschloß man 1842 ein neues leichteres System, das nur noch aus 12- und 6pfündigen Kanonen und der siebenpfündigen Haubitze bestehen sollte. Doch erst im Jahre 1853 waren die letzten alten Geschütze aus der Feldartillerie ausgeschieden.

Eine eigenwillige Rolle spielte England mit seiner Kaliberabstufung von 18-, 12-, 9- und 6pfündigen Kanonen. Schon im Jahre 1800 begann man mit Versuchen mit der neuartigen Blocklafette, die erst 1822 ihren Abschluß fanden. Nach 1820 folgten dem britischen Vorbild mit der Blocklafette, wenn auch nicht mit allen Kalibern, Hannover, Nassau, die Niederlande, Belgien und die Schweiz, später auch Frankreich und Bayern. Die kleineren Staaten lehnten sich in der Regel an die Systeme eines der größeren an. So hatten lange Bayern, Baden, Württemberg, Hessen-Darmstadt französische Systeme, andere folgten preußischem Muster.

Bei der Belagerungs- und Festungsartillerie gab es fast überall noch ein wirres Durcheinander von metallenen und eisernen Rohren verschiedenen Alters, Kalibers und Systemen, bei denen ein Großteil noch aus der Mitte des vorigen Jahrhunderts stammte. Erst mit dem dritten Jahrzehnt des 19. Jahrhunderts setzte eine gewisse Vereinheitlichung ein.

Zusammenfassend kann gesagt werden, daß – abgesehen von Sonderaufgaben – bei der Feldartillerie nur noch zwei Kanonenkaliber und ein Haubitzkaliber übriggeblieben sind. Diese beiden Kanonenkaliber wurden durch die beiden entgegengesetzten Forderungen nach Wirksamkeit und Beweglichkeit bedingt. Überall waren die leichten drei- und vierpfündigen Kanonen ausgeschieden. Zu gleicher Zeit begannen aber schon durch Wahrendorf und Cavalli Versuche mit Hinterladeverschlüssen, mit gezogenen Rohren und Langgeschossen, bei denen aufgesetzte Metallzapfen in die Züge des Rohres greifen und so dem Geschoß den notwendigen Drall geben sollten. In der Praxis wurden sie alle aber erst später wirksam.

Für die Kosten gibt Hoyer eine Übersicht, die ohne die spätere Unterhaltung für die Anschaffung eines Geschützes mit dem notwendigen Zubehör, Wagen und Pferden anfallen[50]. Danach kostete in Preußen im Jahre 1815:

die dreipfündige Kanone mit 6 Pferden	1542 Taler
die sechspfündige Kanone mit 12 Pferden	2635 Taler
die zwölfpfündige Kanone mit 22 Pferden	4251 Taler
die siebenpfündige Haubitze mit 14 Pferden	2408 Taler

50 G. v. Scharnhorst, Handbuch..., Teil I, a. a. O., S. 146/147.

Damit konnte man auf je ein Pfund Geschützgewicht einen halben Taler rechnen.

Als Gebrauchsdauer der metallenen Rohre hat man in Österreich in Versuchen ermittelt[51]:

für die leichte sechspfündige Kanone 4000 bis 6000 Schuß,
für die vierundzwanzigpfündige Kanone 2425 Schuß,
in Frankreich für letztere Kanone aber nur 600 Schuß.

Eiserne Rohre waren zwar schwerer, aber dauerhafter, ihre Zündlöcher brannten allerdings leicht aus, so daß man für die Zündstollen den recht teuren Stahl nehmen mußte.

Einen mehr episodenhaften Charakter sollte in Europa der Einsatz von Raketen als Kriegswaffe haben. Bisher waren hier Raketen nur bei Lustfeuerwerken oder als Signale gebraucht worden. Ab 1804 entwickte sie der Engländer Congreve aufgrund seiner in Indien gesammelten Erfahrungen als Kriegswaffe. Schon im Jahre 1807 wurde dann beim Angriff der britischen Flotte auf Kopenhagen die Stadt mit etwa 40 000 Brandraketen beschossen. Der dänische Hauptmann Schuhmacher trieb die Weiterentwicklung voran, indem er in den Raketen anstelle eines Brandsatzes eine Art Schrapnell verwandte. Auch Congreve schlug in England in einer Schrift[52] die Bewaffnung ganzer Verbände mit Raketen vor. Selbst Infanterie sollte anstelle des Feuergewehrs mit mehreren leichten Raketen ausgerüstet werden. Die Versuche wurden aufgegriffen, vor allem in Frankreich, Preußen, Sachsen und Österreich, wo schließlich dem Freiherrn von Augustin das Hauptverdienst zufiel.

Zu einer Rakete gehörte die Raketenhülse mit dem Treibsatz, ein leichter hölzerner Führungsstab und das vorgebundene Geschoß. Die Raketenhülse bestand aus einer zylindrischen rohrartigen Eisenblechhülse von vier bis acht Kalibern Länge, die am oberen Ende fest verschlossen war. In das Innere wurde der Treibsatz so eingebracht, daß eine stufenförmig sich verengende Seelenbohrung, das »Zehrloch«, entstand. Am Mundloch war das Zündloch, außen an der Hülse eine vierkantige Lasche für den Führungsstab. Diesen etwa 2,70 m langen Stab brauchte man, um Richtung zu halten. Geschosse konnten Vollkugeln, Hohlkugeln, Kartätschen oder Brand- oder Leuchtsatzbüchsen sein. Sie wurden vor die Hülse mit Leinwand, einem Blechstreifen und Bindfaden befestigt.

Die Zündung der Rakete geschah mit Brandeln, später auch Perkussionsbrandeln. Der Treibsatz brannte eine gewisse Zeit und beschleunigte dabei ständig die Rakete. War dieser ausgebrannt, verhielt sie sich wie ein normales Geschoß. Waren die Führungsstäbe außen an der Hülse befestigt, benutzte man zum Abfeuern dreifüßige Gestelle mit höhenverstellbaren Abschußrinnen. Später schloß man die Hülse hinten mit einer durchlochten Platte ab, wodurch die Treibgase entweichen konnten. Dann saß der Führungsstab in der Mitte dieser Platte. Zu noch besserer Führung schoß man

---

51 v. Xylander: Waffenlehre, a. a. O., S. 297.
52 W. Congreve: The Details of the Rocket System, London 1814.

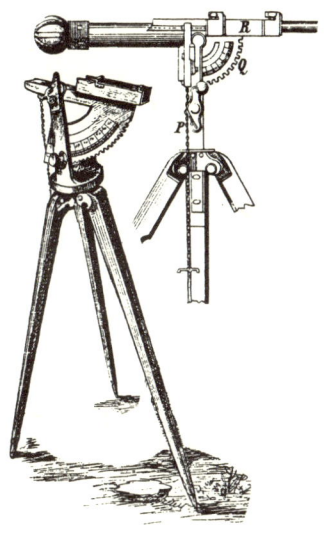

Österreichisches Abschußgestell

Congrevische Feldrakete um 1825

Figur 1, Profil

Figur 2, Aufsicht

Figur 1:
m Lafette
A—B Kasten für Stäbe
H—H Abschußrohr
E Verschlußklappe

Figur 2:
R Protzkasten für 25 Raketen
F Kästen zur Aufbewahrung
von Kleinmaterial
H Abschußrohre

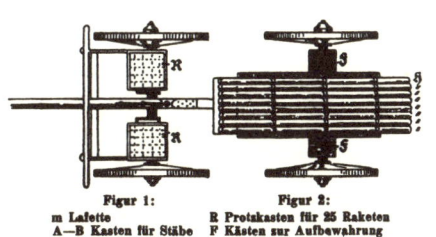

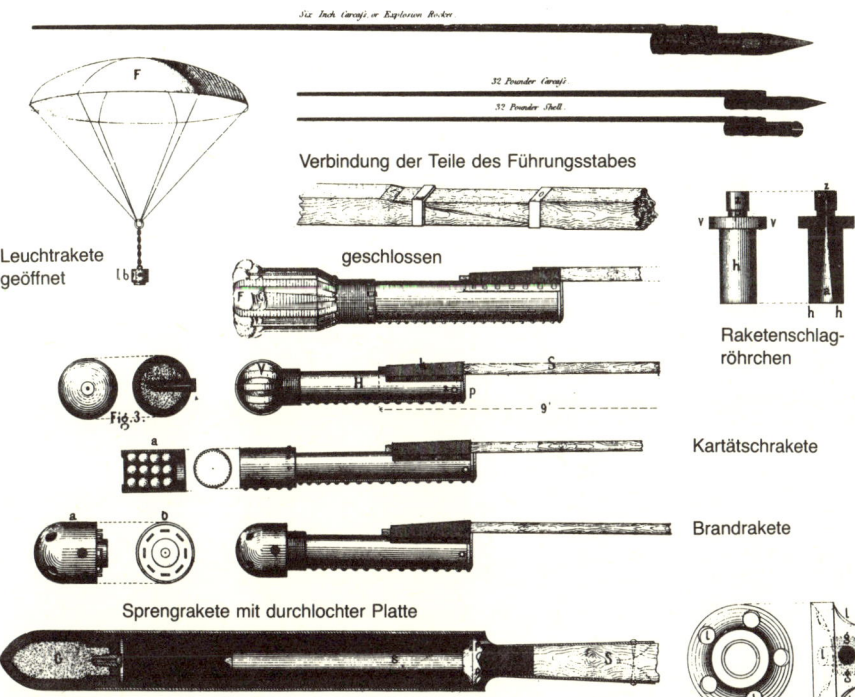

Six Inch Carcass or Explosion Rocket
32 Pounder Carcass
32 Pounder Shell

Verbindung der Teile des Führungsstabes

Leuchtrakete
geöffnet

geschlossen

Raketenschlag-
röhrchen

Fig.3.

Kartätschrakete

Brandrakete

Sprengrakete mit durchlochter Platte

Abb. 28.   Raketen.

83

die Rakete dann durch ein Rohr ab. Mehrere solche Führungsrinnen oder Rohre konnten zu einem Gestell vereinigt werden.

Bei keiner Erhöhung, also 0 Grad, waren die Tragweiten der Raketen recht gering, der erste Aufschlag erfolgte schon bei 180 m. Bei 25 Grad waren es aber schon 900 m. In Österreich wurden Gestelle und Munition in den Raketenwurstwagen, auf denen auch die Bedienungsleute aufsaßen, transportiert, daneben gab es zusätzliche Munitionskarren. Zu einer Batterie gehörten sechs Wurstwagen und drei Karren, in Reserve waren noch 9 Karren[53]. Auch Frankreich entwickelte ab 1827 Kriegsraketen mit 6 cm, 9 cm und 12 cm Kaliber. Das letztere Kaliber konnte eine 27-cm-Bombe mit 49 kg Gewicht bis zu 2700 m treiben, doch war die Treffähigkeit nicht besonders groß.

Ein sehr gutes Beleuchtungsmittel war die unter dem Winkel von etwa 70 Grad steil abgeschossene Leuchtballenrakete. Sie erreichte eine große Höhe, um langsam am Fallschirm herabzuschweben. Noch später wurden Raketen treffsicherer durch das Rotationsprinzip von Hale. Schließlich gab man auch in Österreich 1867 die Raketen ganz auf, weil die neuen gezogenen Geschütze ungleich wirkungsvoller waren.

53 A. Dolleczek: Geschichte der österreichischen Artillerie, Wien 1887, S. 353.

Soldat und Waffengebrauch

Strategie und Taktik

Form und Erscheinungsbild eines Kriegs hingen stets von Bedingungen ab, die sowohl politischer und sozialer, als auch technischer und wirtschaftlicher Natur waren. In dem hier behandelten Zeitabschnitt zeigte die Waffentechnik gegenüber dem vorhergehenden keine wesentlichen Veränderungen. Ein Wandel geschah vorwiegend durch die gesteigerten Machtmittel, die durch die Ausnutzung des gesamten Menschen- und Wirtschaftspotentials einer Nation zur Verfügung standen. Trotzdem hat dieser Vorgang lange gedauert, weil es ein langwieriger Prozeß ist, die Denkweise der Vergangenheit zu verlassen.

Zu Beginn der Revolutionskriege waren in allen europäischen Heeren die strategischen Möglichkeiten, die Heeresorganisationen, die Waffen und damit die Taktik fast gleich. Zu den Erfahrungen kam eine zunehmende Theoretisierung des gesamten Kriegswesens mit einer bisher nicht gekannten Flut von Schrifttum[54]. Fast alle Autoren suchten Grundbegriffe zu klären oder gar ganze Lehrgebäude zu errichten. Zudem begannen erstmalig militärische Zeitschriften zu erscheinen[55]. Nur teilweise behandelten diese Werke allein strategische Fragen oder solche der höheren Taktik. Meist wurden auch organisatorische, waffentechnische und sogar fortifikatorische Probleme angesprochen, so daß sie gar enzyklopädischen Charakter erhielten. Nur materiell Faßbares ließ sich in Regeln zusammenfassen. Zwar erklärten einige Schriftsteller, daß man nicht alles lehren könne, brachten aber doch alles, was festgestellt war, in ein System der Kriegswissenschaften. Hierzu gehörten Strategie und Taktik, Festungskrieg und Waffenkunde sowie Heeresorganisation und Versorgung mit einigen Hilfswissenschaften. Als Kriegskunst betrachteten sie die Fähigkeit, die erlernten Grundsätze durch schnelles und richtiges Erfassen erfolgreich anzuwenden. Selbst weitblickende und kluge Männer sahen darin das alleinige Heil. Alles, auch die technische Tüchtigkeit, schien berechenbar, Faktoren wie die seelischen und moralischen Kräfte, Tapferkeit, Aufopferung, aber auch Ehrgeiz und Ruhmbegierde sowie die patriotischen und politischen Ideen blieben außer Kalkül. So wurde es ein schwieriger Prozeß, diese Denkweise zu verlassen. Auch die Kriegsauffassung von Scharnhorst veränderte sich laufend, denn er schließt eine Denkschrift vom April 1806 mit den Worten: »Wir haben angefangen, die Kunst des Krieges höher als die militärischen Tugenden zu schätzen, dies war der Untergang der Völker in allen Zeiten.

---

54 Aufzählungen und Würdigungen bei M. Jähns: Geschichte..., a.a.O., S. 1771 bis 1781 und 1919 bis 2114.
55 Ebenfalls M. Jähns: Geschichte..., a.a.O., S. 1813 bis 1823.

Tapferkeit, Aufopferung, Standhaftigkeit sind die Grundpfeiler der Unabhängigkeit eines Volkes[56].«

Bei allen wissenschaftlich behandelten Dingen ist eine gewisse Ordnung notwendig. So gab es zu Beginn dieses Zeitraumes eine Reihe von schriftstellerischen Systemmachern, deren Spannweite von Bülow[57], der die Sache über das Knie brach, bis zu Venturini[58] reichte, der sich in endlose Klassifikationen verlor. Traditionell zählten zu den Kriegswissenschaften in der Hauptsache die Strategie und die Taktik und die Lehre vom Festungskrieg. Doch ist niemals über eine genaue Abgrenzung der Begriffe Strategie und Taktik eine Einigung erzielt worden. Ein bekanntes Militärlexikon[59] erklärt Strategie als Feldherrnkunst, also Heerführung großen Stils, die Taktik als Lehre von der Truppenführung. Nach Clausewitz ist Taktik die Lehre vom Gebrauch der Truppen im Gefecht, die Strategie die Lehre vom Gebrauch der Gefechte zum Zwecke des Krieges. Der Gefechtszweck ist damit nur mit Rücksicht auf das Ganze zu sehen. Darin berühren sich Strategie und Taktik.

Erzherzog Karl bezeichnete die Aufgabe der Strategie die Heranführung der Streitkräfte und schrieb: »Sie entwirft den Plan, umfaßt und bestimmt den Gang kriegerischer Ereignisse, ist also die eigentümliche Wissenschaft des obersten Feldherrn[60].«

Im Zeitalter der Kabinettskriege hatte sich eine Strategie ergeben, die sich auf die Stellungen und den Bodenbesitz stützte und die Erzherzog Karl so erklärte: »Jede Aufstellung und jede Bewegung muß daher volle Sicherheit gewähren für den Schlüssel des rückwärtigen Landes, für die Operationsbasis, auf der die Vorräte aufgehäuft werden, für die Communication mit diesen letzteren und für die Operationslinie, welche die Armee ergriffen hat, um von der Basis in das Operationsgebiet zu gelangen[61].« Als wichtig galt auch der Begriff des strategischen Punktes, dessen Besitz Vorteil gewährte. So sollten Armeen nur auf einem solchen Punkt einen längeren Aufenthalt nehmen. Auch der schon erwähnte Bülow machte mehr die Magazine und Verbindungslinien zum Gegenstand der Operationen als das feindliche Heer. Er empfahl, Schlachten zu vermeiden und dafür zu manövrieren: »Wenn man sich in die Notwendigkeit versetzt sieht, eine Schlacht zu liefern, müssen strategische Fehler vorhergegangen sein.« Und an anderer Stelle: »Man kann durch strategische Manöver in den Flanken und im Rücken des Feindes jeden Sieg unkräftig machen[62].« Beide

56 Zitiert nach H. Rothfels: Carl von Clausewitz – Politik und Krieg, Berlin 1920, S. 53.
57 Bülow: Geist des neuern Kriegs-Systems, Hamburg 1799.
58 G. Venturini: Lehrbuch der angewandten Technik oder eigentlichen Kriegswissenschaft, 2 Teile in 6 Bdn., 2. Aufl., Schleswig 1800.
59 B. Poten: Handwörterbuch der gesamten Militärwissenschaften, Bielefeld und Leipzig 1877 bis 1880.
60 Erzherzog Karl: Grundsätze der Strategie, I. Teil, Wien 1814, S. 3.
61 Erzherzog Karl: Grundsätze . . ., a. a. O., S. 6.
62 Siehe v. Caemmerer: Die Entwicklung der strategischen Wissenschaft im 19. Jahrhundert, Berlin 1904, S. 2 f.

zeigen sich als Vertreter der Verkünstelung des Kriegswesens, sie hatten noch vorwiegend den Wert des »Bodens« im Auge statt der Vernichtung der feindlichen Streitkräfte. Damit neigten sie naturgemäß zur passiven Defensive und kordonartigen Aufstellungen. Für sie bedeutete die Schlacht nur ein Moment von mehreren. – Deren Entscheidung konnte ausgeglichen werden, weil man infolge der hergebrachten Heeresstruktur und des Versorgungssystems nicht fähig war, zu verfolgen.

Erst mit den Massenheeren der französischen Republik gewannen andersartige Auffassungen Gestalt. Die Truppen brauchten nicht mehr auf Magazine und Versorgungslinien Rücksicht zu nehmen. Seit der Revolution gab es Verpflegung, wo man sie fand, ließ auch die Soldaten von den Quartierwirten, den Gemeinden oder durch Requisitionen versorgen. Die lästigen Zelte wurden abgeschafft, man lagerte in Ortschaften oder biwakierte. Befreit von diesen lästigen Bindungen waren schnelle Märsche möglich. Zwar wechselten bei diesem Verfahren Überfluß und Mangel recht rasch, doch reichten Lebensmittel in den in Mitteleuropa üblichen, relativ dicht bevölkerten Gebieten aus. Dazu kam die Möglichkeit, das Netz der neuentstandenen Kunststraßen auszunutzen, ein für die Marschgeschwindigkeit von Artillerie und Fahrzeugen wichtiger Punkt. Grundgedanke der Operationen war, daß sich die Armee in einzelnen Korps ausbreiten konnte, um zu leben, sich aber, ohne daß sie der Oberleitung aus der Hand glitt, wieder zusammenzog, um zu schlagen. Demzufolge entstand ein neuer Zweig der Kriegswissenschaften, den Jomini[63] Logistik nannte und der die richtige Ausnutzung des Wegenetzes zur Aufgabe hatte.

Unter solchen Umständen vermochte der an Zahl Stärkere entsprechend zu handeln. Jede Stellung war ohne Gefahr zu umgehen, sobald man stark genug war, die Front des Gegners hinlänglich zu beschäftigen. Man war auch in der Lage, fast jede Stellung zu durchbrechen, wenn nur Kräfte genug waren, um sie an vielen Stellen anzugreifen, so daß der Feind über Ort und Zeitpunkt des Entscheidungsstoßes im unklaren blieb, bis es zu spät war, um noch wirksam dagegen einzugreifen[64]. Daher suchte gerade Napoleon die Entscheidung durch eine Schlacht. Das Grundgesetz der Strategie sah er darin, alle Kräfte zusammenzufassen, die Hauptmacht des Feindes aufzusuchen und zu schlagen sowie den Sieg durch Verfolgung rücksichtslos auszunutzen. War es gelungen, die feindlichen Streitkräfte physisch und moralisch soweit zu zerstören, daß sie nicht mehr kämpfen konnten oder wollten, vermochte der Sieger seinen politischen Zweck durchzusetzen. Auch Clausewitz schreibt: »Die Vernichtung der feindlichen Streitkräfte ist das Hauptprinzip des Krieges und für die ganze Seite des positiven Handelns der Hauptweg zum Ziel[65].« Napoleon hat den strategischen Zentrumsdurchbruch oft mit Erfolg durchgeführt. Jomini hat dieses Vorgehen

---

63 Heinrich Baron Jomini (1779 bis 1869), franz. General und Militärschriftsteller besonders der napoleonischen Zeit.
64 Siehe G. v. Griesheim: Vorlesungen über die Taktik, Berlin 1855, S. 62.
65 C. v. Clausewitz: Vom Krieg, 18. vollst. Auflage, bearbeitet von W. Hahlweg, Bonn 1972, S. 467.

in ein wissenschaftliches System gebracht und sah das Wesen seiner Strategie in seinen Operationslinien. Clausewitz erkannte, daß Basis und Operationslinie zwar brauchbare Begriffsbildungen seien, um sich zu verständigen, doch lassen sich daraus kaum Regeln ableiten, weil im Kriege alle Elemente des Handelns unsicher und relativ sind. Strategische Entschlüsse entspringen meist dem Charakter. Andererseits darf Strategie, da Krieg eine politische Handlung ist, niemals isoliert betrachtet werden. Politiker und Feldherrn haben gemeinsam zu handeln, am besten, wenn sie beides in einer Person sind, wie bei Friedrich dem Großen oder Napoleon[66].

Die Taktik lehrt die Art, wie strategische Entwürfe ausgeführt werden sollen, also die Verwendung der Streitkräfte auf dem Gefechtsfeld. Damit soll und muß sie jeder Truppenführer beherrschen. Ihr Kernpunkt ist die Lehre von der Ökonomie der Kräfte, also das Erreichen des gewünschten Ergebnisses mit geringstem eigenen Verlust und Risiko. Um taktische Aufgaben lösen zu können, mußten sie vorher auf einem Exerzierfeld geübt werden. Diesen Teil der Taktik, die Aufstellung und Bewegung einer Truppenformation auf einem Exerzierplatz nannte man *reine Taktik* oder *Elementartaktik*. Aber auch dieser Teil der Taktik mußte sich auf die Kenntnis der Waffenwirkung und damit die Waffenlehre stützen, um Aufstellungen so zu erhalten, daß die jeweiligen Waffen auch vorteilhaft gebraucht werden konnten. Daher unterschied man hier eine Taktik der Infanterie, der Kavallerie und selbst der Artillerie. Das Grundproblem der Elementartechnik war stets die Frage: Wie mache ich es am zweckmäßigsten?

Wurden Formationen gleich welcher Art in verschiedenstem Gelände und bei unterschiedlichsten Gelegenheiten eingesetzt, sprach man von *angewandter Taktik*. Geländehindernisse, Witterung und Feindeinwirkung vervielfachten dann die Schwierigkeiten. Hierzu gehörten die Probleme der gegenseitigen Unterstützung der verschiedenen Waffen im Gefecht, aber auch die Sicherung, Märsche und Lager. Die Grundfragen der angewandten Taktik mußten demnach lauten: Wo und wann kann ich welche Truppen am zweckmäßigsten einsetzen?

Im hier behandelten Zeitraum geschah gerade im Bereich der angewandten Taktik ein grundlegender Wandel. Zunächst waren die Armeen wie zur Zeit der Kabinettskriege auf geeignetem Terrain in einer festen Ordre de bataille aufgestellt, alles angelegt auf einen einheitlich wirkenden, vorher geplanten Stoß, der schnell zur Entscheidung führen sollte. Nun erwuchs eine Schlacht aber aus oft unvorhergesehenen Zufällen. Man engagierte sich erst mit geringen Kräften und sah zu, was zu tun ist. So zerfiel eine Schlacht in zahlreiche, häufig getrennte Akte, gesteigert durch die Tatsache, daß die Truppen nun auch in schwierigem Gelände fochten. Die Unterbefehlshaber konnten über ihre verschiedenen Waffen nach eigenem Ermessen verfügen, der Feldherr selbst faßte in der Entwicklung des Gefechtes je nach den vorliegenden Umständen den Entschluß zum Entscheidungsstoß oder Abbruch.

---

66 Siehe H. Delbrück: Geschichte..., Band IV, a. a. O., S. 528.

In jedem Fall mußten die taktischen Regeln von vielen gekannt und beherrscht werden, strategische dagegen nur von wenigen. Einen brauchbaren Vorschlag zur Einteilung der für die Kriegführung wichtigen Teile der Kriegswissenschaften hat der bekannte damalige Lehrer an der Allgemeinen Kriegsschule in Berlin, C. v. Decker[67], gemacht. Er unterschied generell nach der Tätigkeit des Feldherrn und der der vielen anderen. In der Hand des Feldherrn bildete gleichsam die ganze Armee die Waffe. Die Tätigkeiten der nachgeordneten Führer und aller Gehilfen bezogen sich auf die Waffenlehre, die Taktik, Landesverteidigungen durch Festungen, Ausbildung und Verwaltung. Man wird bei allen Einteilungsversuchen umstrittene Stellen finden. Das kann auch bei diesem Versuch nicht anders sein. Hier handelt es sich aber nicht darum, ein lückenloses theoretisches Einteilungsschema zu finden, sondern eine praktische Unterteilung vorzuschlagen, die uns das riesige Gebiet besser überschauen läßt.

Dieser Band will besonders Lehre und Praxis des Truppeneinsatzes nahe bringen. Die Waffenlehre ist bereits im ersten Teil vorgestellt worden. Der folgende Teil wird die Taktik und die Landesverteidigung behandeln, soweit er den Truppeneinsatz berührt. Das soll in Abschnitten geschehen, die nachfolgende Gebiete zusammenfassen:

Bestandteile eines Heeres,
Aufstellungen und Gefechtsformen,
Zusammenwirken der Waffen in der Feldschlacht,
Marsch und Lager,
Kleiner Krieg und Volkskrieg,
Festung und Festungskrieg.

Vom Söldner zum Volk in Waffen

Mit der Umbildung der Staatsverfassungen und dem dadurch ermöglichten stehenden Heer gab es im Zeitalter der Kabinettskriege nur noch langdienende Berufssoldaten. Ihre Zahl und damit die Armeestärke hing stets direkt von den vorhandenen Geldmitteln ab. Ausschließliche, später immerhin noch vorherrschende Ergänzungsart war die Freiwilligenwerbung. In einem Werbekontrakt, auch Kapitulation genannt, war die Dienstzeit meist auf vier bis sechs Jahre festgesetzt, konnte aber auch länger dauern. Der Vorteil eines solchen Berufsheeres war, daß seine Söldner professionell ihre Waffen gebrauchten und vor allem die notwendigen komplizierte Manövrierbewegungen ihres Truppenkörpers beherrschten. Das Heer war ein reines Machtinstrument des Fürsten und stand ihm unmittelbar zur Verfügung. Der Fahneneid verpflich-

67 Siehe auch C. v. Decker: Die Taktik der 3 Waffen, Teil I, Berlin, Posen, Bromberg 1828, S. 17f.

tete den Soldaten an die Person seines Kriegsherrn, doch hatte er für ihn meist weniger Bedeutung als der Korpsgeist, der den außerhalb der Gesellschaft stehenden Söldner an seine Truppe band. Nachteilig blieb bei diesem System der große Kostenaufwand, so daß sich nur reiche Handelsstaaten ständig reine Soldtruppen leisten konnten.

Nur für Kriegsdauer neuerrichtete Truppen waren niemals in der festen Schlachtordnung, der Ordre de bataille, sondern nur als regellos kämpfende Freikorps einzusetzen. So bestand eine weitverbreitete Aushilfe nach Beendigung eines Krieges darin, daß man Truppenteile reduzierte, also nicht die gesamte Truppe entließ, sondern nur einen Teil. Ein Stamm von Offizieren, Unteroffizieren und tüchtigen Leuten wurde behalten, um als Kern bei Bedarf schnell mit Neugeworbenen aufgefüllt zu werden. Brachte das Werbegeschäft nicht genügend Ersatz, blieb nur der Rückgriff auf die zum Dienst verpflichteten Landesbewohner. Frankreich war hier schon unter König Ludwig XIV. zur Auffüllung der Feldregimenter vorangegangen. In Preußen, welches das Muster für die nun entstehenden Rahmenheere aus geworbenen Söldnern als Gerüst und die dieses ausfüllenden Dienstpflichtigen werden sollte, hatte der Soldatenkönig Friedrich Wilhelm I. dieses System voll ausgeprägt entwickelt. Er teilte sein Staatsgebiet in Bezirke, die Kantone, in denen jedes Regiment aus den bäuerlichen Dienstpflichtigen seinen Ersatz holen sollte. Damit waren die Regimenter gleichsam »unsterblich« gemacht. Die Truppe bestand zum Teil aus Berufssoldaten, meist Ausländern, das heißt nicht in Preußen geborenen Deutschen, die ständig in der Garnison den Dienst versahen und damit das Gerüst abgaben, zum Teil aus solchen Kantonisten. Diese erhielten eine etwa einjährige Grundausbildung und wurden nach Hause beurlaubt. Nur zur jährlichen Exerzierzeit mußten sie sechs bis acht Wochen bei der Truppe eintreten. Während der Beurlaubung erhielten sie keinen Sold; den dadurch ersparten Betrag konnte der Kompaniechef für die Werbung verwenden. Wie der Kantonist in seiner Haltung zur Truppe und Staat stand, danach wurde offiziell noch nicht gefragt. Doch gab es schon viele Beispiele für eine beginnende vaterländische Denkweise und Haltung. Bei diesem System stand im Kriegsfalle sofort die ganze Truppe zur Verfügung, innerhalb zweier Wochen war man marschbereit. Diesem preußischen Vorbild folgten Österreich, Frankreich und viele kleinere deutsche Staaten. Daß es dabei aber zu unterschiedlichen Kostenbelastungen kommen konnte, zeigen Angaben vom Jahre 1789[68]: So hatte in Frankreich mit damals 25,3 Millionen Einwohnern und einer Einnahme von etwa 100 Millionen Talern die Armee 181 000 Offiziere und Soldaten, von denen auch noch 8000 fehlten, mit allein 1159 Generalen. In Preußen mit nur 6 Millionen Einwohnern und 23 Millionen Talern Einnahmen bestand das Heer aus 207 000 Offizieren und Soldaten mit nur 114 Generalen. So kostete damals die französische Armee das zweieinhalbfache der preußischen, obwohl die Mannschaften und Subalternoffiziere fast gleich bezahlt wurden; die Kapitäne in Preußen aber zwei- bis dreimal besser.

---

68 Siehe M. Jähns: Geschichte ..., a. a. O., S 1191. Jähns gibt die Angaben nach Krünitz.

Zu Beginn der französischen Revolution hatte der sie vorantreibende Dritte Stand militärische Verpflichtungen zunächst voll abgelehnt, damit aber auch die Möglichkeit vergeben, aus einer königlichen eine nationale Armee zu machen. Die bisher bestandenen Milizen wurden aufgehoben, doch das stehende Heer, die Linie beibehalten. Hatten sich schon vorher disziplinäre Schäden gezeigt, so versprachen sich nun Soldaten und Unteroffiziere eine Verbesserung ihrer sozialen Lage. Man hetzte gegen das meist adelige Offizierkorps, es schwanden die alten Vorstellungen von Ordnung und Disziplin dahin, viele Offiziere emigrierten. Der Großteil der Fremdtruppen wurde entlassen. Damit besaß Frankreich kein funktionsfähiges Heer mehr. Daher wurden aus der Not heraus eine Reihe von Versuchen und Maßnahmen geboren, die in einzelnen Phasen nacheinander abliefen. Zunächst wurde aus dem Besitzbürgertum, das das aktive Wahlrecht besaß, eine Nationalgarde ins Leben gerufen. Diese war nicht für den Kriegsdienst bestimmt und sollte lediglich die innere Ordnung aufrecht erhalten. Der Eintritt war freiwillig, Offiziere wählte man selber. Zur Verstärkung der Armee kam es durch ein Dekret 1791 zur Aufstellung von Freiwilligenbataillonen aus Freiwilligen der Nationalgarde. Die Anfangsbegeisterung war zwar groß, ihre militärische Bedeutung aber gering. Da viele der Freiwilligen einfach nach Hause gingen, kaum neue Meldungen erfolgten, erklärte man 1792 nach dem Schock der Einnahme Verduns durch die Preußen das »Vaterland in Gefahr« und griff zu Zwangsrekrutierungen. Es sollten alle Bürger zum Dienst verpflichtet sein, ihre Reihenfolge nach Losentscheid bestimmt werden. Alle diese Freiwilligenbataillone waren durch ihre Organisation noch streng von der Linie getrennt, besaßen wenig Disziplin und kaum eine Ausbildung[69].

So mußte eine Änderung geschehen. Carnot, zwischen 1793 und 1797 Leiter der Heeresangelegenheiten, erklärte in seinem Bericht an den Wohlfahrtsausschuß, daß die Zahl der Soldaten verdoppelt werden müßte, so daß man allen Anstrengungen der Kriegskunst der Gegner die Masse entgegensetzen kann. So kam es zum Wehrpflichtgesetz von 1793. Die unverheirateten Bürger und kinderlosen Witwer zwischen 18 und 25 Jahren sollten als erste marschieren. Dieses Aufgebot der »Levée en masse«, die »Sanscoulotten«, besaß kaum militärischen Wert und wurde zum Schrecken für Freund und Feind. Doch war damit der Grundsatz postuliert, daß die Wehrpflichtigen in Zukunft als Zwangsmaßnahme der Ersatz für die Armee wurden. Carnot vermochte diese anarchischen Zustände dadurch zu lindern, daß er je zwei dieser Bataillone mit einem Linienbataillon zu einer Halbbrigade zusammenfügte, wobei die Linie das notwendige Gerüst abgab.

Das Aushebungsgesetz von 1798, als »Conscription militaire« bezeichnet, erklärte dann jeden Franzosen zwischen 20 und 25 Jahren außer den Verheirateten und körperlich Untauglichen für wehrpflichtig. Es gab nun fünf Altersklassen, die Aushebung begann mit der jüngsten. Einen gewissen Abschluß brachte das napoleonische

69 Eine auf Aktenstudien beruhende, gründliche Untersuchung über diese Einheiten ist Camille Rousset: Die Freiwilligen von 1791–1794, deutsch, Berlin 1875.

Adjutant   General   Jäger u. Grenadier   Tragoner   Reit. Artillerie
        Karabiner der   der Linien-Inf.   Reitender Jäger
        leichten Inf.

Das Heer der Revolution.

Husar   Kürassier   Linien-Infanterie
   Reit. Jäger   Ordonnanz-Offizier   Elite-Gendarm
    (Elite)   des Kaisers

Das Heer Napoleon I.

Abb. 29.   Französische Soldaten.

Wehrgesetz von 1800. Darin war prinzipiell jeder wehrpflichtig. Die Entscheidung, ob man Soldat werden mußte, hing von der Höhe des zu stellenden Kontingentes ab. Zwischen 1806 und 1812 wurden 1 200 000 Soldaten eingezogen. Das waren 41 Prozent aller Wehrpflichtigen[70]. Jeder Taugliche hatte ein Los zu ziehen, doch war die Stellvertretung durch einen anderen erlaubt. Solche Stellvertreter waren für Geld zu haben. Da sie in der Regel aus der untersten Schicht des Volkes kamen, wurde der Geist des Heeres davon berührt. Die Besorgung dieser Stellvertreter erfolgte durch spezielle Unternehmer (entrepreneurs), die sogar ihre Ware geradezu mästeten, damit sie besser aussah. Später bestanden sogar Versicherungen (Assekuranzkompanien), bei denen man sich gegen eine Geldsumme einkaufen konnte. Zog der Aktionär dann ein ungünstiges Los, war die Gesellschaft verpflichtet, einen Ersatzmann beizubringen. Solche Stellvertreter konnten nach Ableistung der Dienstzeit sich wieder als Kapitulanten zur Verfügung stellen und dann noch einmal die Ablösungssumme empfangen. So entwickelte sich aus dieser Einrichtung ein geradezu berufsmäßiges Söldnertum. Als Grundlage der Heeresergänzung wünschte man in Frankreich aber immer die Werbung. So ist die Entwicklung der geschilderten Wehrgesetzgebung stets als momentanes Aushilfsmittel gegen die augenblickliche äußere Bedrohung zu sehen, die Abschaffung der Konskription im Jahre 1814 durch König Ludwig XVIII. wurde dann auch freudig begrüßt. Doch hatte sich bereits dieses System aufgrund der Erfolge und Politik Napoleons in fast ganz Europa als Vorbild der Wehrordnung eingebürgert.

Einen anderen Weg ging die Entwicklung in Preußen. Noch im Jahre 1802 bestand dessen Rahmenheer aus geworbenen Söldnern und Kantonisten im Verhältnis vier zu sieben[71]. Zwar waren schon damals von vielen weitblickenden Leuten Verbesserungen vorgeschlagen worden, doch sah der König keinen Anlaß, die scheinbar so bewährten Einrichtungen zu verändern. Erst die vernichtende Niederlage von Jena und Auerstädt und noch mehr der nachfolgende blitzartige Zusammenbruch zeigte das Versagen von Militär und Zivilverwaltung. Wenn der Staat weiterbestehen wollte, mußte er sich an Haupt und Gliedern reformieren und vor allem sein letztes Machtmittel, die Armee allen Schwierigkeiten zum Trotz behalten. Die Reform mußte in erster Linie sittlich fundiert sein und sich an Offizier und Mann wenden sowie den Boden für die Teilnahme des ganzen Volkes an der Verteidigung bereiten. Sie führte dann auch zu einer Umformung und Umwertung des gesamten Staatswesens und zu einer zeitgemäßen Einstellung gegenüber der Gemeinschaft.

Für die völlige Umgestaltung seiner Armee wählte der König als Vorsitzenden der Arbeitskommission den besten Mann, den er besaß, Gerhard Johann David von Scharnhorst. Diese Wahl mußte Schwierigkeiten mit sich bringen, denn Scharnhorst war Ausländer, gerade erst geadelt und zudem nur als Artillerist und Gelehrter

---

70 Handbuch zur deutschen Militärgeschichte, Teil II: R. Wohlfeil: Vom stehenden Heer des Absolutismus zur Allgemeinen Wehrpflicht, Frankfurt 1964, S 48.
71 Siehe auch Handbuch , , , , Teil II, a. a. O., S 88 ff.

Dragoneroffizier
Infanterieoffizier   Kürassier   Reit. Artillerie   Musketier   Grenadier   Füsilier   Husar

Das preußische Heer 1806.

Dragoner   Husar   Ulan   **Das Heer von 1813**
                                  Freiwilliger Jäger
                             Musketier   Landwehrinfanterist   Kürassier

Abb. 30.   Preußische Soldaten.

Oesterreichische Truppen

Jäger   Ungarischer   Dragoner   Deutscher   Husar   Ulan
         Infanterist   Grenadier

Abb. 30a.   Österreichische Soldaten.

bekannt. Doch wußte er mit einem Blick für das Mögliche dem Neuen Gestalt zu
geben. Wichtige Punkte waren die Säuberung des Offizierkorps von ungeeigneten
Elementen, die Hinzuziehung tüchtiger Leute aus dem Bürgertum, der Wegfall der
Ausländerwerbung und der allzu vielen Dienstbefreiungen, ein neues Militärstrafsy-
stem und die Abschaffung der überholten Kompaniewirtschaft. In einer Denkschrift
über die Landesverteidigung wurde die Errichtung einer Nationalmiliz gefordert, die
die Grundlage für das spätere Reserve- und Landwehrsystem bilden sollte, wobei das
altpreußische Kantonsystem den Ausgangspunkt abgab.

Auf die Dauer konnte diese Neugestaltung aber nur gelingen, wenn auch Staat und
Gesellschaft sich änderten und sich der Untertan zum Staatsbürger entwickelte, ein
langwieriger Prozeß

Die Erfolge Frankreichs führten die Heeresreformer auf die Mobilisierung seiner
gesamten Volkskraft zurück. So schien die Bewaffnung der Nation das geeignete
Mittel, möglichst viele Soldaten zu bekommen und dabei alle auf das gemeinsame
Interesse zu verpflichten. Es entwickelte sich zwischen 1807 und 1813 langsam aber

95

stetig die Vorstellung vom Waffendienst als staatsbürgerlicher Pflicht. Jeder sollte selbst dienen, eine Stellvertretung verboten sein. Faktisch war diese allgemeine Wehrpflicht schon im Jahre 1813 eingeführt. Man diente entweder in der Linie, den Reservetruppen, oder der neugeschaffenen Landwehr. Den Schlußstein dieser Entwicklung bildete das Wehrgesetz von 1814 mit der Feststellung, daß in einer gesetzmäßig angeordneten Bewaffnung der Nation die sicherste Bürgschaft für den dauernden Frieden liegt. Die Dienstpflicht begann mit dem 20. Lebensjahr und dauerte für jeden tauglichen Mann bis zu 3 Jahre im stehenden Heer, also »bei der Fahne«, danach 2 Jahre in dessen Reserve. Das stehende Heer, die Linie war dabei Kern und Rahmen für die Volksbewaffnung und sollte die notwendigen Kenntnisse und Fertigkeiten vermitteln. Nach diesen 5 Jahren sollte jeder Mann der Landwehr zugewiesen werden. Das 1. Aufgebot der Landwehr umfaßte alle Gedienten vom 26. bis zum 32. und alle Ungedienten vom 20. bis zum 25. Lebensjahr und war zur Unterstützung der Feldarmee gedacht. Zum 2. Aufgebot der Landwehr gehörten alle anderen bis zum 39. Lebensjahr. Dieses sollte zu Besatzungszwecken eingesetzt bleiben. Zusätzlich war für den Notfall ein Landsturm vorgesehen, der alle bisher nicht erfaßten Männer zwischen dem 17. und 50. Jahr aufzunehmen hatte.

Vorteil dieser Einrichtung war, daß Preußen seine Volkskraft voll einsetzen konnte. Die Armee bestand ohne Befreiungen aus allen Volksschichten mit ihrer Intelligenz und praktischen Energie. Als nachteilig erwies sich später, weil aus Kostengründen das stehende Heer nur klein sein konnte, daß immer weniger Wehrpflichtige diese Schule durchlaufen konnten.

Im Unterschied zu diesem preußischen System hielten fast alle anderen Mächte Europas an der mit bezahlter Stellvertretung verbundenen Konskription fest, die die Dienstpflicht einseitig auf die ärmeren und wenig gebildeten Volksschichten verschob. So war es bei den kleinen deutschen Staaten und den Franzosen. Die Konskribierten betrachteten die Dienstzeit als eine Durchgangsepoche oder blieben bei nochmaliger Verpflichtung praktisch Berufssoldaten. In Österreich gab es lokale Unterschiede teils Konskription, teils Rekrutierung, aber auch Werbung, die sich auf nationale und sonst überlieferte Rechte stützten. In Rußland bestanden eine Reihe von Dienstbefreiungen, die von den jeweiligen Rang- und Standesverhältnissen abhingen.

Noch im Zeitalter der Lineartaktik waren die Feldzüge mit Soldaten durchgeführt worden, die man später zum Teil als Halbinvaliden bezeichnet hätte. Doch gestattete dieses die Art der damaligen Kriegführung. Für die moderne, bewegliche Form aber, die sich über längere Zeiträume hinzog, brauchte man Männer, deren Kräfte noch nicht durch Alter oder schwere Arbeit verbraucht waren. Alle anderen füllten nur rasch die Lazarette. Die beste körperliche Tüchtigkeit besitzt man aber im eigentlichen Mannesalter, das in unseren Breiten zwischen dem 22. und 40. Lebensjahr anzunehmen ist. Wenn man die jungen Männer dann schon früher, in der Regel mit dem 20. Lebensjahr zum stehenden Heer berief, geschah dieses auch mit Rücksicht auf ihr späteres bürgerliches Leben, den Beruf und die Familien- und Existenzgründung. Ein kleiner Überblick mag uns die Zahl der überhaupt Brauchbaren vor Augen führen: Auf 100 Menschen kommen im Durchschnitt nur 4 Männer im Alter von 20 bis 24 Jahren, davon nur einer zwanzigjährig. Davon waren aber noch viele körperlich untauglich oder zu klein. Von den 13750000 Einwohnern Preußens im Jahre 1838[72] fanden sich 580000 Männer im Alter von 20 bis 24 Jahren. 130000 dienten oder hatten gedient. 440000 kamen also noch für eine Aushebung in Frage, von denen ganz oder vorläufig 132000 wegen Schwäche oder Gebrechen unbrauchbar waren und 115000 eine zu geringe Größe (kleiner als 5 Fuß 2 Zoll = etwa 1,62 m) hatten.

Entscheidend für Geist und Wirksamkeit einer Armee waren ihre Offiziere. Im Verlauf des 18. Jahrhunderts hatte sich in den tonangebenden Heeren Frankreichs und Preußens ergeben, daß sie dem Adel angehörten oder ihm zumindest gleichgestellt waren. Nach den Ansichten der Zeit nahm der Adel den Begriff »Ehre« fast ganz für sich allein in Anspruch. Der Offizier stand in einem unmittelbaren persönlichen Dienst- und Treueverhältnis zu seinem Kriegsherrn, sein Standesgeist und seine Standespflicht waren das tragende Fundament des Staates vor allem in Preußen. In anderen Heeren, in Österreich und den kleineren deutschen Staaten fand man unter den Offizieren einen größeren Anteil Bürgerlicher. Oft gab es zum Schaden der Armee negative Einflüsse bei der Besetzung der Offizierstellen durch Stellenkauf und Protektion, ohne nach der Eignung zu fragen. Man wurde Offizier, indem man oft noch im kindlichen Alter als Gefreitenkorporal in einen Truppenteil eintrat, dort diente, bis eine Stelle frei oder man als Kadett eingewiesen wurde. Wenn dabei auch die Bildungsvoraussetzungen recht unterschiedlich waren und blieben, bildete sich doch ein in Gesinnung, Verhalten und Auftreten relativ homogener Stand.

In der französischen Revolution wurde in Frankreich mit dem Adelsvorrecht völlig gebrochen. Eine Beförderung zum Offizier im stehenden Heer konnte nur noch nach Ablegung einer Prüfung geschehen, ein Viertel aller Stellen für Unteroffiziere frei bleiben. Die Beförderung bis zum Hauptmann sollte nach dem Dienstalter (Anciennität), zu höheren Dienstgraden teils nach Auswahl, teils nach dem Dienstalter erfolgen. Überzählige Stellen und Sinekuren wurden abgeschafft. Bci Freiwilligenbataillonen wurden die Offiziere zunächst durch die Mannschaften gewählt, ein Verfahren, bei dem in vielen Fällen Intriganten, Großmäuler und Trunkenbolde sowie Leute, die sich trotz ausreichender Bildung als unfähig erwiesen, in solche Stellen kamen. Doch wurden sie später in der Regel ohne weiteres entlassen, allein im Jahre 1794 über 4000[73]. Auch später unter Napoleon war das Offizierskorps recht bunt gemischt. Prinzipiell konnte jeder Soldat Offizier werden, denn es wurde weniger nach Herkunft als nach dem Verdienst gefragt, ein stark motivierender Faktor.

In Preußen hatten nach der Katastrophe von 1806 die Reformer gefordert, daß der Offizier, wenn er seine Soldaten im Ernstfall mitreißen will, in jeder Beziehung Vorbild sein muß. So wurde festgestellt, daß in Friedenszeiten nur Kenntnisse und

72 Griesheim: Vorlesungen . . . , a. a. O., S 74.
73 Griesheim: Vorlesungen . . . , a. a. O., S 50.

Bildung, im Kriege Tapferkeit und Überblick einen Anspruch auf eine Offizierstelle geben dürfen. Die Wirkungen dieser Reform waren tiefgreifend. Durch das auf das 17. Lebensjahr festgesetzte Mindestalter konnte es keine zu jungen Vorgesetzten mehr geben, der geforderte Nachweis bestimmter Kenntnisse führte zu einer gesicherten Grundlage und Gleichmäßigkeit der Bildung und damit auch zu mehr Ansehen. Der Wegfall der Adelsvorrechte brachte schließlich alle fähigen Kräfte der Nation in den Dienst[74]. Für das Fähnrichs- und Offizierexamen wurden Prüfungskommissionen eingerichtet sowie die Ernennung zum Offizier von einer Wahl durch die zukünftigen Kameraden abhängig gemacht. Die Beförderung der Offiziere richtete sich nun nicht mehr nur nach dem Dienstalter, weil befähigte und verdiente Männer auch außer der Reihe aufsteigen konnten. Eine weitere wichtige Einrichtung wurden die Freiwilligen Jäger, später die »Einjährig Freiwilligen«, aus deren Reihen geeignete Leute zu Offizieren ernannt wurden. Nach den Befreiungskriegen war jeder dritte Offizier ein ehemaliger Freiwilliger Jäger. Später blieben die »Einjährig Freiwilligen« die vorwiegende Ergänzung für die Reserve- und Landwehroffiziere. Mit diesen Einrichtungen war die Grundlage geschaffen, die einer Nation in Waffen die geeigneten Führer geben konnte.

Bestandteile eines Heeres

Bei den vielen, oft gänzlich verschiedenen Aufgaben, die einer bewaffneten Macht im Kriege gestellt wurden, war eine gewisse Spezialisierung unvermeidlich. So haben sich schon frühzeitig die zu Fuß fechtenden Krieger, die Infanterie, von den zu Pferd kämpfenden, der Reiterei, geschieden. Dazu kamen technische Spezialisten für die Bedienung des Geschützes, das Schlagen von Brücken und das Anlegen von Annäherungsbauten an Befestigungen, wie Minengänge und Gräben. Wesentlich blieb auch immer die Frage nach dem richtigen Stärkeverhältnis dieser verschiedenen Gruppen, auch Waffengattungen genannt, im gesamten Heer. Die Entscheidung hing vom Bedarf ab, also ob der Kriegsschauplatz aus großen Ebenen oder bewaldeten, gebirgigen Gegenden bestand, aber auch von der Natur des Krieges, ob er offensiv, defensiv oder gar als Volkskrieg geführt wurde. Dazu kamen die vorhandenen Mittel, der Reichtum des Staates an Menschen, Pferden und Geld sowie der jeweilige Nationalcharakter.

Gegenüber den relativ kleinen Heeren des vorhergehenden Zeitraums bestand nun ein immer größerer Anteil durch Ausschöpfung der gesamten Volkskraft aus dem Fußvolk, der Infanterie. Sie war auf jedem Gelände zu gebrauchen, leicht aufzubringen, auszurüsten, auszubilden und zu verpflegen. So diente bald die Zahl der Infanterieeinheiten als Berechnungsnorm, für jedes Bataillon galt eine Schwadron Reiter, also ein Sechstel als hinreichend. Da schon Friedrich der Große wie auch Napoleon

---

74 Siehe auch Handbuch . . . , a. a. O., S 141 ff.

gleichlautend bemerkten, daß um so mehr Artillerie benötigt würde, je schlechter die Infanterie wäre, führte man auf je 1000 Infanteristen reichlich drei Geschütze mit. Bei Verlusten ließ sich die Reiterei am schlechtesten ersetzen. Das zeigen am augenfälligsten die Zahlenverhältnisse in den Heeren des Jahres 1813, als Napoleon mit seiner neu aufgestellten Armee in Deutschland erschien. Im Jahr zuvor hatte er in Rußland den Großteil seiner Reiter verloren. Nun zählte seine Feldarmee bei 380 000 Mann zwar 1300 Kanonen, aber nur 34 000 Reiter. Demgegenüber besaßen seine Gegner bei 370 000 Mann zwar nur 1070 Geschütze, aber allein 85 000 Reiter[75].

Die Infanterie

Der Hauptteil eines jeden Heeres bestand aus den zu Fuß fechtenden Soldaten, der Infanterie. Einmal war deren Wichtigkeit mit der zunehmenden Bedeutung des Feuergefechtes sehr gestiegen, dann vermochte man sie sowohl für den Fernkampf als auch für den Nahkampf auf fast jedem Gelände zu gebrauchen. Zu guter Letzt ließ sie sich im Verhältnis zu den anderen Waffengattungen mit verhältnismäßig geringen Kosten und Mühen aufstellen. Wenn auch Napoleon einmal äußerte, daß er nur eine einheitliche, aber gute Infanterie fordere, waren in der Praxis keine Universalsoldaten möglich. Je nach dem hauptsächlichen Verwendungszweck entwickelte sich eine schwere und eine leichte Infanterie. Die schwere Infanterie benötigte man dort, wo es sich darum handelte, Gewalt gegen Gewalt zu setzen, also durch offenbare physische Kraft den Feind über den Haufen zu rennen, zu vernichten oder zu verjagen. So wurde sie in der Schlachtordnung in das Haupttreffen gestellt und zum Massengefecht gebraucht. Sie bildete auch den Hauptkern der Reserve, und eine Schlacht galt erst dann als verloren, wenn auch dieser geschlagen war. Andererseits hatte sie den Schlüsselpunkt fester Stellungen zu verteidigen und bei Defensivgefechten den Rückhalt zu bilden. So war für den schweren Infanteristen ein fester Zusammenhalt, ein ruhiger geschlossener Gang und zähe Ausdauer im feindlichen Feuer wichtig, sowie die Fähigkeit, rasch Formationsveränderungen durchzuführen. Damit bildete der schwere Infanterist den Typus des eigentlichen Normalsoldaten. Nach seiner Hauptbewaffnung mit dem glatten Steinschloßgewehr (franz. fusil) hieß er in den meisten Armeen Füsilier, bei den Preußen und Russen aber traditionell noch Musketier nach seiner früheren gewöhnlichen Waffe. Als Elite der schweren Infanterie galten die Grenadiere, ursprünglich als die tüchtigsten Leute zum Werfen der gefährlichen Handgranaten aus der Masse der Soldaten ausgesucht. Nun waren Grenadiere zwar nicht mehr mit Granaten, sondern genauso wie der Normalinfanterist bewaffnet. Sie bildeten aber eigene Einheiten, je eine Kompanie im Linienbataillon oder ganze Bataillone und Regimenter und zählten als die Elite der schweren Infanterie.

Die leichte Infanterie sollte vorwiegend in aufgelöster Ordnung das Gefecht einleiten, ein stehendes aufrechterhalten, glückliche Erfolge nutzen, aber bei zweifelhaftem

---

75 C. v. Decker: Die Taktik der drei Waffen, Teil I, Berlin, Posen, Bromberg 1828, S. 128.

Ausgang den Kampf abbrechen. Ihr Hauptzweck war mehr, den Feind zu beschäftigen und zu ermüden und an der empfindlichsten Stelle anzugreifen. Daneben hatte sie der Masse der schweren Infanterie als Flankenschutz zu dienen. Ihre besondere Aufgabe war aber, durchschnittenes und bedecktes Gelände zu durchsuchen, vom Feind zu säubern, es auch zu verteidigen, daneben Posten- und Parteigängerkrieg zu führen. Dafür mußte der leichte Infanterist eine gute Schießfertigkeit und Ausdauer im Feuergefecht besitzen, sich gut im Gelände orientieren und dessen Vorteile zu nutzen verstehen. Seine Ausbildung mußte so sein, daß er gewohnt wurde, in kleinen Abteilungen oder allein zu fechten, notfalls aber auch wie schwere Infanterie aufzutreten.

Zur leichten Infanterie rechnete man in Preußen entgegen der sonst üblichen Bezeichnung die Füsiliere, dann die Jäger und Schützen. Bei den Russen waren es die den preußischen Füsilieren entsprechenden Jägerregimenter, bei den Österreichern die Grenztruppen und die Jäger. Franzosen und deren Verbündete besaßen neben leichten Infanterie-Regimentern in jedem Bataillon eine Kompanie Voltigeure, die aus den aufgewecktesten, behenden kleinen Leuten bestanden. Auch England kannte eine ähnliche Einteilung.

Eine Sonderrolle spielten die mit gezogenen Gewehren, den Büchsen bewaffneten Jäger und Schützen. Sie rekrutierten sich oft aus Jägern und Forstleuten, die nach ihrer Militärzeit eine Anwartschaft auf die Einstellung in den staatlichen Forstdienst erhielten. Daher fand man in ihren Reihen einen besonderen Korpsgeist, der dieser Truppe Elitecharakter verlieh. Ihre Hauptstärke war der sichere Einzelschuß, die Seitenwaffe diente nur als Notbehelf. Schon aufgrund der umständlichen Ladeweise ihrer Waffe waren sie nicht in geschlossenen Linien und auch nicht im Nahkampf zu gebrauchen. Dafür konnten sie aber gut einzelne Abschnitte wie Gebäude, Waldstücke, Verhaue, Schanzen und Brücken verteidigen. Jäger in diesem Sinne kannten zunächst nur die germanischen Nationen, Frankreich errichtete erst später solche Formationen, wie die Chasseurs de Vincennes.

Leichte Truppen konnten eigene Einheiten bilden, aber auch zusammen mit schweren in einem Verband vereinigt sein. Eigene Verbände gab es in Preußen bei den Füsilieren, den Jägern und Schützen; bei den Russen, Österreichern, Briten sowie der französischen leichten Infanterie. Als einen gemischten Verband kann man die französischen und britischen Infanterie-Bataillone betrachten, da bei ihnen besondere Flügelkompanien (Voltigeure) aus leichter Infanterie bestanden. In Preußen, aber auch in Rußland und Österreich, wurde zunehmend das dritte Glied der Normalinfanterie für das zerstreute Gefecht ausgebildet und vorgesehen. Diese Entwicklung begann schon im Jahre 1787, als man in jeder Kompanie einige erfahrene Leute als Schützen mit gezogenen Gewehren bewaffnete und später bei einigen Regimentern anfing, das dritte Glied ausschwärmen zu lassen.

Hauptwaffe des Infanteristen war das glatte Steinschloßgewehr. Als Bestandteil dieser Waffe galt das Bajonett, das in der Regel aufgepflanzt blieb. Daneben trug der Infanterist, wenn auch nicht überall, eine kurze Seitenwaffe als Säbel oder Faschinen-

messer. Die Verwendungsfähigkeit des Gewehrs, seine Waffenwirkung, die Schußweiten und die Treffmöglichkeit waren überall nahezu gleich. Die Munition ließ sich
gewöhnlich untereinander austauschen, weil das Kaliber den Gebrauch fremder Patronen gestattete. Bei der Ausbildung der Soldaten wurde damals überall die Handhabung des Gewehrs exerziermäßig geübt. Bei dem damaligen rauchstarken Pulver
mußte auch ohne Sicht jeder Griff peinlich genau sitzen, der Ladevorgang sich also
ganz mechanisch abwickeln. Bis zum Jahre 1806 legte man noch auf schnellstes
Laden Wert. Dann hatte man aber überall erkannt, daß jede Übereilung den Schuß
wenig wirksam machte. Das Laden wurde nach dem Abfeuern der Salve nicht besonders kommandiert, sondern automatisch durchgeführt. Der Mann hörte nur die Kommandos »Fertig! Zum Spannen des Hahns, An!« oder »(Schlag)'t an!« für das Anlegen des Gewehrs und »Feuer!« für das Lösen des Schusses.

Bei der Ausbildung der Rekruten wurden aber die notwendigen Handgriffe beim
Laden noch genau zergliedert, um diesen durch alle möglichen Hilfen den Vorgang
deutlich zu zeigen und zu erklären. Dafür wurde der Ladevorgang durch Vorzählen in
gewisse Tempis eingeteilt. Während es noch in der Mitte des 18. Jahrhunderts davon
eine große Zahl gab, waren es jetzt nur noch relativ wenige. Erklang nach dem
Kommando Geladen! ein Halt!, konnte nur eine Exerzierübung gemeint sein. Schon
seit 1788 gab es dann in Preußen[76] nur noch das Kommando »Stock!, Lauf!, Ort!«
und unter Umständen »Schultert!«. Wir werden sehen, daß man bei der Rekruten-
ausbildung später noch zusätzlich zählte.

Das große Problem war die unterschiedliche Ausstattung der Waffen. Gewöhnlich
hatten die damaligen Gewehre ein zylindrisch gebohrtes Zündloch und einen Ladestock, von dem ein Ende konisch verdickt war. Bei ihnen mußte nach dem Schuß
zuerst die Zündpfanne wieder mit Pulver beschickt und dann geschlossen, sowie der
Ladestock beim Gebrauch zweimal gewendet werden. Der Ladevorgang für diese
Waffen ist in der linken Spalte der Aufstellung zu ersehen. Preußische, zum großen
Teil auch österreichische Waffen besaßen aber einen zylindrischen Ladestock, der
nicht mehr gewendet zu werden brauchte, und ein nach der Laufinnenseite konisch
verlaufendes Zündloch, was ein Beschicken der geschlossenen Zündpfanne vom
Laufinnern aus gestattete und damit diesen besonderen Ladegriff unnötig machte.
Der Ladevorgang für solche Waffen findet sich in der rechten Spalte gegenüberge-
stellt. Es sind jeweils die einzelnen Hantierungen in der Reihenfolge angegeben, wie
sie nach dem abgegebenen Schuß stattfinden[77]:

---

1. Absetzen des Gewehrs quer vor die Mitte des Leibes.

2. Hahn in Ruhrast.

---

76 Reglement für die Königlich Preußische Infanterie, Berlin 1788, S. 71
77 Eckardt Morawietz: Die Handwaffen des brandenburgisch-preußisch-deutschen Heeres,
   2. Aufl., Hamburg 1973, S. 57 u. 58.

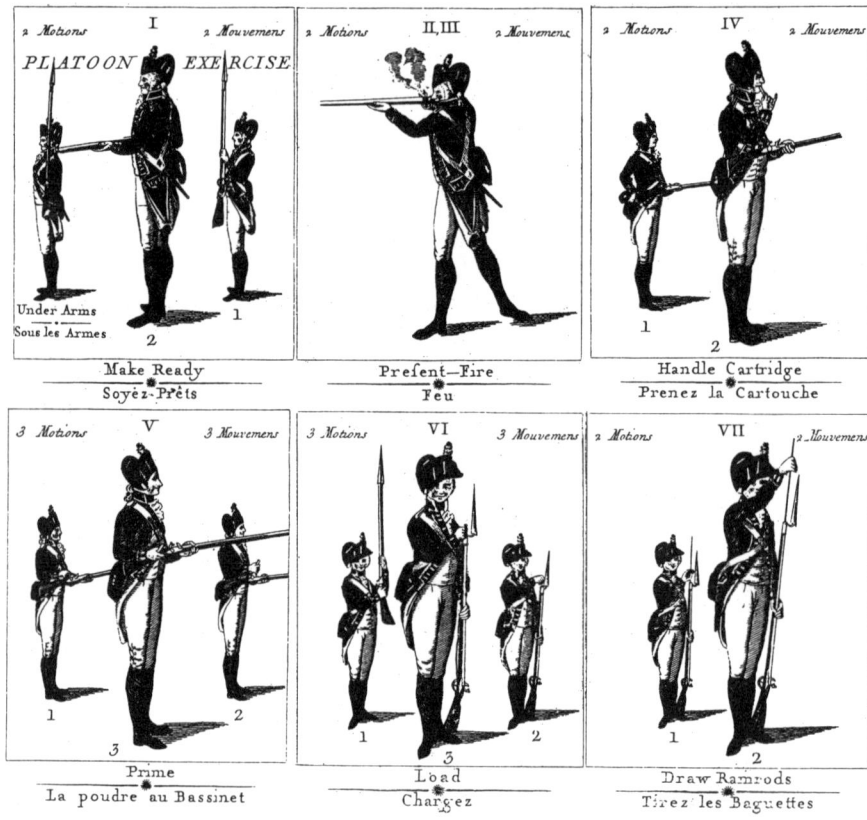

Abb. 31 und 32. Gefechtsexerzieren mit Steinschloßgewehren.

3. Auswischen der Pfanne mit dem Daumen der rechten Hand. Wenn das Zündloch verkrustet und verstopft war, was beim konischen Zündloch seltener vorkam, mußte es durchstoßen werden.

4. Hand an die Patronentasche, Ergreifen der Patrone.	4. Zuklappen des Pfannendeckels.
5. Patrone zum Munde führen, das gefaltete Ende der Papierhülle mit den Zähnen fassen.	5. Gewehr etwa senkrecht vor den Leib halten, Mündung nach oben.
6. Aufreißen der Patrone.	6. Hand an die Patronentasche, ergreifen der Patrone.
7. Aufschütten eines Teiles der Pulverladung auf die Pfanne.	7. Patrone zum Munde führen, das gefaltete Ende der Papierhülle mit den Zähnen fassen.

4 Motions VIII 4 Mouvemens	2 Motions IX 2 Mouvemens	X
Ram down Cartridge	Return Ramrods	Shoulder Arms
Poussez en bas la Cartouche	Remettez les Baguettes	Les Armes aux Épaules
3 Ranks. Make Ready	3 Ranks. Present-Fire	Position of an Officer
3 Rangs. Soyez prêts	3 Rangs.-Feu	Position d'un Officier

8. Zuklappen des Pfannendeckels.

9. Gewehr etwa senkrecht vor den Leib halten, Mündung nach oben.

10. Einschütten des Pulvers in den Lauf.

11. Nachstopfen der leeren Papierhülse mit der eingebundenen Kugel in den Lauf.

12. Erfassen des Ladestocks und Herausziehen aus seiner Nute im Schaft.

8. Abreißen der Patrone.

9. Einschütten des Pulvers aus der Patrone in den Lauf.

10. Nachstopfen der leeren Papierhülse mit der eingebundenen Kugel in den Lauf.

11. Erfassen des Ladestocks und Herausziehen aus seiner Nute im Schaft. (Stock braucht nicht gewendet werden!)

12. Kurzfassen des Ladestocks, Hand fährt am Ladestock herab.

13. Der hochgehobene Ladestock wird geschwenkt, daß das dicke Ende nach unten kommt.

13. Einsetzen des Ladestocks in den Lauf.

14. Kurzfassen des Ladestocks. Das nun unten befindliche dicke Ende wird vor den Leib gegen das Bandelier gestemmt. Die Hand fährt am Ladestock herab und faßt kurz.

14. Hinabstoßen der Kugel mit Papier auf die Ladung.

15. Einsetzen des dicken Endes des Ladestocks in den Lauf.

15. Ladestock aus dem Lauf (ohne Schwenken).

16. Hinabstoßen der Kugel mit Papier auf die Ladung.

16. Kurzfassen des Ladestocks.

17. Ladestock aus dem Lauf.

17. Ladestock an Ort, Einschieben des Ladestocks in die Nute am Schaft.

18. Der hochgehobene Ladestock wird geschwenkt, daß sein dünnes Ende nach unten zeigt.

19. Kurzfassen des Ladestocks (wie 14).

20. Ladestock an Ort, Einschieben des Stocks mit dem dünnen Ende zuvor in die Nut des Schafts.

Hier ist zu erkennen, daß es bei bereits einexerzierten Leuten schwierig sein mußte, von einer Ladeart in die andere überzugehen. Eine Mischung verschiedener Systeme in der gleichen Formation war daher ein schwer lösbares Problem. So suchte man wenigstens innerhalb eines Truppenteils trotz verschiedener Modelle, doch wenigstens die gleiche Ausstattung, also Ladegriffschema zu haben. Die beigegebenen Zeichnungen zeigen den Ladevorgang der ersten Art nach der englischen Vorschrift von 1796[78]. Unter den noch relativ zahlreichen englischen Kommandos ist das entsprechende französische Kommandowort zu finden, eine Hilfe für die sich in englischen Diensten befindlichen französischen Emigrantentruppen. In ähnlicher Art geschah das Laden in den meisten europäischen Heeren.

Den Ladevorgang der zweiten Art zeigt das Bild (Abbildung 33) über die Handhabung des preußischen Gewehrs M 39[79]. Obwohl diese Waffe schon eine Perkussionszündung besaß, ist die Reihenfolge so, wie vorher beim Steinschloßgewehr. Nicht notwendig war nun das Auswischen der Zündpfanne und deren Schließen. Nach dem

---

78 The New Manual and Platoon Exercices as practices by His British Majesty's Army, published Jule 15th 1796 by Antonio Suntach.
79 T. Rodowicz: Das Exerzitium der Preußischen Infanterie, Berlin 1843.

Ladegriffe mit dem Zündhütchengewehr Modell 39.

Abb. 33. Ladegriffe beim Perkussionsgewehr.

»An-Ort-Bringen« des Ladestockes trat aber zusätzlich das Aufsetzen des Zündhüt-
chens auf den Zündstift (Piston). Auch jetzt wurde nur noch bei der Rekrutenausbil-
dung gezählt. Die Kommandos lauteten in der Reihenfolge: Geladen! – Halt! – Eins!
– Zwei! – Stock! – Lauf! – Ort! – Drei! – Vier! – Fünf! und Schulter!. Auf Drei!
wurde der Hahn in die Mittelruhe gesetzt, auf Vier! das Zündhütchen ergriffen und
auf den Zündstift gesetzt. Auf Fünf! drückte der Schütze das Zündhütchen nochmals
auf und umfaßte den Kolbenhals. Somit unterschied sich die Ladeweise der Vorderla-
deperkussions-Gewehre nur sehr wenig von der der Steinschloßgewehre der zweiten
Ladeart. Zur Unterbringung der Zündhütchen trug der Soldat auf der Brust oder der
Patronentasche ein kleines Täschchen oder Beutel, dessen Inneres mit Pelzwerk aus-
gefüttert war. Die rauhen Haare verhinderten dann ein ungewolltes Ausschütten der
kleinen Hütchen. Der Mann erhielt auch stets einige Hütchen mehr als Patronen, weil
man mit dem Verlust rechnete.

Das Laden der Jägerbüchsen wurde kaum exerziermäßig geübt, die Ladeweise ist
bereits (Seite 58) beschrieben worden. Bei den gezogenen Vorderladegewehren nach
den Systemen Thouvenin, Delvigne und Minié entsprach der Ladevorgang dem der
glatten Gewehre.

Das scharfe Schießen mit dem Gewehr wurde nun auch in den Friedensdienst
aufgenommen. So gab es seit 1795 eine erste preußische Schießvorschrift, wenn auch
nur für die Ausbildung der 10 Schützen einer Kompanie. Hierfür war sogar eine
Scheibe vorgesehen von sieben Fuß (2,15 m) Höhe und vier Fuß (1,25 m) Breite, auf
die eine menschliche Figur gemalt werden konnte[80]. König Friedrich Wilhelm wies

80 Jany: Die Gefechtsausbildung der Preußischen Infanterie von 1806, Berlin 1903, S. 80
(Reihe «Urkundliche Beiträge und Forschungen zur Geschichte des Preußischen Heeres»).

Abb. 34. Bajonettfechten.

dann im Jahre 1807 energisch darauf hin, daß die gesamte Infanterie schon in Friedenszeiten sich im richtigen Schießen üben solle. Wenn die Mittel auch sehr knapp waren, wurden für jeden Mann 25 scharfe Patronen jährlich, für Füsiliere 30 und für Jäger und Schützen 60 bewilligt. Der Schießdienst erhielt sodann im Sommerhalbjahr seinen wichtigen Rang. Die Rekruten erlernten das Schießen nicht mehr bloß mit den Exerzierpatronen, sondern schossen gleich scharf mit Kugeln, sobald sie durch Aufschütten losen Pulvers auf die Pfanne an das Aufblitzen des Schusses und das Liegenbleiben im Anschlag gewöhnt waren. Sie zielten auf Scheiben, die Entfernungen wechselten von 50 bis 300 Schritt (37,5 bis 225 m). Nach jedem zweiten Schuß ließ man die Leute die Wirkung überprüfen, so daß sie selbst erkannten, daß über 300 Schritt kein zufriedenstellendes Ergebnis möglich war[81]. Nach der Scheibenschieß-Instruktion von 1844 erhielt dann jeder Mann jährlich 36 Patronen. Auch in den anderen Staaten setzte eine solche systematische Schießausbildung ein. So gab es in Bayern ab 1829 für Stutzenschützen 60 Patronen, für Füsiliere 30 und für die anderen Waffen je 15.

Neben dem Feuergewehr erhielt nach den napoleonischen Kriegen durch den möglichen Gebrauch der blanken Waffe – des Bajonetts – beim Kolonnenstoß auch das Gewehrfechten eine gewisse Bedeutung. Dadurch sollte dem Mann größere Sicherheit und Selbstvertrauen gegeben werden. Vor allem in den deutschen Kleinstaaten

81 Großer Generalstab: Das Preußische Heer der Befreiungskriege, Bd. I, Berlin 1914, S. 136.

waren infolge der vielen Beurlaubungen im Winterhalbjahr nur ein Teil der Leute in der Garnison. So konnten die Offiziere, Unteroffiziere und die wenigen Mannschaften viel Zeit für diese Tätigkeit aufbringen. Das Fechten der Mannschaften mit Bajonettiergewehren fand auf dem Kasernenhof statt und vertrat fast ganz das Turnen und die Freiübungen. Die Abbildung aus der großherzoglich hessischen Gewehrfechtvorschrift von 1836 zeigt einen Angriff auf eine dreigliedrige Kolonne. Doch blieben solche zusätzlichen Ausbildungen auf längerdienende Unteroffiziere und Mannschaften beschränkt.

Die Kavallerie

Der zweite, wesentlich kleinere Teil eines Heeres bestand aus Reitern. Diese waren im Laufe von zwei Jahrhunderten zu Kavalleristen geworden, das heißt, sie hatten die Fähigkeit erlangt, sich unter Kommando in geschlossener Formation zu bewegen und zu fechten. Das galt zu diesem Zeitpunkt auch schon für die reguläre leichte Reiterei; Ausnahmen blieben die irregulären Volksaufgebote.

Die eigentümliche Fechtweise der Reiterei hängt in erster Linie von der Art ihrer Pferde ab. Ein Pferd kann im Schritt einen Menschen umlaufen, stößt ihn im Trab gewaltsam zur Erde und kann im Galopp ganze Reihen durchbrechen. Seine größte Wirkung erreicht es, je schneller es wird. Eine weitere Steigerung geschieht, wenn bei großen starken Tieren noch Geschlossenheit beim Anritt zu erzielen ist. Das sollte in erster Linie die schwere Kavallerie erreichen. Dazu dienten schwere Pferde und Leute, die, ohne ungelenk zu sein, durch ihre nachhaltige Kraft und ihr Gewicht wirkten. Die Hauptsache war, Ruhe und Zusammenhang zu bewahren, damit man bei der Entscheidung ungeschwächt und geschlossen einen zerschmetternden Schlag ausführen konnte, sei es gegen freistehende Infanterie in Linie oder Kolonne, sei es gegen Kavalleriemassen. War eine Schlacht verloren, vermochte ein geschlossen gebliebener Kavallerieverband immerhin die Verfolgung zu verhindern.

Zur schweren Kavallerie zählten die Kürassiere, Karabiniers und Grenadiere zu Pferd, die Dragoner und in Preußen die Ulanen. Kürassiere nannte man die mit einem Brustpanzer versehenen schweren Reiter. Die preußischen Kürassiere trugen aber zwischen 1790 und 1814 keine Kürasse. Im April dieses Jahres fand man dann bei Paris so viel französische Beutestücke, daß alle damit ausgerüstet werden konnten. Gleichzeitig bekamen die Kürassiere gegen Abgabe der altpreußischen ganz neue französische Pallasche mit viel längeren Klingen. Doch besaß die Kavallerie noch keineswegs einheitliche Bewaffnung, da es zumindest den Offizieren als Selbstversorgern erlaubt war, die Waffe zu tragen, zu der sie das größte Vertrauen hatten. So trug zum Beispiel der Kürassieroffizier von Bülow im Jahre 1814 einen Säbel[82]. Die Normalbewaffnung der Kürassiere bestand aus einem schweren Reiterdegen, dem

82 Frhr. v. Monteton: Geschichte des kgl. Preuß. 6. Kürassier-Regiments, Brandenburg 1842, S. 248 und 256.

Pallasch, zum Teil einem Karabiner und den Pistolen am Pferd. Karabiniers und Grenadiere zu Pferd konnten den Kürassieren entsprechen, waren aber ursprünglich die Elite der Dragonerwaffe. Die Dragoner hatten sich aus einer berittenen Infanterie zur vollgültigen Kavallerie entwickelt, trugen aber immer neben dem Reiterdegen einen Karabiner sowie Pistolen am Pferd. In Preußen waren sie auf leichten Pferden beritten und zählten demnach dort zur leichten Kavallerie. Ulanen führen als Hauptwaffe die Lanze, daneben Säbel und Pistole. Ein schweres Pferd gab ihrem geschlossenen Anritt die notwendige Wucht.

Die leichte Reiterei sollte die Gefechte einleiten, den Feind hinhalten und beunruhigen, in erster Linie aber den Sicherungsdienst und die Aufklärung übernehmen sowie die Bewegungen des eigenen Heeres verschleiern. Bei Aufstellungen schwerer Reiter hatte sie deren Flanken zu decken und Reitende Artillerie zu schützen. Eine besondere Aufgabe war die Verfolgung eines geschlagenen Gegners sowie ihre Verwendung in den Streifkorps des Kleinen Krieges. Hier kam es generell auf Schnelligkeit, Gewandtheit und auf einen überraschenden, ungestümen Angriff an. Daher nahm man für sie rasche, ausdauernde und gewandte Pferde sowie kleine bewegliche Leute.

Zur leichten Kavallerie rechneten die Husaren, die Chevaulegers, die Jäger zu Pferde (Chasseurs à cheval), in Preußen die Dragoner, in Rußland und Österreich die Ulanen, die in anderen Ländern auch Lanciers hießen. Irreguläre Reiter wie die Kosaken und Kirgisen zählten ebenfalls dazu. Die Husaren, ursprünglich aus den ungarischen Weiten kommend, waren schon in fast allen Heeren Europas heimisch. Ihre Uniform mit der verschnürten Husarenjacke, dem Dolman erinnerte noch an ihre Herkunft. Bewaffnet waren sie mit einem Säbel, dem Karabiner und den obligatorischen Pistolen am Pferd. Chevaulegers waren auf leichten Pferden beritten und hießen demnach oft auch »leichte Dragoner« oder auch »deutsche Husaren«. Ihnen entsprachen in etwa die in Frankreich errichteten husarisch gekleideten Jäger zu Pferde sowie die preußischen Dragoner nach 1808. Alle diese Reiter führten Säbel, einen Karabiner und Pistolen am Pferd. Die Ulanen (Lanciers) hatten als Hauptwaffe die Lanze, daneben Säbel und Pistole. In der Regel hielt sich in den Heeren dieses Zeitraums zahlenmäßig die schwere Kavallerie mit der leichten die Waage. Eine Ausnahme machte lediglich Rußland durch seine zahlreichen Irregulären.

Wesentlich für die Kavallerie waren Qualität und Ersatz der Pferde. Diese wurden schon zum größten Teil von staatlichen Stellen sonst noch nach älterer Art von den Truppenteilen selbst beschafft. Junge für den Truppendienst angekaufte Pferde hießen Remonten. Diese durften nicht vor dem vollendeten vierten Lebensjahr in die Truppe eingestellt werden. Noch jüngere Tiere kamen zunächst in ein Remontedepot. Beim Ankauf zahlte der Staat eine Pauschale. Diese betrug in Preußen im Jahre 1812 für die stärksten Pferde, die für die Kürassiere und als Zugpferde für die Artillerie gebraucht wurden, 80 Taler, für Dragoner- und Ulanenpferde 70 Taler und schließlich für Husarenpferde und Reitpferde für die Artilleristen 65 Taler. Die angekauften Pferde sollten zwischen fünf und acht Jahren alt sein und eine bestimmte Größe haben. Auch die Farbe spielte eine gewisse Rolle, suchte man sie doch zumindest schwadronsweise gleich zu halten. Die Pferde blieben dann 10 bis 12 Jahre im Dienst und wurden nach dieser Zeit ausgemustert, also verkauft. So erhielt jeder Truppenteil im Durchschnitt jährlich ein Zehntel seines Pferdebestandes als Remonten.

In vielen Ländern war es schwierig, den Bedarf zu decken. Man suchte daher durch Einrichtung von Gestüten sowie Bereitstellung von geeigneten Deckhengsten die Zucht zu heben, um vom Ankauf im Ausland unabhängig zu sein[83]. Das gelang in Preußen schon um 1830. Bis dahin wurden die schweren Pferde, auch als »deutsche Remonte« bezeichnet, von Pferdehändlern in Holstein oder Mecklenburg angekauft. Die leichten Pferde, auch »polnische Remonte« genannt, kamen wie schon früher aus dem östlichen Europa. Länder wie England, Rußland und Österreich hatten infolge ihrer reichen Tierbestände und auch teilweiser guter Zucht mit der Versorgung keine Schwierigkeiten. Frankreich besaß dagegen kaum genug geeignete Pferde, dem Großteil seiner Bevölkerung blieb Reiten fremd[84]. Daher war die Qualität der französischen Kavallerie zunächst recht gering, bis ihr schließlich Napoleon in Deutschland bessere Pferde geben konnte und die langdienenden Mannschaften mehr Erfahrung erlangten.

Die Landwehrkavallerie hatte sehr unterschiedliches Pferdematerial, da sie mit den vorhandenen Mitteln von den jeweiligen Kreisen beritten gemacht wurden. Die Irregulären, wie die Kosaken und Kirgisen brachten ihre kleinen, ausdauernden und genügsamen Pferde natürlich aus ihrer Heimat mit. Entsprechend ihrem hohen Wert wurden Pferde gut versorgt und im Dienst geschont, wo es anging. Die Fechtweise der Reiter war stets recht einfach, weil nur unkomplizierte Manöver gelingen konnten, die weniger zur Unordnung führten. Mit dem Feuergewehr wollten sie wenig oder nichts zu schaffen haben, denn dessen erfolgreiche Handhabung verlangte ja Ruhe und eine gewisse Gemächlichkeit, was aber im offenbaren Widerspruch zum Geist des Kavalleriegefechtes stand.

Sollte der Reiter ein brauchbares taktisches Glied in seiner Schwadron sein, mußte er mit seinem Pferde verwachsen sein, es kennen und gut beherrschen. So mußte das Reiten als Kunst gründlich erlernt werden, weil die meisten Bewegungen im schnellen Tempo erfolgten und den Kommandierenden keine Zeit zum gründlichen Abwägen, zum Entschluß und dann zur Ausführung blieb.

Die Ausbildung des Kavalleristen erfolgte überall zuerst zu Fuß, dann kam der Reitunterricht. Erst wenn der Mann das Pferd leidlich beherrschte, bekam er Waffen in die Hand. Doch wurde zu Pferde in der Regel nur das Aufnehmen und Einstecken der Seitenwaffe geübt. Vergleicht man die Wirkung der Reiterwaffen dieser Zeit, so ist zu erkennen, daß die Schußwaffen nur in besonderen Fällen eingesetzt werden konnten. Der Haupteffekt bestand in der Verwendung der blanken Waffen in Kombination mit dem anrennenden Pferd. Von den blanken Waffen war der Säbel am

---

83 Eine gründliche Behandlung dieses Problems findet sich bei E. O. Mentzel: Die Remontierung der Preußischen Armee, Berlin 1845, Nachdruck Bad Honnef 1982.
84 Griesheim: Vorlesungen . . . , a. a. O., S. 62.

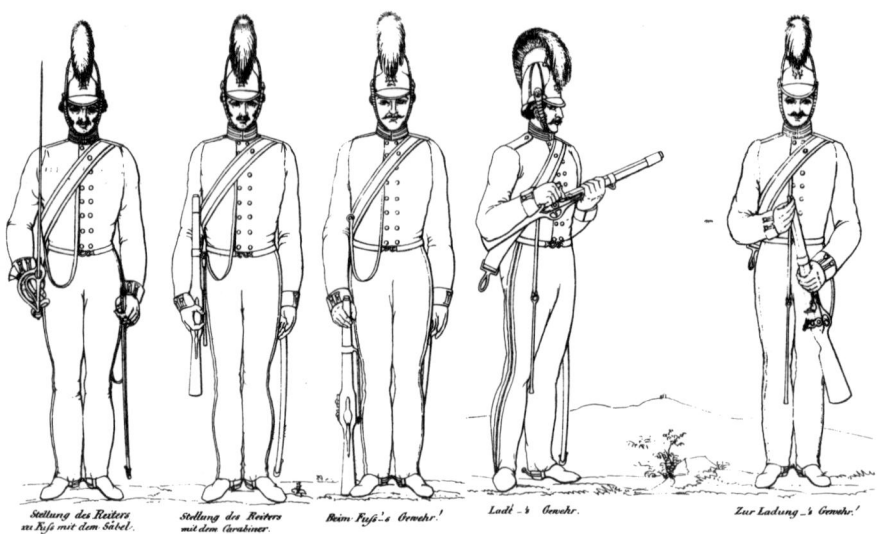

Abb. 35.   Exerzieren des Reiters.

Abb. 36.   Sitz des Reiters zu Pferd.

wirksamsten beim Hieb und der Degen beim Stich. Die Lanze hatte sich, abgesehen von den Nationen, wo sie immer heimisch war, noch nicht weit verbreitet, ihr Gebrauch mußte erst gründlich eingeübt werden. Bei der Ausbildung mit der blanken Waffe wurde die notwendige Handhabung erst zu Fuß erlernt. Man unterschied vier Hiebe: vorwärts, rechts seitwärts, links seitwärts und rückwärts sowie den Degenstich. Mit der Lanze übte man den Stich vorwärts, rechts seitwärts, links seitwärts und die Deckung.

Während zunächst noch alle Reiter neben den stets zur Pferdeausrüstung rechnenden Pistolen Karabiner führten, wurden diese zunehmend abgelegt. Nur ein Teil der schweren Reiter führte ihn noch mit, die Flankeure und Büchsenschützen. Die Schußleistungen solcher Waffen waren auch sehr unterschiedlich. Bei Schießversuchen auf eine Scheibe von sechs Fuß (1,88 m) Höhe und vier Fuß (1,25 m) Breite trafen bei den langen Karabinern von 100 Schuß nur 37 auf die Entfernung von 50 Schritt (37,5 m) auf 100 Schritt (75 m) nur noch fünf. Beim kurzen Karabiner waren ohnehin nur bis 80 Schritt (60 m) bei den kurzen Büchsen bis 150 Schritt (112,5 m) gezielte Schüsse möglich. Die Pistole diente keinem anderen Zweck, als Alarmschüsse abzugeben, ein Treffer über 20 Schritt (15 m) galt als Zufall. Dennoch wurde, zumindestens in Preußen, schon im Jahre 1808 auf ein geregeltes Scheibenschießen hingewirkt. Jeder Reiter sollte dafür jährlich 20 scharfe Patronen erhalten, davon 10 Schuß mit der Pistole auf 20 Schritt und je fünf Schuß mit dem Karabiner auf 100 Schritt (75 m) und 150 Schritt abgegeben werden, vorwiegend auch darum, um dem Reiter vor Augen zu führen, wie wenig das Schießen einbringt[85].

Die leichten Reiter übten das Anlegen und Schießen vom Pferd mit Benutzung von nur einer Hand. Der Anschlag mit beiden Händen sollte nur ausnahmsweise zur Abgabe eines Kernschusses geduldet werden. Das Pferd war so zu stellen, daß der Schuß links am Kopf vorbeiging. Grundsätzlich gab man den Flankeuren und Büchsenschützen die frommsten Pferde der Schwadron. Wegen der großen Unsicherheit beim Schießen und Treffen vom Pferd durfte der Reiter auch absitzen und neben dem Pferd stehend feuern, das Gewehr konnte auf dem Sattel aufliegen; das galt in jedem Fall für den langen Karabiner. Sinngemäß entsprach die Ladeweise der Feuerwaffen der Reiter der des Infanteriegewehrs.

Die Artillerie

Als dritter wichtiger Bestandteil des Heeres galt nun die Artillerie. Sie hatte schon lange das Zunftmäßige verloren und war überall militärisch organisiert. Trotzdem wurde noch zu Ende des 18. Jahrhunderts der Artillerist nicht als Rekrut, sondern als schon eingeweihter Sachverständiger angeworben, was bei ihm einen gewissen Bildungsstand voraussetzte. Man bezeichnete die Masse der Artilleristen als Kanoniere, gehobene Fachkräfte heißen Bombardiere und Feuerwerker, die, teilweise als Unter-

---

85 Großer Generalstab: Das Preußische Heer . . . , Bd. I, a. a. O., S. 77.

offiziere eingesetzt, auch als Offizieranwärter galten. Das Offizierkorps der Artillerie war zunächst noch völlig für sich abgeschlossen, so daß ein Übertritt eines Offiziers zu einer anderen Waffengattung oder umgekehrt niemand für möglich hielt. Dazu trat die notwendige technische, fast gelehrte Ausbildung, die mit Kollegien und Winterkursen für Bombardiere begann. Daher kam auch der überragende Teil der Offiziere aus dem Bürgertum. In einigen Staaten, wie in Frankreich und in Österreich gab es für sie schon eigene Lehranstalten. Weil damals neben der Artillerie das Festungswesen die allein wissenschaftliche Seite des Heerwesens darstellte, suchten strebsame Offiziere auch dieses zu erlernen; denn beide Gebiete bedingten und beeinflußten sich gegenseitig. Erst in den napoleonischen Kriegen setzte langsam ein Wandel ein. Bei dem großen Bedarf nahm man auch völlig fachfremde Rekruten und bildete sie dann bei der Truppe aus. Dort half eine immer weiter getriebene Spezialisierung, die sich auch bei den Offizieren bemerkbar machte. So setze die immer deutlicher werdende Trennung. ein. Der Artillerieoffizier entfernte sich von den übrigen Ingenieurwissenschaften, weil er sich zunehmend mit taktischen Fragen beschäftigen mußte, um seine Waffe besser einzusetzen. Ihre nun stark gestiegene Bedeutung hat wohl am besten der Artillerist Napoleon ausgedrückt, als er erklärte, daß schlechte Artillerie nicht durch die Menge ersetzt werden könne. Zu seinem Marschall Berthier bemerkte er: »Nehmen Sie sich mit größter Sorgfalt der Artillerie an. Sie gibt stets Anlaß zu Verzögerungen und kann nicht schlagkräftig genug sein[86].

Ganz allgemein unterschied man zwischen Feldartillerie und der Festungs- und Garnisonsartillerie. Zur Feldartillerie rechneten zunächst die Regimentskanonen, die sogenannten Positions- und Batteriegeschütze und die »Reitenden Geschütze«.

Als Regimentsartillerie oder Bataillonskanonen bezeichnete man die zu den Infanteriebataillonen gehörenden Stücke, die bei der Truppe verblieben, mit ihr vorgingen und sie im Feuer unterstützten. Es waren leichtere Geschütze, in der Regel sechs-, vier- oder dreipfündige Kanonen, die unter einem Artillerieunteroffizier standen und von einigen Artilleristen und von der Infanterie kommenden Hilfsmannschaften bedient wurden. Diese Regimentsartillerie verschwand zuerst in Frankreich, wo Fachleute die leichteren Geschütze zu eigenen größeren Einheiten zusammenzogen und durch bessere Bespannungen beweglich machten. Diesem Beispiel folgten mit der Zeit auch die anderen Mächte. Napoleon soll aber, als seine Infanterie immer schlechter wurde, bemerkt haben, daß er sich jeden Tag davon überzeugen könne, wie falsch es ist, der Armee die Regimentskanonen wegzunehmen. Mit ihnen verschwanden die Dreipfünder, später auch die vierpfündigen Kanonen aus der Bewaffnung.

Die Positionsartillerie besaß schwerere Geschütze. Diese sollten unter einheitlichem Kommando zusammengefaßt wirken. Die überschweren Stücke waren schon aus dem Felde verschwunden. Als schwerstes Feldgeschütz galt die zwölfpfündige

---

86 Egg, Jobé, Lachouque u. a.: Kanonen, Lausanne 1971, deutsche Sonderausgabe 1975, S. 103.

Kanone und die zehnpfündige Haubitze. Der Großteil führte aber die sechspfündigen Kanonen, die sich im Felde leichter bewegen ließen. Um auch während des Gefechtes die Stellung wechseln zu können, wurden, ausgehend von Frankreich, die Bespannungen verstärkt und blieben ständig dem Geschütz zugeteilt. Die Militarisierung des Fahrpersonals durch Napoleon machte solche Bewegungen im Gefecht überhaupt erst möglich[87]. Ursprünglich führte die französische Artillerie zwölf-, acht- und vierpfündige Kanonen, von denen die zwölf- und achtpfündigen ein doppeltes Schildzapfenlager (Schießlager und Marschlager) hatten. Das war zwar für den Transport recht bequem, brachte aber beim »In-Stellung-Gehen« zusätzliche Umstände. Weil der gebräuchliche Vierpfünder sich gegenüber dem Sechspfünder aber als zu schwach erwies, forderte man in Frankreich ebenfalls Sechspfünder. Sie kamen auch mit vier Pferden und der gleichen Bedienungszahl aus wie die Vierpfünder, ihre Wirkung reichte an die des Achtpfünders heran[88].

Zur jüngsten Gattung zählte die Reitende Artillerie. Ihre Aufgabe war, schnelle Truppenbewegungen, vor allem in Zusammenarbeit mit der Kavallerie zu unterstützen und zu begleiten. Sie sollte auch als Reserve bereitstehen, um überall dort, wo es mehr auf überraschende Schnelligkeit als auf ausdauernden Geschützkampf ankommt, einzugreifen. Erste Reitende Artillerie gab es schon in Preußen im Siebenjährigen Krieg, in Österreich ab 1780 als Kavallerie-Batterien. Frankreich errichtete sie in großer Zahl in den Revolutionskriegen.

Eine Sonderrolle spielte die Festungs- und Garnisonsartillerie. Zu ihr gehörten alle Geschütze, die zur Verteidigung von und zum Angriff auf Festungen dienten. Die zum Angriff bestimmten waren in Artillerieparks zusammengefaßt. Hierzu zählten schwere Kanonen und Wurfgeschütze verschiedener Art: bei den Kanonen vierundzwanzig-, achtzehn- und zwölfpfündige Stücke, beim Wurfgeschütz auch schwerste Mörser. Bei Bedarf wurde aus einem Artilleriepark die passende Auswahl getroffen und zu dem jeweiligen Belagerungspark zusammengestellt.

In den napoleonischen Kriegen begann sich auch eine neue Art der Benennung einzubürgern. So wurde zum Beispiel in Preußen im Jahre 1808 die Festungsartillerie aufgelöst. Man sprach nun nur von Fußartillerie und Reitender Artillerie. Bei der Fußartillerie waren zwar die Geschütze bespannt, der Großteil der Bedienungsmannschaften marschierte neben dem Geschütz zu Fuß, daher entsprechend den Infanteristen bekleidet. Bei der Reitenden Artillerie waren alle Bedienungsmannschaften beritten und trugen dementsprechend auch Stiefel, Hosen, Sporen und Säbel der Reiter.

Zur Bedienung des Geschützes brauchte man, entsprechend seiner Größe, verschieden viele Leute (8 bis 20). Für das eigentliche Laden und Abfeuern genügten aber, unabhängig vom Kaliber, vier Mann, die möglichst Artilleristen sein sollten, andere konnten Hilfskräfte sein. Bei der Feldartillerie kamen zwei weitere für das

---

87 H. Eichberg: Militär und Technik als historische Problemstellung, Sonderdruck aus: Wehrwissenschaftliche Rundschau, Heft 1/1970, S. 32.
88 C. v. Decker: Taktik . . . , a. a. O., S. 112.

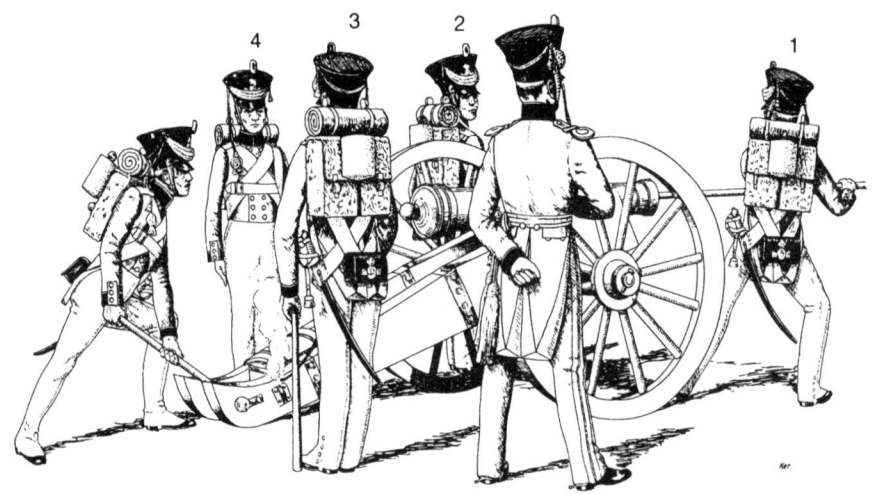

Abb. 37. Bedienung einer Kanone.

Auf- und Abprotzen hinzu, daneben die notwendige Ablösung der Reserve, so daß bei ihr zehn bis zwölf Mann je Geschütz rechneten. Die Hauptverrichtungen bestanden in dem Wischen und Ansetzen der Ladung, dem Einsetzen der Patrone oder des Geschosses mit der Kartusche, dem Richten und Einsetzen der Stoppine und schließlich dem Abfeuern. Der Ladevorgang war bei allen Kanonen gleich. Um ihn zu erklären, werden die einzelnen Leute mit ihrer Bedienungsnummer bezeichnet, die ihrer Funktion und Ausrüstung entsprach:

Die Nummer 1 stand rechts von der Rohrmündung und führte den Wischer mit Setzer. Sofort nach dem Schuß wischte sie das Rohr aus, um Pulverreste zu beseitigen. Dann stieß der Mann mit dem Setzer, der am anderen Ende des Wischers saß, die von Nummer 2 eingesetzte Patrone in das Rohr bis auf den Stoßboden. War nicht richtig gewischt, konnte ein nachglimmender Pulverrest die eingesetzte Patrone beim Einbringen vorzeitig zünden und dem Bedienungsmann den Arm wegreißen. So gab es auch Wischer und Setzer mit Gelenken, ähnlich einem Dreschflegel, damit sich beim Laden die Hände außerhalb der Schußlinie befanden.

Die Nummer 2 stand links von der Rohrmündung und hatte eine große Ledertasche mit drei Patronen über die Schulter hängen. Nach dem Schuß nahm sie die Patrone aus der Tasche und schob sie nach dem Auswischen in die Rohrmündung. Den Patronennachschub aus dem Protzkasten besorgte in einer weiteren Tasche eine Hilfskraft.

Die Nummer 3 stand rechts neben dem Bodenstück und hatte auf das Kommando von Nummer 1, die zu diesem Zeitpunkt übersehen konnte, ob alles fertig war, das Geschütz abzufeuern. Für diese Aufgabe hielt sie in jeder Hand einen Luntenstock von etwa 80 cm Länge, um beim Abfeuern außerhalb der Rücklaufbahn des Geschützes zu stehen. Der Luntenstock wurde beim Zünden etwas nach hinten gehalten, damit ihn nicht der dem Zündloch entströmende Druck aus der Hand riß.

Die Nummer 4 stand links neben dem Bodenstück und hatte die wichtigste Aufgabe, so daß hierbei in jedem Fall ein Artillerist eingesetzt werden mußte. Zunächst hatte sie beim Auswischen und Einführen der Patrone den Daumen auf das Zündloch zu halten, damit etwa nachglimmenden Pulverresten die Luft abgesperrt wurde. Dann stach sie mit der Räumnadel den Kartuschbeutel an, setzte die Stoppine oder das Schlagröhrchen in die Ladung ein und bestäubte sie mit Mehlpulver aus der Pulverdose, um eine sichere Zündung zu garantieren. Für diese Aufgaben trug sie die Räumnadel, die Schlagröhrentasche und die Pulverflasche oder Pulverdose. Gleichzeitig war dieser Mann der Richtkanonier, der die Höhenrichtung korrigierte und den hinter ihm stehenden Hilfskräften durch Schläge auf die entsprechende Lafettenwandung Anweisungen für die Seitenrichtung gab.

Die folgenden Geschütznummern hatten Hilfsaufgaben. Ein Mann stand an der Kastenprotze und hielt ständig den Deckel geschlossen, der nur im Augenblick der Munitionsausgabe geöffnet werden durfte. Ein zweiter transportierte die mit Patronen oder Kartuschen gefüllte Tasche von der Protze zur Nummer 2. Ein oder zwei Mann bewirkten am Protzring die Seitenrichtung auf Anweisung des Richtkanoniers, die anderen brauchte man beim Stellungswechsel.

Erschwert wurde die Bedienung durch das Zurücklaufen des Geschützes beim Schuß, was zwei bis zwölf Schritt (1 Schritt = 75 cm) sein konnte. Der Rücklauf reichte weiter, wenn das Geschützgewicht kleiner, das Geschoß und die Ladung größer und der Schuß annähernd horizontal abgegeben wurde. So mußte man nach jedem Schuß das Geschütz neu vorbringen und richten. Beim Feuern in fester Stellung auf einer hölzernen Bettung gab man dieser eine kleine Neigung nach vorn, damit das Geschütz von allein zurückrollte. Bei anhaltendem Feuern war ein Kühlen der Rohre durch aufgelegte nasse Tücher notwendig, damit sich die eingebrachte Ladung nicht von selbst entzündete. Bei der Ausbildung wurde der Bedienungsablauf in Einzelkommandos zerlegt. Auf das Kommando »Herangetreten!« nahmen die Bedienungsmannschaften ihre Plätze ein, es folgten »Wischt aus!«, »Kartusche in den Lauf!«, »Setzt an!«, »Schlagröhre hinein und richtet!« sowie »Feuer!«. Auf »Ohne Kommando geladen!« spielte sich alles nacheinander ab, nur »Feuer!« wurde stets kommandiert. Großer Wert lag ursprünglich bei der Regimentsartillerie auf schnellem Schießen, was besonders geübt wurde. Dabei sollen als Spitzenleistungen mit Auswischen nach nur jedem dritten Mal bis 20 Schuß erreicht worden sein[89]. Doch hatte man bald erkannt, daß es nicht so sehr auf die Schnelligkeit als auf das sorgfältige Laden und Richten ankommt, abgesehen davon auf möglichst schnelle Feuerbereitschaft. Die Spitzenzeiten betrugen bei der sechspfündigen Kanone vom Beginn des Abprotzens bis zum ersten Schuß 34 Sekunden, bei der zwölfpfündigen Kanone

---

89 M. Jähns: Geschichte . . . , a. a. O., S. 2349.

42 Sekunden. Für die nachherige Feuergeschwindigkeit galten als ausreichend je Minute vier Kartätschenschüsse, drei Kugelrollschüsse oder zwei Aufsatzschüsse[90].

Alle Feldgeschütze konnten auf dem Gefechtsfeld entweder durch Anhängen an die Protze oder durch Menschenkraft bewegt werden, indem die Bedienung an Haken Riemen einhing und den Lafettenschwanz anhob. Hierbei rechneten Experten, daß auf 100 Pfund Geschützgewicht ein Mann ausreiche[91]. Weil Pferde aber viel zugkräftiger waren, führte man – zuerst bei den Preußen – das Langtau (Prolonge) ein. Damit ließ sich mit nur einem Gespannpaar ein Geschütz schnell und einfach vor- oder zurückziehen. Zunächst vermied man nach Möglichkeit das Abprotzen im feindlichen Feuer, da in dieser Zeit Artillerie wehrlos war. Mußten Bespannungen aber im Gefecht bei ihrem Geschütz halten, stellte man die Pferde grundsätzlich gegen den Feind. Sie schützen dann die hochempfindliche Protzkastenladung, es konnte schneller aufgeprotzt werden und zudem verminderte sich die Gefahr einer panikartigen Flucht der Bespannung.

Als aber die Bespannungsmannschaften schon vollgültige Soldaten waren und ständig zum Geschütz gehörten, erfolgte ein Wandel. Man bewegte nun die Geschütze in der Regel nur mit der Protze und ganzen Bespannung, notfalls auch mit dem Langtau. Das Abprotzen erfolgte auf zweierlei Art im Vorgehen wie im Zurückgehen. Im Vorgehen wurde bei Halt! die Lafette vom Protznagel gehoben und das Geschütz gedreht. Die Bespannung fuhr mit der Protze im Linksbogen um das Geschütz und stellte sich so auf, daß der Abstand zur Protze acht Schritt (6 m) betrug, die Pferdeköpfe nun abwärts vom Feind. Beim Abprotzen im Zurückgehen wurde das Geschütz nur abgehängt, die Protze rückte acht Schritte weiter. Das Aufprotzen geschah sinngemäß in umgekehrter Reihenfolge.

Die Bedienung des Wurfgeschützes, der Haubitzen und Mörser, war ähnlich. Auch hier gab es vier Hauptbedienungsleute, wenn auch mit geänderter Aufgabenstellung. Das erforderte das komplizierte Einsetzen der Hohlgeschosse (Granaten und Bomben) und die Höhenrichtung mit dem Quadranten. Der Zünder der Hohlgeschosse kam nur noch nach der Mündung zu und es wurde mit einem Feuer geworfen, das heißt, die Treibladung setzte automatisch den Zünder in Brand.

Für den Artilleriedienst gab es fast überall schon offizielle Reglements. Am klarsten und vorbildlichsten ist die von Scharnhorst verfaßte preußische Vorschrift von 1812[92]. In allen Armeen suchte man die Artilleristen weiterzubilden, in Kollegien und Winterkursen wurde Mathematik, Geometrie, Trigonometrie, Artillerietechnik und Zeichnen gelehrt, und es entstanden besondere Artillerieschulen zur Ausbildung der Offiziere. Eine wichtige Aufgabe bedeutete überall die Erstellung von Schußtafeln für die Praxis, wobei Versuche ermittelten, welche Entfernungen mit wieviel Graden am Quadranten oder Punkten auf dem Aufsatz und wieviel Pulverladungen zu erreichen wären.

---

90 J. v. Xylander: Waffenlehre, 3. Aufl., München 1844, S. 298.
91 G. v. Scharnhorst: Handbuch . . . , Teil I, a. a. O., S. 166.
92 Exerzir-Reglement für die Artillerie der Königl. Preussischen Armee, Berlin 1812.

Aufstellung einzelner Feldgeschütze.

Maasstab von 1/80

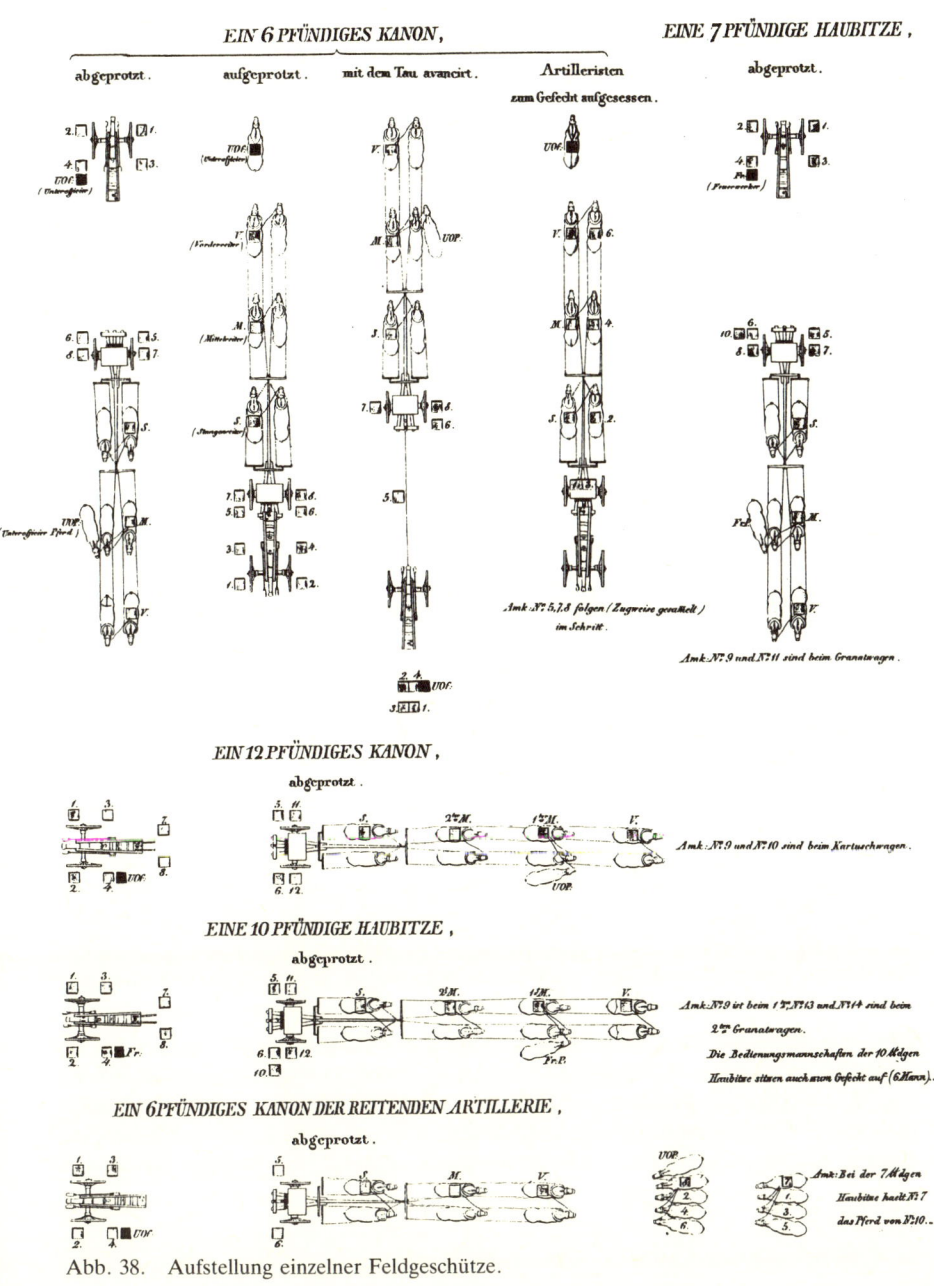

Abb. 38. Aufstellung einzelner Feldgeschütze.

Jährliche Übungen wurden nun die Regel. Dabei schossen Kanonen mit Kugeln und Haubitzen im flachen Bogenwurf auf Entfernungen zwischen 400 und 900 m gegen 30 m lange und 1,7 m hohe Bretterwände. Für den hohen Bogenwurf der Haubitzen waren auf dem Boden Rechtecke vorgezeichnet. Auch mit Kartätschen schoß man gegen solche Wände, verwandte man Schrapnells, dreifach mit 15 bis 20 m Abstand hintereinander aufgebaut. Bei diesen Übungen waren die Geschütze schon vorher geladen worden, die der Fußartillerie rückte im Trabe, die der Reitenden Artillerie im Galopp bis auf 200 bis 300 m an die Scheibe heran, um möglichst schnell den ersten Schuß abzugeben. Dann wurde die Zeit vom Kommando »Halt!« bis zum ersten Schuß gemessen. Die Angriffsschnelligkeit für die Artillerie war zum größten Manöverbravourstück geworden[93].

Technische Truppen, Stäbe und rückwärtige Dienste

Noch zum Beginn des 19. Jahrhunderts hatten Ingenieuroffiziere viel Zunftmäßiges an sich und waren eigentlich in erster Linie Baumeister in Uniform. Ihre technisch-gelehrte Ausbildung und das geringe Ansehen, das sie in der Armee genossen, brachte es mit sich, daß sie sich fast ganz aus dem Bürgertum ergänzten und es unter ihnen viele Franzosen gab. Die Reorganisation des Jahres 1808 in Preußen änderte ihre Lage grundlegend. Der König ernannte den damals für die Verteidigung von Kolberg in hohem Ansehen stehenden Gneisenau zu ihrem Chef, danach sogar Scharnhorst, ein Zeichen nachhaltiger Aufwertung. Es wurde sogar festgelegt, daß danach der jeweilige Chef des Generalstabes gleichzeitig Chef des Ingenieuroffizier-korps zu sein hätte. Als äußeres Zeichen erhielten die Ingenieure an ihren Uniformen die gleichen Stickereien wie die Generalstabsoffiziere und auch die gleichen Gehaltszulagen. Gleichzeitig wurden alle schon vorhandenen technischen Truppen zu den Pionieren vereinigt. Damit standen die dieser neuen Waffe zugeteilten Ingenieuroffiziere auch im Ansehen vollgültiger Truppenoffiziere.

Die Pioniere stellte man aus den schon vorhandenen Mineuren und Pontonieren sowie aus Sappeuren zusammen. Mineure wurden aus Bergleuten rekrutiert und hatten im Festungskrieg unterirdische Minengänge anzulegen. Als Pontoniere dienten gelernte Flußschiffer. Sie sollten mit Hilfe von Booten und Kähnen Schiffsbrücken bauen. Bis zu diesem Zeitpunkt hatten Pontoniere zum Artillerietrain gehört. Sappeure bauten gedeckte Gräben zur gefahrlosen Annäherung an Festungsanlagen. Alle diese Spezialisten zog man nun in Festungspionierkompanien zusammen, die zur Hälfte aus Sappeuren und zu je einem Viertel aus Pontonieren und Mineuren bestanden. Ihre eigentliche Aufgabe im Frieden war die Mitwirkung am Festungsbau sowie das Anlegen von Straßen, Brücken und Magazinen. Der Staat zahlte ihnen nur eine Zulage zum Sold, hatte also recht billige Arbeitskräfte. Daher galten damals die

---

93 H. Müller: Die Entwicklung der Feldartillerie, Berlin 1893, S. 107.

Pioniere noch kaum als vollwertige Soldaten, sondern als »Ouvriers«, d. h. Facharbeiter[94].

Im Kriege wurden aus diesen Festungspionieren die Stämme für die Feldpionierkompanien genommen. Sie setzten sich zu zwei Drittel aus Sappeuren und zu einem Drittel aus Pontonieren zusammen, da Mineure im Feldkrieg nicht notwendig waren. Im Felde hatten die Pioniere die Wege für die Artillerie herzurichten und Feldbefestigungen anzulegen. Reichte ihre Zahl nicht aus, übertrug man ihnen die Anleitung der dafür kommandierten Soldaten und Schanzbauern. Pioniere führten als Bewaffnung meist glatte Bajonettkarabiner, oft mit einem Sägerücken versehene Faschinenmesser und das nötige Schanzzeug. In manchen Armeen besaßen Sappeure zum Schutz vor Kugeln eiserne Helme und Kürasse. Für Pioniere gab es erst einzelne Instruktionen, ihre Übungen führten sie oft gemeinsam mit der Artillerie durch.

Befehlshaber größerer Truppenverbände benötigten schon immer Gehilfen, einen Stab. Diese hatten das Gelände, auf dem sich die Truppe bewegen sollte, zu kennen. Sie mußten die Operationspläne mit ausarbeiten und die notwendigen Befehle ausfertigen, damit die Truppe ohne Verwirrung am richtigen Ort und Zeitpunkt zur Verfügung stand. In großen Armeen war für diese Arbeit der Generalquartiermeister zuständig, die wenigen, ihm zugeteilten Offiziere hatten keine besondere Ausbildung genossen, außer in einzelnen Fällen. Als sich mit der französischen Revolution die Heere von der bisherigen geregelten Magazinverpflegung unabhängig machen konnten, erwuchsen auch neue strategische Möglichkeiten. Das Netz der inzwischen entstandenen festen Kunststraßen erlaubte auch größeren Heeren, sich rasch auszubreiten, um aus dem Lande zu leben und sich wieder zusammenzuziehen, wenn man schlagen wollte. Dafür benötigte man eine neue Technik der Heeresbewegungen. Straßen, ihre Kapazitäten und Märsche mußten berechnet werden. Ein neuer Zweig der Kriegswissenschaft war entstanden; wie bereits gesagt, nannte ihn Jomini Logistik. Die Befehlshaber der Armeen, der neuentstandenen Armeekorps und Divisionen brauchten nun auch einen Generalstab. Clausewitz beschrieb dessen Aufgabe folgendermaßen: er habe die Ideen des kommandierenden Generals in Befehle umzuschaffen, nicht nur, indem er diese den Truppen mitteilt, sondern vielmehr alle Detailangelegenheiten bearbeitet. Große Armeen hatten einen Gesamtgeneralstab, auch »Großer Generalstab« genannt, dazu dann die Stäbe der größeren Truppenverbände. In diesen Stäben waren zunächst nur einzelne Offiziere, die daneben auch noch in der einen und anderen Art tätig waren, ein Generalstabskorps im späteren Sinne bestand noch nicht. Doch suchte man schon jetzt die Offiziere aus, die besonders befähigt waren, eine gründlichere Ausbildung hatten und die Eigenheiten und Möglichkeiten auch der anderen Waffengattungen einschätzen konnten. Um dieses zu erreichen, wurden ab 1810 in Preußen solche Offiziere zum Dienst in anderen Waffengattungen kommandiert. Meist war der Chef des Generalstabes gleichzeitig auch

---

94 Großer Generalstab: Das Preußische Heer . . . , Bd. I, a. a. O., S. 278.

Generalquartiermeister, bei den einzelnen Korps mit dem Titel Quartiermeister. Die ihm zugeteilten Offiziere führten oft die Bezeichnung Quartiermeisterleutnant unabhängig von ihrem Dienstgrad. Eigentlicher Schöpfer des preußischen Generalstabes sollte in seiner vorbildlichen Zusammenarbeit mit dem Feldherr Blücher Gneisenau werden, der in den Jahren 1813 bis 1815 Maßstäbe setzte. Organisatorisch als eigene Institution selbständig unter einem eigenen Chef wurde der Generalstab aber erst 1821. Von dieser Zeit an bestand ein eigenes Korps, das seinen eigenen Nachwuchs für den Friedensdienst wie für den Bedarf der im Kriege notwendige Truppenstäbe laufend ausbildete. In Frankreich wurde ein solcher Generalstab (état-major général) im Jahre 1818 geschaffen.

Zur Versorgung der Truppen, zum Nachfahren ihres Gepäcks und ihrer Ausrüstung, des Proviants und des Bäckereigerätes sowie des Artilleriematerials und auch zum Transport der Kranken und Verwundeten brauchte man eine Menge Fuhrwerk. In der Regel waren im Frieden die Spezialfahrzeuge schon bereitgestellt. Es rechneten dazu alle Wagen des Artillerieparks wie Munitionswagen, Mörsertransportwagen, Feldschmieden, Pontonwagen, die gesamte Ausrüstung der Feldbäckereien mit ihren transportablen, zerlegbaren Öfen, die Proviant- und Rüstwagen der Truppe und der Fuhrkolonnen und bis in die napoleonische Zeit hinein die Zelt- und Lagerausrüstungen der Truppenteile. Die Bespannungen, das Fuhrpersonal, Bäcker und sonstige Bedienstete wurden erst im Kriegsfall beschafft und einberufen, gelegentlich auch angemietet. Selbst Österreich hat seine »Roßpartei« und Napoleon seinen Train nur in Kriegszeiten aufrechterhalten. Friedensstämme tauchten erst viel später (1853) auf. Für alle diese Nachschubkolonnen bürgerte sich die Bezeichnung »Train« ein, die ursprünglich nur für Pontons und die Artillerie galt. Man nannte so nun jeden Zug von Fuhrwerken, der einer Armee die Notwendigkeiten nachführte und unterschied Verpflegungs-, Sanitäts-, Ponton-, Artillerie- und Belagerungstrain. Auch wenn in den napoleonischen Kriegen die Zelte und die zu vielen Magazine, Brotwagen und Feldbäckereien aus den Heeren verschwanden, blieben doch noch eine erhebliche Menge an Fahrzeugen und Bespannungen notwendig. Außer den zu den Truppenteilen gehörenden Wagen, Geschützen, Munitionswagen und der persönlichen Bagage höherer Offiziere brauchte ein Armeekorps der preußischen Armee nach der Vorschrift:

Im Artillerietroß 6 Parkkolonnen mit 30 Wagen, 1 Feuerwerkerkolonne mit 6 Wagen; im Pontontroß 34 Pontonwagen, 5 Werkzeugwagen, 1 Schmiede; im Infanterietroß 116 Wagen, 108 Gespanne; im Sanitätstroß 50 Wagen (für 1600 oder 2000 Kranke); Troß der Intendantur 159 Wagen; Reservetroß 1 Wagen, 75 Reservepferde. Das sind insgesamt 402 Wagen, 1791 Pferde und 3000 Mann[95].

Eine gewisse Reglementierung und Verbesserung erfuhr auch das Sanitätswesen. Hier ist neben Frankreich vor allem Preußen zu nennen. Der vom Bader herkom-

---

95 F. Engels: Ausgewählte Militärische Schriften, Bd. I, Berlin 1958, S. 554.

mende alte Feldscher erhielt, gleichsam als Bruch mit seiner Vergangenheit, schon 1790 die Bezeichnung Chirurgus. Für eine fachwissenschaftliche Hebung dieses Berufsstandes entstand die medizinisch-chirurgische Anstalt (Pepiniere) in Berlin. Daneben wurde für wissenschaftlich gebildete Ärzte, 15 Jahre früher als an der Universität, der entscheidende Schritt zur Vereinigung von Medizin und Chirurgie getan, indem man eine medizinisch-chirurgische Akademie errichtete. Nun erhielten alle wissenschaftlich gebildeten Ärzte auch den Offizierrang. Im Frieden bestanden seit jeher Garnisonslazarette, im Kriege wurden Feldlazarette eingerichtet. Ihre Zahl richtete sich nach der Stärke der Feldarmee, gemäß der Annahme, daß jeder zehnte Mann Krankenpflege brauchen würde. Es gab Hauptlazarette für 1200 Kranke und »Fliegende« oder ambulante Lazarette, die für je 200 vorgesehen waren.

Aufstellungen und Gefechtsformen

Aufstellungen von Soldaten, von der Art ihrer Bewaffnung sowie ihrer Geübtheit abhängig, zählten zum Bereich der Taktik. Sie wandelten sich zwar mit der Zeit, doch brauchte man in jedem Fall in feste Verbände gegliederte und genügend ausgebildete Truppen. Die Eigenarten und Wirkungsweisen der Waffen, die zweckmäßige Aufstellung der Soldaten sowie der Zeitbedarf für Bewegungen und Änderungen der Aufstellungen ließen sich berechnen. Daher konnte man diesen Teil, die Elementartaktik, auch leicht in Regeln fassen, deren Kenntnis und Beherrschung zur Grundbildung jeden Truppenführers gehören sollte. Die Schwierigkeiten wuchsen, wenn verschiedene Waffen und Verbände auf vorher unbekanntem Gelände zusammentrafen. Dann konnte nur eine zutreffende Lagebeurteilung, ein richtiger Entschluß und dessen wirkungsvolle Durchführung zum Erfolg führen. In dieser Kunst konnte nicht jeder Meister sein. Wohl aber ließ sie sich für den leichter erlernen, der zumindest die Grundbegriffe der Taktik kannte und beherrschte.

Soldaten fochten entweder in der festen Ordnung eines taktischen Körpers oder aufgelöst. Solange noch die Reichweite der Feuerwaffen gering war und das Wiederladen seine Zeit brauchte, mußte es feste Ordnungen geben. Meist stellte sich eine Truppe in einer mehr breiten als tiefen Formation auf. Dabei bezeichnete man als Front die Seite, nach der die Leute blickten, die Rückseite als Queue und beide Seiten als Flanken. Alle Soldaten, die nebeneinander standen, sich also mit den Ellenbogen berührten, bildeten ein Glied (Rang), alle Leute hintereinander Rotte oder Reihe. Befanden sich Befehlshaber vor der Front, so »führten« sie, genauso wie der erste Mann einer Rotte; der letzte schloß sie, genauso wie Befehlshaber, die hinter einer Aufstellung standen. Alle seitwärts in Verlängerung eines Gliedes stehenden Befehlshaber oder Spielleute »deckten«.

Die Marschrichtung einer Formation nach vorn hieß Direktion, ihre Richtung nach der Seite, um in gleicher Linie mit anderen zu bleiben, das Alignement. Der Raum zur seitwärts stehenden Formation wurde als Zwischenraum, der zur vorn und hinten stehenden als Abstand bezeichnet. Bewegte sich eine Formation um einen ihrer Flügel, sprach man von einer Schwenkung, geschah dieses um den Mittelpunkt, von einer Drehung.

Grundformen der geschlossenen festen Ordnung bestanden in der Linie und in der Kolonne. Die Linienaufstellung war in dieser Zeit sehr breit und nur drei, manchmal zwei Mann tief. Sie eignete sich gut für das von der ganzen Truppe geführte Feuergefecht und galt auch als die Grundaufstellung. In der Kolonne standen die Soldaten mehr tief als breit. Diese eignete sich vorwiegend zum Marsch oder zur schnellen Angriffsbewegung, weniger aber zum Feuergefecht. Wollte man mit solchen in einer taktischen Grundform stehenden Truppe Orts- oder Formveränderungen vornehmen, sie also bewegen, sprach man von Evolutionen. Deren Grundlage war die Fundamentaleinteilung der Truppe in Linie, ihre Voraussetzung war das Halten von Abstand und Richtung in Glied und Rotte. Reine Ortsveränderungen unter Beibehaltung der Grundform Linie und Kolonne geschahen durch Vor- und Zurückgehen, Schwenkungen oder »Ziehen«, dem Marsch auf der Diagonale. Bis zum Jahre 1808 war zumindest bei der preußischen Infanterie die normale Art hierfür der Traversierschritt[96].

Wurden Orts- und Formveränderungen gleichzeitig verlangt, gab es zwei Möglichkeiten: Ging die Abteilung aus der Kolonne in die Linie über, hieß das Aufmarsch. Die älteste Art war das Einschwenken der hintereinander marschierenden Abteilungen, die voneinander einen solchen Abstand hatten, daß er ihrer Frontbreite entsprach. Deployieren hieß das rechtwinklige Vorziehen der Abteilungen zur Linie, Eventailaufmarsch die Bildung der Linie durch Herausziehen der Abteilungen in schräger Richtung aus der Kolonne[97]. Der Übergang von der Linie zur Kolonne wurde als Abmarsch bezeichnet. Dieser erfolgte in der Regel durch Abschwenken in Abteilungen (Ployieren) oder Abbrechen, indem man die Linie beim Abmarsch in noch kleinere Sektionen zerlegte, die sich hintereinander setzten.

Soldaten konnten aber auch in aufgelöster Formation ein Schützengefecht führen. Meist waren dafür nicht alle vorgesehen; ein Teil blieb als Rückhalt (Soutien) geschlossen zurück. Standen die Schützen lose nebeneinander, bildeten sie eine Kette, bewegten sie sich regellos auch in der Tiefe, ein Schwarm. Doch hatten sich stets zwei dieser Schützen gegenseitig zu unterstützen, sie bildeten ein Kettenglied oder eine »Rotte« (couples).

Die Infanterie

Der zunächst noch relativ große Unterschied von Verwaltungseinheit und taktischer Formation war zu Ende des 18. Jahrhunderts schon langsam gemindert worden, aber

---

96 C. Jany: Die Gefechtsausbildung ..., a. a. O., S. 60 Traversierschritt = Vorsetzen des Fußes in die befohlene Richtung zum Schrägziehen der Front.
97 Reglement für die Königlich Preußische Infanterie, Berlin 1788, S. 132.

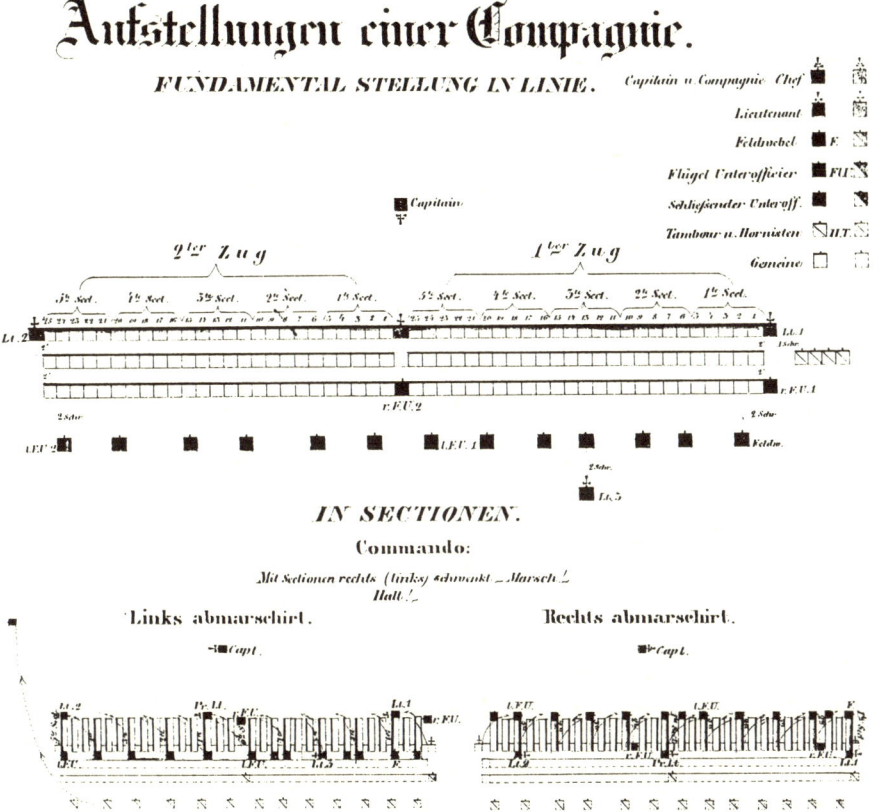

Abb. 39.   Aufstellung einer Kompanie.

immer noch bemerkbar. Die größte administrative Einheit, das Regiment, verband
dessen Angehörige durch gleiche Abzeichenfarbe sowie Numerierungen oder Na-
mensbezeichnungen auf der Uniform. Der Kommandeur eines solchen Regimentes
trug auch für den inneren Zustand, die Ausrüstung und die Ausbildung seiner Truppe
die Verantwortung. Für den Soldaten bedeutete das Regiment in der Regel zugleich
ein Stück Heimat, er fühlte sich ihm zugehörig. Jedes Regiment teilte sich in kleinere
Verwaltungseinheiten, die Kompanien. Das war einmal aus administrativen und öko-
nomischen Gründen vorteilhaft, machte für den einzelnen die Einheit gleichsam fami-
liär überschaubar und ermöglichte eine gründlichere Ausbildung. Die Anzahl der
Kompanien war verschieden und richtete sich nach der jeweiligen Armee. Es gab
kleine Regimenter mit nur vier Kompanien aber auch recht große mit über 20.
Ebenso unterschiedlich konnten die Kopfstärken einer Kompanie sein, die überdies
im Frieden stark von der vorgesehenen Kriegsstärke abwichen und zwischen 60 bis
250 Mann lagen, allgemein zwischen 110 und 150 Mann.

123

Als Befehlshaber einer Kompanie fungierte ein Hauptmann, damals fast überall, außer in Österreich, noch als Capitain bezeichnet. Die Offiziere waren Leutnants, deren ältester den Titel Premierlieutenant, die anderen Secondelieutenant trugen. Für den inneren Dienst war der Feldwebel zuständig, auch »Mutter der Kompanie« genannt, gleichzeitig direkter Vorgesetzter aller Unteroffiziere. Zu jeder Kompanie gehörten noch einige Trommler (Tambours) oder Hornisten. Die Grundaufstellung einer Kompanie erfolgte in der Regel dreigliedrig in Linie, wobei jedem Mann der Platz genau vorgeschrieben war. Zwischen zwei Gliedern wurde vom Rücken des Vordermannes bis zur Brust des Hintermannes ein Abstand von zwei Fuß (63 cm) eingehalten, die Nebenleute standen auf Tuchfühlung. In Preußen wurden die gewandtesten und besten Schützen nach 1808 generell in das dritte Glied gestellt, im übrigen standen die Leute nach der Körpergröße geordnet. Man teilte die Kompanie in zwei Züge und diese wieder in einzelne Abschnitte, die Sektionen, die vier bis sechs Rotten umfaßten. Beim Abmarsch aus der Linie, also Bildung der Marschkolonne, schwenkten diese Sektionen in die befohlene Richtung und setzten sich hintereinander, ein Verfahren, das sich in allen Armeen ähnelte.

Zum Gefechtsexerzieren oder zum Gefecht wurde als taktischer Körper der Infanterie das Bataillon formiert. Es sollte soviel Soldaten umfassen, wie sich noch gemeinsam durch die menschliche Stimme kommandieren ließen. Zur Zeit der reinen Lineartaktik zählten daher Bataillone zwischen 600 und 800 Mann, mit der häufigeren Verwendung der Kolonne konnte man sie bis zu 1200 verstärken. Nun waren die Bataillone schon ständig aus den gleichen Kompanien zusammengesetzt. Deren Zahl konnte je nach ihrer Kopfstärke verschieden sein, um 1789 in der Regel fünf. Ab 1791 setzte sich das französische Bataillon aus acht Füsilier- und einer Grenadierkompanie zusammen. Napoleon ließ statt einer Füsilierkompanie eine Voltigeurkompanie, also leichte Infanterie aufstellen. Die Infanteriebataillone hatten demzufolge neben sechs Füsilierkompanien je eine Grenadier- und Voltigeurkompanie. Bei der gleich organisierten leichten Infanterie hießen die Füsiliere Chasseurs und die Grenadiere Karabiniers. Nach dem Jahre 1808 gab es in den Heeren Frankreichs und seiner engeren Verbündeten nur noch Bataillone mit sechs Kompanien. Die Grenadierkompanie stand auf dem rechten, die Voltigeurkompanie auf dem linken Flügel. In Preußen und Rußland setzten sich nach 1808 die Bataillone aus vier Kompanien, in Österreich aus fünf Füsilier- und einer Grenadierkompanie zusammen. Da aber eine preußische Kompanie als Kriegsstärke 250 Mann haben sollte, kam auch hier das Bataillon auf über 1000 Streiter.

Die Grundaufstellung des Bataillons war die Linie, bei der die einzelnen Kompanien vom rechten Flügel ausgehend entsprechend ihrer Numerierung nebeneinander standen, in der Regel in drei Gliedern. Nur die englische Armee mit ihren langdienenden Berufssoldaten begnügte sich mit zweigliedriger Aufstellung. Sie kam praktisch auch in anderen Armeen vor, da man erkannte, daß das dritte Glied ohnehin selten mit Wirkung schießen konnte. So wurden die dritten Glieder entweder als Reserve oder zum Tiraillieren vorgesehen. Bei den Preußen kam es schon in den

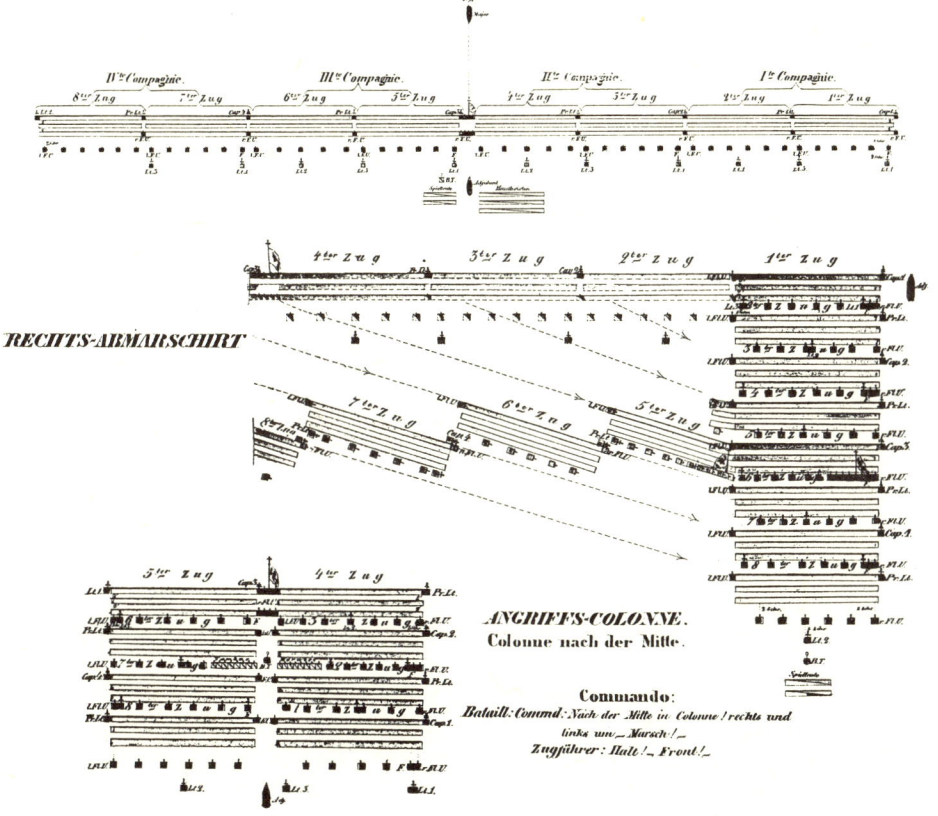

Oben: preußisches Bataillon in Linie.
Mitte: Bildung der Zugkolonne aus der Linie.
Unten: Bataillon in Doppelkolonne (Angriffskolonne).

Abb. 40.   Aufstellung eines Bataillons.

Revolutionskriegen zu zweigliedrigen Aufstellungen, und im Jahre 1803 führte Fürst Hohenlohe bei seinen schlesischen Regimentern das Tiraillieren des dritten Gliedes ein. Auch Scharnhorst wollte bereits früh das Alte und Neue organisch verbinden und schlug 1797 vor, dieses dritte Glied der Linearaufstellung dafür zu verwenden[98], wie es nach 1808 dann auch wirklich geschah. Diese Verfahrensweise übernahmen auch Österreicher und Russen. Die dritten Glieder formierten die Schützenzüge, so daß eine Kompanie dann aus drei zweigliedrig aufgestellten Zügen bestand. Bei den

98 H. Delbrück: Geschichte ..., Band IV, a. a. O., S. 523.

125

Franzosen und deren Verbündeten ebenso bei den Engländern waren die an den Flügeln des Bataillons stehenden Kompanien (Flankkompanie – Grenadiere – Voltigeure) für das Tirailleren bestimmt oder wurden fallweise zu eigenen Grenadierbataillonen zusammengezogen. Die in der Mitte des Bataillons stehenden Zentrums- oder Groskompanien blieben geschlossen.

Am Beispiel eines preußischen Bataillons aus vier Kompanien und eines französischen in seiner Hochform sollen kurz die Formationsmöglichkeiten geschildert werden. Das preußische Bataillon stand in Linie mit seinen vier Kompanien nebeneinander dreigliedrig in der Grundaufstellung. Jede Kompanie war in zwei Züge geteilt, die vom rechten Flügel durchzählten. In der Mitte, zwischen dem vierten und fünften Zug, befand sich das Fahnenpeloton mit den beiden Fahnen (später nur eine), dahinter der Adjutant zu Pferde und die Spielleute. Beim jeweils ersten Bataillon eines Regiments plazierten sich neben diese auch noch die Musiker, die Hautboisten.

Sozusagen als viertes Glied kam die Kette der schließenden Unteroffiziere, dahinter noch die nicht in der Front eingeteilten Offiziere. Die Vorteile einer solchen Linienstellung waren, daß nahezu alle Feuergewehre gleichzeitig eingesetzt werden konnten, man bei feindlichem Artilleriefeuer keine große Tiefe bot und die doch recht lange Front gegen Überflügeln weitaus besser gesichert schien. Im durchschnittenen Gelände war die Linie kaum brauchbar, selbst in übersichtlichem Terrain kamen geübte Soldaten nur langsam vorwärts, weil leicht der Zusammenhang verlorenging. Auch konnte sie rasch durchbrochen werden, ihre Flanken bildeten den schwächsten Punkt.

Aus dieser Fundamentalstellung konnte leicht die Kolonne gebildet, aber auch teilweise zum zerstreuten Gefecht übergegangen werden. Die Kolonne für den Marsch kannte man schon immer. Im Gefecht war sie für Feuerwaffenträger, die ihre Waffe gebrauchen wollten, kaum praktisch. Doch gab es schon im 18. Jahrhundert in Frankreich durch den Ritter von Folard[99] theoretische Überlegungen und später auch praktische Versuche, die auf Betreiben Menil-Durands durchgeführt wurden. Als Gefechtsaufstellung wurde die Kolonne aber erst in den Revolutionskriegen heimisch, als die frisch zu den Fahnen gekommenen jungen Soldaten es weder konnten noch wollten, sich geordnet in Linie zu bewegen. Ihre entscheidenden Vorteile waren, daß sich in der Kolonne auch mit ungeübten Truppen relativ leicht Ordnung halten ließ, ihre Bewegungen wegen der schmalen Front auch im durchschnittenen Gelände viel leichter abliefen und ein so fester Zusammenhang bestand, daß sie für normale Kavallerieangriffe undurchdringlich blieb. Stand die Truppe statt in einer langen Linie in mehreren Kolonnen, war jede ein abgesondertes Ganzes. Kam eine Abteilung in Unordnung, betraf das noch nicht alle anderen Massen. Demgegenüber mußte sich die an einer Stelle zerrissene Linie taktisch geschlagen geben. Besonders geeignet war die Kolonne zum Angriff mit blanker Waffe, dem Bajonett. Ihre Flanken stellten

---

99 Geschichte des Polybios, mit Anmerkungen . . . des Ritters von Folard, deutsch von A. L. v. Oelsnitz, 6 Bde., Berlin 1755.

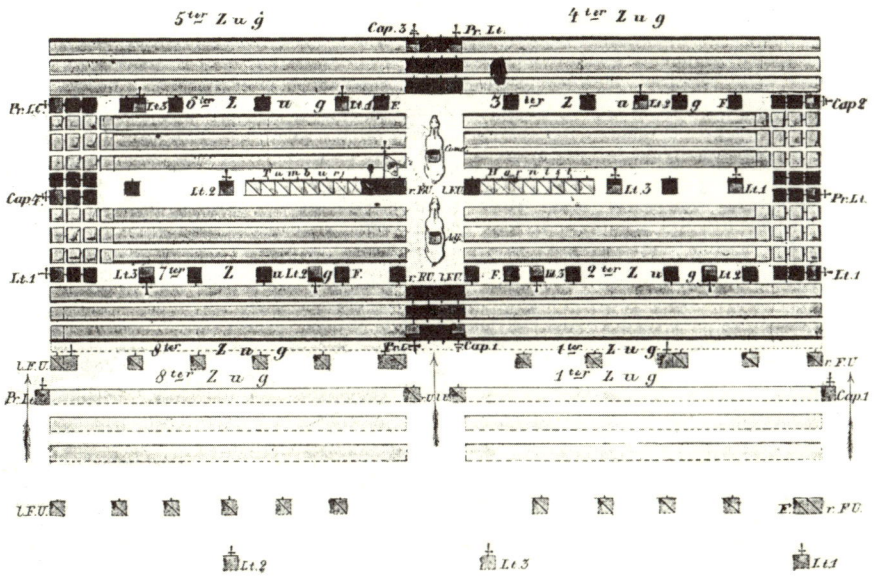

Abb. 41. Volles Karree eines Bataillons.

keine große Gefahr dar und bei Bedarf konnte man aus ihr leicht in Linie übergehen. Ihr wesentlicher Nachteil lag in der Empfindlichkeit gegen Geschütz- und Tirailleurfeuer sowie in der Unmöglichkeit, viele Feuergewehre gleichzeitig einzusetzen.

So brauchte der Infanterieführer die Kolonne im Gefecht als Mittel, um geschlossen und rasch an den Feind heranzukommen und um sie dann in Linie zu entwickeln, wenn das Feuergefecht aufgenommen werden sollte. Auch war sie Block und Masse, um einen Angriffsstoß gegen feindliche Truppen auszuführen oder ihren Stoß abzufangen. Schließlich konnte die Kolonne auch als Reservoir dienen, aus dem die Schützen für die zerstreute Fechtart kamen und in das sie zurückkehrten, wenn sie sich bedroht fühlten[100].

Die Kolonne wurde in der Art gebildet, daß sich die einzelnen Züge (Pelotons) hintereinander stellten. Der vorderste Zug hieß dann die Tete, der hinterste die Queue. Das konnte auf zwei Arten geschehen: entweder hatte der erste Zug oder der letzte die Tete, die anderen schlossen sich an. Dann sprach man von einer einfachen Kolonne. Bei einem preußischen Bataillon standen dann die acht Züge hintereinan-

100 Griesheim: Vorlesungen ..., a.a.O., S. 68.

127

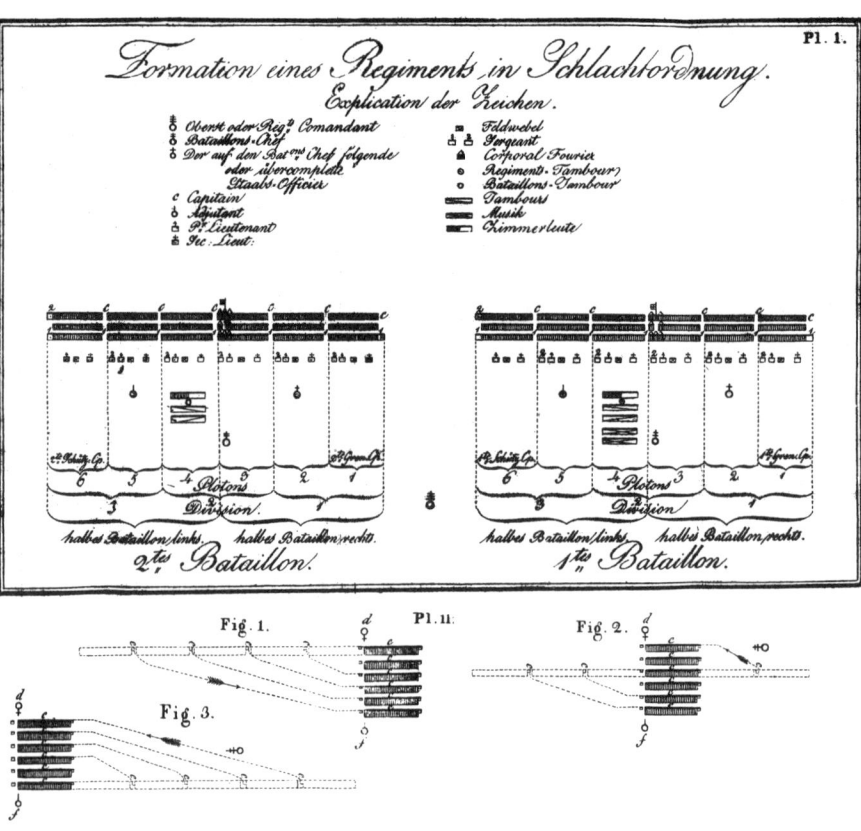

Abb. 42. Formation eines Regiments (nach franz. Art).

der, beim französischen Bataillon die sechs Pelotons, die jeweils mit einer Kompanie gleichzusetzen waren. Ließ man die beiden mittelsten Züge (in Frankreich Halbkompanien) der Linienaufstellung nebeneinander stehen und zogen sich die Flügelzüge hinter diese zurück, entstand die Doppelkolonne oder die spätere Angriffskolonne (Kolonne nach der Mitte). Daraus ließ sich mit denkbar größter Schnelligkeit zur Linie aufmarschieren oder umgekehrt aus der Linie wieder die Kolonne bilden.

Rückten die einzelnen Züge einer solchen Doppelkolonne dicht aufeinander auf, entstand das volle Karree. Man formierte es bei Bedrohung im offenen Gelände durch überlegene feindliche Reiterei. Solange das Karree geordnet blieb, galt es für Kavallerie als undurchdringlich. Es konnte leicht hergestellt, gut übersehen und kommandiert werden und besaß eine große innere Festigkeit. Nachteilig war, daß es nur Platz für die beiden berittenen Offiziere und kaum für Verwundete bot und daß bei ihm nur ein Teil der Feuergewehre zur Wirkung kam. Daher hielt man in einigen

Armeen, wie bei den Berufssoldaten Englands, am früheren hohlen Karree fest. Dessen Vorteil waren große Feuerfronten und viel Raum für Berittene, Verwundete und Troß. Doch ließ sich eine solche Aufstellung nur schwieriger formieren, kaum bewegen und besaß zudem geringere Festigkeit. Daher gab es Versuche, wie in Österreich, beide Arten miteinander zu verbinden[101].

Bei den französischen Bataillonen standen seit 1808 die sechs Kompanien in Linie nebeneinander. Je zwei Kompanien bildeten eine Division, jede Kompanie ein Peloton. Die Grenadierkompanie stand am rechten, die Voltigeurkompanie am linken Flügel. Die Abbildung 42 zeigt die Aufstellung eines Regiments mit zwei Bataillonen aus dem badischen Reglement, das ja weitgehend dem französischen entsprach, sowie die Veränderungsformen aus der Linie in die volle Kolonne.

Der schnelle reibungslose Übergang von einer Formation in die andere war eine wichtige und daher oft geübte Angelegenheit. Man erkannte eine solche gut gelungene Evolution an ihrer raschen und geordneten Durchführung. Der Abmarsch, das heißt die Bildung der Kolonne aus der Linie, bot meist keine besonderen Probleme. Mit dem Aufmarsch aus der Kolonne in die Linie war es aber anders, weil sich dieser im Gefecht schon im Sicht- und Wirkungsbereich des Gegners vollzog. Dabei erwies sich im allgemeinen das Deployieren als sicherer; unsicherer und nur mit geübten Truppen durchführbar war der Eventailaufmarsch. Mit einer Linie im Frontmarsch geschlossen und ausgerichtet zu bleiben war sehr schwierig, ebenso aber auch ein Diagonalmarsch, bei dem die Linie sowohl vorwärts als auch seitwärts voran kommen sollte, aus diesem Grunde konnte man beide Bewegungen nur auf kurze Entfernungen machen.

Als notwendige Ergänzung der geschlossenen Fechtart begann sich schon in den letzten Jahrzehnten des 18. Jahrhunderts die geöffnete einzubürgern. Erste Anfänge sind in der Kampfweise der Panduren und Grenzer, der Freitruppen des Siebenjährigen Krieges und der Jäger zu finden, eine verstärkte Bedeutung gewann sie im Krieg in Amerika. Entscheidend für die starke Zunahme dieser Fechtart wurde aber die Tatsache, daß die jungen Soldaten der französischen Revolutionsheere noch nicht geübt genug und damit unfähig waren, in geschlossener Formation den komplizierten Feuerablauf zu beherrschen. Weil Frankreich aber gegenüber dem Gegner über genügend Kämpfer verfügte, konnte man einen Teil ohne eine bestimmte Ordnung in Schützenschwärmen so schießen lassen, wie es jeder vermochte. Damit wurde ein Gefecht auch praktisch in jedem Gelände möglich, mochte es gebirgig, waldig oder zerschnitten sein. Der einzelne Schütze konnte damit auch die vorhandenen Deckungen ausnutzen und sich den Maßnahmen des Gegners anpassen sowie sich zum Teil der feindlichen Waffenwirkung entziehen. Er belästigte und neckte den Gegner, stieß vor, wenn dieser sich zurückzog und wich zurück, wenn er selbst bedroht war.

Mit zunehmender Kriegserfahrung wurde auch in Frankreich dieses Gefecht der Tirailleure in ein gewisses System gebracht, wie es in einigen Berufsheeren schon

101 C. v. Decker: Taktik . . ., a. a. O., S. 179.

<u>Angriffskolonne eines Bataillons</u>
1791 und später
(auf die Mitte gestellt)

5.	⌐ 4.
6.	3.
7.	2.
8.	1.

<u>Kompanien in Divisionskolonne aufgestellt</u>
1791 - 1808
(häufigste Aufstellungsform)

2.	⌐ 1.
4.	3.
6.	5.
8.	7.

8.	⌐ 7.
6.	5.
4,	3.
2.	1.

<u>Geschlossene Kolonne (Serrée).</u>
Nur 8 Füsilierkompanien in
einer Stärke von je ca 90 Mann.

| V | | G |

| V | | G |

Die Division wird aus 2 Kompanien (= 2 Pelotons) gebildet

B a t a i l l o n   i m   A n g r i f f
1808 und später
(auf die Mitte gestellt)
(Kompanien durchnummeriert!)

A n m a r s c h

Fü.4.	⌐ Fü.3.
Fü. 5.	Fü. 2.
V. 6.	G. 1.

6 Kompanien. Stärke : ca 165 Mann
je Kompanie.

A t t a q u e

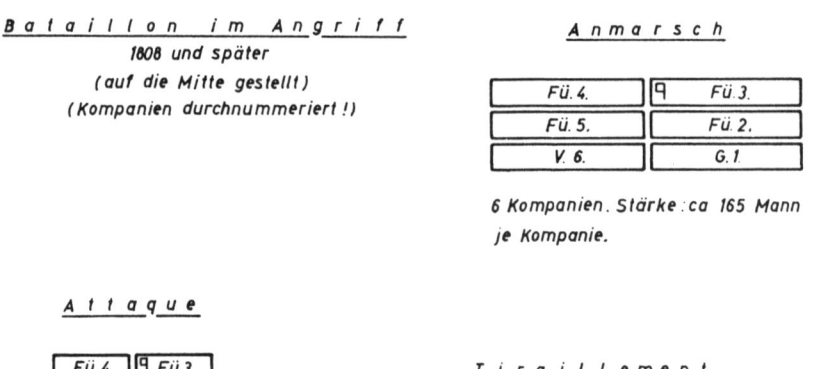

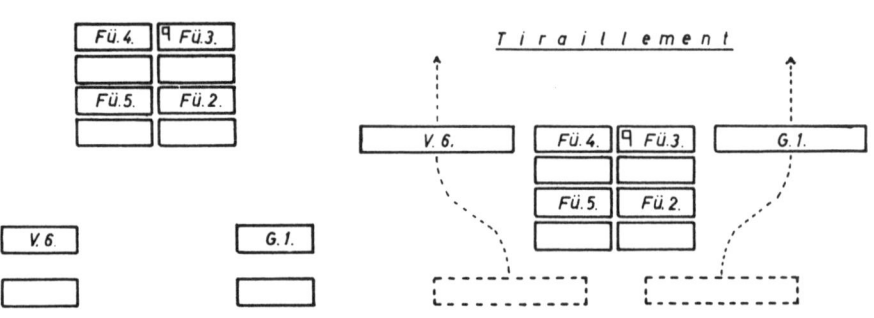

<u>Angriff:</u> Flank-Kompanien in Sections-
kolonne mit 25 Schritte Abstand als
Seitenschutz.

Flank-Kompanien in vorderer Linie. Kompanien gleich stark. Füsiliere in 2×4
Halbkompanien.

Abb. 43.   Kolonnenstellungen französischer Bataillone.

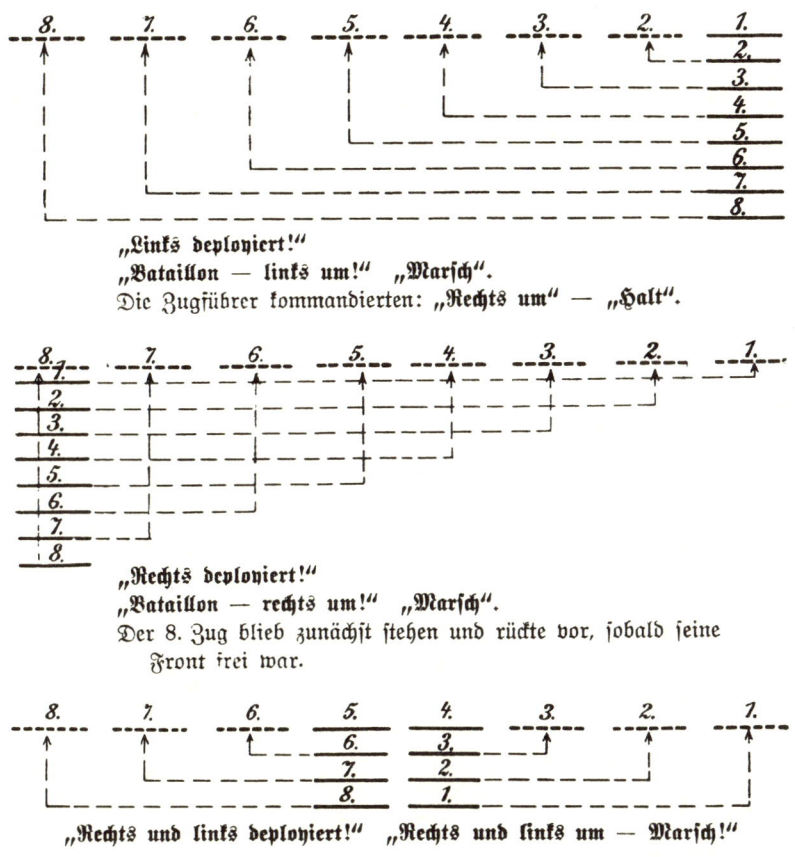

„Links deployiert!"
„Bataillon — links um!" „Marsch".
Die Zugführer kommandierten: „Rechts um" — „Halt".

„Rechts deployiert!"
„Bataillon — rechts um!" „Marsch".
Der 8. Zug blieb zunächst stehen und rückte vor, sobald seine
Front frei war.

„Rechts und links deployiert!" „Rechts und links um — Marsch!"

Abb. 44. Bildung der Linie aus der Kolonne.

bestand oder nun Nachahmung fand. Es diente zum Einleiten eines Gefechtes mit Hinhalten des Gegners und dem Versuch, seine Absichten zu verschleiern, bis Klarheit über die Maßnahmen wie Angriffsort und Zeitpunkt herrschte. Auch das Abbrechen eines Gefechtes erfolgte nun unter dem Schutz solcher Tirailleurlinien. Je nach Armeeorganisation waren für dieses zerstreute Gefecht entweder besondere Kompanien des Bataillons (Voltigeure, Schützen) oder die dafür besonders ausgebildeten Leute des dritten Gliedes bestimmt, die dann zu eigenen Schützenzügen zusammentraten.

In Preußen bildeten die Männer des dritten Gliedes jeder Kompanie einen Schützenzug. Auf das Signal »Schwärmen« gingen die Züge aus der Bataillonsmasse vor. Zwei davon lösten sich zum Teil in eine Schützenkette als Feuerlinie auf, bei der jeweils zwei Mann als »Fechter« und »Sekundant« taktisch miteinander verbunden

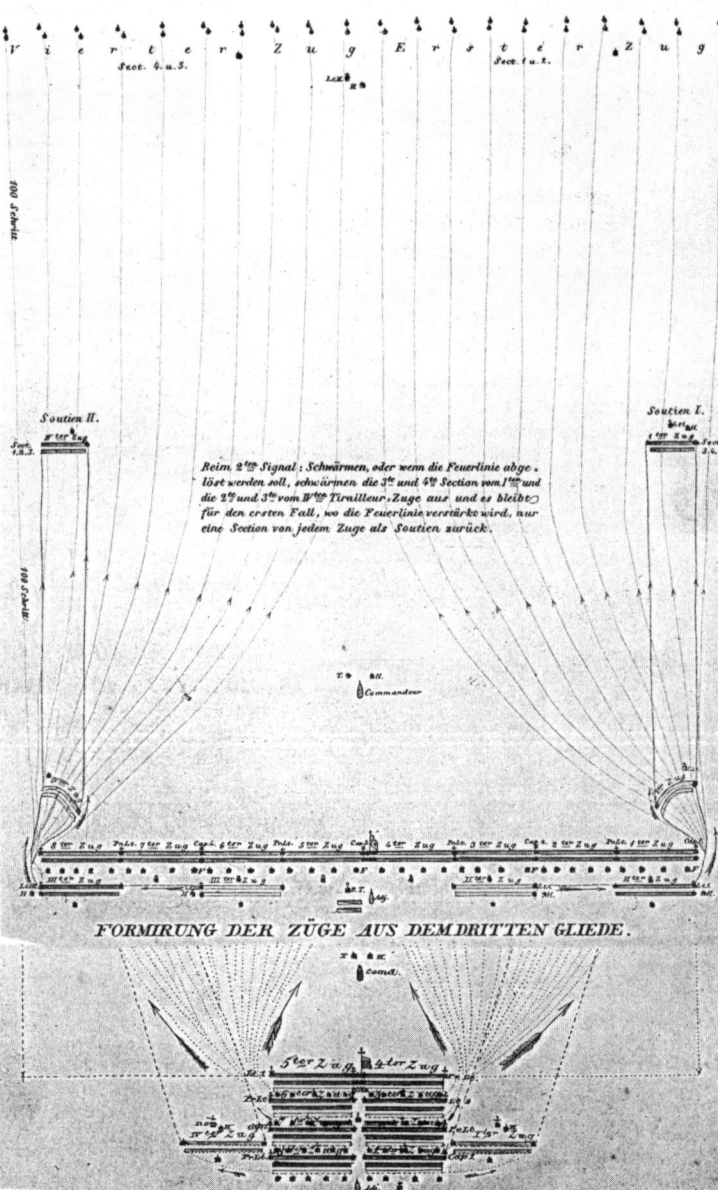

Oben: aus der Linie. Unten: aus der Angriffskolonne.

Abb. 45.   Verwendung des 3. Gliedes zum Tiraillieren.

132

Abb. 46. »Klumpen« von Schützen bei überraschenden Reiterangriffen.

waren. Sie bildeten eine Tirailleur-Rotte. Die Reste der Schützenzüge blieben auf halbem Wege zur Bataillonsmasse stehen und dienten als Rückhalt, als »Soutien«. Sollten die Schützen abgelöst oder verstärkt werden, wurden auch die übrig gebliebenen Schützenzüge eingesetzt. Die Signale wurden allgemein durch das Horn gegeben; jeder Mann in der Feuerlinie schoß nach eigener Wahl, nachdem sein Rottensekundant wieder geladen hatte. Die Schützen konnten sowohl aus einem in Linie stehenden als auch aus einem in Angriffskolonne befindlichen Bataillon herausgezogen und eingesetzt werden. Waren Schützen bei plötzlichen Angriffen gefährdet, sollten sie sich schnell auf das Soutien oder gar das Bataillon zurückziehen. War dies bei Überraschungen durch Reiter nicht mehr möglich, hatten sie notfalls Klumpen zu bilden, die sich rundum verteidigen konnten.

Für das Gefecht der Infanterie gab es generell drei Möglichkeiten: die Abgabe von Massenfeuer, das Schützengefecht und der Angriff mit der blanken Waffe, dem Bajonett. Das Massenfeuer war die Regel, wenn schwere Infanterie in geschlossener Formation in Linie stand. Zunächst lag noch hoher Wert auf dem Geschwindschießen, bei dem zumindest auf dem Exerzierplatz in der Minute bis zu vier Schuß zu erreichen war. Man erkannte aber bald den Vorteil, sorgfältig zu laden, ruhig zu zielen und zu schießen und bessere Ergebnisse durch Schießübungen zu erwarten. So genügten fünf Schuß in zwei Minuten.

Die Waffenwirksamkeit wurde damals schon mit gut geübten Soldaten als Durchschnittswert ermittelt[102]. In Wirklichkeit gab es aber gegenüber solchen Versuchen auf dem Exerzierplatz in der Kriegspraxis noch viel geringere Ergebnisse und zwar aus mehreren Gründen. Ein aufgeregtes Gemüt sah im Gefecht den Feind schon

---

102 G. v. Scharnhorst: Über die Wirkung des Feuergewehrs, Nachdruck der Ausgabe von 1813, Osnabrück 1973 (Reihe »Bibliotheca Rerum Militarium«).

näher als er war, die Entfernung wurde also unterschätzt, was bei der stark gekrümmten Flugbahn der Geschosse große Auswirkungen hatte. Bei der Übereilung, mit der geschossen wurde, gingen Ruhe und Ordnung verloren. Je aufgeregter die Gemüter, desto schlechter wurde gezielt, zudem bewegte sich das Ziel und war im Pulverqualm schlecht zu erkennen. Dazu kam, daß die Offiziere es duldeten oder gar befahlen, schon früh das Feuer zu eröffnen, einfach um die Leute zu beschäftigen, damit sie nicht davonliefen. So rechnete man beim Massenfeuer je 100 Schuß auf 300 Schritt (1 Schritt = 75 cm) mit einem Treffer, auf 200 Schritt mit 10 und auf 100 Schritt mit 40 Treffern. Beim Tirailleurfeuer wurde viel sorgfältiger gezielt, die Schützen konnten sich teilweise decken und standen auch nicht im Qualm. Dem entsprachen günstige Ergebnisse: auf 400 Schritt fünf, auf 300 Schritt 10, auf 200 Schritt 20 und auf 100 Schritt 80 Treffer auf die Scheibe. Benutzten Jäger ihre Büchsen, gab es auf 400 Schritt 10, auf 300 Schritt 20 und auf 200 Schritt gar 75 Treffer.

Man unterschied beim Massenfeuer folgende Arten:

1. Das Pelotonfeuer, also Schußabgabe ganzer geschlossener Abteilungen (Züge) nach bestimmter Reihenfolge. Dafür benötigte man sehr gut ausgebildete und disziplinierte Leute. Selbst dann war dieses Feuer in der Praxis nur kurz durchzuhalten, denn die ausgeklügelte Maschinerie geriet schnell aus dem Tritt.
2. Man half sich, indem das ganze Bataillon auf einmal feuerte, also auf Kommando eine »Generalsalve« schoß. Das verhinderte Unordnung, machte aber durch die gleichzeitige Qualmwolke das Bataillon blind und während der Ladezeit wehrlos.
3. Meist stellte sich in der Praxis von selbst das sogenannte »Bataillenfeuer« ein, bei dem jeder schoß, wenn er fertig war. Eine Feuerleitung war dabei unmöglich, die Wirkung jämmerlich, wenn man den Aufwand betrachtete. Es beschäftigte bloß die Leute, eine Entscheidung brachte es nie. Ein solches Bataillenfeuer konnte auch durch Wirbel der Tambours befohlen und beendet werden. Dann sollte jeder schießen, wenn der Rottenkamerad mit dem Laden fertig war.

Das sogenannte »mörderische« Feuer, wie es oft in Schlachtberichten zu lesen ist, konnte nur auf sehr kurze Entfernungen zum Feind und dann durch die Masse der abgeschossenen Kugeln entstehen oder wenn es sehr lange anhielt. Die größte Wirkung war zu erzielen, wenn es mit der Generalsalve gelang, so lange zu warten, bis man das »Weiße« im Auge des Gegners sehen konnte; eine Kunst, die nur sehr kaltblütige, bewährte und disziplinierte Soldaten beherrschten.

Sonderarten der Feuerabgabe betrafen das Rotten- und Heckenfeuer, zunächst angewendet, wenn man nicht die ganze Abteilung schießen lassen wollte. Dann traten auf Kommando nur jeweils zwei Rotten zur Schußabgabe vor und danach zum Laden in das Glied zurück. Beim Feuer aus dem Karree schossen allgemein nur die vorderen beiden Glieder, das dritte blieb Feuerreserve, gab aber danach die geladenen Gewehre an das zweite Glied weiter.

Solange die kurze Reichweite der Feuerwaffen noch eine Annäherung auf nähere Entfernung (bis 300 m) erlaubte, konnte der Versuch berechtigt sein, durch einen überraschenden, schnellen Angriff geschlossener Infanterie oder Reiterei über diese kurze Entfernung das Feuer zu unterlaufen. Das führte zur Geringschätzung der Feuertaktik und zu dem romantischen Glauben, »daß die Kugel eine Närrin, das Bajonett ein ganzer Mann sei«. Der Raum, der einen vom Feind trennte, mußte im Bereich seines Feuers schnell überwunden werden. Daher war es wichtig, diese Zeit abzukürzen. Ein Halten, das eigene Feuer aufnehmen oder gar beim Angriff die Formation ändern durfte es nicht geben. Dann kam man zum Stehen, und machte der Gegner eine Offensivbewegung, war ein Umdrehen meist nicht zu vermeiden. Der Bajonettangriff bestand also in einem entschlossenen Draufgehen. Dabei kam es weniger darauf an, mit dem Feind ins Handgemenge zu kommen, als ihn dazu zu bringen, vorher das Feld zu räumen oder die Flucht zu ergreifen. Das war dann auch die Regel. Nur in ganz wenigen Fällen, wenn Ausweichen nicht möglich schien, wie bei Hagelsberg und an der Katzbach im Jahre 1813 lief es anders. An der Katzbach griff das 2. Bataillon des 2. brandenburgischen Infanterieregiments in Linie ein in Kolonne stehendes französisches Bataillon an. Die Gewehre gingen nicht los, weil der Regen in Strömen fiel. Auf 60 m Entfernung riefen die Stürmenden »Hurra«, umklammerten von allen Seiten das französische Bataillon und schlugen mit Bajonett und Kolben den Großteil zusammen. Nur 7 Offiziere und 165 Mann wurden gefangen abgeführt. Die Preußen hatten einen Verlust von 191 Mann[103]. Gleichzeitig ist dieser Vorgang auch ein starker Beweis für die Überlegenheit des moralischen Elements über die Formen[104].

In der Theorie war das Feuer aus der Linie bei der Abwehr eines Bajonettangriffes sehr wirksam, doch brachte die Praxis auch andere Erfahrungen. In der Regel schritt das Bataillon zum Bajonettangriff in Kolonne. Ein solcher Stoß konnte erleichtert werden, wenn der Kolonne plänkelnde Tirailleure vorausgingen, um den Feind zum frühzeitigen Feuern zu verleiten. Dadurch behielten die folgenden Angriffskolonnen ihren ruhigen Gang bei, ohne gleichzeitig zum Feuern in der Lage zu sein. So gab es kein Stutzen und kein Versuch zum Deployieren. Besonders nützlich waren Tirailleure in den Zwischenräumen der Angriffskolonnen, weil diese mit vorgingen, wenn die Stoßmasse vorrückte und diese wiederum in Bewegung blieb, wenn die Tirailleure es taten. Damit ermöglichte erst die innige Verbindung des zerstreuten Gefechtes mit der Linie und Kolonne einen Kampf in jedem Gelände.

Das Reglementarische, also das Schulexerzieren blieb zunächst noch stark der Lineartaktik verhaftet. Das französische Reglement vom Jahre 1791 zeigt Anklänge an die älteren preußischen Vorschriften. Es wurde bald in das Deutsche übersetzt[105] und diente auch bei den deutschen Verbündeten als Vorschrift. In Frankreich selbst exerzierten, wenn Zeit blieb, die Truppen nach diesem Reglement, und so wurden die

103 Friederich: Geschichte des Herbstfeldzuges 1813, Bd. I, Berlin 1903, S. 305.
104 C. v. Decker: Taktik ..., a. a. O., S. 173.
105 Reglement das Exerzitium und die Manövres der französischen Infanterie betreffend vom 1. August 1791, Straßburg 1807.

französischen Soldaten zur Übung, wenn auch nicht zum wirklichen Gebrauch nach den Formen der Lineartaktik gedrillt. In erster Linie diente dieses Mittel zur Aufrechterhaltung der Ordnung und zur Einübung einiger Übereinstimmung bei den Bewegungen der Truppenformationen. Schließlich sollten die Soldaten an Gehorsam, gleichzeitige Bewegungen im Glied und den Gebrauch der Waffen gewöhnt werden. Gerade Napoleon hat immer wieder darauf geachtet, daß in jeder freien Zeit auch exerziert wurde. In der Ordonance von 1805 befahl dann der Kaiser für dieses Reglement nach den Erprobungen in den Lagern an der Kanalküste Veränderungen und Zusätze, doch die formalen Dinge behielt es unverändert bei. In der Praxis wurde so gehandelt, wie es die jeweilige Lage erforderte. Alleiniger Prüfstein aller taktischen Formen und Vorschriften blieb nun einmal der Krieg.

In Preußen hatten bis zum Jahre 1808 die aus dem Jahre 1788 stammenden Vorschriften gegolten. Nun brachte das unter der Federführung von Scharnhorst erarbeitete Reglement von 1812[106] eine grundlegende Änderung. Sehr klar und vorbildlich, dabei aber kurz und knapp wurde das Wichtige in nur fünf Abschnitten herausgestellt. Der erste behandelte die Ausbildung des einzelnen Mannes, der zweite die des Trupps in Gliedern und Rotten, der dritte die Aufstellung einer Kompanie und des Bataillons und deren Bewegungen. Abschnitt vier handelt von der Bestimmung des dritten Gliedes für das zerstreute Gefecht und der letzte Abschnitt spricht kurz von der Aufstellung einer Brigade als höherer taktischer Einheit.

Damit war eine großzügige, von aller Pedanterie entfernte und nur auf die Anforderungen des Ernstfalles berechnete Vorschrift entstanden, die bei kleinem Format auch nur 131 Seiten zählte. Zwar enthielt sie noch den langsamen Ordinärschritt mit 75 Schritten in der Minute für das Exerzieren, doch in der Gefechtspraxis wurde nun der Geschwindschritt mit 108 Schritten die Regel, der bei Bedarf durch Trommelschlag verstärkt werden konnte. Dieses Reglement war mit kleinen Änderungen praktisch bis 1888 im Gebrauch, sein Konzept und viele seiner Vorschriften lebten auch in den Nachfolgern weiter fort.

Die Kavallerie

Auch bei den Reitern war der Unterschied zwischen der administrativen und taktischen Einheit schon weitgehend verschwunden, denn nur noch in wenigen Heeren wie in England und bei einigen Gardetruppen kannte man noch die Einteilung in Kompanien (troops). Die größte administrative und gleichzeitig taktische Grundeinheit bildete das Regiment, die kleinere die Schwadron (Eskadron). Die Stärke einer Schwadron betrug je nach Armeeorganisation und vorgesehenen Friedens- oder Kriegsstand zwischen 120 und 200 Reitern. Eine größere Zahl konnte nicht mehr von einem Führer ausgebildet und im Detail ökonomisch überwacht werden. Auch war eine solche Abteilung, wenn sie zu Pferde saß, gerade so groß, daß sie sich trotz des

---

106 Exerzir=Reglement für die Infanterie der Königlich Preußischen Armee, Berlin 1812.

Geräusches der Pferde und Klirrens der Waffen noch durch die menschliche Stimme kommandieren ließ. Kavallerie-Regimenter durften nicht zu stark, aber auch nicht zu schwach sein. Zu stark, verloren sie an Beweglichkeit, bei zu schwachen verlor ihr geschlossener Angriff, der Chok, an Wirkung. Wenn im Gefecht ein solches Regiment mindestens 300 Rotten (600 Mann) stark sein sollte, mußten schon 700 bis 800 Reiter ausrücken, weil während eines Feldzuges kranke Pferde oder Abkommandierte den Bestand schwächten. In der Regel hatten Regimenter vier bis sechs Schwadronen, in Preußen ab 1808 vier, in Frankreich fünf, in Österreich und Rußland sechs und in kleineren Heeren aber auch nur drei.

Jede Schwadron wurde von einem Rittmeister befehligt, dem einige Offiziere (vier bis fünf) zur Seite standen. Für den inneren Dienst war der Wachtmeister zuständig, gleichzeitig Vorgesetzter aller Unteroffiziere, und »Mutter der Schwadron«. Die weitere innere Einteilung einer Schwadron geschah in Korporalschaften oder Beritte,

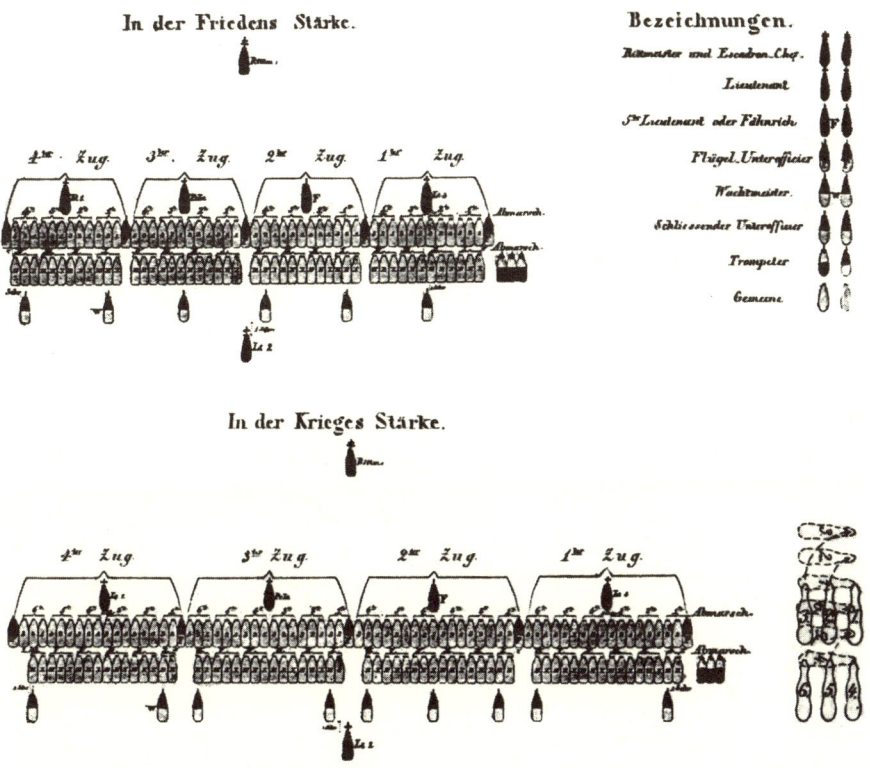

Abb. 47. Stellung einer Schwadron in Linie.

deren jede ein Unteroffizier beaufsichtigte. Daneben gab es einige Trompeter, um Befehle durch Signale weiterzugeben.

Kavallerieschwadronen wurden in den letzten Jahrzehnten des 18. Jahrhunderts nur noch zweigliedrig aufgestellt. Bei der geschlossenen Stellung in Linie, der gleichzeitigen Grundstellung, hielten die Reiter Knie an Knie oder Bügel an Bügel nebeneinander. Das zweite Glied hatte vom ersten zwei Schritt (1,50 m) Abstand zu halten. Die Schwadron wurde in vier gleichstarke Züge geteilt, jeder Zug in einzelne Abmärsche zu je drei nebeneinander stehende Rotten. Die Offiziere hielten vor der Mitte ihres Zuges, von den Unteroffizieren stand einer im ersten Glied am Flügel, die anderen hinter dem Zug. Die Trompeter deckten das zweite Glied am rechten Flügel. War eine Standarte bei der Schwadron, hatte sie ihren Platz in der Mitte des ersten Gliedes am rechten Flügel des dritten Zuges. Bei der Aufstellung sollten die geschicktesten und entschlossensten Reiter in das erste Glied kommen, die dafür die brauchbarsten Pferde erhielten. Der vierte Zug wurde in Preußen aus voll ausgebildeten Flankeuren und Büchsenschützen gebildet. Flankeure erhielten wendige und ausdauernde, die Büchsenschützen ruhige, schußgewohnte Pferde zugeteilt. Restliche Flankeure und Schützen standen im zweiten Glied der anderen Züge[107]. Der damals weit bekannte Kenner der Reiterei und Schriftsteller Graf Bismark[108] schlug als ideale Einteilungszahl vier vor. Danach sollte ein Reiterregiment aus vier Schwadronen, diese aus vier Zügen, jeder Zug aus vier Abteilungen und jede Abteilung aus vier Rotten bestehen. Dazu wünschte er je Regiment noch eine besondere Schützenschwadron.

Spezielle Probleme brachten das Auf- und Absitzen und die Wendungen der Pferde. Bei einer Aufstellung in Linie standen die Pferde Bügel an Bügel. Somit gab es keinen Platz für den Reiter, um von der Seite auf- oder abzusitzen. Daher pflegte man grundsätzlich die Leute eines Gliedes zu zweien abzuteilen. Beim Kommando »Fertig zum Aufsitzen« oder »Fertig zum Absitzen« hatten die jeweils ersten Leute des ersten Gliedes eine Pferdelänge vorzurücken und die zweiten Leute des zweiten Gliedes um die gleiche Strecke ihr Pferd zurückzuziehen. Dann gab es für diesen Moment sogar eine viergliedrige Aufstellung. Das Auf- und Absteigen geschah dann auf das Kommando »Aufsitzen« oder »Absitzen«. Folgte nun ein »Richt Euch«, rückte man wieder in die Lücken ein[109].

Das zweite Problem lag in den Wendungen zu Pferd. Bei einem Infanteristen ist der Raum, den er in der Formation einnimmt, praktisch ein Quadrat. Ein Pferd hat aber bei 0,9 m Breite fast dreimal soviel Tiefe, also 2,5 m. Daher müssen nebeneinander stehende Reiter in kleinen Gruppen, in Abmärschen von drei oder vier Mann zu-

107 Großer Generalstab: Das Preußische Heer . . ., Bd. I, a. a. O., S. 184.
108 Graf v. Bismark: Ideentaktik der Reuterei, Karlsruhe 1829, und System der Reuterei, Berlin und Posen 1822.
109 Exerzir-Reglement für die Kavallerie der Königlich Preußischen Armee, Berlin 1812, S. 69 f. Prov. Exerzir-Reglement für die Großherzoglich Badische Reiterei, Bd. II, Karlsruhe 1831, S. 309 und 334.

gleich wenden. Theoretisch hatten drei Pferde soviel Raumbedarf, wie ein Pferd in der Länge. Bei den Wendungen gab es aber mit unerfahrenen Leuten immer Schwierigkeiten, weil es zu Gedränge mit Quetschungen und Verletzungen kam. Solche Nachteile verschwanden, wenn man die Wendungen zu Vieren machte, doch mußte dann der Gliederabstand von vornherein größer sein. Für das Für und Wider beider Arten gab es damals heftige Kontroversen. In den Reglements ist aber der Abmarsch zu Dreien die Regel. Dafür waren auch von vornherein schon die Rotten abgeteilt worden.

Als größere taktische Einheit benutzte man auch das Regiment. Hier standen die Schwadronen in Linie nebeneinander mit etwas Zwischenraum, die beiden nebeneinanderstehenden einer Seite nannte man in Preußen Regiments-Divisionen, in Sachsen Flügel.

Auch bei der Kavallerie gab es eine geschlossene Aufstellung und Fechtweise sowie die zerstreute Ordnung. Grundformen der geschlossenen Aufstellung waren die Linie und die Kolonne. Man stellte sich in Linie in Bereitschaft zum Angriff auf feindliche Kavallerie oder Infanterie aber auch, wenn man sich Geschützfeuer ausgesetzt sah. Zwischen den einzelnen Schwadronen waren kleine Intervalle üblich, um bei unvorhergesehenen Hindernissen ausweichen zu können. In allen übrigen Fällen bewegte man sich in Kolonne. Meist entstand schon beim Abmarsch aus der Linie durch die Wendungen zu Dreien eine Kolonne zu Sechsen. Bei Reisemärschen, insbesondere auf schmalen Wegen konnten Kolonnen zu Dreien oder gar zu Zweien gebildet werden. Rechnete der Führer, in das Gefecht zu kommen, formierte er entweder Zugkolonnen mit der Frontbreite eines Zuges, Schwadronskolonnen oder gar – entsprechend der Kolonne nach der Mitte der Infanterie- die Divisionskolonnen. Im Gegensatz zur Infanterie achtete man aber streng darauf, daß der Abstand einer Abteilung zur anderen stets ihrer Frontbreite entsprach. Nur so konnten die Reiter bei Bedarf ohne Probleme einschwenken. Entsprechend der Infanterie bevorzugte die Kavallerie die Zugkolonne, weil sie für die Bewegung im Gelände am praktischsten war. Schwadronskolonnen erleichterten die gedrängte Aufstellung größerer Kavalleriemassen, die Divisionskolonne ließ sich am schnellsten zur Linie entwickeln.

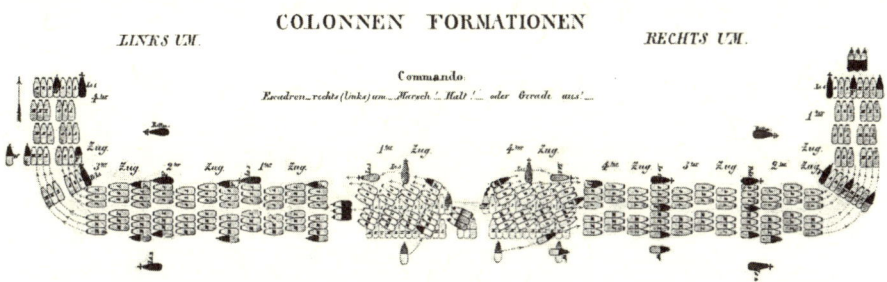

Abb. 48. Abmarsch einer Schwadron in Kolonne.

139

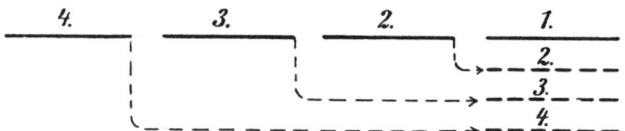

„Regiment — rechts (links) in Kolonne in Eskadronen — Marsch!"

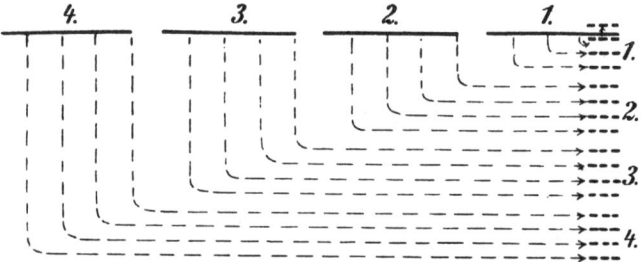

„Regiment — rechts (links) in Kolonne in Zügen — Marsch!"

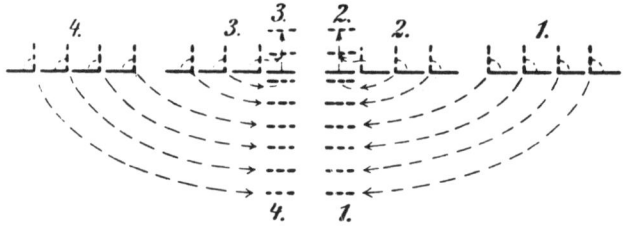

„Regiment — nach der Mitte in Kolonne! Mit Zügen links und rechts
schwenkt — Marsch! — Gerade aus!"

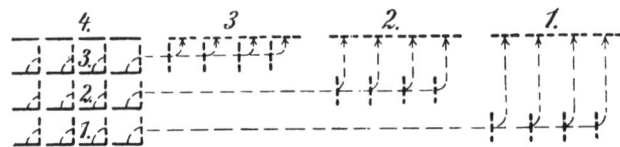

„Regiment — rechts deployiert!" „Eskadron mit Zügen rechts schwenkt —
Marsch! Trab!" Alsdann Einschwenken schwadronsweise.

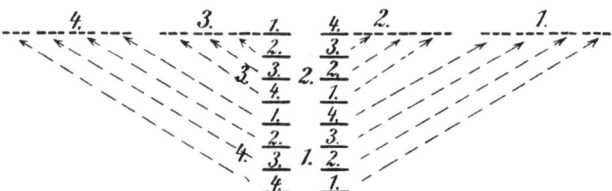

„Regiment — rechts und links marschiert auf — Marsch!"

Abb. 49. Kavallerie-Evolutionen.

140

Die Evolutionen folgten dem gleichen Schema wie bei der Infanterie. Der Übergang von der Linie in die Kolonne hieß Abmarsch (Ployement), von der Kolonne in die Linie Aufmarsch (Deployement). Die Abbildung 49 zeigt die im preußischen Reglement vorgesehenen Evolutionen in Form von Skizzen, doch wurden andererseits mit nicht zu langen Linien auch Schwenkungen durchgeführt. Die Hauptforderung bei allen Bewegungen war die Möglichkeit zur raschen Bildung der Linie. Sollte dieses schnell geschehen, mußten Bewegungen einfach sein, bei geschlossenen Abteilungen nur im Trab, weil sonst leicht Unordnung einriß. Nach der Theorie konnten Reiter im Schritt 90 m, im Trabe 180 m und im Galopp 360 m je Minute zurücklegen.

Bei der Fechtweise der Kavallerie spielte das Pferd die entscheidende Rolle. Seine Schnelligkeit und die damit verbundene Wucht war nur mit der blanken Waffe auszunutzen. Daher bestand das eigentliche Liniengefecht der Reiter in der Attacke, deren letzter, entscheidender Teil Chok hieß. Dieser mußte nachdrücklich, kraftvoll und damit unwiderstehlich sein; und das ging nur, wenn die Pferde noch nicht ausgepumpt waren und die Linie geschlossen blieb. Allgemein galt, daß man erst ab Kartätschenschußweite (600 m) in den Trab, ab 150 m vom haltenden, aber schon 300 m vom entgegenkommenden Gegner in den Galopp und erst auf 60 m zur Karriere übergehen sollte. Zur schnellsten Gangart wurde »Fanfaro« geblasen. Der Reiter ließ dann sein Pferd so laufen, wie es konnte. Die dann noch geschlossene Attacke erforderte geübte Kavalleristen. Die Frage ob dabei die Offiziere vor der Front bleiben oder in

Reitergefecht bei La Chaussée.

Französische Küraffiere, ihre Pallasche im Halten vorstreckend, werden von
preußischer Kavallerie attackiert.

Abb. 50. Gefechtsformen geschlossener Kavallerie.

die Front zurückfallen sollten, wurde viel diskutiert. Davor waren sie noch Anführer, in der Linie nur Mitstreiter.

Die zweigliedrige Aufstellung hatte sich auch deshalb durchgesetzt, weil beim An-rennen an den Feind ja nur das erste Glied mit der Waffe wirksam sein, das zweite höchstens die Lücken des ersten ausfüllen konnte und ein Nachrücken hinterer Pferde nur zu Durcheinander führte. Die empfindlichsten Teile einer solchen Linie bildeten die Flanken. Daher sollten sie stets durch dahinter stehende Kolonnen abge-sichert werden. Weil sich französische Kavallerie damals nur wenig manövrierfähig zeigte und im Staub und Lärm schlecht lenken ließ, wurden unter Napoleon Massen-angriffe in Kolonne, dann allerdings im Trabe durchgeführt. Zwar konnte nur ein Teil der Waffen wirken, doch hinderte dieses Mittel die vorderen Glieder am Umdrehen. Bei Angriffen von der Flanke war eine Kolonne allerdings stärker als die Linie. Bei Geschützfeuer bot sie aber ein sehr gutes Ziel und wurde bei Treffern bald zu einem wilden Knäuel[110]. Eine schnelle Gangart wie die Karriere war in einer Kolonne nicht möglich.

Im Verlauf einer Attacke geriet auch der siegreiche Teil in Unordnung und war damit hilflos. Folglich war Sammeln die erste Notwendigkeit. Das geschah meist um die Standartenrotte, erst dann galt Reiterei als wieder verwendbar. Wollte sie den Erfolg der Attacke ausnutzen, mußten intakte Reserven zur Verfügung stehen. War eigene Kavallerie geworfen, versperrte sie das Schußfeld, hinderte die anderen Waf-fen einzugreifen und brachte sie gar in Unordnung. Daher bestand der Grundsatz, daß Reiterei niemals ohne Reserven attackieren dürfe, denn Sieger blieb schließlich der, wer noch die letzten frischen intakten Kräfte zur Verfügung hatte.

Das zerstreute Gefecht konnte auf zweierlei Art stattfinden, als Schwärmattacke oder Flankiergefecht. Im ersten Falle löste sich die ganze Einheit auf und griff in regellosem Schwarm an, so gut und schnell es jeder konnte. Diese Attacke bildete die Ausnahme, denn, abgesehen von Völkerschaften, bei denen sie heimisch war (Kosa-ken und Mamelucken) brauchten sie leichte Reiter nur zur Verfolgung eines fliehen-den Gegners oder um einer in geschlossener Kolonne oder in einem Karree stehende Infanterie die Salve abzulocken. Solche Vierecke griffen Reiter bevorzugt an den Ecken an, das galt aber auch bei der Attacke mit geschlossenen Einheiten.

Das Flankiergefecht war das Feuergefecht mit Karabiner oder gezogener Reiter-büchse neben oder vom Pferd aus. Es hatte den Zweck, den Gegner zu beobachten und zu beschäftigen sowie einzelne zudringliche Feinde fernzuhalten. Das konnte durch bestimmte mit dem Karabiner bewaffnete Flankeurs (Karabiniers), durch ei-gene Abteilungen, Schwadronen und Regimenter, aber auch durch besondere Züge geschehen. In Preußen war dafür der vierte Zug einer Schwadron bestimmt, seine Leute entsprechend bewaffnet und ausgebildet. Beim Kommando »Ausfallen« rückte der Zug vor, ein Teil der Leute löste sich weiter vorwärts zu einer Flankeurkette auf. Dabei verfuhr man nach den Grundsätzen des Tiraillierens, die zwei Mann einer

110 C. v. Decker: Taktik . . ., Bd. I, a. a. O., S. 251.

Abb. 51. Plänkeln der Reiter.

Rotte deckten einander und blieben in ständiger Bewegung auf einer Kreisbahn (Volte). Während so die Flankeure gleichsam eine berittene Schützenkette bildeten, wurden sie von Büchsenschützen, die etwa 20 m hinter ihnen hielten, durch Feuer unterstützt. Saßen die Büchsenschützen ab, um sicherer zu zielen, hatten die Flankeurs sie zu decken. Die restlichen Züge der Schwadron blieben geschlossen und dienten als Rückhalt. In ähnlicher Form geschah das Flankieren in allen anderen Heeren. Die erzielten Schußleistungen zu Pferde waren aber sehr gering. Mit dem kurzen glatten Karabiner gab es bei 100 Schuß auf 225 m Entfernung kaum einen Treffer in die Scheibe, auf 150 m dann 10 und auf 75 m schon 40. Wer mit einer Pistole auf mehr als 15 m getroffen wurde, für den zählte es als Schicksal. Flankeure hatten allgemein bis auf 40 m an den Feind heranzugehen. Das Vor- und Einrücken der Flankeure geschah immer im Trab.

Abgesehen von Frankreich kannte die Kavallerie zunächst noch keine größeren Verbände als Regimenter und Brigaden. Die damals hervorragende preußische Reiterei war im Jahre 1806 so verzettelt eingesetzt worden, daß es zu keinem kräftigen Ergebnis kam. Napoleon hingegen suchte schon immer seine Kavallerie als Reserve zu vereinen und bildete selbst auf Kosten der Divisionen, denen diese Waffe oft fehlte, Brigaden, ganze Divisionen und sogar Kavalleriekorps. Sein Prinzip war der Masseneinsatz der Reiter. Wollte er aber ein Armeekorps detachieren, mußte er ihm Kavallerie aus der Reserve zuteilen, die dann keineswegs mit ihrer Aufgabe vertraut war. Bei seinen Gegnern verfuhr man oft entgegengesetzt. Vor allem die Österreicher

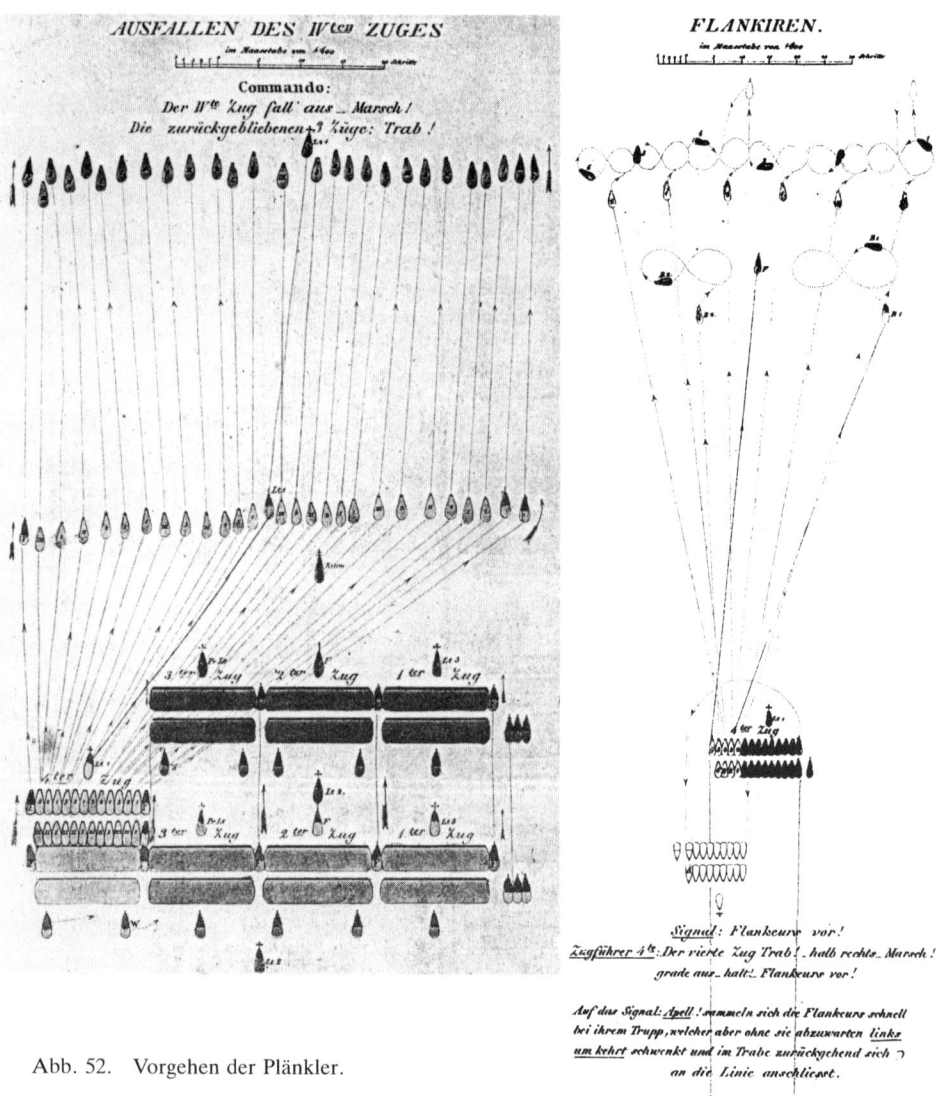

Abb. 52. Vorgehen der Plänkler.

und Preußen mischten die Waffengattungen in einer Brigade. Doch neben einer nun mäßigen Pferdeausstattung trugen, zumindest in Preußen nach 1808, auch die neuen Vorschriften nicht allzusehr zu einem reiterlichen Geist bei. Das neue Reglement von 1812 zeigte weitgehende Übereinstimmung mit dem der Infanterie und nimmt oft übertrieben auf die Schonung der Pferde Rücksicht. Vieles, was bei der Eigenart des reiterlichen Dienstes schnellen Entschluß und freies Handeln erfordert, wird bis in das kleinste geregelt[111]. Es ist aber auch die erste Vorschrift, die für alle Reiterwaffen gleich, also gleichsam für eine Einheitskavallerie gedacht ist.

In den Kriegen von 1813 bis 1815 haben größere Reitererfolge auch die zu geringen Etatstärken und der große Anteil der aus dem Boden gestampften Landwehrkavallerie verhindert. Ein Gutachten des Feldmarschalls Fürst Blücher aus dem Jahre 1817 beschäftigt sich eingehend damit. Später sollte sich mit der Zeit die Qualität der Reiterei überall heben, aber auch die Erkenntnis Platz greifen, daß sie nur in größeren Massen, in eigenen Brigaden oder Divisionen vereint, die Erwartungen bei einer Kampfentscheidung erfüllen kann. Erste große reine Kavallerie-Manöver fanden 1821 in der Nähe Berlins unter der Leitung des Generalleutnants v. Borstell statt, die dann zwei Jahre später zu einer erstmals umfassenden Instruktion für die Verwendung größerer Kavalleriekörper führten[112].

Die Artillerie

Ähnlich der Infanterie war auch die Artillerie administrativ als größere Einheit in Regimenter (manchmal auch in Brigaden oder Bataillone), als kleinere Einheit in Kompanien organisiert. Diese Einteilung wurde im Frieden überall beibehalten. Erst im Kriegsfall stellte man die Artilleristen für verschiedene Aufgaben ab oder teilte sie Batterien zu. Das konnte auch zur Bedienung der Regimentsstücke im Verband der Infanteriebataillone oder zur Besetzung von Festungs- und Belagerungsgeschützen geschehen. Der Begriff Batterie bedeutete zunächst nur eine Anzahl von Geschützen, die unter einheitlichem Kommando auf ein gemeinsames Ziel wirken sollten. Es gab in der Vergangenheit sogenannte »große« Batterien mit bis zu 80 Geschützen. In der Praxis hatten sich aber seit der Mitte des 18. Jahrhunderts Batterien ergeben, die, oft als »Brigaden« bezeichnet, für die Feldzugdauer beisammen blieben, aber nur so groß sein durften, daß sie noch durch die menschliche Stimme kommandiert werden konnten. Damit wurde die Batterie in der Stärke von sechs bis zehn Geschützen die taktische Grundeinheit der Artillerie. Die Bezeichnung Batterie galt also erst dann, wenn die Artilleristen einer Kompanie ihre Geschütze besetzt hatten. Bis zum Jahre 1808 sollte in Preußen eine Kompanie zwei Batterien besetzen. Dann hatte die Batterie nur zwei Offiziere und viele zusätzliche fremde Hilfskräfte, und Knechte mußten hinzugeholt werden. Ein Fachmann schilderte daher die preußische Feldartillerie von 1806 folgendermaßen: »Schwerfällig ausgerüstet, mittelmäßig bespannt und mit unpraktischen Leuten besetzt und auf einen sparsamen Feldetat beschränkt, rückten die Batterien ins Feld[113].«

Als dann Prinz August von Preußen als Oberbefehlshaber der Artillerie an ihrer Spitze stand, kam es zu den notwendigen Veränderungen. Die Regimentsartillerie

---

111 Siehe auch Großer Generalstab: Das Preußische Heer ..., Bd. I, a. a. O., S. 194.
112 Gutachten, Manöververlauf und Instruktion abgedruckt bei Kaehler: Die Preußische Reiterei von 1806 bis 1876, Berlin 1879, S. 7 und S. 47 ff.
113 C. v. Decker: Versuch einer Geschichte des Geschützwesens, Berlin 1819, S. 118.

wurde aufgelöst und dafür nach französischem Vorbild die leichten Feldbatterien vermehrt. Nur noch ein Siebentel aller Feldgeschütze waren zwölfpfündige Kanonen, von der großen Masse der sechspfündigen die Hälfte für die Reitenden, die andere für die Fußbatterien bestimmt[114]. Jede Kompanie von 135 bis 150 Mann hatte nur noch eine Batterie zu besetzen. Die eigenen Festungsartillerie-Kompanien wurden aufgelöst und für diesen Dienst bei Bedarf auch die normalen Artilleristen vorgesehen. Erst nach und nach sollte sich dann die Erkenntnis durchsetzen, daß die Artilleristen, ihre Waffen und Bespannungen ständig beisammen bleiben müssen, um genügend taktisch ausgebildet auch die erwarteten Leistungen bringen zu können. In Preußen geschah dieses definitiv im Jahre 1851, als die Einteilung der Feldartillerie in Kompanien wegfiel und die Batterie gleichzeitig administrative wie taktische Grundeinheit wurde.

Zu einer Batterie gehörte zumeist nur eine Geschützart, wonach sie auch benannt wurde. Man sprach von einer sechs- oder zwölfpfündigen Kanonenbatterie oder einer Haubitzbatterie. Doch bestand infolge der Änderung der Infanterietaktik und der damit verbundenen Zunahme von Ortsgefechten und Angriffen auf Feldbefestigungen die Notwendigkeit eines indirekten Feuerns. So stellte man in einigen Heeren neben den Kanonen in die Batterien zwei Haubitzen, weil nur diese das notwendige Wurffeuer leisten konnten. Bei den Preußen besaß nach 1808 eine Feldbatterie neben den sechs Kanonen noch zwei Haubitzen. Durch die unterschiedliche Schußart waren damit für eine einheitliche Feuerleitung schon Schwierigkeiten vorprogrammiert. Weil die Haubitzen auch noch in der Mitte der Batterie stehen sollten und sie langsamer zu laden gingen als die Kanonen, störten sie sich gegenseitig durch ihren Pulverqualm beim Richten. Man stellte später zwar die Haubitzen wenigstens an den Flügel der Batterie, eine Abhilfe konnten aber nur eigene Haubitzbatterien schaffen.

Die Kriegsformationen der Artillerie standen im engen Zusammenhang mit der Ordre de bataille. Die Feldbatterien waren dabei entweder einzelnen Truppenabteilungen, Brigaden oder Divisionen zugeteilt oder als Reserveartillerie beim Armeekorps vereinigt. Napoleon teilte in der Regel jeder Division eine Fußbatterie und eine Reitende Batterie zu, die Masse rechnete zur Reserveartillerie. Bei den preußischen Infanterie-Brigaden befand sich meist eine sechspfündige Fußbatterie, bei der Vorhut und bei der Reservekavallerie eine Reitende Batterie. Die beim Armeekorps vereinigten sechs- und zwölfpfündigen Batterien, die Haubitzen und Reitenden Geschütze waren als Reserveartillerie für den geschlossenen Einsatz auf Befehl des Armeebefehlshabers bestimmt. Scharnhorst erläutert den Begriff mit den Worten: »Man muß überhaupt in der Reserve nicht einen Teil der Artillerie, der nicht in Tätigkeit kommt, verstehen, sondern einen Teil, der gebraucht wird, wo es in der Bataille am nützlichsten sein kann[115].« Daher wurde, um Mißverständnisse auszuschließen, der Begriff Dispositionsartillerie für zutreffender angesehen.

114 H. Müller: Entwicklung ..., a. a. O., S. 2.
115 G. v. Scharnhorst: Handbuch ..., Teil I, a. a. O., S. 381.

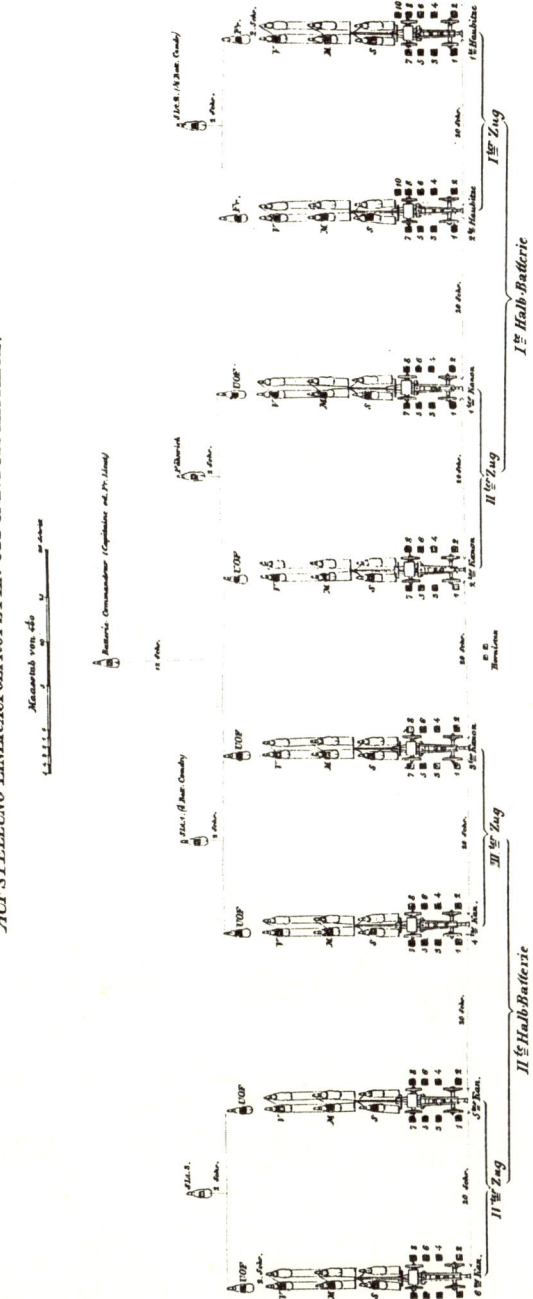

Abb. 53. Aufstellung einer Fußbatterie.

147

Um eine Batterie besser übersehen und leiten zu können, war sie in Züge zu je zwei Geschützen aufgeteilt, die dann ein Offizier befehligte. In der Grund- und Feuerstellung standen die Geschütze einer Batterie linear nebeneinander. Zwischen den Geschützen gab es einen Intervall genannten Raum, dessen Abstand von Rohr zu Rohr gemessen wurde. Für Bewegungen reichten fünf bis sieben Schritt (1 Schritt = 75 cm) aus, für das Gefecht brauchte man mindestens zehn Schritt, um beim Feuern die Gefahr für das Nebengeschütz auszuschließen. Die Regel waren 20 Schritt Abstand. Natürlich ließ sich dieser noch erweitern, soweit der Zugführer seine Geschütze übersehen und leiten konnte, maximal 50 Schritt. Als Marschformation diente der Artillerie die Kolonne zu einem, beim Aufmarsch auf dem Gefechtsfeld auch zu zweien als Zugkolonne. Wie schon bei den anderen Waffengattungen hatten die Bewegungen mit der Batterie den Zweck, entweder die Front zu verändern oder aus der Kolonne in Linie und umgekehrt aus der Linie in die Kolonne überzugehen.

Stand man in Linie und wollte vorgehen, konnte dies auch mit allen Geschützen gleichzeitig geschehen, im Gefecht war es aber zugweise üblich, weil dann das Feuer nicht auf der ganzen Linie auf einmal zu stocken brauchte. Meist ging man in Staffeln (Echolon-Manöver) vor, also zuerst ein Flügelzug, wenn dieser wieder feuerbereit war, der Nachbarzug und so fort. Es konnte auch schachbrettartig (Echiquier-Manöver) ablaufen, indem jeder zweite Zug vorrückte, während solange die Nachbarzüge feuerten. Wollte man die Front durch Schwenken ändern, blieb ein Flügelgeschütz als Drehpunkt stehen.

Der Übergang von der Linie in die Kolonne hieß auch hier Abmarsch. In der Regel bildete man die Kolonne zu einem, weil die Wege nur schmal waren. Dann hatte die Marschkolonne einer Batterie mit allen Fahrzeugen eine Länge von 300 bis 350 Schritt. Im Gefecht brauchte man dagegen gern den Abmarsch zu zweien aus der Mitte. Wichtiger waren die Aufmärsche, bei denen aus der Kolonne in die Linie übergegangen werden mußte. Meist geschah ein solcher als Diagonalaufmarsch (Eventaillieren), das heißt, jedes Geschütz fuhr schräg aus der Kolonne in die vorgesehene Stellung in der Linie. Dabei ritt bei schwierigem Gelände der Geschützführer auf den Punkt zu, das Geschütz fuhr ihm nach. War die Kolonne eng geschlossen, konnte sie auch deployieren. Dazu brauchte jedes Geschütz einen Raum von etwa 18 m im Quadrat.

Probleme bei allen Bewegungen schufen das Gewicht der Waffe und die Geländehindernisse. Auch ließ sich das Geschütz nicht seitwärts verschieben, und so mußte es mit genügender Genauigkeit sofort in die richtige Schußposition gebracht werden. Auf dieser Beweglichkeit und der Wirkung ihrer Geschosse beruhte dann auch die Taktik der Artillerie. Kurz ausgedrückt: die Feldartillerie sollte sich rasch bewegen, gut stellen und zu fechten verstehen. Die Entstehung des europäischen Straßennetzes mit den Kunststraßen, leichteres Material sowie eine verbesserte Organisation und die Militarisierung des Fuhrpersonals trugen zu verbessertem Leistungsstand bei. Die artilleristische Taktik selbst hat sich weniger aufgrund von Vorschriften als empirisch entwickelt. Man legte großen Wert auf die Vereinigung des Feuers mehrerer Batte-

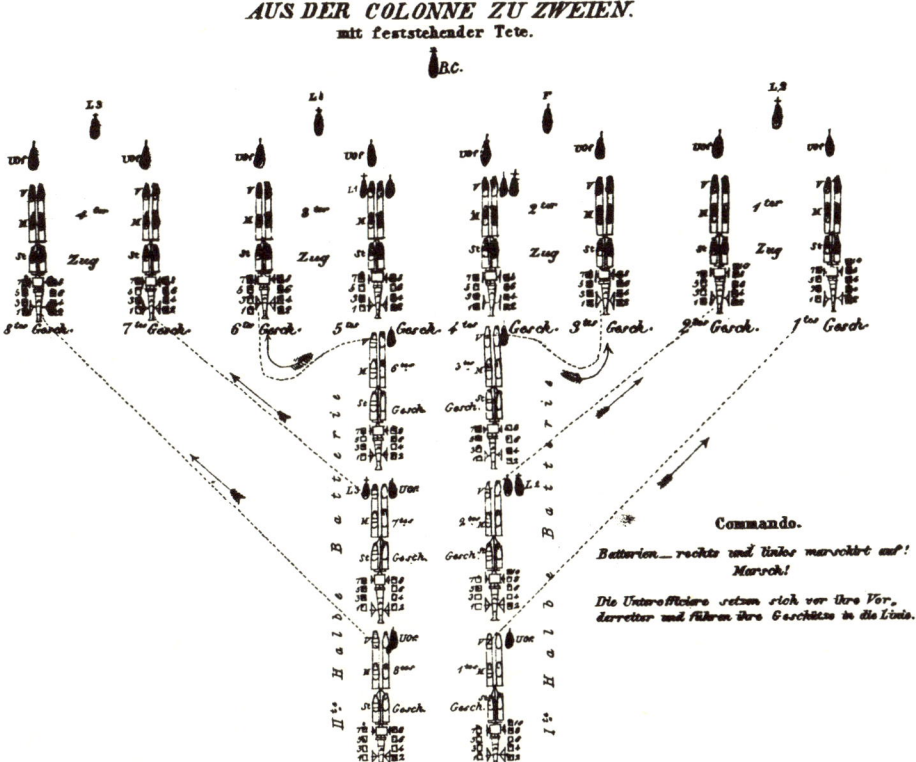

Abb. 54. Übergang von der Kolonne in Linie bei der Artillerie.

rien auf taktisch wichtige Ziele. Die richtige Verteilung und Verwendung der Geschütze durch Napoleon beruhte auf seiner klaren Erkenntnis der Wirkung und Beweglichkeit seines Systems.

Auch die Artillerie unterschied zwischen einer geschlossenen und einer zerstreuten Fechtart. Unter letzterem verstand sie hier den Einsatz und das Feuer kleiner Geschützabteilungen (Züge), die zu gleichem Gefechtszweck gebraucht wurden. In geschlossener Fechtart sollte die Gesamtmasse auf einer Grundlinie auf das gleiche Ziel eingesetzt werden. Dabei bildete die kleinste Menge an Geschützen eine Batterie. Der Aufmarsch geschah batterieweise, die Gesamtmarschkolonne zweckmäßigerweise vorher in mehrere Gefechtskolonnen formiert. Dieses zur geschlossenen Fechtart auffahren, nannte man früher eine »große Batterie bilden«. Scharnhorst erklärt ihre Wirksamkeit mit den Worten: »Fast alle Schlachten der neueren Zeit sind vorzüglich durch das Geschütz entschieden worden. Dies war unter anderem bei Wagram der Fall, wo 100 im Zentrum aufgefahrene Kanonen die Linie der Österreicher

149

brachen und den schon siegreich vordringenden rechten Flügel vom linken trennten[116].«

Die artilleristische Wirkung war aber nur dann genügend groß, wenn die Rohre auf relativ geringe Entfernung und auf ausreichend große Ziele mit mäßiger Feuergeschwindigkeit schossen. Es sollte auch nicht zu früh geschossen werden; beim Sechspfünder nicht über 1200 m, dem Zwölfpfünder nicht über 1350 m und bei Haubitzen nicht über 1500 m. Eine ausreichende Trefferwahrscheinlichkeit erzielte der Sechspfünder erst ab 750 m, der Zwölfpfünder auf 900 m und die Haubitze auf 1050 m, wie Fachleute angaben; doch lag sie beim Schießen gegen Kolonnen viel höher. Da die Artilleristen meistens recht gut im Entfernungsschätzen geübt waren, gab es beim Versuchsschießen mit Sechspfündern auf eine 900 m entfernte Scheibe bei 100 Schuß schon 27 Treffer, auf 750 m schon 36 aber auf 300 m schon 80[117].

Als Feuerarten in der Batterie unterschied man:

1. Langsames Feuer. Dieses fing an einem Flügel der Batterie an und lief mit mäßigen Pausen von Geschütz zu Geschütz.
2. Zugfeuer. Jeder Zug feuerte auf das Kommando seines Zugführers für sich.
3. Batteriefeuer, auch Generalsalve genannt. Sie geschah auf Kommando des Batterieführers mit allen Geschützen gemeinsam.
4. Schnellfeuer. Jedes Geschütz schoß auf eigene Faust, so schnell es konnte, besonders mit Kartätschen.

Da Kartätschen meist in Gefechtsmomenten zur Anwendung kamen, bei denen wegen überraschender Kavallerieangriffe große Aufregung herrschte, wurde oft schlecht gerichtet, so daß die Wirkung gering blieb. Für die Einleitung und die ersten Gefechtsmomente genügte aber immer der Kugelschuß, später auch das Schrapnell.

Interessant mögen noch einige Angaben über die Munitionsausstattung und den Verbrauch sein. So führte eine sechspfündige preußische Kanone des Systems C 42 in seiner Protze 34 Kugelschüsse, 8 Kartätschen und 8 Schrapnells mit. Im Munitionswagen befanden sich weitere 100 Kugelschüsse sowie je 25 Kartätschen und Schrapnells, also insgesamt 200 Schuß. Der höchste Munitionsverbrauch je Geschütz betrug in den Hauptschlachten der Befreiungskriege bei den Preußen bei Groß-Görschen 68, bei Bautzen 56, an der Katzbach 35 und bei Ligny 47 Schuß[118].

Feindliche Batterien sollten schon während ihres Aufmarsches niedergekämpft werden, der eigene Aufmarsch aber möglichst gedeckt sein. Der gefährlichste Gegner feuernder Batterien waren die feindlichen Schützen. Daher sollte man von ihnen mindestens 300 m entfernt bleiben. Weil die Artillerie beim Vormarsch die Bewegungen der anderen Waffen nicht behindern sollte, muß sie wenigstens einen Vorsprung

116 G. v. Scharnhorst: Handbuch . . ., Teil I, a. a. O., S. 157
117 C. v. Decker: Taktik . . ., Bd. I, a. a. O., S. 136. Siehe auch viele Angaben in G. v. Scharnhorst: Handbuch . . ., a. a. O.
118 H. Müller: Entwicklung . . ., a. a. O., S. 44.

von 110 bis 220 m haben, doch nicht mehr, damit im Falle eines feindlichen Angriffs die Deckungsmannschaften früher zur Stelle sein konnten als der Gegner.

In der Praxis kam es durch die Verteilung der einzelnen Batterien an die Brigaden und Divisionen zu einer Zersplitterung der Artilleriewirkung. Man klebte an seinen Truppenteilen, womit eine Feuervereinigung mehrerer Batterien nicht möglich war. Dazu forderten noch waffenfremde Befehlshaber die möglichst frühzeitige Feuereröffnung und Unterstützung auf allen Teilen des Gefechtsfeldes. Kein Wunder, wenn die Batterieführer eine weitgehende Entscheidungsfreiheit wünschten. Dadurch war die Wirksamkeit der Waffe weniger effektiv, als sie sein konnte; ihr Einsatz folgte zersplittert, die Geschützmassierung durch die Reserveartillerie blieb die Ausnahme. Damit ging damals die Artillerietaktik kaum über die Batterie hinaus, sie blieb Elementartaktik.

Auch die Reitende Artillerie wurde in den napoleonischen Kriegen meist wie Fußartillerie verwendet, wenn sie Infanterieeinheiten zugeteilt war. Erst nach den Kriegen wurden die damit zusammenhängenden Fragen überall stark diskutiert. Man suchte die Reitende Artillerie zur Angriffswaffe zu machen, die, mit höchster Beweglichkeit ausgestattet, statt der blanken Waffe der Reiter den Kartätschenschuß gebrauchen sollte. Die beweglichere Infanterietaktik forderte aber auch von der Fußartillerie schnellere Manöver. Die Mannschaften sollten aufsitzen, die Sechspfünder möglichst leicht sein und dafür leichtere Ladungen haben.

Als zwischen 1830 und 1850 in fast allen Heeren die Infanteriegewehre Perkussionszündung besaßen und gezogene Läufe mit dem Expansionsgeschoß bekamen, stiegen deren wirksame Schußweiten bis auf 750 m. Damit hatte sich das Wertverhältnis Geschütz–Gewehr stark zu Gunsten des Infanteristen verschoben, und es tauchte die Gefahr auf, daß Artillerie gegenüber zerstreut fechtenden Schützen völlig wehrlos sein würde. Folglich mußten neue Lösungen gefunden werden: vor allem durch Vergrößerung der Ladungen, durch den Einsatz noch schwererer Geschütze (leichte Zwölfpfünder) und statt des hier wirkungslosen Kugelschusses durch einen vermehrten Einsatz von Granaten und Schrapnells. Damit waren aber schon alle Möglichkeiten glatter Rohre erschöpft, eine Steigerung konnten nur noch die gezogenen bringen.

Das Zusammenwirken der Waffen in der Feldschlacht

Die Mittel und Möglichkeiten der Kriegführung waren im Zeitalter der Kabinettskriege noch sehr begrenzt, die Heere relativ klein und durch die Art ihrer Ergänzung wie der Ausbildung für den Einsatz in der Lineartaktik Verluste kaum zu ersetzen. Daher konnte das Ziel eines Feldzuges nur begrenzt sein, und man suchte es auf eine möglichst wohlfeile Art durch Ausmanövrieren des Gegners, Abschneiden seiner

Hilfsmittel oder Einnahme einer Festung zu erreichen. Nur wenn es nicht weiterging, ließ sich der Feldherr als letztes Entscheidungsmittel auf eine Schlacht ein.

Im revolutionären Frankreich konnte sich die Kriegführung auf die Kraftquellen der ganzen Nation stützen. So bestand nun die Möglichkeit, den Gegner nicht nur zu ermatten, sondern ganz niederzuringen, ja seine Streitkräfte zu vernichten. Infolge der leichteren Ergänzungsart wuchsen die Heere immer stärker an, das Abstreifen der Fesseln der Magazinversorgung ließ die Operationen zügiger werden, wichtige Voraussetzungen für einen unternehmenden Feldherrn. So kam es auch zum Streben nach einer schnellen Entscheidung durch die Schlacht in der Erkenntnis, daß ihm nach Zerschlagung der feindlichen Armeen alles wie eine reife Frucht in den Schoß fallen müsse. Hatte man sich dazu entschlossen, bestand die Frage, ob man offensiv oder defensiv vorgehen wollte. Der defensive Entschluß bot den Vorteil, entsprechend seinen Kräften und den Waffen das Schlachtfeld zu wählen, der offensive enthielt die Wahl des Angriffspunktes und die stärkeren moralischen Impulse. Am wirksamsten erwiesen sich stets Schlachten, in denen man zuerst defensiv in guter Position den Gegner auflaufen ließ und danach erst offensiv vorging.

Bei mit Feuerwaffen ausgerüsteten Heeren war die Verteidigung die stärkere Kampfform. Der immer ungewisse Ausgang eines Zusammenstoßes ließ sich aber dadurch beeinflussen, daß man den Gegner vorher verunsicherte und schädigte und ihm damit einen Teil seiner Widerstandskraft nahm. Dann hatte der eigene Angriffsstoß mehr Aussicht auf Erfolg. So bestand jede kriegerische Aktion aus einer Vorbereitungsphase und einer Entscheidungsphase mit dem Ziel, den Feind über den Haufen zu werfen oder zum Abzug zu bringen. In beiden Phasen hatten die einzelnen Waffengattungen sehr verschiedene Aufgaben. Infanterie war in fast jedem Gelände einzusetzen und konnte sowohl offensiv wie auch defensiv ein Ferngefecht mit dem Feuergewehr wie einen Nahkampf mit dem Bajonett führen. Allerdings gab es eine Feuerwirkung nur auf kurze Entfernungen, und ihre Angriffsbewegungen mit blanker Waffe liefen relativ langsam ab. Die Kavallerie war in der Schlacht eine reine Offensivwaffe, denn ihre Wirkung bestand in der Schnelligkeit und der Wucht, mit der sie in das Nahgefecht kam. Die Stärke der Artillerie lag in der Defensive, ihre starke Feuerwirkung erstreckte sich auf größere Entfernungen. Da jede dieser Waffengattungen ihre besondere Stärken und Schwächen besaß, waren größere Erfolge erst durch ihr Zusammenwirken im richtigen Stärkeverhältnis zu erwarten.

Zusammengesetzte Truppenabteilungen

Im Zeitalter der Lineartaktik stellte man die Truppenteile einer Armee für den ganzen Feldzug oder auch nur für eine Schlacht in eine feste Schlachtordnung, die Ordre de bataille. Eine solche kunstgerechte Aufstellung geschah in der Regel nach den Rangierungsrichtlinien, also dem »Rang«[119] der einzelnen Truppenteile, was zu man-

---

119 Siehe hierzu Band II 1 dieser Reihe: G. Ortenburg: Waffe und Waffengebrauch im Zeitalter der Kabinettskriege, Koblenz 1986, S. 128.

chen Streitigkeiten Anlaß gab. Diese Ordnung mit genau festgelegten Frontbreiten für jede Abteilung galt sowohl für den Schlachtaufmarsch wie für das Lager. Je größer die Heere, desto unbehilflicher ihre Aktionen und desto schlechter waren sie zu führen. Vor allem bereitete es Schwierigkeiten einen geeigneten, übersichtlichen Platz zu finden, um die Truppen in gehöriger Ordnung unterzubringen. Denn das Heer bildete ein unteilbares Ganzes, Abteilungen und die Unterführer bei diesem Schema genau eingebunden, ihr Platz und die Zusammengehörigkeit bestimmt. Die Armee stand meist in zwei, gelegentlich drei Treffen, in der Mitte eines jeden die Infanterie, die Reiterei auf den Flügeln. Artillerie stellte sich, je nach den Geländeverhältnissen vor die Front oder an die Flügel der Infanterie. Jedes Treffen war in zwei gleichstarke »Flügel« geteilt, brigadeweise aus jeweils drei bis vier Bataillonen bestehend. Das Kommando über ein Treffen führte in der Regel ein General, über den Flügel eines Treffens ein Generalleutnant und über die einzelnen Brigaden Generalmajore oder Brigadiers. Doch hatten alle diese Unterabteilungen kaum Selbständigkeiten, ihr Zweck war lediglich eine praktikable mechanische Ordnung und Verbindung, um das Ganze leichter lenken zu können.

Seit der Mitte des 18. Jahrhunderts kamen von diesem starren Schema schon Abweichungen auf, man richtete sich zunehmend nach dem Gelände und schied gelegentlich schwache Reserven aus. Doch gab es auch dann noch keinen ausreichenden Beweggrund, die Armee in Gruppen von größerer operativer Selbständigkeit zu teilen, weil schließlich doch eine geschlossene Schlachtfront verlangt wurde. Ausnahmen machten damals lediglich detachierte Armeegruppen.

Die Einteilung in Brigaden als größere taktische Einheit der Infanterie findet sich schon seit Beginn des 17. Jahrhunderts. Man verstand darunter drei oder vier unter gleichem Kommando stehende Bataillone. Noch zu Ende des 18. Jahrhunderts gab es in der preußischen Armee im Felde eine Brigadeneinteilung, in der nebeneinanderstehende Bataillone des gleichen Treffens zusammengefaßt waren. Man sprach auch schon von (Armee)Divisionen, meinte aber vielfach nur den Flügel eines Treffens. Diese Einteilung war nur für den augenblicklichen Bedarf gedacht, und ihre Befehlshaber fungierten demnach nur als Gehilfen des Armeeführers[120]. Zu einer Brigade gehörte, wie in der Endphase des Siebenjährigen Krieges, gelegentlich noch eine Batterie, damals »Geschützbrigade« genannt, aber noch keine Kavallerie. Auch im königlichen Heere Frankreichs galt schon die Unterteilung des Heeres in Armeedivisionen, die allerdings nur aus einer Waffe bestanden. Nach Ausbruch der Revolution setzte eine neue Entwicklung ein. Die Selbständigkeit des einzelnen Mannes, mit der er sich zum Tirailleren aus der Einheit löste, übertrug sich auch auf die einzelnen Bataillone sowie noch weiter in die Divisionen. Schon in den Jahren 1794 und 1795 wurden jeweils zwei Halbbrigaden unter einem Brigadegeneral zu einer Brigade und zwei solcher Verbände zu einer Division vereinigt. Zu jeder Division traten noch zwei

---

120 Großer Generalstab: Pirmasens und Kaiserslautern, in: Kriegsgeschichtliche Einzelschriften, Heft 16, Berlin 1893, S. 282.

schwache Reiterregimenter und zwei Batterien[121]. Durch diese Mischung aller drei Waffen entstanden damit feste taktische Verbände, in denen sich gleichsam das Bild der ganzen Armee in kleinerem Rahmen wiederholte und die eine relativ große Angriffs- und Verteidigungskraft besaßen, stets konnte eine Waffe die andere zweckmäßig unterstützen. Eine brauchbare Form im richtigen Waffenverhältnis kristallisierte sich mit der Zeit heraus. Durch diese Einrichtung erhielt die Armee eine Selbständigkeit in allen ihren Teilen, die dem Oberbefehl die Leitung sehr erleichterte. Man brauchte nicht mehr unbedingt die komplizierte, genau ausgeklügelte Marschordnung einer Ordre de bataille der Lineartaktik einzuhalten, damit die Treffen der Armee zusammenkamen. Es war nun gleichgültig, wie die einzelnen Teile abmarschierten; jede Brigade bildete zwei Treffen für sich, die Division schied sogar noch Reserven aus.

In diesem Zusammenhang sind einige Anmerkungen zu den Begriffen Brigade und Division wichtig, weil es sonst leicht zu Mißverständnissen kommen kann. Als Brigade bezeichnete man, wie schon gesagt, ursprünglich drei bis vier Bataillone der Infanterie, die taktisch gemeinsam befehligt wurden. Da aber Regimenter früher oft nur zwei Bataillone hatten, wurde dieser Begriff später auf zwei Regimenter übertragen. Wie in der Infanterie gab es dann auch Kavalleriebrigaden aus zwei Regimentern. In der Artillerie verstand man unter Brigade zuerst die einer Infanteriebrigade zugeteilte Batterie, dann auch die eigene Batterie Reitender Artillerie, später aber die höhere administrative Einheit, die etwa einem Regiment glich. Nach 1808 nannte man so in Preußen einen aus allen drei Waffen bestehenden taktischen Verband, der in seiner Bedeutung einer Armeedivision entsprach. Im Jahre 1818 wurde hier ebenfalls die Brigade in Division umbenannt. Auch der Begriff Division ist vieldeutig und hat sich stark gewandelt. Grundsätzlich war damit die Unterteilung eines größeren taktischen Körpers bezeichnet. So brauchte man ihn im 18. Jahrhundert für die nächste Unterteilung des Bataillons, in der Regel den vierten Teil aber auch für zwei nebeneinanderstehende Pelotons. Bei den Reitern hießen zwei zusammenstehende Schwadronen Division, so daß davon ein Kavallerieregiment mit sechs Schwadronen drei und eines mit vier Schwadronen zwei besaß. Seit dem Jahre 1796 bezeichnete man auch bei der Reitenden Artillerie die Unterteilungen der Batterie, die Züge als Divisionen. In dem ganzen Zeitraum waren Divisionen also nur relativ kleine Einheiten und bestanden auch nur aus einer einzigen Waffengattung. Als aber die ganze Armee in eine Anzahl kleinerer, aus allen drei Waffen zusammengesetzter Heere geteilt wurde, erhielten auch sie die Bezeichnung Division, die besser Armeedivision heißen müßte.

Die Divisionseinteilung sollte eine ständige Einrichtung werden und auch schon im Frieden bestehen. Nach der Hauptmasse der Truppen unterschieden sich Infanterie-Divisionen und Kavallerie-Divisionen. Bei der Infanterie sollte sie nicht unter 5000 und nicht über 10 000 Mann stark sein, es wurden ihnen zwischen sechs und zwölf

---

121 W. Rüstow: Geschichte der Infanterie, Band II, Gotha 1858, S. 302.

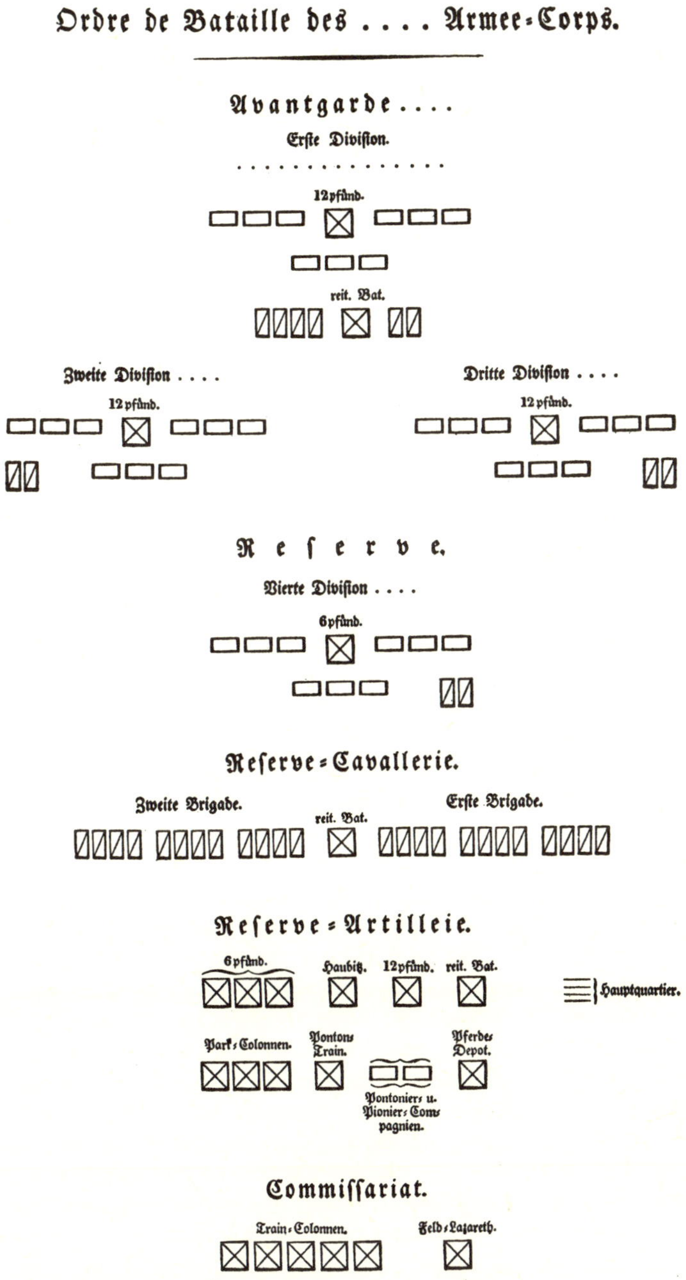

Ordre de Bataille des . . . . Armee=Corps.

Avantgarde....

Erſte Diviſion.
. . . .

12pfünd.
☐☐☐ ⊠ ☐☐☐

☐☐☐

reit. Bat.
⧅⧅⧅⧅ ⊠ ⧅⧅

Zweite Diviſion . . . .

12pfünd.
☐☐☐ ⊠ ☐☐☐

⧅⧅ ☐☐☐

Dritte Diviſion . . . .

12pfünd.
☐☐☐ ⊠ ☐☐☐

☐☐☐ ⧅⧅

Reſerve.

Vierte Diviſion . . . .

6pfünd.
☐☐☐ ⊠ ☐☐☐

☐☐☐ ⧅⧅

Reſerve=Cavallerie.

Zweite Brigade.
⧅⧅⧅⧅ ⧅⧅⧅⧅ ⧅⧅⧅⧅

reit. Bat.
⊠

Erſte Brigade.
⧅⧅⧅⧅ ⧅⧅⧅⧅ ⧅⧅⧅⧅

Reſerve=Artilleie.

6pfünd.　Haubiz.　12pfünd.　reit. Bat.
⊠⊠⊠　⊠　⊠　⊠　　　≡｜Hauptquartier.

Park=Colonnen.　Pontons Train.　　Pferde= Depot.
⊠⊠⊠　⊠　▭▭　⊠

Pontoniers u.
Pionier= Com=
pagnien.

Commiſſariat.

Train=Colonnen.　Feld=Lazareth.
⊠⊠⊠⊠⊠　⊠

Abb. 55.　Ordre de bataille eines Armeekorps.

Bataillone zugeteilt, meist waren es neun bis zwölf. Der dritte Teil ihres Fußvolks sollte leichte Infanterie sein. Für die Zuteilung der Divisionskavallerie galt als Faustregel, daß es halb soviel Schwadronen sein sollten wie Bataillone. Für die Divisionsartillerie rechnete man zwei Batterien. Erhielten Divisionen Zusatzaufgaben, zum Beispiel Avantgarde für die Armee zu sein, konnten sie zusätzlich Reiter und eine Reitende Batterie zugeteilt bekommen. Kavallerie-Divisionen bestanden meist aus drei Brigaden schwerer und leichter Reiter, also sechs Regimentern sowie mindestens zwei Batterien Reitender Artillerie.

Als die Heere unter Napoleon noch größer wurden, entwickelte sich die Unterteilung in entsprechend stärkere Armeekorps. Diese konnten, je nach der Heeresorganisation und ihrem Verwendungszweck aus mehreren (zwei bis sieben) Infanterie-Divisionen bestehen. In jedem Fall blieb zur Verfügung des Korpsbefehlshabers eine starke Reserve an Kavallerie und Artillerie, um sie dann je nach Umständen am richtigen Ort zur passenden Zeit einzusetzen. Außerdem gehörten zu einem Korps die Versorgungseinrichtungen wie Park- und Verpflegungskolonnen, Pontontrain und Feldlazarette.

Nicht nur für die ganze Armee, sondern auch für solche kombinierten Truppenabteilungen waren als Normalstellung eine Ordre de bataille notwendig, wenn auch bei der Aufstellung Gelände und sonstige Erfordernisse zu Abweichungen führten. Alle selbständig operierenden Verbände, vereinzelt schon Divisionen, hauptsächlich Armeekorps brauchten eine schlagkräftige Vorhut (Avantgarde) und neben der Hauptmacht (Gros) eine Nachhut (Reserve). In der Regel teilte man der Vorhut ein Viertel, der Hauptmacht die Hälfte und der Reserve das restliche Viertel der Infanterie zu. Die in der Abbildung 55 wiedergegebene Ordre de bataille eines Armeekorps von vier Divisionen zeigt die Verteilung. Jede Division besteht hier aus neun Infanteriebataillonen, einer Batterie und zwei Kavallerieschwadronen, nur die Avantgarde bekam zusätzlich vier Schwadronen und eine Reitende Batterie. Zur Verfügung des Korpsbefehlshabers findet man eine Kavallerie-Division zu sechs Regimentern und sechs Batterien als Reserveartillerie.

In Preußen setzte sich nach den Befreiungskriegen ein Armeekorps aus zwei Infanterie-Divisionen und einer Kavallerie-Division zusammen. So war hier die mögliche Verteilung: in der Avantgarde eine Infanteriebrigade mit sechs Bataillonen, dazu acht Schwadronen Reiter und eine Batterie. Die Hauptmacht bestand aus einer Infanterie-Division mit zwölf Bataillonen, acht Schwadronen und zwei Batterien, die Reserve wieder aus einer Infanteriebrigade zu sechs Bataillonen und einer Batterie, sowie dazu zwölf Schwadronen Reiter mit einer Reitenden Batterie und einer Artilleriereserve von vier Fußbatterien, einer Haubitzbatterie und zwei Reitenden Batterien.

Die großen Erfolge Napoleons zwangen überall zur Nachahmung dieser »französischen Ordonnanz«, also Einteilung in Divisionen und Armeekorps. Französische Divisionen hatten zunächst meist zehn, dann zwölf Bataillone. Die Russen teilten 1807 einer Division zwei Brigaden Infanterie und eine Brigade Jäger (hier leichte Infanterie) sowie je zehn Schwadronen schwere und leichte Reiterei zu. Die Österreicher übernahmen ab 1809 die Divisions- und Armeekorpseinteilung, nachdem sie vorher für jeweils wechselnde Zwecke die sogenannten »Kolonnen«, also für den Marsch zusammengestellte Armeeabteilungen im Gebrauch hatten.

In Preußen gab es ab 1808 als ersten taktischen Verband, der aus allen drei Waffen zusammengesetzt war, die »Brigade«. Diese bestand zunächst aus sieben Bataillonen, acht bis zwölf Schwadronen und zwei Batterien. Durch die Umformung von 1812 sank dann die Zahl der Schwadronen auf sechs, in den Feldzügen von 1813 auf vier und schließlich im Jahre 1815 auf zwei bis drei ab. Durch Hinzutritt der Landwehr wurde im Krieg die Zahl der Bataillone auf neun bis zehn erhöht. Der Überschuß an Reitern und Artillerie kam jeweils zur Korpsreserve[122]. Im Jahre 1818 wurden diese »Brigaden« nun auch zu Divisionen vereinigt und hatten dann einen Friedensstand von zwölf Bataillonen und acht Schwadronen.

Wie schon angedeutet, verursachten der Wandel bei den taktischen Anschauungen und das Wechselverhältnis der einzelnen Waffengattungen starke Veränderungen. Um die einzelnen Schritte dieser Entwicklung besser verfolgen zu können, sollen sie in ihrer Zeitabfolge betrachtet werden. Wie schon bei den Aufstellungsformen der einzelnen Waffengattungen mag der Hinweis genügen, daß eigentlich nur die Ideal-form und der Grundmechanismus jeder Phase vorzustellen ist. Es gab stets Abwei-chungen, denn Geländeerfordernisse und Zufälligkeiten sowie nationale Eigentüm-lichkeiten bedingten sie. Auch zeitliche Verschiebungen sowie Übergänge und Misch-formen waren zu beobachten.

Die Feldschlacht in den Kriegen mit der französischen Republik

Als die französische Revolution ausbrach, waren noch alle europäischen Heere, auch das Frankreichs, von der Lineartaktik geprägt, in ihrem Geist erzogen und ausgebil-det. In einer Schlacht blieb von vornherein die Art und Richtung des Aufmarsches sowie der Angriffsablauf festgelegt, der Feldherr mußte beides vorauskalkulieren. Das eigentliche Gefecht war dann ein Angriffsstoß oder dessen Abwehr, wobei das Geschehen dem Feldherrn leicht aus den Händen gleiten konnte. Sieg oder Nieder-lage ergaben sich daraus oft wie von selbst, ein geordneter Rückzug oder eine zielstre-bige Verfolgung waren kaum durchzuführen. Das wichtigste Kampfinstrument bilde-ten die disziplinierten, gut gedrillten und wie eine Maschine schießenden Infanterie-linien mit ihrem Massenfeuer. Die Entscheidung brachte meist das erste Treffen, das dahinterstehende zweite sollte nur entstehende Lücken schließen oder Teile des er-sten, die sich verschossen hatten, ablösen.

Auch in Frankreich galt diese Taktik als die anzustrebende und richtige, wie es das damals neue Reglement von 1791 mit den darin geforderten Linienevolutionen zeigt. Doch existierte jetzt schon nicht mehr das dafür notwendige Instrument. Die alten Linientruppen des ehemaligen königlichen Heeres waren schon teilweise demorali-

122 Griesheim: Vorlesungen . . . , a. a. O., S. 327.

siert, die Bande ihrer Disziplin gelockert, viele Offiziere emigriert, die Masse der soeben aufgebotenen Freiwilligenbataillone und Nationalgarden ungeübt und ohne Disziplin, ihre Anführer größtenteils frühere Unteroffiziere oder aus dem Zivilstande kommende Leute ohne militärische Vorbildung. Doch zwang eine neue Heeresverfassung mit ihrer Ergänzungsart die Volksmassen in die Armee und schaffte damit die Voraussetzungen für eine Taktik, die es vorher nicht gab. Dazu kam, daß man die aus dem Boden gestampften Heeresmassen weder mit den notwendigen Wagen, Gepäck, Zelten und Kochgeschirren ausstatten, noch aus Magazinen verpflegen konnte, weil man solches gar nicht besaß. So mußte die Armee aus dem Lande leben und nehmen, was sie vorfand. Gegenüber einem Gegner, der beim alten System blieb, war sie aber nun in ihren Operationen unabhängiger und verblüffend beweglich, mit der Folge, daß man nun auch in solchen Gegenden operieren konnte, die anderen Heeren verschlossen blieben, soweit das Operationsgebiet genügend Lebensmittel hergab.

Eines vermochten die neuen Truppen aber nicht, nämlich die Präzisionsmechanik des Massenfeuers und die Evolutionen der Lineartaktik zu beherrschen. Dazu fehlten ihnen die Erfahrung, die Zeit und die Disziplin. So endeten die ersten Zusammenstöße mit altgedienten Truppen auch als Niederlagen. Ein Ausweg fand sich im Vermeiden großer Feldschlachten, dafür das Führen vieler kleiner Gefechte, die zwar nicht viel einbrachten, aber den Gegner abnutzten. Der Feind sollte unaufhörlich belästigt und geneckt werden, denn die Überzahl erlaubte ein ständiges Ablösen der an der Front kämpfenden Leute. Menschen hatte Frankreich ja genug, selbst wenn auf den häufigen Märschen und kalten Biwaks viele ausfielen. Als Aushilfe ließ man die Leute sich so bewegen und schießen, wie sie es konnten. Es entstanden Plänklerschwärme, die sich jedem Gelände anpaßten, die Deckungen ausnutzten und bei einem Angriff des Gegners schnell wieder auswichen. Wenn auch ein solches Tirailleurgefecht nichts entschied, war es doch das geeignete Mittel, einen geschlossen stehenden Gegner empfindlich zu schädigen.

Infolgedessen entwickelte sich die Taktik jener Zeit unmittelbar aus der des 18. Jahrhunderts in einer Art, daß die Zeitgenossen eigentlich kein Gefühl dafür besaßen, daß etwas Neues entstand. Man suchte zwar mit der Stabilisierung der Verhältnisse und Disziplin wieder zur Lineartaktik zurückzukehren und schrieb sie sogar im Reglement vor, nahm schließlich aber doch nur das, was brauchbar schien, das übrige blieb unbeachtet. Die Verhältnisse waren einfach stärker. So sollten die Schützenschwärme und Kolonnenstöße das taktische Prinzip dieser Zeit werden.

Der erste Sieg des Revolutionsheeres in offener Feldschlacht über die Österreicher geschah bei Jemappes am 6. November 1792. Die viermal stärkeren Franzosen unter dem Befehl von Dumouriez hatten noch nach Art der Lineartaktik ein Biwak in zwei Treffen bezogen, die Österreicher sich verteidigungsbereit auf den Höhen zwischen Jemappes und Bertaimont aufgestellt, in vorderer Linie einige schnell errichtete Feldschanzen. Dumouriez Plan war, nach gründlicher Beschießung durch seine weit überlegene schwere Artillerie den Feind in der Front anzugreifen. So ließ er seine Batterien vor der Front auf den Höhen auffahren, wo sie ungehindert auf die Stellungen

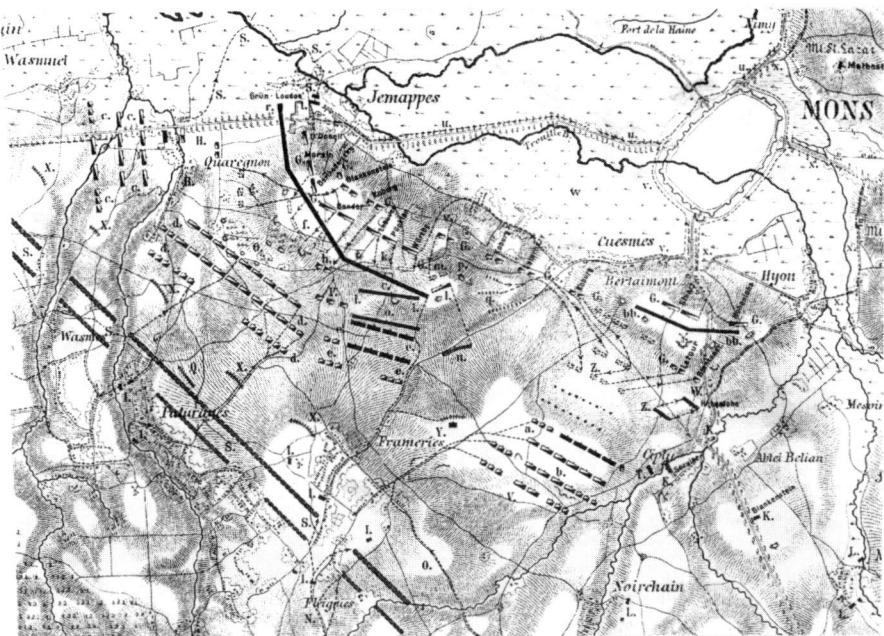

Abb. 56.   Die Schlacht bei Jemappes.

der Gegner wirken konnten. Der Aufmarsch vollzog sich in mehreren Treffen, die
Kavallerie blieb in der Reserve. Als die Franzosen angriffen, lösten sich einige Bataillone ihres ersten Treffens in große Schützenschwärme auf (tiraillement en grandes
bandes), ein improvisiertes Verfahren, das keine sichere Gefechtsführung zuließ. So
jagte sie auch der Gegenangriff weniger Schwadronen zurück. Gegen die Mitte rückte
die französische Infanterie zum ersten Male in geschlossenen, wenn auch noch nicht
völlig geordneten Bataillonskolonnen vor, wurde aber auf nahe Entfernung von wirksamen Kartätsch- und Büchsenfeuer empfangen, geriet in Unordnung und wandte
sich zur Flucht. Doch die alten aktiven Truppen standen als geschlossener Rückhalt.
Zwei entschlossenen Führern gelang es, die Fliehenden wieder zu sammeln und
schließlich die vorliegenden kaum besetzten Schanzen zu stürmen. Die in ihrer rechten Flanke umgangenen und in ihrer linken bedrohten Österreicher räumten dann
ihre zu weitläufige Stellung. Bei dieser Entscheidung hatte Dumouriez zwei wesentliche Bedingungen des Erfolges für sich, einmal die zahlenmäßige Übermacht und die
überlegene Waffenwirkung seiner schweren Artillerie. Doch erst die abwartende Haltung des österreichischen Befehlshabers erlaubte ihm, die Geschütze ungehindert in
beste Position zu bringen.

Anfangs lösten sich die Volontärbataillone der Franzosen oft völlig in Schützenschwärme auf, daß es keinen Rückhalt mehr gab. Wenn die Truppe dann auf ein

geschlossenes zweites Treffen oder Reserven des Gegners stieß, waren die aufgelösten Schützen kaum zu halten und gerieten zum Teil in panikartige Flucht. Deshalb bevorzugte man als Mittel zum Zweck die Aufstellung in mehrere Treffen, von denen die hinteren als Kolonne geschlossen blieben. Im Gegensatz zur Linie ließen sich Kolonnen leicht bewegen und zum Angriff mit der blanken Waffe oder zur Flankenbedrohung der feindlichen Linie bringen, was zu deren Rückzug führen mußte. In einer Kolonne vermochte zudem auch ein frisch eingestellter Soldat zum Erfolg beizutragen. Für dieses Verfahren bot das 18. Jahrhundert kein Vorbild. Die neue Form kristallisierte sich heraus, nachdem durch die Vereinigung der Freiwilligenbataillone mit einem alten Linienbataillon zu Halbbrigaden die Voraussetzung geschaffen war. Das Gerüst für die sich nun entwickelnde Taktik gab die Organisation in Brigaden und Divisionen ab. Damit konnte die Infanterie der Franzosen, wenn auch nur mäßig in Evolutionen geübt und wenig diszipliniert, überall auftreten.

Die beliebteste Gefechtsform war der Angriff. Die beiden Brigaden einer Division entwickelten sich hierbei nebeneinander, jede wenigstens in zwei Treffen. Weder Intervalle noch Abstände der Bataillone wurden besonders beachtet; man ließ sich nicht an die Leine legen. Daher konnte bei günstiger Gelegenheit der Gegner leicht in der Flanke gepackt oder gar im Rücken bedroht werden. Wagte er es in die Zwischenräume zu rücken, überließ man seiner folgenden Reiterei deren Deckung. Außerdem hatte jede Brigade ihr zweites Treffen in Bataillonskolonnen, die in der Regel auf die Zwischenräume des ersten gerichtet waren.

Im Vorgehen deployierte das erste Treffen, nahm also die Linienstellung ein, schickte seine Tirailleure vor oder löste sich gar ganz in Schützenschwärme auf. Die nachfolgende Halbbrigade folgte dichtauf in Bataillonskolonnen, um gut geschlossen in der Hand des Führers zu bleiben. Auf diese Weise kam der Angriff schneller und sicherer voran als in der Linie, und unter dem Schutz der Tirailleurschwärme ließen sich die geschlossenen Abteilungen in Kolonne oft bis mitten in die feindlichen Linien bringen.

Ein Gegner, der die Wirkung der Tirailleure überschätzte oder sich in der Flanke bedroht sah, räumte meist die Stellung. Blieb er stehen, war es möglich, die Reserven vorzuziehen, um sie zu entwickeln und das bisherige erste Treffen im Schutz des zweiten zurückzuziehen und zu sammeln, um in gleicher Art fortzufahren. Ging der Feind aber zum Angriff über, traf er auf das zweite Treffen, bei dem alle drei Bataillone mit Zwischenräumen nebeneinander in Kolonne den Stoß auffingen. Die Tirailleure des ersten Treffens zogen sich dann durch die Zwischenräume zurück und sammelten sich wieder hinter dem zweiten. Diese Aufstellung war überaus vorteilhaft. Zur Führung eines Feuergefechtes in Linie konnten die Bataillone leicht deployieren, für den Bajonettangriff blieben sie in Kolonne.

Schon im Jahre 1796 hatten sich zwei verschiedene Formen voll ausgebildet, wie es Abbildung 57 a zeigt[123]. Einmal die methodische mit einer vorgeschobenen Tirailleur-

---

123 W. Rüstow: Geschichte . . ., Band II, a. a. O., S. 306.

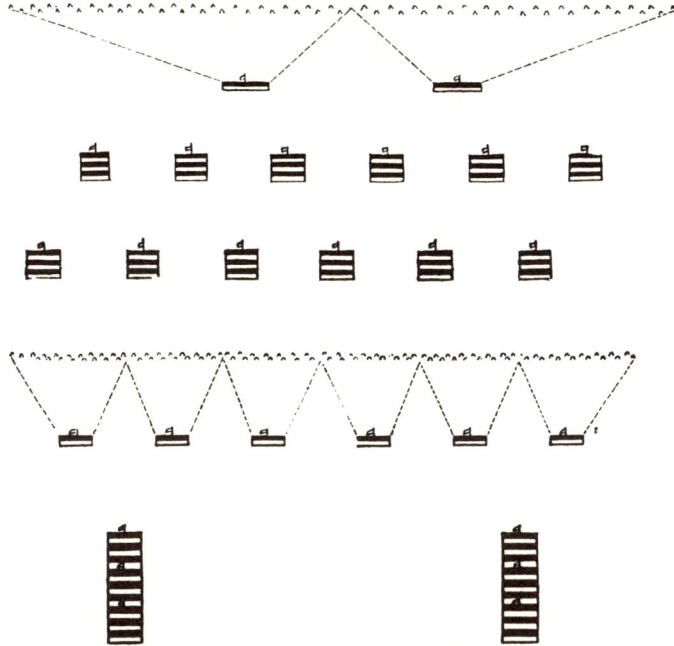

Abb. 57a.   Entwicklung einer französischen Division um 1796.

linie und dahinter zwei Treffen von Bataillonskolonnen, von denen das erste schnell zur Linie übergehen konnte. Im anderen Fall war das erste in Tirailleurschwärme aufgelöst, und das zweite Treffen bildete wenige große Kolonnen aus hintereinanderstehenden Bataillonen, die sich bei Bedarf nebeneinander aufstellten. Diese Form zog man vor, wenn es im Gelände nur wenige gangbare Straßen gab.

So ergaben sich mit der Zeit für die einzelnen Treffen bestimmte Aufgaben: das erste sollte das Gefecht eröffnen, den Gegner hinhalten und schließlich zermürben. Das zweite hatte das erste zu unterstützen, es aufzunehmen und notfalls abzulösen. In diesem Fall sammelte sich das bisherige erste hinter dem zweiten und übernahm nun dessen Funktion. Ein drittes Treffen war selbständige Reserve. Mit der Aufstellung und Bewegung der Kolonnen auf dem Gefechtsfeld besaß der alte Treffenbegriff der Lineartaktik grundsätzlich keine Gültigkeit mehr. Für die einzelnen Gefechtsabschnitte entscheidend wurden Wendigkeit und Beweglichkeit der rückwärts in Kolonnen stehenden Reserven.

Im engen Zusammenhang mit der Infanterie mußte die den Divisionen zugeteilte Artillerie und Kavallerie wirken. Die Regimentsartillerie war abgeschafft, somit hatten die Geschütze ihre zu enge Bindung an die Infanterieeinheiten verloren. In kleinen beweglichen Batterien zusammengefaßt, überraschend vor der Front, in den

Zwischenräumen der Kolonnen oder auf den Flügeln stehend, richteten sie ihr Feuer auf schwache Stellen des Gegners, massiert auf den vorgesehenen Zielpunkt des Infanterieangriffs. In der Abwehr eines feindlichen Angriffs ersetzten sie durch ihre Feuerkraft das Massenfeuer geübter Linieninfanterie. Je länger ein Geschütz im Feuer stehen bleiben konnte, ohne die Bewegungen der beiden anderen Waffen zu behindern, um so besser war es aufgestellt und desto mehr konnte es nützen. Bestand vorher keine genügende Klarheit über die Verwendung des Geschützes, beorderte man die Divisionsartillerie zunächst in die Mitte des dritten Treffens, von dort lag der Weg zum möglichen Einsatzort am günstigsten.

Die Kavallerie hatte das Gefecht vorzubereiten, also feindliche Vorposten aufzuspüren und zurückzudrängen, um den Gegner zu zwingen, stärkere Kräfte zu entfalten. Zu Beginn sollte sie möglichst in Kolonne in der Mitte des hinteren Treffens stehen, den Blicken des Feindes entzogen aber doch nahe genug an der Infanterie. War ein Flügel der Division nicht an einen Nachbarn angelehnt, war dort ihr Platz in Kolonne hinter dem Flügelbataillon des zweiten Treffens. Bei dieser Stellung konnte sie wegen ihrer großen Beweglichkeit dennoch leicht überall hin gelangen. Die Hauptaufgabe der Divisionskavallerie war zu beschützen. Stand sie bereit, konnte die eigene Infanterie mehr wagen und der Gegner mußte vorsichtiger sein; er hatte sich um seine Flanken zu sorgen, und seine Plänkler hielten sich zurück. Floh die feindliche Infanterie, kam die große Stunde der Reiterei, um den Sieg voll auszunutzen, nur sie war zur Verfolgung imstande. In jedem Falle war es von Vorteil, wenn Reiter- und Artillerieführer sich vorher mit dem Gelände vertraut machen konnten.

Das taktische Ziel der Franzosen bestand im Durchbruch oder im Umgehen des feindlichen Flügels mit Hilfe der Kolonnen. Die Kräfte des ersten Treffens stießen aufeinander und maßen sich. Man suchte die schwachen Stellen, warf dann mehr Truppen in das Gefecht und der Gegner verstärkte seine Verteidigung. Durch weitere Angriffe zwang man ihn, seine letzten Reserven einzusetzen. Erst wenn diese auch im Kampfe standen, gingen die starken Reserven der Franzosen gegen die schwachen Punkte vor, die Kolonnen drangen durch, und das Gefecht wurde durch die nachsetzende Reiterreserve zu Ende geführt. Andererseits ließen sich starke Reserven zur Umfassung einsetzen. Die Überlegenheit sollte aus der Zahl der Kämpfer am entscheidenden Punkt entstehen. Der Überlegene kann jede Stellung ohne Gefahr umgehen, wenn er stark genug ist, den Feind in der Front ausreichend zu beschäftigen. Er kann selbst seine Front durchbrechen, wenn sich der Angriff gegen mehrere Stellen richtet, so daß der Verteidiger nicht weiß, wo der Hauptstoß kommen wird. Beginnt dieser, ist es für den Angegriffenen zu spät, seine Kräfte umzugruppieren. Später, als die Franzosen gelernt hatten, konzentrierte Truppenmassen rasch und zielstrebig zu bewegen, vermochten sie auch ohne großes numerisches Übergewicht zu siegen. Ihre Generale hielten mit ihren Kräften haus und verstanden es, sie durch geeignete Maßnahmen gleichsam zu vervielfältigen.

Zum Durchbruch und schließlichem Erfolg konnte auch die Reservekavallerie kräftig beitragen, wenn sie in der Hand eines tüchtigen Führers zum Stoß ansetzte.

Bei den Franzosen ging das allerdings nur mit der Attacke in Kolonne und im Trab, weil ihre Reiterei sonst nicht geschlossen blieb. War aber der Feind noch nicht mürbe genug, hatten Reiterangriffe keine Aussicht auf Erfolg, und es mußte erst die Infanteriereserve eingreifen. War der Sieg entschieden, sollte nur ein Teil der Kavallerie die Verfolgung aufnehmen, der andere sich sofort sammeln.

Die Armeen der alten Mächte fochten noch weitgehend nach den Grundsätzen der Lineartaktik. Deren Infanterie bestand in der Regel aus länger dienenden, gut ausgebildeten und disziplinierten Soldaten, die in Linie ein wirkungsvolles Massenfeuer und alle Evolutionen wohlgeübt beherrschten. Praktisch war es nicht möglich, eine solche intakte Infanterieformation frontal im Nahkampf anzugreifen. Ihr Zusammenhalt mußte zuvor aufgebrochen werden oder der Stoß auf die schwache Flanke zielen. Doch ließ die Größe der Heere ganz selten ein Gelände finden, wo man in ausgesprochen linearen Aufstellungen kämpfen konnte, denn immer gab es dabei Punkte, die eigene Besatzungen brauchten. Auch verlangte die Lineartaktik das Gegenteil einer sukzessiven Verwendung der Kräfte, weil alles auf den ersten Stoß ankam. Folglich griff man mit der Hauptmasse im ersten Treffen in Linie an, gab als vorzügliche Feuerwirkung ein paar kräftige Bataillonssalven und ging auch in Linie zum Bajonettangriff über. Was damit nicht erreicht wurde, ließ sich nicht weiter erzwingen. Auch mußten die Bataillone bei ausschließlicher Verwendung in Linie kleiner sein (500 bis 800 Mann). Die britischen Berufssoldaten formierten sich schon seit 1800 nur noch in zweigliedriger Aufstellung, um alle Gewehre auszunutzen. Andere Mächte verfuhren in der Praxis ähnlich, denn auch bei dreigliedriger Aufstellung schoß das dritte Glied oft nicht mit.

Die in erster Linie defensive Fechtweise der Lineartaktik stellte hohe Anforderungen an den Mann, der im heftigen Geschütz- und Gewehrfeuer ungedeckt auf seinem Platz ausharren und unausgesetzt darauf achten mußte, die vielfach geübten Bewegungen und Handgriffe auf Kommando pünktlich durchzuführen. Auch leichte Infanterie wurde meist wie die Linieninfanterie verwendet und von den wenigen Schützen fast kein oder falscher Gebrauch gemacht. Der Großteil der Geschütze gehörte als Regimentsartillerie zu den Infanterieeinheiten, was deren Wirkung verzettelte. Insbesondere führte die verfehlte Zuteilung der Reiter zu zersplitterten und daher wirkungsschwachen Einsätzen. So stand der Soldat trotz bester Disziplin, Ausbildung und Tapferkeit oft hilflos im Feuer von Tirailleurschwärmen oder zusammengefaßtem Artilleriebeschuß, solange man starr an dieser Taktik festhielt.

Die Feldschlacht der napoleonischen Zeit

Die in den Revolutionskriegen entstandenen neuen taktischen Formen erhielten in den napoleonischen Kriegen ihren Abschluß, der den Schlachten dieser Zeit das bestimmte Gepräge gab. Sie waren nun von vornherein nicht mehr auf einen kurzen Gewaltstoß angelegt, sondern auf ein langsames Verzehren der Kräfte, bei dem man erst dann zum letzten Stoß ansetzte, wenn der Gegner mit seinen Mitteln und Reserven fertig war. Napoleon hat dieses System zu voller Blüte gebracht. Seine Feldherrnkunst, seine sich stets steigernden Machtmittel und die Möglichkeit, als Herrscher und Feldherr gleichzeitig zu handeln, gaben ihm solange ein Übergewicht, bis sich auch seine Gegner auf etwa gleicher Höhe der kriegerischen Einrichtungen und Kriegskunst befanden.

Als Grundsätze behielt Napoleon bei: den Angriffskrieg mit Überraschung in Raum und Zeit sowie einer Beweglichkeit, die keinen Zeitverlust zuließ und in der Schnelligkeit seiner Truppenbewegungen gipfelte. Das verdankte er zwar keiner neuen Entdeckung, denn alle großen Feldherren hatten danach verfahren, auch Moritz von Sachsen. Von ihm stammt das Wort: das ganze Geheimnis des Krieges liege in den Beinen, und eine tätige Armee müsse immer einer untätigeren überlegen bleiben[124]. Weiter war der Versuch entscheidend, alle Kräfte zum richtigen Zeitpunkt zusammenzufassen. Napoleon sah in der Kriegskunst in erster Linie die Gabe, seine Truppen so aufzustellen, daß er sie, was auch der Gegner unternahm, schnellstens am gewünschten Ort zusammen hatte. In zunehmendem Maße richtete sich sein Augenmerk auf die Operationsbasis. Vor Beginn eines jeden Feldzuges beschäftigte er sich eingehend mit Versorgungsfragen und legte großen Wert auf Magazine. Daneben lebten seine Truppen, wie in der revolutionären Zeit auch aus dem Lande mittels Requisitionen. Das lockerte weitgehend die Fesseln, die an Depots banden, schnelle Verfolgungen konnten um so eher stattfinden.

Mit zunehmender Größe der taktischen Körper verminderte sich auch die Bedeutung fester Regeln für ihre Aufstellung und Fechtweise, ein blindes Verharren in der Form wurde schädlich, das Können des Führers immer ausschlaggebender. Trotzdem waren auch dann noch allgemeine Grundsätze unerläßlich. Eine genaue Norm gab es schon deshalb nicht, weil sich auch im Laufe der Zeit die Ansichten Napoleons änderten. Doch gab er vor der Schlacht bei Austerlitz (1805) den Marschällen seine Gedanken über eine zweckmäßige Aufstellung einer französischen Infanteriedivision gegen die Russen sehr detailliert bekannt. Die Division bestand damals aus vier in zwei Brigaden geteilte Infanterie-Regimenter und einem fünften, dem »leichten« Regiment sowie 12 Geschützen und zwei bis sechs Schwadronen Reiter. Die beiden Brigaden stellten sich nebeneinander in zwei Treffen, die einzelnen Bataillone in Kolonne. Die Bataillone des leichten Regiments hatten das Gefecht mit dichten Plänklerlinien einzuleiten (Abb. 57). Reagierte daraufhin der Gegner, zogen sich diese Tirailleure um die Flügel zurück und sammelten sich hinter dem zweiten Treffen in Kolonnen als Reserve. Das nun freistehende Treffen ging aus der Kolonne erst dann in Linie über, wenn es angriff oder in wirksames Geschützfeuer geriet. Dann hatte es entschlossen bis auf 150 Schritt (112,5 m) an den Gegner heranzurücken. Die in den Intervallen aufgestellten Geschütze blieben etwas zurück und feuerten auf Kartätschenschußweite, die Infanterie aber möglichst erst auf 100 Schritt. Zeigte das Feuer Wirkung, sollten die Kolonnen des zweiten Treffens um die Flügel herum in

---

124 K. u. k. Kriegsarchiv: Kriege gegen die französische Revolution, Bd. I, Wien 1905, S. 508.

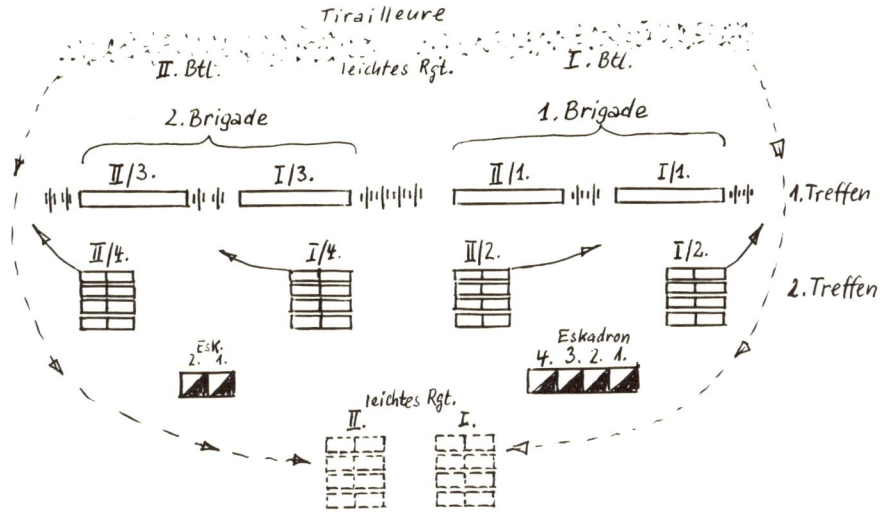

Abb. 57b.   Normalaufstellung einer französischen Division 1805.

den Feind einbrechen. Floh dieser, hatten die Schwadronen durch die Intervalle zur Verfolgung zu schreiten. Drang dagegen feindliche Reiterei durch das in Linie stehende erste Treffen, mußte das zweite Treffen Karrees formieren und die eigene Kavallerie den Gegner in der Front angreifen. Außerdem war es ihre Aufgabe, auch die Flanken der vorgehenden Infanterie vor anrückenden Kosakenschwärmen zu schützen[125].

Napoleon wandte sich stets gegen eine zu ausgedehnte Anwendung des Tirailllierens. Ein solches Feuer konnte nichts entscheiden, eine Leitung war kaum möglich. Da aber ein Maß gegeben werden sollte, das die noch zumutbare Anzahl der Tirailleure bei einer Truppe bestimmte, erhielt jedes Bataillon eine Voltigeurkompanie mit einem Sechstel seiner Stärke. Damit war auch das Verhältnis zum geschlossenen Gefecht bestimmt.

Zur besseren Ausbildung zog Napoleon seine Truppen in großen Lagern an der Kanalküste zusammen. Dort wurden auch große Bewegungen geplant und vorgeübt, vor allem die schnelle Entwicklung ganzer Divisionen aus der Marschkolonne. Das war die eigentliche Geburtsstunde der Großen Armee, die sich aus operationsfähigen Armeekorps zusammensetzte. Jedes dieser Armeekorps konnte für sich eine gewisse Zeit lang allein ein Gefecht liefern. Während des Marsches auch auf meilenweit auseinanderliegende Straßen verteilt, bestand dennoch die Möglichkeit, sie in angemessener Zeit zu unterstützen. Ein vereinzelt an den Feind kommendes Armeekorps

125 Siehe auch Brauer/Sommermeyer (Hrsg.): Taktische Blätter, Nr. 15, Berlin o. J.

war fähig, das Gefecht solange hinzuhalten, bis die anderen sich neben ihm entwickelten. Wie es weitergehen sollte, ergab die Lage. Für den Entscheidungsstoß hielt Napoleon ganze Divisionen in Masse zusammen. Die Idee einer solchen Armeereserve führte über die kleine Konsulargarde zur Kaisergarde, die zunächst noch von den aus den Linienbataillonen zusammengezogenen Grenadieren in Gestalt eigener Grenadier-Divisionen gebildet wurde.

Bataillone waren in Kolonne nicht nur Gefechtskörper, sondern auch die Grundeinheit für die Entwicklung der größeren Marschkörper. Wie in den Divisionen die Bataillone, stellten in den Marschkolonnen die Brigaden und Divisionen die Bauelemente des Armeekorps dar. Sollte sich nämlich ein Armeekorps aus drei Divisionen, jede zwölf Bataillone stark, aus der Marschkolonne zur Schlachtordnung nebeneinander entwickeln, so formierte jede Division zuerst für sich eine in Kolonnen hintereinander stehende Masse. Jedes Bataillon in Doppelkolonne hatte eine Frontbreite von 55 bis 60 m, die Tiefe der ganzen Division betrug dann etwa 700 m. Diese in Masse geschlossene Division konnte sich leicht in Brigaden und diese wieder in Bataillone zerlegen und in zwei Treffen entwickeln. Erst in der Spätzeit Napoleons (ab Wagram 1809) wurden Divisionsmassen gelegentlich auch aus den zwölf in Linie hintereinander stehenden Bataillonen gebildet. Dann war die Frontbreite der Masse etwa 225 m, ihre Tiefe bei 15 m Abstand der Bataillone voneinander nur noch 180 m[126].

Die französische Art, sich aufzustellen, wurde mit der Zeit auch von den übrigen Mächten nachgeahmt und mehr oder weniger glücklich gebraucht. Am markantesten zeigt es das preußische Beispiel, bei dem die Aufstellung einer Brigade etwa der einer französischen Division vergleichbar blieb. Die schon im Jahre 1809 erlassene Instruktion beruhte auf den Kriegserfahrungen der Jahre 1806/07[127]. Die festgesetzte Aufstellung in sechs Staffeln hintereinander galt sowohl für den Aufmarsch zum Gefecht als auch für das Lagern. In der ersten Staffel standen die aus den Füsilierbataillonen gebildete Avantgarde, 150 Schritt dahinter das erste Treffen aus drei nebeneinanderstehenden Musketierbataillonen, wieder in gleicher Entfernung dahinter das zweite Treffen aus einem Musketier- und dem Grenadierbataillon. Ebenfalls 150 Schritt dahinter stand als fünfte Staffel das Kavallerietreffen, davor im Zwischenraum als vierte die Fußbatterie, zuletzt folgte als sechste die Reitende Batterie, die ja möglichst lange in Reserve bleiben sollte, um überraschend zur Entscheidung beizutragen.

Aufgabe der Füsiliere war, die Angriffskolonnen der beiden Treffen zu maskieren und vor feindlichen Plänklern abzuschirmen. Von dieser schematisch wirkenden Aufstellung sollte aber abgewichen werden, wenn es das Gelände oder die Umstände erforderten. Vor allem galt es die Truppen solange wie möglich verdeckt zu halten.

Für diesen Brigadeverband waren für Angriff und Verteidigung Bestimmungen gegeben worden. Es sollte von den Umständen abhängen, ob das Gefecht durch

---

126 W. Rüstow: Geschichte . . ., Bd. II, a. a. O., S. 316.
127 Großer Generalstab: Das preußische Heer . . ., Bd. I, a. a. O., S. 245.

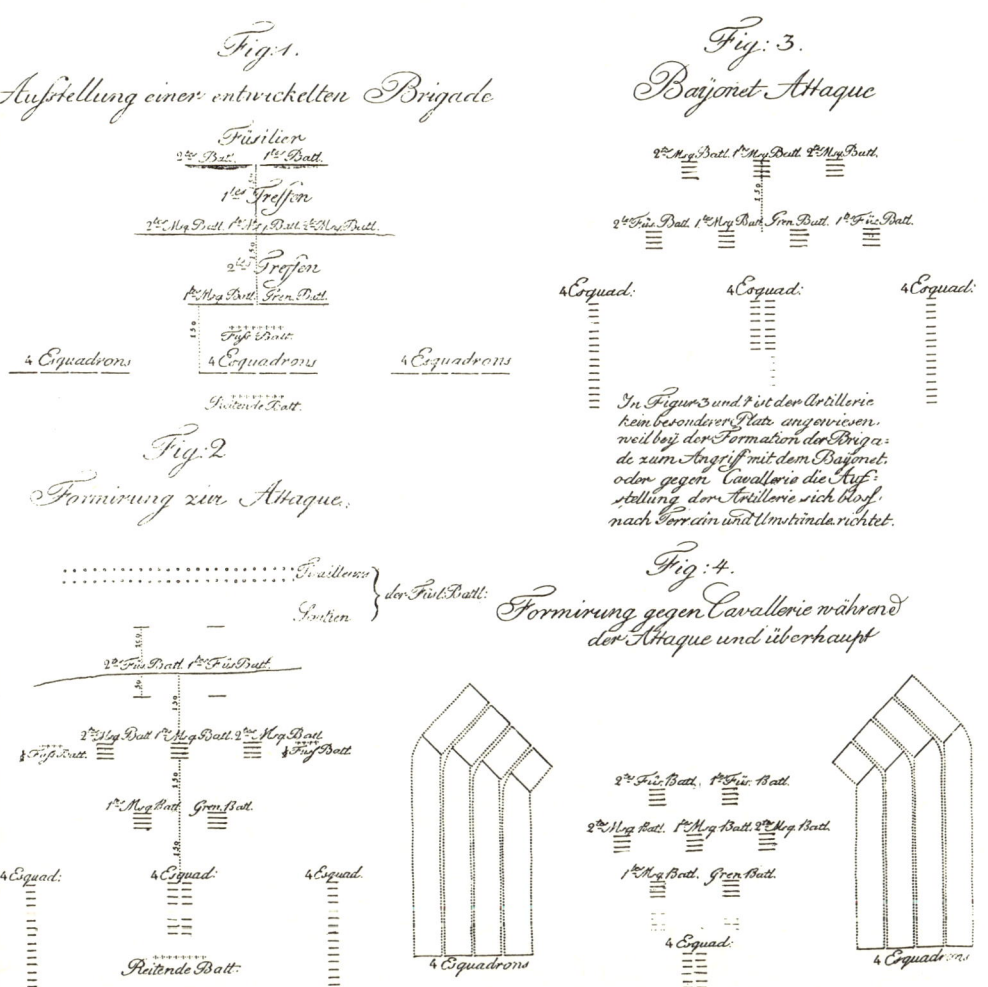

Abb. 58.   Formierung einer preußischen Brigade 1812.

Infanterie oder Kavallerie eröffnet wurde. Angriffen mit einer Kavallerielinie hatten grundsätzlich hinter den Flügeln Kolonnen in Zügen zu folgen, um Schutz gegen einen feindlichen Flankenangriff zu bieten, aber auch um schnell in die feindliche Flanke zu fallen. Das Infanteriegefecht eröffneten die Schützenlinien der Füsiliere, doch waren, wie bei den Musketieren, nur die dritten Glieder dazu bestimmt. Ein Rückhalt mußte unbedingt stehen bleiben. Konnten die Füsiliere dem Feind nicht mehr standhalten, ging das erste Treffen vor, und die Füsiliere zogen sich zurück. Sie

167

formierten an den Flügeln des zweiten Treffens Kolonnen. Dann mußte der Kommandeur entscheiden, ob sie mit dem zweiten Treffen in Kolonne oder entwickelt vorgehen sollten. Zum Bajonettangriff gingen die drei Bataillone des ersten Treffens vor, ihre Schützen kurz davor und auch in den Zwischenräumen, die Soutiens dahinter.

Für die Artillerie war kein fester Platz vorgesehen. Meist stellte man beim Angriff je eine Halbbatterie an die Flügel des ersten Treffens. Zum eigentlichen Geschützkampf war die Fußbatterie bestimmt, die Reitende Batterie für überraschenden Einsatz. Zur Abwehr von Massenstößen der französischen Reiterei sollten alle Bataillone in vollen Karrees schachbrettartig auf ihrem Platz stehen, die Geschütze in den Zwischenräumen der Bataillonsmassen. Die Reiter der Brigade hatten bei einem Angriff feindlicher Kavallerie diesen entweder hinter der Infanterie abzuwarten oder, falls sie nicht unterlegen waren, diesen zu attackieren. In der Regel blieben sie aber stehen, bis die feindliche Reiterei durch das Feuer der Infanterie und der Geschütze schon gelitten hatte. Dann erst griffen sie an. Hierfür sollten die beiden Flügelregimenter

Abb. 59. Vorgehende preußische Brigade (von vorn gesehen).

Abb. 60. Angriff preußischer Truppen.

dienen, die an der Front der Infanterie schwadronweise einzuschwenken hatten. Das in Kolonne haltende mittlere Regiment konnte bei Bedarf mit eingesetzt werden. Es ging dann in Zugkolonne durch die Bataillonszwischenräume und entwickelte sich durch Aufmarsch nach beiden Seiten.

In den Kriegen mit Frankreich wurde diese preußische Brigadeaufstellung durch einige Landwehrbataillone verstärkt, so daß sie in etwa einer französischen Division entsprach. Aufbau und Gefechtsschema übernahmen in ähnlicher Form auch die anderen Mächte. Einen bildlichen Eindruck dieser Aufstellung mögen zwei Zeichnungen geben (Abbildungen 59 und 60), die einmal von vorn, dann von rückwärts gesehen das Geschehen verdeutlichen wollen.

So war im Gegensatz zur leicht durchstoßenden linearen Aufstellung überall eine starke Gliederung nach der Tiefe entstanden. Das ergab einen besseren Schutz der Flanken und den Vorteil, daß die Kräfte nach und nach den Umständen entsprechend eingesetzt werden konnten. Man erlangte damit eine relativ große Widerstandskraft, die bei einer normalen Division von acht bis zwölf Bataillonen, sechs bis acht Schwadronen und der zugehörigen Artillerie, also 8000 bis 10 000 Mann selbst gegen einen bedeutend überlegenen Gegner drei bis vier Stunden andauerte[128].

---

128 C. v. Decker: Taktik . . ., Bd. I, a. a. O., S. 67.

Über den Charakter der damaligen Schlacht hat sich am klarsten v. Clausewitz ausgesprochen: »Man stellt sich in großen Massen neben- und hintereinander geordnet ruhig hin, entwickelt verhältnismäßig nur einen geringen Teil des Ganzen und läßt sich diesen ausringen in einem stundenlangen Feuergefecht, welches durch einzelne kleine Stöße von Sturmschritt, Bajonette und Kavallerieanfall hin und wieder unterbrochen und etwas hin und her geschoben wird. Hat dieser eine Teil sein kriegerisches Feuer auf diese Weise nach und nach ausgeströmt, und es bleiben nichts als Schlacken übrig, so wird er zurückgezogen und von einem anderen ersetzt. Auf diese Weise brennt die Schlacht mit gemäßigtem Element wie nasses Pulver langsam ab, und wenn der Schleier der Nacht Ruhe gebietet, weil niemand mehr sehen kann und sich niemand dem blinden Zufall preisgeben will, so wird geschätzt, was dem einen und dem anderen übrig bleiben mag an Massen, die noch brauchbar genannt werden können . . ., es wird geschätzt, was man an Raum gewonnen oder verloren hat, und wie es mit der Sicherheit des Rückens steht: es ziehen sich diese Resultate mit den Eindrükken von Mut und Feigheit, Klugheit und Dummheit, die man bei sich und seinem Gegner wahrgenommen zu haben glaubt, in einen einzigen Haupteindruck zusammen, aus welchem dann der Entschluß entspringt: das Schlachtfeld zu räumen oder das Gefecht am anderen Morgen zu erneuern[129].«

Von der Artillerie sollte nur noch ein kleiner Teil zur Eröffnung des Gefechts dienen, ein größerer für den Hauptangriff und der Rest als Reserve gelten. Bei Scheinangriffen hatten die Geschütze größere Zwischenräume zu halten, um den Gegner über die wirkliche Stärke zu täuschen. Zum Hauptangriff mußte zahlreiches Geschütz möglichst konzentriert auf den gewählten Angriffspunkt wirken. Napoleon erklärte hierzu, daß Kanonen wie jede andere Waffe zusammenzufassen sind, wenn man durchschlagenden Erfolg erringen will. Dabei muß Artillerie unter einheitlichem Kommando stehen. Nicht notwendig wären große Batterien, wichtig sei nur, daß alle Rohre, wenn auch getrennt, auf das gleiche Ziel wirkten. Für überraschenden Einsatz war die starke Reserveartillerie vorgesehen. Sie stand konzentriert zur Verfügung des Führers an einer Stelle, von wo sie leicht an jeden Punkt gelangen konnte.

Reiterangriffe mußten überraschend erfolgen, keineswegs vorzeitig oder in einzelnen Schwadronen zersplittert. Ein Erfolg war erst zu erwarten, wenn der Gegner Unordnung zeigte. Eine Kavalleriereserve wurde aber immer zurückgehalten und höchstens zur Flankenbedrohung gebraucht. Sie sollte erst eingreifen, wenn der Feind seine Kavalleriemassen einsetzte oder bereits Verwirrung zeigte. Napoleon schrieb später den Verlust der Schlacht bei Belle Alliance der Tatsache zu, daß seine Reservekavallerie schon attackiert hatte, bevor die britische Infanterie hinreichend erschüttert war[130].

Ein gutes Beispiel für den Ablauf und die Zufälligkeiten bei nacheinander ins Gefecht kommenden Armeeteilen bietet die Schlacht bei Dennewitz am 6. Septem-

129 C. v. Clausewitz: Vom Kriege, a. a. O., S. 420.
130 C. v. Decker: Taktik . . ., Bd. II, a. a. O., S. 352.

ber 1813[131]. Marschall Ney hatte als neuer Oberkommandierender der »Berliner Armee« am Vortage seine drei Armeekorps zum Marsch auf Berlin in Bewegung gesetzt. Dabei war es zu dem für die Franzosen erfolgreichen Treffen bei Zahna gekommen. Das Gros des daran beteiligten preußischen Korps Tauentzien, eine Kolonne von 9 Bataillonen, 16 Schwadronen und 19 Geschützen, zog nordwestlich durch den Grund, der nach dem Kiefernwäldchen nördlich von Dennewitz führt. Das Zusammentreffen dieser Kolonne mit den Spitzen des Korps Bertrand führte zur Schlacht.

Das Gelände ist in dieser Gegend relativ flach und meist sandig. Kleinere Erhebungen gaben gute Artilleriestellungen und boten Reserven versteckte Aufstellungsmöglichkeiten. Die weiten Felder eigneten sich gut für die Reiterei, Orte und kleine Waldparzellen ergaben gute Stützpunkte für Schützen. Ein Hindernis war der von Nieder-Görsdorf über Dennewitz nach Rohrbeck ostwärts fließende Ahe-Bach durch eine sehr sumpfige Niederung. Am Schlachttag herrschte eine schon lang andauernde drückende Hitze, die jede Marschbewegung durch große Staubwolken verriet und damit auch die Übersicht erschwerte.

Das französische IV. Korps (Bertrand) rückte ohne große Aufklärung und Flankensicherung über Göhlsdorf nach Dennewitz, das VII. Korps (Reynier) nach Rohrbeck, das XII. (Oudinot) folgte ihnen später. Die Spitze des Korps Bertrand hatte schon Dennewitz erreicht, als sie quer vor sich die Marschkolonne von Tauentzien sah. Auch dieser hatte den Gegner bemerkt und haltgemacht. Die vorn befindliche Division Fontanelli entwickelte sich sofort mit zwei Brigaden im ersten und einer im zweiten Treffen, die nachfolgende Division Morand zog sich links heraus, ebenso die Kavallerie-Division Lorge und die polnische Reiterbrigade. Die nachfolgende württembergische Division (Brigaden Spitzemberg und Franquemont) blieb zunächst jenseits des Baches.

Tauentzien ließ seine Geschütze in drei Batterien auffahren und eröffnete das Artilleriegefecht, seine Infanterie stellte sich umständlich zum Gefecht. Gegen 11 Uhr begann der Angriff der Division Fontanelli gegen den linken Flügel der preußischen Aufstellung. Tauentzien ließ seine Landwehr zum Gegenstoß antreten, die Schützen voran, dahinter sechs geschlossene Bataillone. Doch kam es zu ungeordnetem Bataillenfeuer; als sich die Leute verschossen hatten, gingen sie auch auf dem rechten Flügel zurück. Zum Glück hielt hier die anmarschierende Spitze des Korps Bülow (Division Thümen) von Kaltenborn her die Franzosen von der Verfolgung ab. Tauentzien rettete sich durch eine erfolgreiche Attacke von acht Schwadronen seiner Reiterei, die bis in das zweite Treffen der feindlichen Infanterie eindrangen und dort

---

131 Eine eingehende Schilderung findet man bei Friederich: Geschichte des Herbstfeldzuges 1813, Bd. II, Berlin 1904, S. 140 ff. Daraus stammt auch der Planausschnitt (Abb. 61). Auf ihm sind die Infanteriebataillone als schwarze Rechtecke (in Linie oder Kolonne), die Reiterregimenter als Rechtecke mit diagonaler schwarz-weiß Teilung und die Batterien mit stilisierten Geschützen zu sehen. Der Plan zeigt aber die Stellungen der Truppen zu verschiedenen Zeiten. Daher muß auf die Beschreibung des Ablaufs geachtet werden.

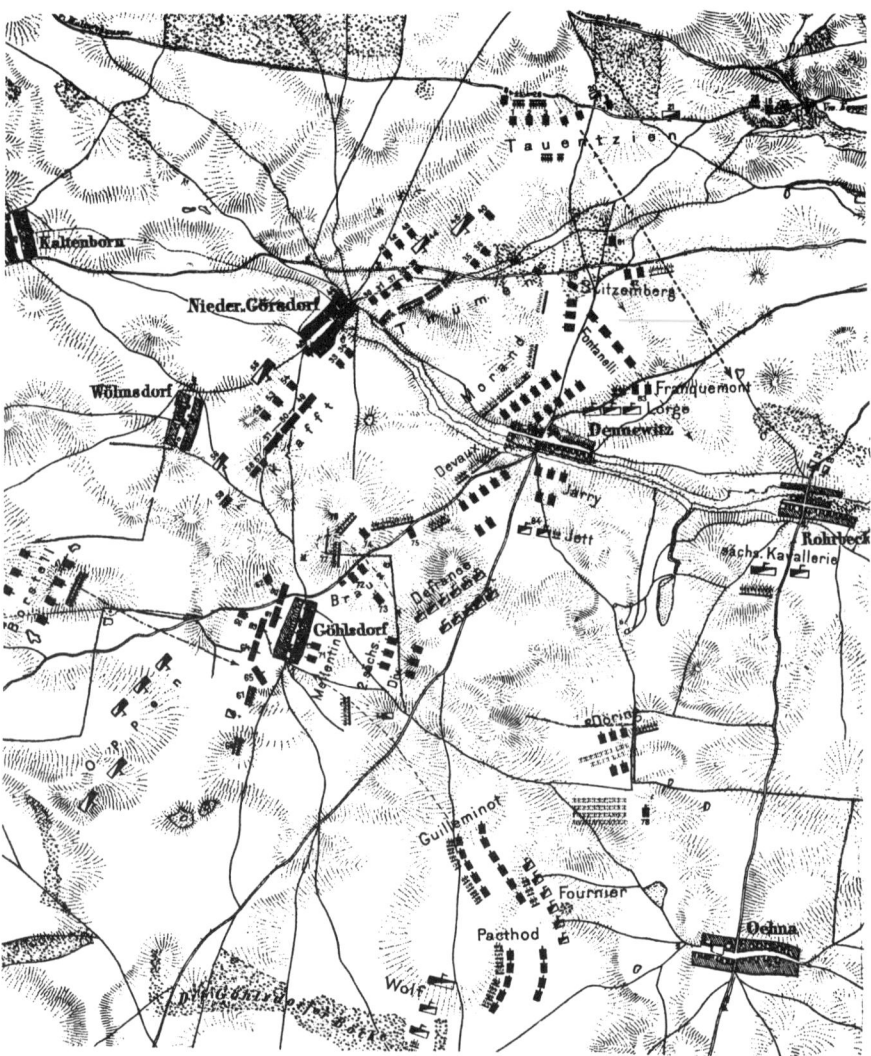

Abb. 61.   Die Schlacht bei Dennewitz am 6. September 1813.

auch noch die aufgestellten Reiter zersprengten. Die Verjagten brachten zudem die Kavallerie-Division Lorge und die Polen in Unordnung, die dann ebenfalls geworfen wurden. Ihre Flucht trug Panik in die südlich des Baches vorfahrenden französischen Trainkolonnen. Damit gewann die Infanterie Tauentziens Zeit, sich neu zu ordnen und Munition zu fassen.

172

Der zweite Abschnitt begann mit dem Eingreifen der Division Thümen bei Nieder-Görsdorf. Da man den Feind schon geschlagen glaubte, stürmte ihre Infanterie eilends in auseinandergezogenen Bataillonskolonnen gegen die bereitstehende Division Morand, die sie mit starkem Feuer zurückschlug. Bülow befahl die Unterstützung Thümens mit drei Bataillonen der Division Hessen-Homburg. Die vorgedrungenen Franzosen wurden von der Höhe verjagt, die Artillerie ging dort in Stellung, dahinter die Infanterie. Die Franzosen bezogen eine neue Position zwischen dem Kiefernwald und Dennewitz hinter einer starken Geschützlinie. So kam es zu einem Artilleriekampf. Thümen versuchte nun die rechte Flanke der Franzosen zu umgehen. Es gelang einem Füsilierbataillon und den beigegebenen Schützen der anderen Bataillone den im Wald stehenden Feind hinauszudrängen. Damit zog die Division Morand wegen Umfassung ihres rechten Flügels ab. Der preußische Angriff stieß daraufhin, unterstützt durch die Infanterie Tauentziens, auf die im Ostteil des Kiefernwaldes stehenden Württemberger unter Spitzemberg. Trotz tapferer Gegenwehr wurden diese im Zusammenwirken mit Geschützen und Reitern vernichtet. Das überlegene Artilleriefeuer und die Umgehung zwangen Morand zum Rückzug auf Rohrbeck, ein letzter Versuch mit Hilfe zweier württembergischer Bataillone und einer Reitenden Batterie Wandel zu schaffen, schlug fehl. Inzwischen war auch die zweite Staffel Bülows (Division Krafft) zwischen Wölmsdorf und Nieder-Görsdorf erschienen. Ihre einundeinhalb Batterien unterstützten zunächst den Kampf gegen Morand, dann gingen sie am rechten Flügel in Stellung. Die Division hatte sonst noch nicht an dem Kampf teilgenommen, weshalb sie der Plan in fast reglementmäßiger Aufstellung zeigt.

Der dritte Abschnitt des Geschehens begann mit dem Versuch Neys, Dennewitz zurückzuerobern. Das VII. Korps unter Reynier war nun heran. Seine Spitzendivision Durutte mit den Brigaden Jarry und Devaux stand südwärts von Dennewitz, die beiden sächsischen Divisionen östlich von Göhlsdorf. Ney befahl der Brigade Jarry den Bach zu überschreiten und sich auf den Höhen westlich von Dennewitz aufzustellen. Dabei erlitt diese Brigade starke Verluste, einen Angriff der Infanterie Thümens schlug sie zurück. Die nachdrängenden Preußen kamen sogar über den Bach, so daß die Brigade Devaux ihre Stellung verließ. Damit waren die Truppen Thümens und Tauentziens überall von Dennewitz bis Rohrbeck im Vorgehen. Die eintreffenden Sachsen und die Kavallerie-Division Defrance wandten sich gleich gegen den rechten Flügel Bülows. Die sächsische Brigade Mellenthin traf in Göhlsdorf auf preußische Schützen, vertrieb diese und besetzte das Dorf. Rechts davon stand die Brigade Brause der 1. sächsischen Division, die nachfolgende 2. sächsische Division verblieb in zweiter Linie. Man vereinigte aber alle sächsischen Geschütze unter dem Schutz eines Bataillons auf der Höhe nördlich des Dorfes. In die Lücke zwischen der Division Durutte und den Sachsen stellte sich die Kavallerie-Division, ihre Reitende Batterie rückte aber auch in die Feuerlinie. Der nun beginnende Artilleriekampf zwang die wenigen Geschütze Kraffts zum Abfahren, selbst sein rechter Flügel mußte zurückgenommen werden. Da aber schon die Kolonnen der Division Borstell auftauchten und die Armee des Kronprinzen von Schweden im Anmarsch war, zögerte Bülow nicht, seine letzten Reserven einzusetzen. Die Bataillone des ersten Treffens der Division Krafft rückten, um Verluste zu vermeiden, in Linie gegen Göhlsdorf vor. Zwar litten sie stark unter dem sächsischen Geschütz, ließen sich aber nicht aufhalten und die den Schützen nachfolgenden Bataillone drangen ins Dorf. Dort kam es zwischen den sechs preußischen und fünf sächsischen Bataillonen zu einem langen hin und her wogenden Kampf, bei dem sich schließlich die Preußen behaupteten. Gleichzeitig rückte die Division Borstell in zwei Treffen auf Göhlsdorf zu und stellte sich rechts davon auf. Ihre Artillerie kam ebenfalls ins Feuer, die Reservekavallerie unter Oppen zog sich weiter nach rechts.

Als die Spitzen des XII. Korps auftauchten, begann der vierte Abschnitt des Geschehens. Links hinter den Sachsen marschierten die Divisionen Guilleminot und Pacthod auf, ihre Artillerie bildete eine starke Batterie. Die vordere Brigade Gruyer ging, von den Sachsen unterstützt, gegen Göhlsdorf vor und nahm es den überraschten Preußen ab. Damit war die Lage für die Division Borstell und deren ganzen rechten Flügel kritisch geworden. Aber Marschall Ney, kurz vor Dennewitz, wußte nichts davon. So befahl er Oudinot, mit seinem ganzen Korps dem rechten Flügel Bertrands zu Hilfe zu kommen. Reynier bat zwar Oudinot, ihm wenigstens eine Division zu lassen, doch vergebens. Der über seine Ablösung vom Oberbefehl verbitterte Marschall Oudinot führte den Befehl wörtlich aus. An den Sachsen vorbei rückte sein Korps rechts ab. Gerade in diesem Moment bereiteten sich die Preußen auf Befehl Bülows zum Angriff auf der ganzen Linie vor, obwohl sie noch keine Artillerieüberlegenheit besaßen. Die Infanterie Borstells stürmte gegen Göhlsdorf, drängte in hartem Kampf Sachsen und zurückgebliebene Franzosen hinaus und nahm, von der Infanterie Kraffts unterstützt, die Höhe mit der Geschützstellung. Die eilig zurückfahrende Artillerie brachte auch Verwirrung in die 2. sächsische Division und nur eine entlastende Attacke einer Brigade der Reiterdivision Defrance konnte die Preußen etwas zurückhalten. Das half den Sachsen, sich notdürftig wieder zu formieren und zusammen mit der Brigade Devaux unter dem Schutz ihrer Schützen abzuziehen. Die nach und nach anlangenden Batterien der schwedisch-russischen Truppen brachten den Preußen Artillerieüberlegenheit, so daß die französischen Kanonen abfahren mußten. Jetzt konnte die preußische Infanterie zur Verfolgung übergehen. Die Truppen des Korps Bertrand hatten während dieser Zeit noch einmal versucht, den zwischen Dennewitz und Rohrbeck stehenden Thümen anzugreifen, wurden aber nach kleinen Anfangserfolgen zurückgeworfen. Als von Norden her zusätzlich russische Geschütze ins Gefecht traten, war der Rückzug der Franzosen nicht mehr aufzuhalten.

Der letzte Abschnitt der Schlacht wurde für die Franzosen zu einem Desaster. Das Korps Oudinot erreichte sein Ziel nicht mehr rechtzeitig, die Truppen Bertrands waren schon in voller Auflösung, das Korps Reynier mit den Sachsen im raschen Abzug. In diesem Strom mitgerissen, versuchte man noch auf den Höhen von Oehna einen Widerstand zu organisieren. Als aber die Reitergeschwader der Divisionen

Defrance und Fournier in gezieltes Granatfeuer gerieten, jagten sie in wilder Flucht nach rückwärts, dabei vielfach eigene Infanterie und Fuhrwerke überreitend. So war, abgesehen von wenigen geschlossenen Truppenteilen das Chaos vollkommen und erst Dunkelheit und Erschöpfung machten der Verfolgung ein Ende. Auch die Infanterie der Preußen war völlig erschöpft und durcheinander geraten. So geschah die Verfolgung hauptsächlich durch Reiter. Durch die enorme Staubentwicklung und Verwirrung fehlte eine einheitliche Leitung, doch wurden zahlreiche Geschütze erbeutet, Truppenteile zersprengt und vernichtet.

Als Beispiel für eine große Aufstellung aller vorhandenen Kräfte mag der zweite Tag der Schlacht bei Dresden am 27. August 1813 dienen[132]. Die »Böhmische Armee« der Verbündeten, aus Österreichern sowie preußischen und russischen Truppen bestehend, vermochte am Vortag nicht die nur provisorisch befestigte, aber gut verteidigte Stadt zu nehmen, in die zudem laufend Armeeabteilungen der Hauptarmee unter Napoleon einrückten. Am Abend waren auch auf französischer Seite alle Kräfte zur Stelle. Die Verbündeten schienen entschlossen, die Schlacht zu schlagen, sich aber zunächst auf die Verteidigung zu beschränken. Ihre Aufstellung im weiten Umkreis um die Stadt bis zum Elbstrom war in drei Abschnitten zu sehen. In der Mitte zwischen der Weißeritz bei Plauen und dem Kaitzbach stand das Zentrum, die Infanterie in zwei Treffen, dahinter die Kavallerie, die Reserven und die Reserveartillerie. Auf den Höhen vor der Front war eine starke Geschützlinie aufgefahren. Die Infanterie des ersten Treffens stand, wie aus dem Plan (Abbildung 63) ersichtlich, meist in Linie, war sie gedeckt in Kolonnen. Die Kolonnenaufstellung ist überall deutlich an den durch Striche angedeuteten hintereinander stehenden Kompanien zu erkennen. Bei der Kavallerie bedeutet ein jedes Feld eine Schwadron. Auffallend ist im Zentrum der Verbündeten die große Zahl der hier haltenden Reiter, die aber in diesem Gelände wegen der vielen Gräben nahezu nutzlos waren. Am Südrand der Stadt stand die Hauptmacht der Franzosen, die Infanterie in zwei Treffen in Bataillonskolonnen, als Reserve, deutlich abgesetzt, die zehn Bataillone der Alten Garde.

Napoleons Absicht ist es gewesen, durch Umfassung der beiden Flügel des Gegners die Entscheidung zu suchen. Sein Zentrum hatte durch Angriffsdrohung die Hauptmacht der Verbündeten zu binden, so daß sie nicht wagen würden, den bedrohten Flügeln Hilfe zu schicken. Damit die Angriffsdrohung glaubhaft blieb, standen seine Infanteriebataillone in Kolonne, ein gutes Ziel für die Geschütze der Verbündeten. Bei dieser Hauptmasse des Heeres befanden sich nur wenige Reiter. Der Plan Napoleons, die Entscheidung auf den Flügeln zu suchen, hing einmal von dem dort für Reiterei günstigen Gelände, dann auch von der Tatsache ab, daß hier die beiden

---

132 Eingehende Schilderung bei Friederich: Geschichte . . ., Bd. I, a. a. O., S. 440 ff. Das Beispiel ist trotz der Aussage H. Delbrücks in: H. Delbrück: Das Leben des Feldmarschalls Grafen Neidhard von Gneisenau, Band I, 3. Aufl., Berlin 1908, S. 349, gewählt worden, daß eine wirkliche Schlacht bei Dresden nicht stattgefunden habe. Nach Ansicht des Verfassers zeigt gerade dieser Schlachttag eine typische Flügelumfassung.

Abb. 62. Die Schlacht bei Dresden am 27. August 1813 – linker Flügel.

leistungsfähigen Verbindungsstraßen nach Pirna und Freiberg liefen. Einem geschlagenen Gegner blieb dann nur der Rückzug auf aufgeweichten Gebirgswegen, ein sicherer Ruin für seine Armee.

Für die schon morgens beginnenden Angriffsbewegungen stand neben der Masse der Reiterei die Infanterie in Brigadekolonnen. Sehr typisch ist die geballte Aufstellung am rechten Flügel der Franzosen südlich von Löbtau an der Straße nach Freiberg

176

Abb. 63. Die Schlacht bei Dresden am 27. August 1813 – Mitte.

(Abb. 62). In der kleinen Skizze links oben erkennt man die Infanteriekolonnen des Korps Victor und der Division Teste und teils in Linie in zwei Treffen aber auch in Kolonne mit hintereinandergestellten Schwadronen die Reiterei des Kavalleriekorps Latour-Maubourg und der Kavallerie-Division Pajol, alle unter dem Befehl Murats, des Königs von Neapel. Von dieser Stelle aus sollte der linke Flügel der Verbündeten umfaßt, sowie ein Durchbruch versucht werden. Bei unsichtigem Regenwetter rück-

177

ten südlich des Dorfes Cotta die Kolonnen der Division Teste vor. Es gelang ihnen, den linken Flügel der Österreicher zu umgehen. Marschall Victor hatte mit vier Angriffskolonnen entlang der Straße nach Freiberg vorzugehen. Doch gut geleitetes Geschützfeuer hinderte ihn zunächst, bis es ihm glückte, unter dem Schutz starker Tirailleurlinien seine Artillerie vorzubringen, um die österreichische wirksam zu bekämpfen. Jetzt erst konnte sein Angriff beginnen. Zum Teil kam die Infanterie in den (auf dem Plan erkennbaren in der Vormarschrichtung verlaufenden) Hohlwegen voran und gelangte so gedeckt bis fast in die feindliche Stellung, um durchzubrechen. Von Anfang an machte Victor von seiner Überlegenheit Gebrauch, indem er sofort 24 Bataillone einsetzte und nur 12 zurückhielt. Mit zwei starken Angriffskolonnen ging er gegen Ober-Gorbitz vor. Einer dieser Kolonnen gelang es, durch Übersteigen der Gartenmauern in den Rücken der Österreicher zu kommen, so daß sich diese zurückzogen. Dabei von einigen Schwadronen angegriffen, formierten sie südlich des Dorfes vier Karrees. Schnell aufgefahrene französische Batterien zersprengten sie, der Rest floh nach Pesterwitz. Damit war die Mitte der österreichischen Front durchbrochen, und es wurde Rückzug befohlen. Die Kavallerie-Division Pajol ging nun auf der Freiberger Straße vor, die Kavallerie des Korps Latour-Maubourg stellte sich gegenüber den Österreichern nordwestlich von Gorbitz in zwei Treffen, eine Brigade aber am Ausgang von Gorbitz nach Pesterwitz.

Die Aufmerksamkeit der am linken Flügel in Linie stehenden Österreicher war nur auf die ihnen gegenüber aufmarschierte Reitermasse gerichtet und das Dorf Pennrich nur von einem Bataillon besetzt. Wegen des strömenden Regens hatten sie den Umgehungsmarsch der französischen Infanterie der Division Teste nicht bemerkt. So konnte diese schnell das Dorf nehmen und fast im Rücken der Österreicher aufmarschieren. Derartig bedroht und von Kavallerieattacken angegriffen, versuchten sie in Karrees durch den aufgeweichten Boden entlang der Straße sich zurückzuziehen. Weil aber Pennrich schon besetzt war, die Gewehre wegen des Regens versagten und die französischen Reiter ständig angriffen, blieb ihnen nichts anderes übrig, als die Waffen zu strecken. Damit war der linke Flügel der Verbündeten taktisch vernichtet. Auf dem Plan (Abb. 62) ist das schrittweise Zurückgehen der Österreicher und ihr Ende in den Karrees gut zu verfolgen, ebenso die Stationen der vorgehenden französischen Reiter, die meist in Schwadronskolonnen fochten.

Am linken Flügel der Franzosen stand nördlich des Großen Gartens Mortier mit zwei Divisionen der Jungen Garde und die Gardekavallerie. Auch hier gelang es, die den rechten Flügel bildenden Russen zurückzudrängen. Trotz ihrer großen Übermacht blieb die Reiterei der Verbündeten meist untätig, so daß die französische ihre Infanterie gut zu unterstützen vermochte. Um den Angriff seines linken Flügels zu verstärken, ließ Napoleon das südlich des Großen Gartens stehende Korps St. Cyr vorstoßen. Zwar kam man noch in das unbesetzte Strehla, doch dann scheiterten alle Versuche an zu starkem Widerstand. Mortier gelang es schließlich bis auf die Ebene von Reick vorzudringen, dann versteifte sich auch hier die Abwehr. Beide Seiten waren völlig erschöpft, das furchtbare Wetter hatte sich bemerkbar gemacht.

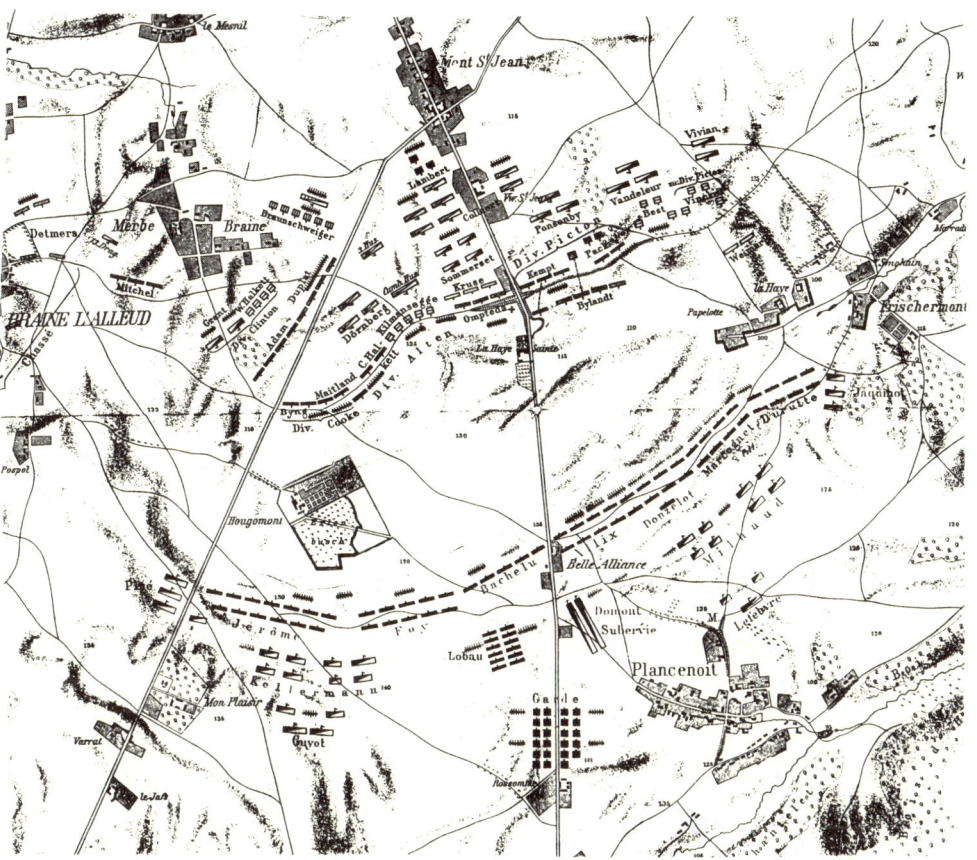

Abb. 64.   Die Schlacht bei Belle Alliance am 18. Juni 1815.

Die katastrophale Versorgungslage zwang die Verbündeten zum Rückzug nach
Böhmen.

Abschließend soll noch die Aufstellung zum Beginn der Schlacht bei Belle-Alliance
(Abb. 64) die Konzeption zu einem Zentrumsdurchbruch zeigen. Napoleon plante
den Durchbruch entlang der nach Norden in Richtung Brüssel verlaufenden Straße.
Er hoffte, aus dieser Grundaufstellung relativ leicht gewünschte Veränderungen vornehmen und bei veränderter Lage schnell reagieren zu können. In seiner Aufstellung
steht das I. Korps rechts der Straße mit seinen Divisionen Allix, Dozelot, Mascognet
und Durutte, insgesamt 33 Bataillone. Am rechten Flügel findet sich die zum Korps
gehörige Kavallerie-Division Jaquinot in drei Treffen. Links der Straße erkennt man
die nur drei hier vorhandenen Divisionen des II. Korps Bachelu, Foy und Jérôme mit
nur 24 Bataillonen, am linken Flügel die Kavallerie-Division Piré des Korps. Die

179

Infanterie steht in Linie in zwei Treffen. Als Infanteriereserve an der Straße findet sich das 6. Korps (Lobau) mit 12 Bataillonen sowie der große Block der Alten und Jungen Garde, deren 23 Bataillone in Kolonne halten. Die Kavallerie steht in zweiter Linie ebenfalls in zwei Treffen hinter der Infanterie. Rechts erblickt man das IV. Kavallerie-Korps (Milhaud) mit 24 Schwadronen, links das III. (Kellermann) mit 25 Schwadronen und in der Mitte neben der Straße in zwei Divisionen (Domont und Subervie) mit je 12 Schwadronen hintereinander das I. Kavallerie-Korps. Die beiden Brigaden der Gardekavallerie Guyot und Lefebvre stehen als Reserve hinter den äußeren Kavallerie-Korps. Der Großteil der Artillerie ist vor der Front in fast geschlossener Feuerlinie aufgefahren mit der Hauptzielrichtung zum vorgesehenen Durchbruchspunkt. Die Reserveartillerie hat ihren Platz neben den Blöcken der Infanteriereserve, die Reitenden Batterien bei der Kavallerie. Daß der Gegner die Absicht Napoleons erkannt hat, ist aus seiner Aufstellung zu ersehen.

In der nachfolgenden Friedenszeit wurde die in den Kriegen entwickelte Taktik und das bewährte Zusammenwirken der Waffen überall im wesentlichen beibehalten. Als notwendige Folge des neuen Wehrsystems setzte sich der größte Teil eines jeden Heeres aus Infanterie zusammen. Dem Namen nach gab es eine leichte und eine schwere Infanterie, tatsächlich konnte man aber nur die Jägertruppen in Deutschland und Österreich sowie dessen Grenzer als leichte bezeichnen. Allgemein wurde auch bei der Infanterie das Schützengefecht geübt, dieses durch Hornsignale geleitet und besondere Methoden probiert. Mit der Einführung der Perkussionszündung blieb das Feuergefecht weitgehend vom Wetter unabhängig. Die zuletzt eingeführten gezogenen Gewehre mit dem Expansionsgeschoß gaben dann der Infanterie durch größere Schußweiten und Treffähigkeit eine gesteigerte Bedeutung. Die Taktiker versuchten die großen Bataillonskolonnen in kleinere Einheiten, die Kompaniekolonnen zu zerlegen. Diese konnten entweder aus drei zweigliedrigen hintereinander stehenden Zügen oder aus sechs zweigliedrigen Halbzügen bestehen. Auf diese Weise entstanden aus einem Bataillon vier Kolonnen. Die beiden mittleren wurden oft zusammengeschoben und bildeten das zweite Treffen. Die Flügelkompanien zog man dann als eigentliches Gefechtstreffen vor. Im Falle nötiger Verstärkung ging auch die dritte Kompanie vor, die vierte blieb als Reserve. Solche Kompaniekolonnen gab es als Notbehelf schon in den Befreiungskriegen. Doch erst um 1840 setzte sich die Erkenntnis durch, daß auch sie eine taktische Einheit sein konnten. Im Krieg Schleswig-Holstein mit den Dänen in den Jahren 1848/50 hießen solche kleinen Abteilungen in Kompaniestärke Zugkolonnen. Sie boten bei der geringen Truppenzahl in dem dortigen zerschnittenen und mit Hecken eingefaßten Gelände viele Vorteile.

Marsch und Lager

Einen wesentlichen Teil der Strategie bildeten die vernünftige Planung, Anordnung und Durchführung von Märschen. Nur so konnten Truppen zum richtigen Zeitpunkt zum befohlenen Ort kommen und auch versorgt werden. Dabei galt der Marsch als das Element der Bewegung, das Lager aber als das der Ruhe. Damals brachten Märsche oft mehr Verluste als Schlachten, vor allem, wenn sich auf unbefestigten Wegen große Massen bewegten und schlechtes Wetter, ungenügende Verpflegung sowie mangelnde Disziplin dazukamen. Daher wurde auch die richtige Ausnutzung des Wegenetzes eine der wichtigsten Aufgaben der neuen Generalstabswissenschaft. Ziel blieb das Erreichen einer großen Marschschnelligkeit und Schonung der Truppen vor unnötigen Strapazen.

In dieser Zeit entstanden überall in Frankreich und Mitteleuropa künstlich angelegte Straßen, die Chausseen. Sie hatten einen Unterbau aus größeren Steinen, der eine verfestigte, leicht gewölbte Splitschicht trug, damit das Regenwasser in die begleitenden Gräben abfließen konnte. Diese Chausseen waren für Artillerie und Fuhrwerke besonders geeignet. Infanterie konnte auch auf den damals recht breiten, wenn auch unbefestigten Landstraßen marschieren. Befanden sich diese in einem einigermaßen guten Zustand, vermochte man darauf in eineinhalb Stunden eine deutsche Meile (7,5 km) zurückzulegen. Reiter vermieden ohnehin einen zu harten Boden, weil ihre Pferde darunter litten. Reichten die Straßen nicht aus, wurden durch Offiziere des Generalquartiermeisterstabes sogenannte »Kolonnenwege« bestimmt und ausgesteckt.

Einen großen Einfluß auf die Art des Marsches und des Lagers übte die Zusammensetzung eines Heeres aus. In den relativ kleinen Heeren der alten Lineartaktik war der geworbene, lang exerzierte Soldat ein schwer zu ersetzendes Gut. Daher suchten alle Führer, das ihnen anvertraute Instrument möglichst zu schonen, indem sie Abgänge wegen Krankheiten oder Desertionen durch Überwachen und Zusammenhalten der Mannschaften verhindern wollten. Starke Märsche, schlechte Witterung und ungenügende Versorgung begünstigten derartige Ausfälle. Daher wurden die Truppen aus Magazinen versorgt, und man schlug im Felde lieber Lager auf, als die Soldaten in Quartieren oder Kantonierungen unterzubringen. Allerdings brauchten solche Heere eine volle Ausstattung an Zelten.

Allgemein wurde zwischen Reisemärschen und den sogenannten Kriegsmärschen unterschieden. Als Reisemärsche galten Truppenbewegungen, bei denen die Führung nicht damit rechnen konnte, mit dem Gegner zusammenzutreffen. Hierbei marschierten die Abteilungen in der Regel auf Chausseen oder Landstraßen. Oberster Grundsatz war, den Soldaten nicht unnötig anzustrengen. Daher rechnete man im Durchschnitt mit einer Marschstrecke von drei deutschen Meilen pro Tag, jeder vierte war zu Ruhe bestimmt. Solche kurzen Märsche waren notwendig, weil die Truppe oft nicht vollständig am eigentlichen Etappenort unterkommen konnte und daher Teile in die Dörfer des Umkreises verteilt wurden. Auch trug der feldmäßig bepackte

Infanterist etwa 25 kg; Jahreszeit, Witterung und Wegebeschaffenheit mußten eben-falls beachtet werden. Wegen der Straßenbeschaffenheit marschierte die Truppe ohne Tritt und mit geöffneten Gliedern, die Soldaten durften singen und rauchen. Kälte und Regen beeinträchtigten die Marschleistungen kaum; lediglich deren Folgen wie Schnee, Glätte, Schlamm aber auch nasse Kleidung machten sich bemerkbar. Sehr gefährlich war die Hitze. So mußten bei Beginn eines jeden Feldzuges vielerlei Rück-sichten genommen werden. Bei der Infanterie gab es Verluste an Menschen beson-ders an den ersten Marschtagen. Denn jeder Kranke, der in das Lazarett kam, war lange für die Truppe verloren. Bei der Kavallerie traten Pferdeverluste erst nach mehreren Tagen ein, und gedrückte, lahmende oder gar krepierte Pferde ließen auch den Reiter ausscheiden. Daher war hier die Hauptsorge das richtige Satteln, gutes Verteilen des Gepäcks, Hufbeschlag und der Sitz des Reiters. Die Pferde sollten allmählich das »unnütze Fleisch« verlieren. Nur bei der Artillerie und den Fuhrparks gab es wenig Abnutzung, obwohl es ja die komplizierteste Waffe war. Denn Fahr-zeuge erlaubten das zeitweilige Mitnehmen erschöpfter Leute, und gedrückte Reit-pferde konnten solange gegen Zugpferde ausgewechselt werden, bis sie wieder ge-sund waren.

Eine Erleichterung ergab sich auch aus der Trennung der Waffengattungen. Wenn möglich, erhielt die Artillerie den festesten, Infanterie den kürzesten und Reiterei den längsten Weg. Eine solche Trennung berücksichtigte auch besser die unterschied-lichen Marschtempos dieser Waffen. In Notfällen vermochten gute, geübte Truppen auch bis zu sieben Meilen (über 50 km) je Tag zu marschieren. Um den Marsch zu beschleunigen, setzte man gelegentlich auch Infanterie auf Wagen. Dann waren bis 70 km zu erreichen, auf einen Wagen kamen zehn Mann. Meist begnügte man sich aber damit, das Gepäck nachzufahren.

In der preußischen Armee vor 1806 marschierte die Infanterie in Sektionsbreiten von vier bis fünf Rotten, die Glieder mit einem Schritt Abstand. An der Frontseite ritten die Offiziere, an der Kehrseite gingen die Unteroffiziere und Schützen[133]. Ein allein marschierendes Regiment führte seine gesamte Bagage mit sich, an der Spitze der Truppe zwei Kanonen und einen Patronenwagen mit den Zimmerleuten und Kanonieren. Dann kam nach der Kommandeurskutsche der Stabswagen, der Medi-zinwagen und das erste Bataillon. Neben jeder Kompanie wurden auf der »Kehrt-seite« (Rückseite der Linienaufstellung) ihre Zelt- und Packpferde geführt. Danach zog hinter seinen beiden Kanonen das zweite Bataillon in gleicher Art, zuletzt die 12 Brotwagen und die Marketender[134]. So folgten einem preußischen Regiment mit 1600 Mann allein 66 Pferde für Soldatenzelte und Gerät, 48 Pferde für die Brot-wagen, 86 Pferde als Packtiere für die Offiziere, 70 Pferde zum Reiten und zur Bespannung der Kutsche[135]. Daneben bewegten sich aber wegen der damals noch

133 C. Jany: Geschichte der preußischen Armee, Bd. III, Nachdruck Osnabrück 1967, S. 492.
134 C. Jany: Gefechtsausbildung . . ., a. a. O., S. 58.
135 W. Rüstow: Geschichte . . ., Bd. II, a. a. O., S. 294.

üblichen Magazinverpflegung noch viele Fuhrkolonnen für Mehl und Bäckereigerät. Allein für einen zerlegbaren Feldbackofen brauchte man zwei sechsspännige Wagen. Zu seinem Aufbau waren fünf, zum Anheizen zehn Stunden nötig. Die Bedienung erforderte zwei Arbeitspartien zu 12 bis 15 Bäckern, die dann, je nach Ofengröße, in 24 Stunden 1500 bis 2250 kg Brot backen konnten. Es mußten soviel Öfen vorhanden sein, daß man in zwei Tagen einen Vorrat für drei Tage backen konnte, also im Durchschnitt einen Ofen auf 1000 Soldaten.

Auch die Österreicher marschierten in ähnlicher Art. Sie unterschieden zwischen dem Gefechtstrain mit den Tragtieren und dem Wagentrain für Bagage und Proviant. Jede Kameradschaft von fünf bis sieben Mann besaß ein Zelt, zwei Zeltdecken, Kochkessel und Kasserol, eine große Feldflasche und Zelthacke. Man rechnete auf fünf Zelte ein Packpferd. Der Wagentrain besaß Wagen für 15 bis 24 Zentner Last. Jede Kompanie oder Schwadron hatte einen Brotwagen, daneben gab es Feldschmieden, Kassen- und Kanzleiwagen und die obligatorische Offiziersbagage, die bei Stäben und höheren Dienstgraden beträchtlich sein konnte[136].

Die französischen Revolutionssoldaten besaßen keine Zelte mehr, für rauhe Witterung aber Mäntel. Ihre Offiziere gingen zu Fuß, und es fehlte ihnen das Packpferd. Das verschaffte dem Heer bei Operationen eine viel größere Bewegungsfreiheit, zumal es sich entweder von den Wirten verpflegen ließ oder in Freilagern von Requisitionen lebte. Die Franzosen konnten sich auch mit Viehschlachtungen und im Tornister mitgeführtem Reis oder Zwieback helfen. Noch 1805 ließ Napoleon durch Berthier an Marmont schreiben: »Ich wiederhole ihm, daß in den Bewegungs- und Invasionskriegen, die der Kaiser führt, es keine Magazine gibt; es ist Sache der kommandierenden Generale der Korps, sich die Mittel zur Verpflegung in den Ländern zu verschaffen, die sie durchschreiten[137].« Unter den Begriff dieses neuen Requisitionssystems rechneten die Verpflegung durch die jeweiligen Wirte, die Lieferungsausschreibungen aus dem Lande, die oft unter Mitwirkung der Ortsbehörden erfolgten Requisitionen durch die Truppe und eigenmächtiges Fouragieren, das in Plündern ausarten konnte.

Bei diesem Verfahren wechselten Überfluß mit Mangel. Bewegte sich die Armee rasch vorwärts und kam durch dichtbesiedelte Länder, dann reichte es. So richtete sich auch das Vorgehen nach der Menge der vorhandenen Lebensmittel. Erst wenn das Land zu dünn besiedelt oder die Gegend schon ausgesogen war, mußten Magazine angelegt werden und Proviantkolonnen bereitstehen. In ähnlicher Art wurden später Verpflegungsprobleme auch bei den Verbündeten und Gegnern Napoleons gelöst.

Die Routen der Reisemärsche legten Militär- und Zivilbehörden in einem Marschtableau fest. Darin waren für die einzelnen Kolonnen schon die Marsch- und Rasttage bestimmt und die Anzahl der Portionen (Mannverpflegung) und Rationen (Pferde-

136 K. u. k. Kriegsarchiv: Krieg ..., a. a. O., S. 454.
137 H. Delbrück: Geschichte ..., Bd. IV, a. a. O., S. 511.

Marſch des .. Armee-Corps, von der Oder nach der Saale und Elſter.

Datum.	Erſte Colonne.		Zweite Colonne.						Bemerkung.
	1ste Diviſion und 8 Escadrons und 1 reitende Batterie: 8000 Portions, 2000 Rations.	Reſerve-Cavallerie 20 Escadrons und 1 reitende Batterie: 3600 Portions, 3800 Rations.	2te Diviſion: 8000 Portions, 700 Rations.	3te Diviſion: 8000 Portions, 700 Rations.	4te Diviſion: 8000 Portions, 700 Rations.	Hauptquartier: 70 Portions, 100 Rations.	Reſerve-Artillerie, 6 Batterien, Pontontrain, Pionniers: 800 Portions, 1000 Rations.	Train-Colonne: 400 Portions, 600 Rations.	
den 1ten	Fürſtenwalde	Fürſtenwalde	Müncheberg	Frankfurt	Frankfurt	Müncheberg	Frankfurt	Cüſtrin	Die Truppen ſind mit Brod und Fourage auf 3 Tage verſehen, und empfangen aufs Neue aus den Magazinen in Berlin und Wittenberg. Die Traincolonnen ergänzen aus dieſen Magazinen ihre Vorräthe, um einen 3tägigen Bedarf nachzuführen. Das Hauptquartier iſt vom 9ten an in Leipzig. Daſelbſt empfangen die vorausgeſandten Generalſtabs-Officiere die Diſslocation für ihre Diviſionen und Abtheilungen, und haben ſich deshalb bei dem . . . zu melden.
„ 2ten	Wuſterhauſen	Wuſterhauſen	Vogelsdorf	Müncheberg	Müncheberg	Berlin	· · ·	· · ·	
„ 3ten	Trebbin	Ruhetag	Berlin	Vogelsdorf	Ruhetag	Ruhetag	· · ·	· · ·	
„ 4ten	Ruhetag	Trebbin	Ruhetag	Ruhetag	Vogelsdorf	Potsdam	Müncheberg	Seelow	
„ 5ten	Jüterbock	Jüterbock	Potsdam	Berlin	Berlin	Treuenbrietzen	Vogelsdorf	Ruhetag	
„ 6ten	über Wittenberg bis Kemberg	über Wittenberg bis Kemberg	Treuenbrietzen	Potsdam	Potsdam	Wittenberg	Berlin	Müncheberg	
„ 7ten	Düben		Wittenberg	Treuenbrietzen	Ruhetag	Ruhetag	Ruhetag	Vogelsdorf	
„ 8ten	Ruhetag	Ruhetag	Ruhetag	Ruhetag	Treuenbrietzen	Düben	Potsdam	Berlin	
„ 9ten	Leipzig	Düben	Kemberg	Wittenberg	Wittenberg	Leipzig	Treuenbrietzen	Ruhetag	
„ 10ten	Weißenfels	Leipzig	Düben	Kemberg	Kemberg	· · ·	Wittenberg	Potsdam	
„ 11ten	nach Freiburg u. ſ. w. in die Cantonirung.	nach Lützen u. Weißenfels u. ſ. w. in die Cantonirung.	nach Leipzig u. ſ. w. in die Cantonirung.	Bitterfeld	nach Bitterfeld und Delitſch in die Cantonirung.	· · ·	Ruhetag	Treuenbrietzen	
„ 12ten	· · ·	· · ·	· · ·	nach Halle u. Merſeburg in die Cantonirung.	· · ·	· · ·	Düben	Treuenbrietzen	
„ 13ten	· · ·	· · ·	· · ·	· · ·	· · ·	· · ·	bei Leipzig in die Cantonirung.	Wittenberg	
„ 14ten	· · ·	· · ·	· · ·	· · ·	· · ·	· · ·	· · ·	Kemberg	
„ 15ten	· · ·	· · ·	· · ·	· · ·	· · ·	· · ·	· · ·	Die verſchiedenen Colonnen zu ihren Diviſionen.	

Abb. 65. Muster eines Marschtableaus.

verpflegung) festgelegt. Als Quartiere dienten nach Möglichkeit Städte. In den Ortschaften hatten die Magistrate Quartierzettel auszustellen, auf denen das Haus und die aufzunehmenden Leute angegeben waren. Zu diesem Zweck trugen alle Häuser eine Nummer. Der Soldat mußte sein Billett dem Wirt vorweisen. Wenn Verpflegung der Soldaten durch Wirte beabsichtigt war, rechnete man auf einen Einwohner einen Soldaten, also fünf bis acht Mann auf eine Feuerstelle (Haushalt). Meist unterhielten die Militärbehörden in Etappenorten, in denen regelmäßig Einquartierungen stattfanden, Magazine zur Versorgung.

Bei Kriegsmärschen bestand immer die Möglichkeit, unvermutet auf den Gegner zu treffen, weshalb sie auch zum Bereich der Taktik rechneten. Das Haupterfordernis war eine ununterbrochene Gefechtsfähigkeit und Schlagfertigkeit, die Bequemlichkeit kam erst in zweiter Linie. Deshalb marschierte jedes Truppenkorps nach dem Schema der Ordre de bataille. Solche Kriegsmärsche waren in der Regel kürzer als Reisemärsche, alle Waffengattungen wurden gleichzeitig bewegt, und die Kolonnen hatten nur kleine Abstände. Beim Anmarsch zu einer Schlacht sollten nach alter Art zuerst die Wege erkundet, ausgesteckt und in Ordnung gebracht werden. Der Stab entwarf den Marschzettel mit der Zusammensetzung, den Marschlinien und der Zeit des Antretens der Marschkolonnen. Ihr Versammlungsort wurde angegeben und die Marschbreite bestimmt. Die Kolonnen folgten dann im allgemeinen so, wie es die Schlachtordnung vorschrieb. Dabei wurde noch ohne Tritt marschiert, die Rotten durften sich lockern, die Glieder hatten einen Schritt Abstand. Erst beim wirklichen Aufmarschieren oder Deployieren schloß man auf. Nach Möglichkeit erhielt dabei die Artillerie und die Fuhrwerken vorhandene Straßen zugewiesen. Die Infanterie bewegte sich auf oft schnell ausgesuchten Kolonnenwegen so breit wie möglich, meist aber in geschlossenen Zugkolonnen. Es galt die Regel, daß Abmarschzeiten nach dem Zeitbedarf der Artillerie festgelegt wurden.

Abb. 66. Vormarsch in Rußland 1812 (Zeichnung von Faber du Faur).

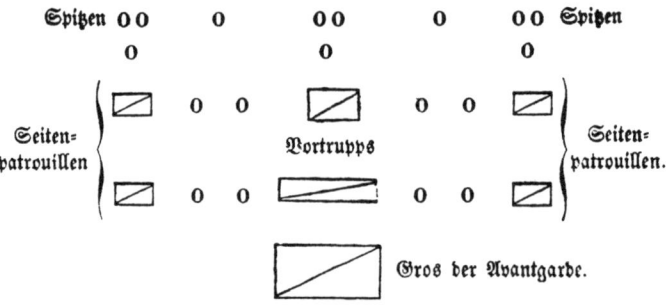

Abb. 67. Schema der Marschsicherung.

Bei Kriegsmärschen mußte sich die Truppe vor Überraschungen sichern, so war eine schützende Kette von Vor- und Seitentruppen notwendig. Jede marschierende Kolonne wurde in eine Vorhut (Avantgarde), die Hauptmacht (Gros) und in eine Nachhut (Arrieregarde) geteilt; die Bagage ließ man getrennt nachfolgen, schickte sie aber auf Rückzügen voraus. Als Stärkeverhältnis hat sich bei größeren Verbänden für die Vorhut ein Viertel, für die Hauptmacht die Hälfte und für die Nachhut wieder ein Viertel als vernünftig ergeben, nur kleinere Abteilungen brauchten oft bis zu einem Drittel ihrer Stärke als Vorhut. Diese hatte mit Plänklern und kleinen Trupps das vorliegende Gelände genau zu durchsuchen, sollte aber nicht nur beobachten, sondern auch die Absichten des Gegners erkunden, notfalls durch ein Gefecht. Die Führung wollte wissen, ob er sich verteidigen will, wo er steht und wie stark er ist.

Die Zusammensetzung einer Vorhut hing vom Gelände ab. War es eben und offen, nützten Reiter mehr, war es durchschnitten, waldig oder gebirgig, dann Infanterie. Am besten eigneten sich hierzu leichte Reiter und Infanteristen. Änderten sich die Verhältnisse, sollte ausgetauscht werden. Die Entfernung der Spitzen und der einzelnen Trupps voneinander hing sehr stark vom jeweiligen Gelände, der Tageszeit und Witterung ab. Im preußischen Heer richtete man sich, wenn auch nicht reglementmäßig vorgeschrieben, nach folgender Aufstellung (Abb. 67): In der Mitte ging eine Spitze von zwei Mann, dahinter mit Abstand ein Gefreiter oder ein Unteroffizier, danach der Vortrupp. Diesem folgte der von einem Offizier geführte Haupttrupp, erst dann die Hauptmacht der Avantgarde. Scharnhorst gibt in seinem Taschenbuch an, daß die Spitze etwa 100 Schritt (1 Schritt = 75 cm) vor dem Vortrupp, der 200 bis 400 Schritt vor dem Gros der Avantgarde und diese schließlich von der Hauptmacht 1000 bis 2000 Schritt abbleiben solle. Die Spitzen begleiteten in gleicher Höhe Seitentrupps, die sich am Tage bei der Infanterie 300 Schritt, der Reiterei 600 Schritt entfernt zu halten hatten, im Walde oder bei Nacht und Nebel nur bis 100 Schritt. Diese Seitentrupps dürfen aber nicht mit den meist größeren selbständigen Seitendetachements verwechselt werden, die einen Verband an den Flanken sicherten. Zu einer stärkeren Vorhut gehörten meist auch einige Geschütze.

Die Nachhut hatte die Aufgabe, die Ordnung aufrechtzuerhalten und das Zurückbleiben einzelner Leute zu verhindern. Für Kranke und Verwundete wurden Wagen mitgeführt. Für einen Rückzug war die Nachhut umgekehrt wie eine Vorhut aufgestellt; sie sollte Überraschungsangriffe des Gegners verhindern und ihm durch Unpassierbarmachen von Wegen und Brücken zusätzliche Schwierigkeiten bereiten. Jeder Ort, der nicht mit der ganzen Kolonnenfront durchschritten werden konnte, hieß Defilee. Dazu rechneten Wegengen, Hohlwege, Dämme, Brücken und Waldschluchten. Den Ausgang eines Defilees nannte man Debouche. Defilees wurden gefürchtet, weil man darin wehrlos war und beim Marsch viel Zeit für das Abbrechen und Wiederaufmarschieren verloren ging.

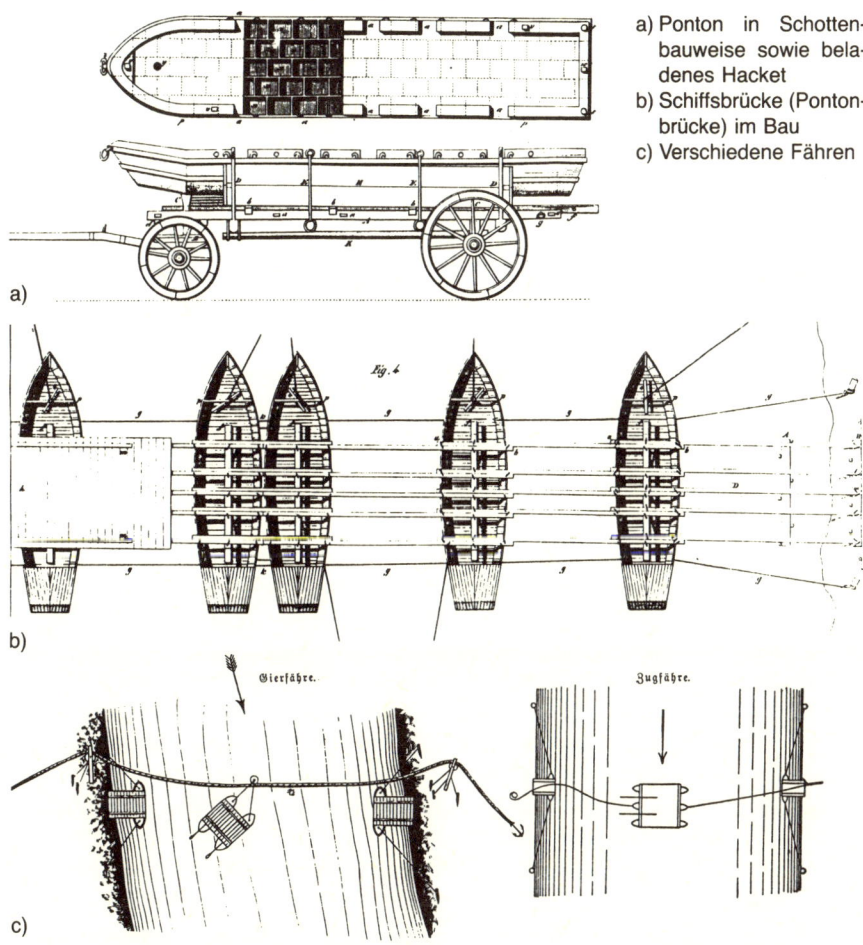

a) Ponton in Schottenbauweise sowie beladenes Hacket
b) Schiffsbrücke (Pontonbrücke) im Bau
c) Verschiedene Fähren

a)

b)

c)

Abb. 68.   Das Übersetzen bei Flüssen.

187

Ströme und Flüsse bedeuteten in Feldzügen empfindliche Hindernisse. Zu ihrer Überwindung dienten künstliche Brücken, die aus einem transportablen, immer wieder verwendbaren Kriegsbrückengerät gebaut wurden. Spezialisten hierfür waren die Pontoniere. Die wichtigsten Bestandteile ihres Gerätes waren die Pontons, Schiffe mit fast rechteckigem Boden und einer Tragfähigkeit von etwa 3,5 bis 5 Tonnen. Sie bestanden aus Holz oder in Schottenbauweise aus Eisen- oder Kupferblech. Man verband solche Pontons mit Tragbalken, die dann mit Bohlen belegt wurden. So konnte zwischen zwei Pontons eine Stützweite von sechs Metern überbrückt werden, die als »Strecke« bezeichnet wurde. Zu einem Kriegsbrückentrain gehörten meist 30 Pontons, berechnet für eine Flußbreite von 180 m. Jedes Ponton wurde mit den Balken und dem Belag für eine Strecke auf einem besonderen Wagen, dem Hacket, transportiert. Organisatorisch gehörten die Pontoniere zunächst zur Artillerie, später zur neuen Truppengattung der Pioniere.

Wenn für Schiffsbrücken das Material fehlte, konnten bei langsam fließenden Gewässern auch aus aneinandergelegten, selbstschwimmenden Baumstämmen Floßbrücken gebaut werden; nahm man als Schwimmkörper leere Fässer, hießen sie Faßbrücken. Bei schnell fließenden Gewässern vermochten die Pontoniere sich auch mit den sogenannten »Fliegenden Brücken« zu helfen, nämlich Fähren, die aus zwei oder mehreren nebeneinander befestigten Booten oder Pontons bestanden und durch eine Balkenlage verbunden waren. Hatte man sie mit Hilfe eines starken Taues an einem festen Punkt verankert, drückte sie die Strömung über den Fluß, wenn sie durch ihr Steuer in die entsprechende Stellung gebracht waren. Solche Gierfähren konnten auch an einem Giertau mit einer Rolle an einem straff gespannten Seil geführt werden. Reichte die Strömung aber nicht aus, blieb nur die Möglichkeit, Zugfähren einzusetzen, die mit Hilfe von Seilen hin und her gezogen wurden.

Die ersten Versuche, einen größeren Truppenverband mit der Eisenbahn zu befördern, unternahmen die Österreicher im Jahre 1846. Man verlud zwei Bataillone Infanterie in vier Züge, um sie von Olmütz nach Graz zu bringen. Zu Fuß wären es 25 Tagesmärsche gewesen. Trotz noch langsamer Fahrweise und dem Fehlen von Telegraphen und Fernsignalen, wodurch stets der Gegenzug abgewartet werden mußte, schaffte man es in nur vier Tagen[138].

Lager legte man nach dem Zweck an, der erreicht werden sollte. Bei reinen Versammlungslagern waren keine besonderen Formen notwendig, doch hatten Wasser, Holz und Stroh in der Nähe zu sein. Bestand aber die Möglichkeit, mit dem Gegner zusammenzutreffen, lagerte das Heer so, wie es sich schlagen wollte, also grundsätzlich in der Ordre de bataille. In älterer Zeit unterschied der Heerführer noch reine Angriffslager, in denen er den Feind erwartete, um ihm eine Schlacht zu liefern und Verteidigungslager, die durch eine günstige Örtlichkeit oder Befestigungen den Gegner abschrecken sollten. Die meisten Lager waren jedoch Versammlungs- oder reine Marschlager.

138 J. C. Mathieu: Darstellung des Land- und Seekrieges, Weimar 1849, S. 204.

Bei der Anlage unterschieden sich die althergebrachten Gassenlager (en parade) und die Linienlager (en bataille). In beiden lagerten die Truppen in der Gefechtsaufstellung, jeder Truppenteil so breit, wie es seiner Front in der Ordre de bataille entsprach. Man rechnete für eine Rotte Infanterie einen Schritt (1 Schritt = 75 cm), für jedes Pferd des ersten Gliedes eineinhalb Schritt und für jedes Geschütz zehn Schritt. Der an der Frontseite befindliche Raum, auf dem die Truppe bei Alarm anzutreten hatte, hieß Waffenplatz. Er wurde zuerst abgesteckt und die Linien für die einzelnen Glieder durch Feldflaggen markiert. Beim Gassenlager verliefen dann senkrecht dazu die einzelnen Kompaniegassen, begrenzt von je einer Reihe von Mannschaftszelten. Bei der Reiterei hießen diese Stallgassen und waren breiter, weil ja noch die Pferde in einer Reihe vor den Zelten angepflockt wurden. Am Anfang jeder Zeltreihe stand ein Gewehrmantel, unter dem die Gewehre vor der Witterung geschützt wurden. Jede Reihe begann mit einem Unteroffizierszelt und schloß mit einem Offizierszelt. Weiter hinten fanden sich die Zelte der Hauptleute und des Stabes, die Bagage, die Kochlöcher, Marketender und die Latrinen. Vor der Front des gesamten Lagers waren die Zelte der Fahnenwache, dahinter das Zelt der sogenannten Brandwache zu finden. Abbildung 69 zeigt ein solches Gassenlager alter Art, wie es die Preußen noch bis 1806 benutzten. Um schneller gefechtsbereit zu sein, gab es daneben das Linienlager. Bei ihm standen die Zelte, später auch Hütten, in zwei oder mehr Reihen parallel zur Front, die Türöffnungen zum Waffenplatz. Noch bis etwa zum Jahre 1806 führte man in den Heeren der alten Mächte in der Regel die Zelte im Felde mit. Es waren kleine Hauszelte für etwa sieben Mann[139].

Danach nahm man nach französischem Vorbild keine Zelte mehr in das Feld, die Soldaten erhielten Mäntel. Bis auf die Ausnahme des Rußlandfeldzuges von 1812 und des Spanienkrieges waren die Feldzüge relativ kurz, es gab kaum Aktivitäten über drei Monate hinaus. Die Feldherren suchten ohne Rücksicht auf die Jahreszeit schnelle Entscheidungen. War die Truppe nicht in unmittelbarer Feindnähe, griff deren Führung nach der alten Regel, daß ein schlechtes Quartier immer noch besser als ein Biwak ist, auf die Unterbringung in Ortschaften zurück. In Feindesnähe biwakierten aber die Truppen in ihrer Marschordnung. Dann breiteten sie sich nach den Seiten weit aus, um Zwischenräume zu haben, in denen die Soldaten abkochen konnten. Sie bevorzugten Gehölze, wo Menschen und Pferde gegen Wind Schutz erhielten und Holz sowie Wasser vorhanden waren. Stroh und Lebensmittel wurden herangeschafft. Zum Schutz errichteten die Leute aus Zweigen, Schilf, Gesträuch und Stroh kleine Hütten oder wenigstens Windschirme.

Der Aufbruch der Truppen geschah nach festgelegten Regeln, bei den Franzosen durch drei Trommelstreiche. Der erste oder »allgemeine Streich« (la generale) rief zum Fertigmachen, Satteln und Anschirren der Pferde, die Adjutanten der Bataillone gingen zum Befehlsempfang. Der zweite Streich befahl die Versammlung (l'assam-

---

139 Nähere Beschreibungen in Band II/1 dieser Reihe: Ortenburg: Waffe ..., a. a. O., S. 167 f.

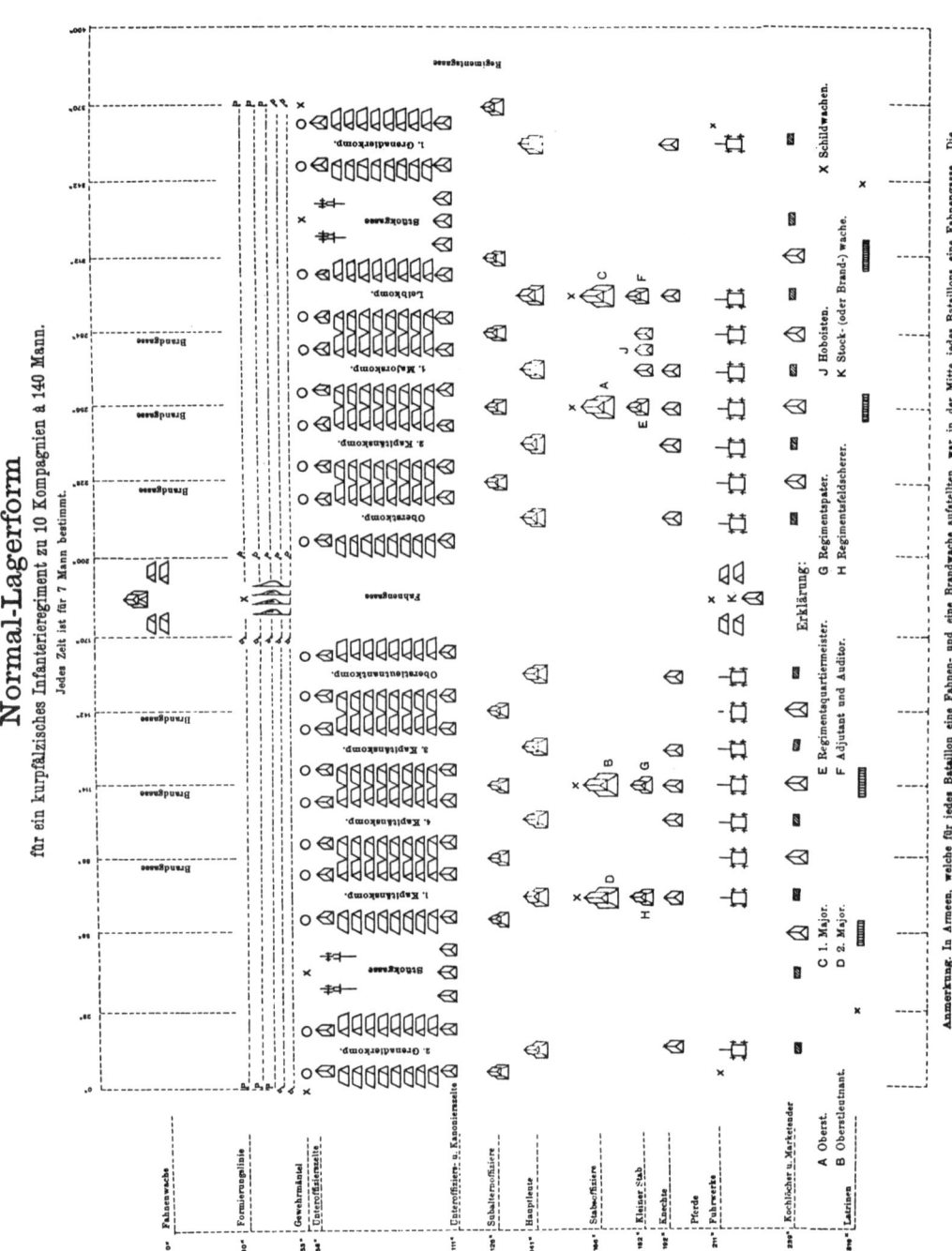

Abb. 69. Normallagerform älterer Art.

blée); alles belud die Fahrzeuge und bespannte sie. Mit dem dritten, dem Fahnen-streich (le drapeau) trat die Truppe an[140].

Wenn die Zelte auch nicht mehr in das Feld genommen wurden, übten die Soldaten doch die schnelle und praktische Aufstellung von Zelt- und Hüttenlagern. In Preußen waren beide Arten für Standlager vorgesehen. Die Anordnung der Gassenlager und die Form der Zelte änderten sich aber. Die Infanterie lagerte nun »en colonne«, das heißt, es gab nun statt mehrerer Kompaniegassen nur eine Bataillonsgasse, bei der die einzelnen Kompanien hintereinander untergebracht waren. Die Zelte der Infanterie waren auch größer und spitzkegelig, unterschieden in Gemeinenzelte für 15 Mann, Offizierszelte, Kommandeurszelte und Gewehrmäntel. Die Zelte der Offiziere trugen als Kennzeichen ein Fähnchen, für den Leutnant mit einem, dem Kapitän mit zwei und dem Stabsoffizier mit drei schwarzen Streifen. Anfang und Ende der Zelte einer Kompanie bezeichneten Feldflaggen.

Bei der Kavallerie kampierten die Schwadronen noch nebeneinander. Ihre Zelte hatten nach alter Art ein Satteldach, Waffen und Sattelzeug mußten darin ebenfalls Platz finden. Es gab fünf verschiedene Größen, unterschieden für Offiziere, Unteroffiziere und Mannschaften.

Da die Zelte nicht mehr in das Feld genommen wurden, übte die Truppe, wollte man mehrere Tage an einem Ort bleiben, den Bau von Hüttenlagern. Die Hütten bestanden aus einem Stangengerüst, in das Zweige oder Stroh eingeflochten wurde. Die Infanterie erbaute sie rund und spitzkegelig für je 21 Mann, die Reiterei viereckig mit Satteldach und für 16 Mann bestimmt. Das Lager einer Kompanie bestand aus zehn Hütten für Unteroffiziere und Soldaten und zwei für Offiziere. Sie standen in zwei Reihen, die erste für die ungeraden, die zweite für die geraden Züge der Kompanie. Die Leute nahmen ihre Waffen mit hinein, Offizierszelte standen rückwärts[141]. Hütten ähnlicher Art entstanden bei längeren Aufenthalten auch in Feldzügen. Abbildung 71 zeigt (unten) solche aus Stangen und den Halmen des reifenden Korns, wie sie von den Truppen des III. Korps der Großen Armee im Lager von Liozna Anfang August 1812 gebaut wurden.

Äußerst wichtig war die Sicherung lagernder Truppen. Die vorderste Linie bildete die Vorpostenkette, bei der Kavallerie auch als Vedetten bezeichnet. Meist bestanden sie aus zwei Mann, damit der Posten nicht unbesetzt blieb, wenn ein Mann zurückreiten mußte, um zu melden. Die Entfernung der einzelnen Vorposten voneinander war so gewählt, daß sie sicher das dazwischen liegende Gelände übersehen konnten, in der Nacht standen sie enger. Damit sich Freund und Feind erkennen konnten, gab es Erkennungswörter, Losung und Feldgeschrei. Als zweite Linie befanden sich dahinter die Feldwachen, meist aus Infanterie und Reitern zusammengesetzt. Reiter eigneten

---

140 H. Schwarz: Gefechtsformen der Infanterie, München 1977, S. 393.

141 Eine eingehende Beschreibung des Lagerdienstes und Lagerbaus findet man in Oettinger/
Wasserschleben/v. Köckritz/Grosser: Handbuch des Pionierdienstes, Teil II, Glogau 1837,
S. 533.

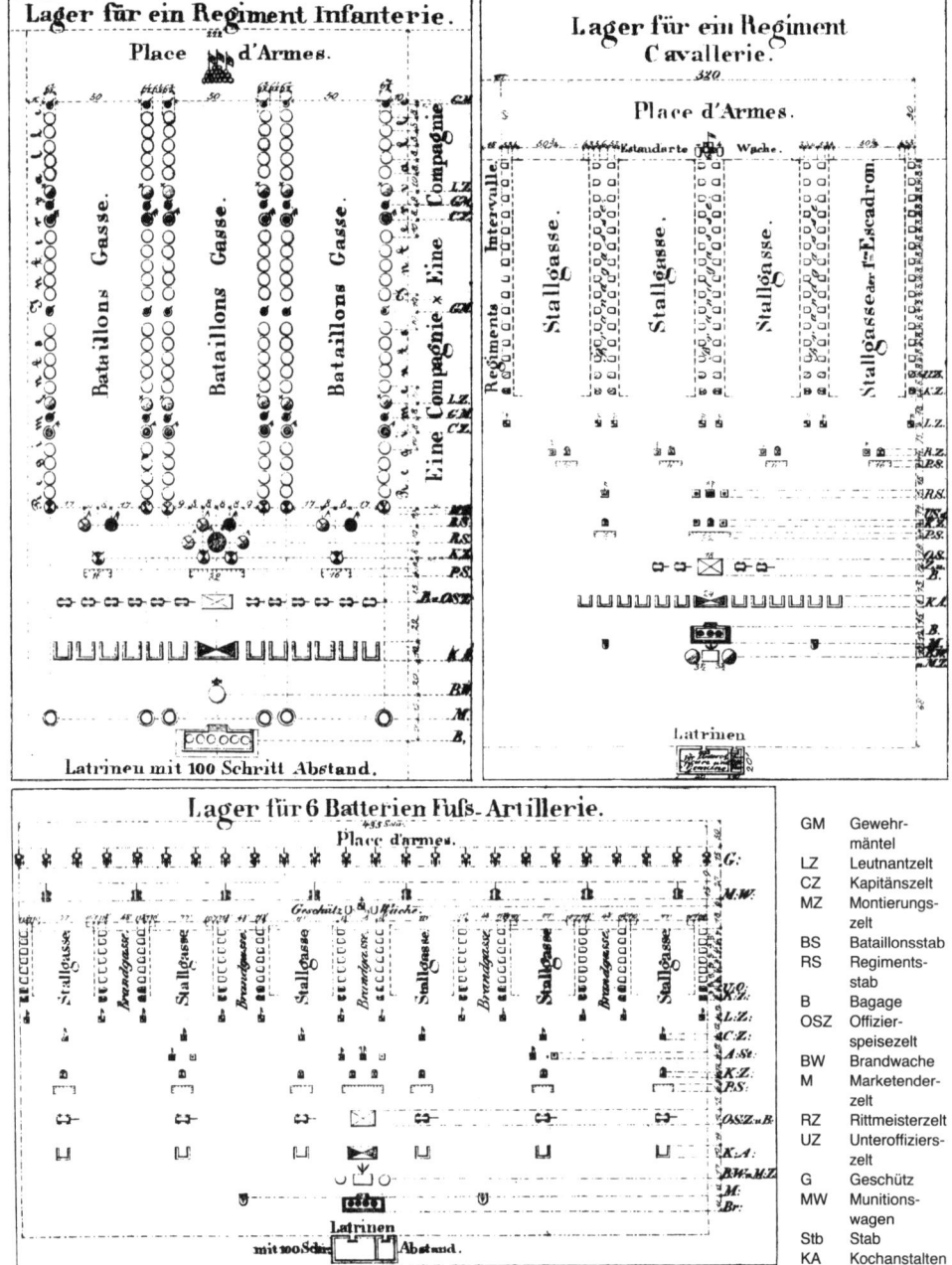

Abb. 70.   Lagerformen nach 1808 (preußische Armee).

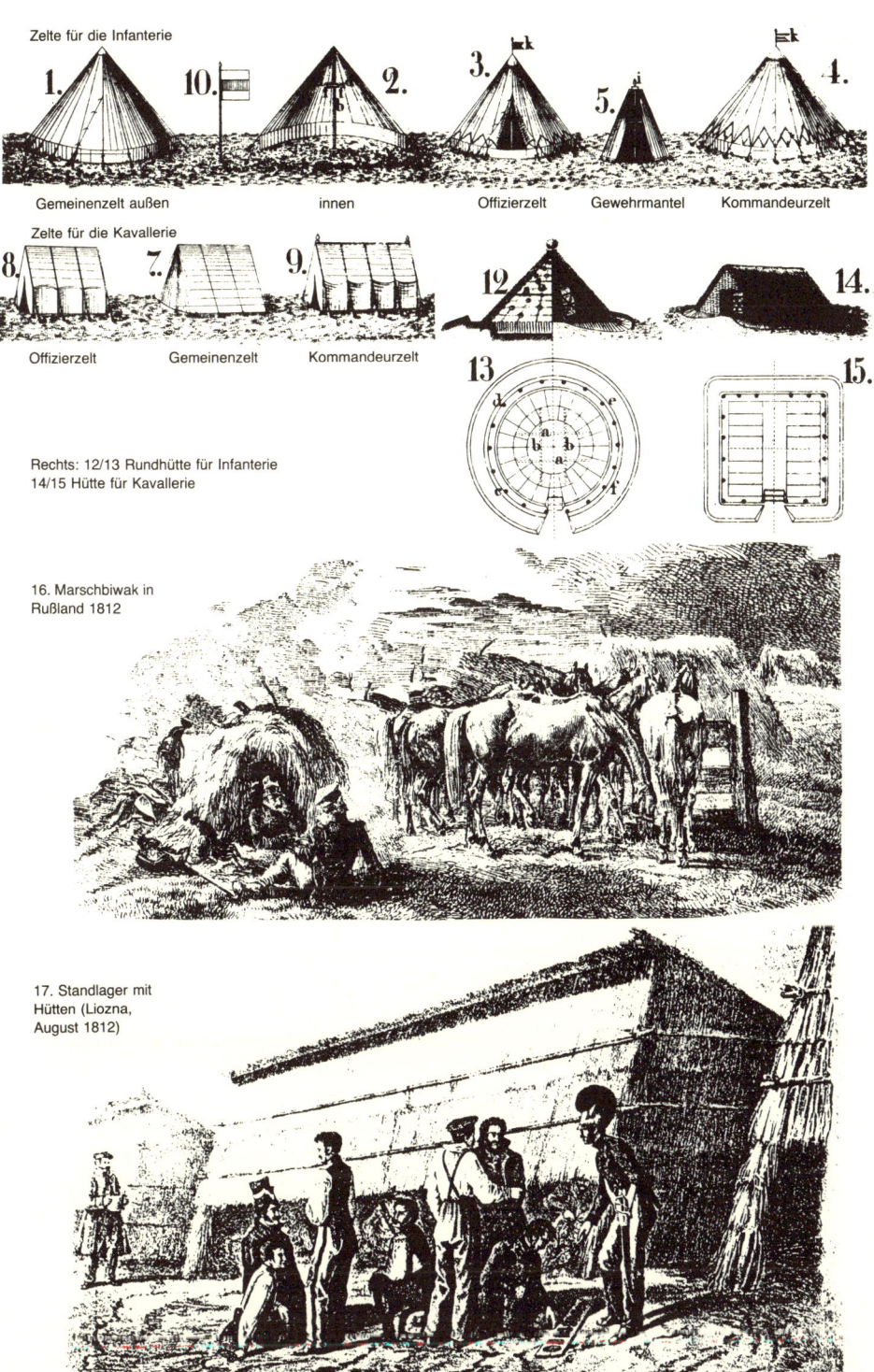

Zelte für die Infanterie

1. **10.** **2.** **3.** **5.** **4.**

Gemeinenzelt außen   innen   Offizierzelt   Gewehrmantel   Kommandeurzelt

Zelte für die Kavallerie

8. **7.** **9.** **12** **14.**

13 **15.**

Offizierzelt   Gemeinenzelt   Kommandeurzelt

Rechts: 12/13 Rundhütte für Infanterie
14/15 Hütte für Kavallerie

16. Marschbiwak in
Rußland 1812

17. Standlager mit
Hütten (Liozna,
August 1812)

Abb. 71.   Unterbringung in Lager und Biwak.

sich besser bei Tage und in ebenen, übersichtlichen Gegenden, die Infanteristen aber bei Nacht und im durchschnittenem Gelände. Eine wichtige Aufgabe des befehlenden Offiziers bestand bei Nacht darin, die Leute munter zu halten. Den beweglichen Teil des Vorpostendienstes bildeten die Patrouillen. Man hatte solche zum Visitieren mit der Aufgabe, die Vorposten zu überprüfen und munter zu halten. Dafür genügten zwei bis drei Mann. Die Aufklärungs- auch Rekognoszierungspatrouillen gingen über die Vorposten hinaus nach dem Feind zu, um dessen Stellung, Stärke und Absichten zu erkunden. Meist schickte man sie am frühen Morgen los, in der »Schäferstunde« des Überfalls. Hinter der Linie der Feldwachen stand dann das Soutien (Rückhalt) aus dem der ganze Vorpostendienst gespeist wurde und der im Alarmfalle unverzügliche Unterstützung gab.

Kleiner Krieg und Volkskrieg

Überall im Zusammenhang mit den großen, in der Feldschlacht gipfelnden Heeresoperationen gab es den sogenannten »kleinen« Krieg. Ohne ihn war eine Armee blind und hilflos, seine Rolle bestand in erster Linie darin, ihr zu helfen und sie zu begleiten. Seine hauptsächlichen Aufgaben waren die Sicherung der Armee und ihrer Teile, ihre Verbindungen untereinander zu erhalten, die Erkundung des Gegners, Sicherung des eigenen Nachschubs und der Versuch, dem Feind überall dort Abbruch zu tun, wo es am leichtesten möglich schien. Der kleine Krieg bot aber auch einem Schwächeren die Möglichkeit, mit sparsamstem Einsatz und geringstem Risiko die feindlichen Kräfte und Hilfsmittel zu verbrauchen. Eine Vielzahl kleinerer Erfolge summierte sich schließlich auch. Schon im 18. Jahrhundert war es hierin zu einer gewissen Perfektionierung gekommen, so daß die Methoden des kleinen Krieges auch jetzt noch nahezu unverändert übernommen werden konnten[142]. Seine Träger waren besondere Einheiten regulärer, aber auch aufgeboteter Streitkräfte, meist leichte Reiter und Infanteristen, die sich auch allgemein an die Regeln des üblichen Kriegsrechts hielten.

Ein wesentlicher Teil dieser Kriegsart war die Sicherung einer Armee beim Marsch und im Lager, wie sie schon im vorigen Abschnitt behandelt wurde. Den zweiten, bedeutenden Teil bildeten Detachierungen. Man bezeichnete als Detachements Truppenteile, die von der übrigen Armee abgetrennt, gewissermaßen selbständig agierten. Gelegentlich hießen solche Detachements auch Streifkorps oder Parteigängerkorps. Genaugenommen waren aber Parteigänger, ähnlich den Kosaren, Führer selbständiger irregulärer Abteilungen, die ihre Truppe, wenn auch mit Erlaubnis des Kriegsherrn, auf eigene Kosten errichteten und Krieg auf eigene Rechnung führten.

---

142 Beste Übersichten über den Kleinkrieg dieser Zeit bieten B. Schels: Leichte Truppen, kleiner Krieg, Wien 1813, und v. Valentini: Der kleine Krieg, Berlin 1829.

Solche Streifkorps oder Detachements sollten aus entfernteren Gegenden Nachrichten bringen, die Flügel eigener Armeeabteilungen decken und nebenbei dem Gegner schaden, wo immer es möglich war. Scharnhorst gab dem Freikorpsführer Lützow folgende Instruktion mit: »Das Detachement muß mit einem bedeutend stärkeren Feind sich einlassen. Es ist bestimmt, Trains von Kriegs- und Lebensbedürfnissen, kleine feindliche Detachements, welche auf dem Marsch sind oder ruhig im Quartier liegen, zu überfallen und zu vernichten, Pferdedepots oder marschierende Remonten, Couriere usw. aufzuheben und überall die Hauptstraßen unsicher zu machen. Es soll daher diese durch Bauern bald hier, bald da beobachten lassen, damit nichts auf ihnen sich bewegen kann, ohne daß man es erfährt[143].« Mit diesen Worten wird die Hauptbestimmung solcher Korps angesprochen.

In der Regel blieb ihre Stärke gering, damit die Führung übersichtlich blieb und es keine Versorgungsschwierigkeiten gab. Am besten eigneten sich leichte Reiter, die ihre Verpflegung bequem aus mehreren Dörfern holen konnten. Solche Detachements waren immer allein auf eigene Kräfte angewiesen. Ihre Führer brauchten, wollten sie erfolgreich sein, neben Tatkraft auch Intelligenz, List, Verschlossenheit und eine gewisse Portion Verschlagenheit. In Feindesland war die Führung solcher Streifkorps schwieriger, im eigenen sorgten in der Regel die Einwohner für Nachrichten und Versorgung. Im Jahre 1813 entstanden in der norddeutschen Tiefebene aus Deutschen und Russen sogar bis zu 3000 Mann starke Detachements, die neben der Masse leichter Reiter auch eine Abteilung leichter Infanterie und einige Geschütze besaßen. Man erhoffte damit, neben Verunsicherung und Schädigung des Gegners, auch eine Erhebung der Einwohner gegen die fremde Besatzung.

Mit der französischen Revolution war eine neue Spielart des kleinen Krieges hinzugekommen, der Volkskrieg, der durch die Auslösung nationaler Leidenschaften einen totalen Charakter annehmen konnte. Oft wurde er nur als bewaffneter Aufstand gesehen und dann so bezeichnet. Doch trat er seit dieser Zeit immer wieder auf. Die bedeutendsten Volkskriege gab es zwischen 1793 und 1796 in der Vendée, von 1808 bis 1814 in Spanien, in der Zeit von 1821 bis 1829 im griechischen Freiheitskampf, im polnischen Aufstand 1830/31 und in den Karlistenkriegen 1833 bis 1840 in Spanien.

Nach absolutistischer Auffassung waren Volkserhebungen als Kriegsmittel vollkommen abwegig und schon aus Gründen der Kriegszucht und fehlenden Kontrolle nicht zulässig[144]. So nannten ihre Gegner sie lieber Aufstände. Im Krieg Spaniens mit den militärisch weit überlegenen Franzosen ergab sich zwangsläufig ein Parteigängerkrieg, der nicht nur Sache der leichten Truppen, sondern auch des Volkes wurde. Die Gründe hierfür waren vorwiegend persönlicher, ideologischer Natur, aber auch religiöser Fanatismus. Führer dieses Krieges waren Offiziere, Gutsherren, Geistliche, aber auch frühere Straßenräuber; ihre Männer kamen aus dem einfachen Volke. Alle

---

143 Zitiert bei W. Hahlweg: Guerilla, Stuttgart 1968, S. 55. Hier findet man eine kurze, aber hervorragende Bearbeitung dieser Probleme.
144 Siehe auch: Handbuch..., Teil II, a. a. O., S. 181.

Mittel, auch die grausamsten, galten als erlaubt, und oft überzogene Gegenmaßnahmen sorgten für eine Eskalation. Diese Erscheinungen faßte man in Spanien unter der Bezeichnung Guerilla zusammen, die spanische Befreiungsregierung versuchte diese Geschehnisse zu lenken. Sehr hilfreich für die Guerillakämpfer war es, daß der Hauptteil der französischen Streitkräfte von der britisch-portugiesischen Armee unter Wellington gebunden wurde und zudem durch die britische Seeherrschaft und die langen, mit Landtruppen nicht voll zu sichernden Küsten Spaniens auch Waffenlieferungen durchkamen.

Wenn die Guerillagruppen auch keine Schlachtenerfolge aufweisen konnten, blieben sie doch eine ständige Gefährdung der langen französischen Nachschublinien. Damit banden sie einen großen Teil der französischen Streitkräfte, der dann bei der Schlachtentscheidung fehlte. Zu ihrem Erfolg trugen, neben der Unterstützung Englands, auch das schwierige, gebirgige Gelände Spaniens und die Tatsache bei, daß die Kämpfer als Teile des Volkes von der Bevölkerung ständig mit Nachrichten und Verpflegung ausreichend versorgt wurden. Rein taktisch entsprachen die Kampfformen denen des sonstigen kleinen Krieges. Auf die Zeitgenossen wirkten die hier verübten Grausamkeiten abstoßend. Solche Geschehnisse blieben jedoch auf Spanien und zum Teil auf den Rückzug 1812 in Rußland beschränkt. Neuartig war die Tatsache, daß sich ein ganzes Volk ohne offizielle Aufforderung und Anleitung spontan und gefühlsmäßig einem »Todfeind« entgegenstellte.

Der Freiheitskampf der Tiroler 1805 und 1809 wird in der Literatur zwar auch als Volkskrieg bezeichnet, läßt sich aber mit der ungezügelten Art der spanischen Kriegführung nicht vergleichen. In Tirol gab es ein offizielles Landesaufgebot, das unter festen Führern nach anerkannten Kriegsregeln focht. Aber auch sonst scheiterten im deutschen Raum solche Aufstandsversuche. Man dachte rationaler und vermochte seine Gefühle zu zügeln. Erst der gesetzlich geregelte Aufbruch der Nation bewirkte bei Ausbruch des Befreiungskrieges in Preußen, daß ein großer Teil der männlichen Bevölkerung als Freiwillige zur Fahne eilte, der die Feldarmee verstärkte, und für den Notfall, als Landsturm organisiert, ebenfalls vorgesehen war.

Festung und Festungskrieg

Mit dem Erstarken der Machtmittel der Staaten durch Ausschöpfung ihrer gesamten Volkskraft im Gefolge der französischen Revolution brauchten die Ziele eines Krieges nicht mehr begrenzt zu bleiben. Die Kräfte reichten nun durchaus einen Gegner, der dem alten System anhing, völlig niederzuringen. Damit verloren nach und nach auch die Festungen und das Bestreben, sie unbedingt zu nehmen, bevor das Heer weiterrückte, ihre bis dahin überragende Bedeutung. Nicht mehr auf einen nur begrenzten Erfolg, sondern auf die Vernichtung der feindlichen Streitkräfte im Felde kam alles an. War das erreicht, mußten zwangsläufig auch die Festungen fallen. Zudem kostete eine förmliche Belagerung in der Regel zu viel Zeit; so begnügte man sich, wenn es anging, mit einer Einschließung und Blockade. Selbst der berühmte, von Vauban angelegte dreifache Festungsgürtel Frankreichs war in den Feldzügen der Verbündeten in den Jahren 1814 und 1815 zweimal ohne großen Aufenthalt durchschritten worden. Die nun zahlenmäßig großen Heere, die Veränderung ihrer Versorgungsmethoden und das mittlerweile entstandene Straßennetz hatten die Sperrfunktion dieser Bollwerke weitgehend aufgehoben.

Andererseits boten Festungen der eigenen Armee die Möglichkeit, ihre Operationen von vielen Rücksichten zu befreien. Die Truppen konnten Verstärkung und Vorräte, im Notfall auch Hilfe und Zuflucht finden. Der Gegner vermochte nicht ohne weiteres an einer Festung vorbeizugehen. Aus Furcht vor der Gefährdung seiner Operationslinien mußte er ein Beobachtungskorps stehen oder den Platz gar einschließen lassen, Kräfte, die bei der Entscheidung fehlten. Dagegen benötigten Festungen schon im Frieden große Summen zum Bau wie zu ihrer Unterhaltung und banden im Kriege Besatzungen auf Kosten der Feldarmee. So kam es darauf an, Kosten und Nutzen im richtigen Verhältnis vorauszuschätzen, ein Unterfangen, das durch die Vielzahl der hier infrage kommenden Faktoren fast stets reine Spekulation blieb. Doch sollte sich erweisen, daß schließlich nicht Größe und Zahl von Festungen ins Gewicht fielen, sondern ihre Qualität, also fortifikatorische Stärke, die strategische Lage und die Mannhaftigkeit ihrer Verteidiger.

Mit der zweckmäßigen Anlage von Festungen befaßte sich die Befestigungskunst oder Fortifikationslehre. Sie betrachtete als ihre Aufgabe die Verstärkung von Geländeabschnitten durch künstliche Bauten und Vorrichtungen in einer Art, daß es auch Schwächeren möglich war, erfolgreichen Widerstand zu leisten. Durch die ständige Verbesserung der Angriffsmittel mußten auch die Festungsbauer neue Methoden finden; die Folge war ein dauernder Wettlauf von Angriffswirkung und Deckung, von »Feuer und Stein«.

Hatte man einen Raum zu verteidigen, so kam es darauf an, daß die Verteidiger

1. gegen Sturmangriff gesichert und
2. gegen das feindliche Feuer gedeckt waren,
3. den Feind überall und möglichst lange unter wirkungsvollem Beschuß halten und
4. Offensivkraft durch Ausfälle und Wiedereroberungen beweisen konnten[145].

Hinsichtlich Festungen kam noch dazu, daß sowohl die Besatzung als auch ihre Vorräte sicher untergebracht werden mußten und die Anlage so zweckmäßig gebaut war, daß die Verteidigung auch bei Verlust eines Abschnitts fortgesetzt werden konnte.

Allgemein unterteilten die Fachleute die Fortifikationskunst in die Feldbefestigung (passagere Befestigung) und die ständige (permanente) Befestigung. In beiden Bereichen sind die Grundelemente gleich, ihre Aufgaben und Benennungen gleichen sich

---

145 Frhr. v. Valentini: Die Lehre vom Krieg, Teil II, Bd. 2, Berlin 1834, S. 218.

sowohl bei der passageren wie permanenten Befestigung, die bis in unser Jahrhundert hinein Gültigkeit besaßen. Auch zur permanenten Befestigung wurden immer Feldwerke errichtet, zusätzlich bei Belagerungen. Daher soll zuerst die einfacher zu übersehende Feldbefestigung betrachtet werden, weil sie eine gute Einführung in die Kenntnis der Grundelemente gibt. Gegenüber dem vorhergehenden Zeitraum hat sich dabei kaum viel verändert. Den neu hinzukommenden Lesern fehlen aber diese Grundlagen und müssen daher gebracht werden, was für die Besitzer des Vorgängerbandes zwangsläufig zu Wiederholungen führen wird. Dafür möchten wir uns jetzt schon im Interesse der Sache entschuldigen.

Die Feldbefestigungen

Durch Feldbefestigungen sollten Geländeabschnitte in kurzer Zeit Verteidigungseinrichtungen erhalten. Von der Mitte des 18. Jahrhunderts an betrachteten die Militärs sie unabhängiger von der ständigen Befestigung und begannen eigene Regeln aufzustellen, wie sich Feldtruppen schnell und mit wenig Aufwand schützen können. Es erschienen auch erste Lehrbücher[146]. Weil solche Werke nicht lange zu stehen brauchten, waren auch keine aufwendigen Anlagen nötig.

Zu jeder Befestigung gehören drei Grundelemente: Hindernisse, Deckungen und zur Verstärkung Sperrmittel. Hindernisse und Sperrmittel hatten gemeinsam das Vordringen des Angreifers zu erschweren. Dazu zählen die Mauern, der Graben mit seinen Wänden, das Wasser im Graben, Überschwemmungen, Verhaue, Palisaden, Sturmpfähle, spanische Reiter, Wolfsgruben und Fladderminen. Die Deckungen sollten den Verteidiger vor Beschuß durch den Angreifer schützen. Als einfachste Art einer Deckung diente ein Erdwall oder Aufwurf, Brustwehr genannt, deren oberster Teil Krone hieß. Die Erdmassen für eine solche Brustwehr kamen aus dem Graben, der wenigstens sechs Fuß (1,85 m) tief sein mußte, seine Breite richtete sich nach der notwendigen Erdmenge für die Brustwehr. Allgemein wurden Brustwehren sechs Fuß hoch geschüttet, zum Schutz gegen Flintenfeuer vier Fuß (1,25 m), gegen Artilleriefeuer acht Fuß (2,50 m) und gegen schweres Geschütz zwölf Fuß (3,75 m) breit, ohne die Böschung mitzurechnen[147]. Die Böschungen sollten so steil wie möglich sein. Um bei Regenwetter ein Abrutschen des Erdreichs zu verhindern, kamen bei der Anlage lagenweise Faschinen oder Reisig dazwischen. Sonst konnte die Böschung auch mit Grassoden belegt werden. Eine Berme, den schmalen Gang zwischen Brustwehr und Graben sah man nicht gern, brauchte sie aber, um beim Hochschaufeln den Schanzgräbern einen Zwischenhorizont zu geben und das Nachrutschen der Erde in den

---

146 Grundlegend sind hier J. G. Tielke: Unterricht für die Officiers die sich zu Feld-Ingenieurs bilden..., Dresden und Leipzig 1795, und A. v. Zach: Vorlesungen über die Feldbefestigung, Wien 1782.

147 J. Mauvillon: Einleitung in die sämtlichen militärischen Wissenschaften, Braunschweig 1784, S. 378.

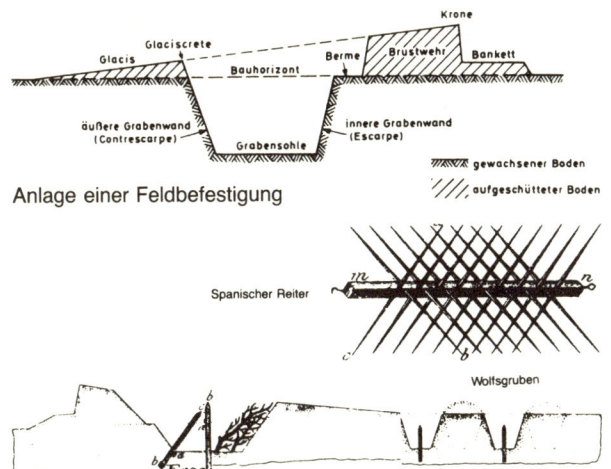

Anlage einer Feldbefestigung

Hindernisarten bei einer Befestigung

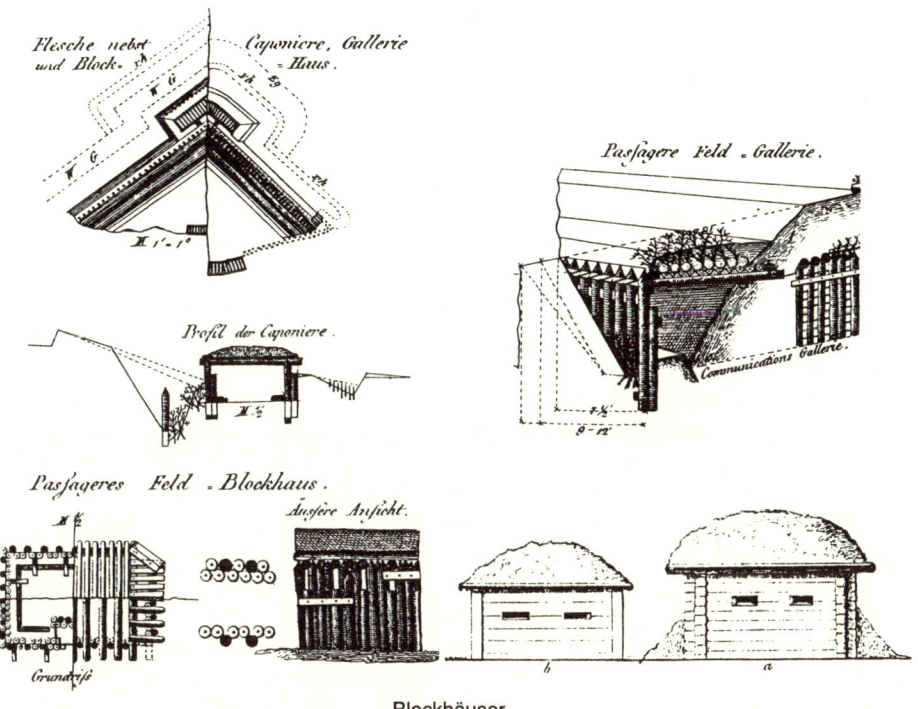

Blockhäuser

Abb. 72. Die Feldbefestigung.

199

Graben zu verhindern. Dazu wurden die Kanten der Berme abgerundet oder Sturmpfähle eingerammt.

Die innere, der Brustwehr anliegende Böschung des Grabens hieß Escarpe, die äußere, feindwärts liegende Contrescarpe. Hinter der Brustwehr befand sich ein Auftritt für Schützen oder Kanonen, das Bankett. Von dort konnten die Verteidiger direkt über die Krone, also »über die Bank« nach verschiedenen Richtungen anschlagen, waren aber selbst gefährdet. Möglich war das Einschneiden von Schießscharten (krenellieren), doch ließ sich dann nur geradeaus feuern. Feindwärts gab es vor dem Graben einen Aufwurf, Glacis genannt, dessen höchster Punkt Glaciscrete hieß. Mit einem solchen Aufwurf war die wirksame Grabentiefe größer.

Als Deckungen gegen Flintenfeuer dienten auch Pfähle, die Schießscharten enthielten. Sie mußten aber dem direkten Kanonenschuß entzogen sein, also innerhalb von Erdwerken oder in den Gräben stehen. Eine einfache Wand dieser Pfähle hieß Tambour und diente zur Abgrenzung eines Torraumes, in der Feldbefestigung auch als Feldgalerie, also geschützter Gang im Graben. Meist wurden aber Blockhäuser errichtet, deren Dach mit Erde abgedeckt, dem Bauwerk Bombensicherheit gab. Befand sich ein solches Blockhaus in einem Werk, war es die letzte Verteidigungsstellung, das Reduit. Stand es in einem Graben, um diesen durch Feuer bestreichen zu können, sprach man von einer Grabenwehre, Meisenkasten, Koffer oder Kaponière. Solche Bauten waren bei der Feldbefestigung nur provisorisch, in der permanenten auch in Mauerwerk aufgeführt.

Die Hindernisse sollten den Feind im Bereich des wirksamen Feuers aufhalten und das Ersteigen des Walles erschweren. Dazu gehörten neben dem Graben eine Reihe von Maßnahmen: Palisaden hießen oben zugespitzte Pfähle, die höchstens 10 cm auseinanderstanden. Sie wurden entweder im Graben oder in der Berme eingerammt. Wurden diese Palisaden waagerecht oder schräg gesetzt, hießen sie Sturmpfähle. Spanische Reiter waren Balken, die im Abstand von 15 cm spitze Stäbe trugen, die sich rechtwinklig kreuzten. Sie ließen sich von einigen Leuten schnell umsetzen und dienten zum zeitweiligen Sperren von Toren und Durchgängen. Gesträuch, Gestrüpp und Baumäste, die als Hindernis an die Grabenwand kamen, hießen Verhau. Wuchsen die Bäume an Ort und Stelle, schlug man sie in etwa einem Meter Höhe so um, daß die Krone feindwärts fiel. Dann hieß es natürlicher Verhau, mußten Bäume oder größere Äste angeschleppt werden, war es ein Schleppverhau. Wolfsgruben wurden runde oder viereckige Erdgruben mit in der Mitte eingerammten, angespitzten Pfählen genannt, die schachbrettartig vor oder in einem Graben angelegt waren. In freiem Gelände stellten sie ein wirksames Hindernis bei Reiterangriffen dar. Daneben gab es in das Glacis eingegrabene und mit Pulver gefüllte Holzkästen, die Fladerminen, die bei einem Angriff des Gegners gezündet wurden.

Versuchten Strategen mit solchen Feldbefestigungen einen ganzen Landstrich zu schützen, sprach man von Linien. Am bekanntesten ist die Verteidigungsstellung von Torres Vedras nördlich Lissabon aus dem Jahre 1810. Die einfachste Art ihrer Errichtung waren gradlinige Brustwehren mit Graben, die in regelmäßigen Abständen Fleschen hatten, die dann Redans genannt wurden. Es gab auch solche in Tenaillenform oder, dem Gelände angepaßt, mit geknickten Geraden, die Grabenstreichen besaßen. Die Ansichten über den Wert solcher Linien waren aber sehr geteilt. In der Regel bevorzugten Praktiker einzelne Feldwerke.

Das einfachste offene Feldwerk, im Rücken nicht abgeschlossen, war die Flesche (Redan). Bei ihr standen zwei Fronten (Facen) aus Wall und Graben in einem »ausspringenden« Winkel zueinander. Ausspringend ist ein Winkel, wenn er mit seinem Scheitel zum Feind, einspringend, wenn er zu einem selbst zeigt. Die Erfahrung lehrte aber, daß der Verteidiger nur senkrecht zur Brustwehr effektiv schießen konnte. So ergab sich bei jeder Flesche vor der Spitze ein vom Feuer unbestrichener Raum, der um so größer wurde, je spitzer der Winkel der beiden Brustwehren zueinander war. Deshalb knickte man die beiden Fronten ab und erhielt dadurch einen flacheren Winkel sowie zwei Flanken. Ein solches Werk hieß Lünette.

Weil Flankenfeuer bald als die stärkste Seitenverteidigung galt, entstanden durch Aneinanderreihen von Fleschen die sogenannten Tenaillen (Zangen). Bei ihnen gab es keinen unbestrichenen Raum mehr, weil sich das Flankenfeuer überlagerte. Wurden nun zwei Lünetten durch eine gerade Front (die Kurtine) verbunden, entstand eine bastionierte Front, das Grundelement des Bastionärsystems, das den meisten ständigen Befestigungen zugrunde lag. Zu einer bastionierten Front gehörte demnach von der einen Lünette eine Front, die daran liegende Flanke, die Kurtine, die Flanke der anderen Lünette und deren anliegende Front. Damit konnte eine Flanke die Front der anderen Lünette bestreichen. Eine ganze Lünette zwischen Kurtinen hieß dann schon Bastion.

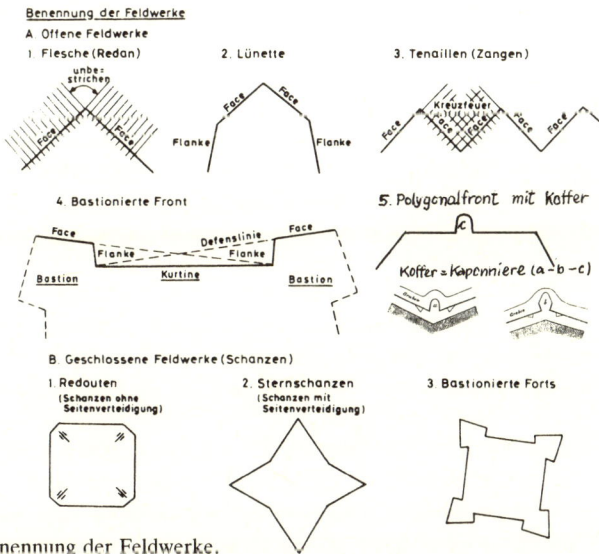

Abb. 73. Benennung der Feldwerke.

Geschlossene Werke wurden auch im Rücken befestigt. Diese Rückseite hieß dann Kehle. Die einfachsten Werke dieser Art waren Redouten mit polygonalem Grundriß, meist aber nur viereckig. Sie konnten lediglich Frontalfeuer abgeben, da ihnen die Seitenverteidigung fehlte. Man konnte sich helfen, indem ihre Fronten eine Streichwehre (Kaponniere) erhielten, entweder in die Mitte der Front oder an dem Scheitel des ausspringenden oder des einspringenden Winkels. In den letzten Fällen waren gleichzeitig zwei Fronten zu bestreichen. Sternschanzen, manchmal auch als Retretten bezeichnet, besaßen in- und ausspringende Winkel und waren vier-, fünf- oder sechseckig. Weil man sie als tenaillenartige Rundumverteidigung sehen konnte, hatten sie Seitenverteidigung. Daneben kamen, ähnlich permanenten Festungen, auch bastionierte Forts vor. Als Verstärkungsmittel, die die Wegnahme eines Werkes verhindern sollten, konnte man als Reduit ein Blockhaus hineinstellen.

Beim Angriff auf Feldverschanzungen versuchten zuerst Geschütze die Brustwehr einzuschießen. War der Sturm derart vorbereitet, ging die Infanterie vor und nahm zur Unterstützung Zimmerleute und Schanzgräber mit. Diese sollten die Palisaden umhauen oder wegsprengen und einen sicheren und gangbaren Weg in den Graben stechen. Während dieser Zeit hatte ein Teil der Angriffstruppe die Verteidiger unter Feuer zu halten, der andere die Brustwehr zu erklimmen, weil dort das Feuer der Verteidigung unwirksam war. Noch besser war es, wenn offene Werke von der Kehle aus angegriffen werden konnten oder ein nächtlicher Überfall.

Die ständige Befestigung

Schon vor dem Beginn des hier behandelten Zeitabschnitts hatten Festungen bestimmte Formen gefunden. Man hatte erkannt, daß gegen die immer wirkungsstärkeren Geschütze Erdwälle günstiger und preiswerter als Mauern waren. Mauerwerk diente noch vorwiegend als Verkleidung von Erdböschungen, aber auch für den Bau von kasemattierten Batterien, Galerien, Kaponnieren und Reduits, sofern es nicht dem direkten Artilleriebeschuß ausgesetzt war. Schon recht früh hatte Daniel Speckle (1536–1589) diesen Grundsatz ausgesprochen. Um das Mauerwerk zu beschießen, mußte sich der Angreifer erst einmal an den Hauptgraben heranarbeiten. Das Hauptanliegen aller Festungsbauer und Verteidiger war dann, dieses nach Möglichkeit zu erschweren. Dazu gehörte schließlich eine Reihe von vorgeschobenen Werken, die sich gegenseitig unterstützten, aber doch von der Hauptumwallung beherrscht werden konnten.

Festungen entstanden als mehr oder weniger regelmäßige Vielecke, deren jede Seite als »Front« bezeichnet wurde. Wie schon bei der Feldbefestigung besaß auch hier jede Front Hindernisse und Deckungen. Das Haupthindernis und wichtigste Bauteil war der Graben mit seinen Wänden. Er lieferte auch beim Bau die notwendigen Erdmassen für die Deckungen, also Wall, Brustwehr und Glacis. Der Graben war mit Mauerwerk oder durch mit Flechtwerk verstärkte Erdböschungen eingefaßt, die dann mit Grassoden belegt wurden. Auch hier hieß die innere Mauer oder Bö-

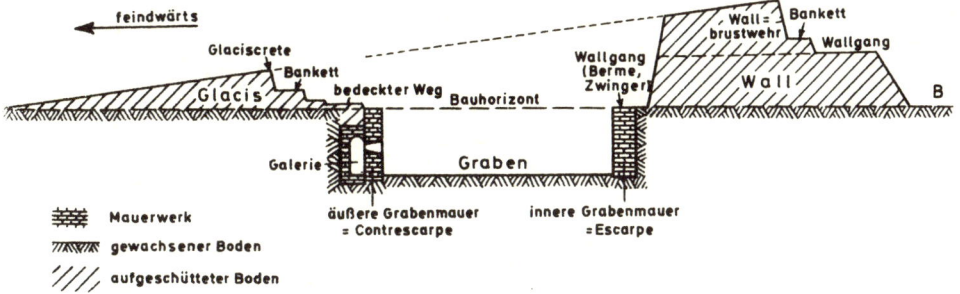

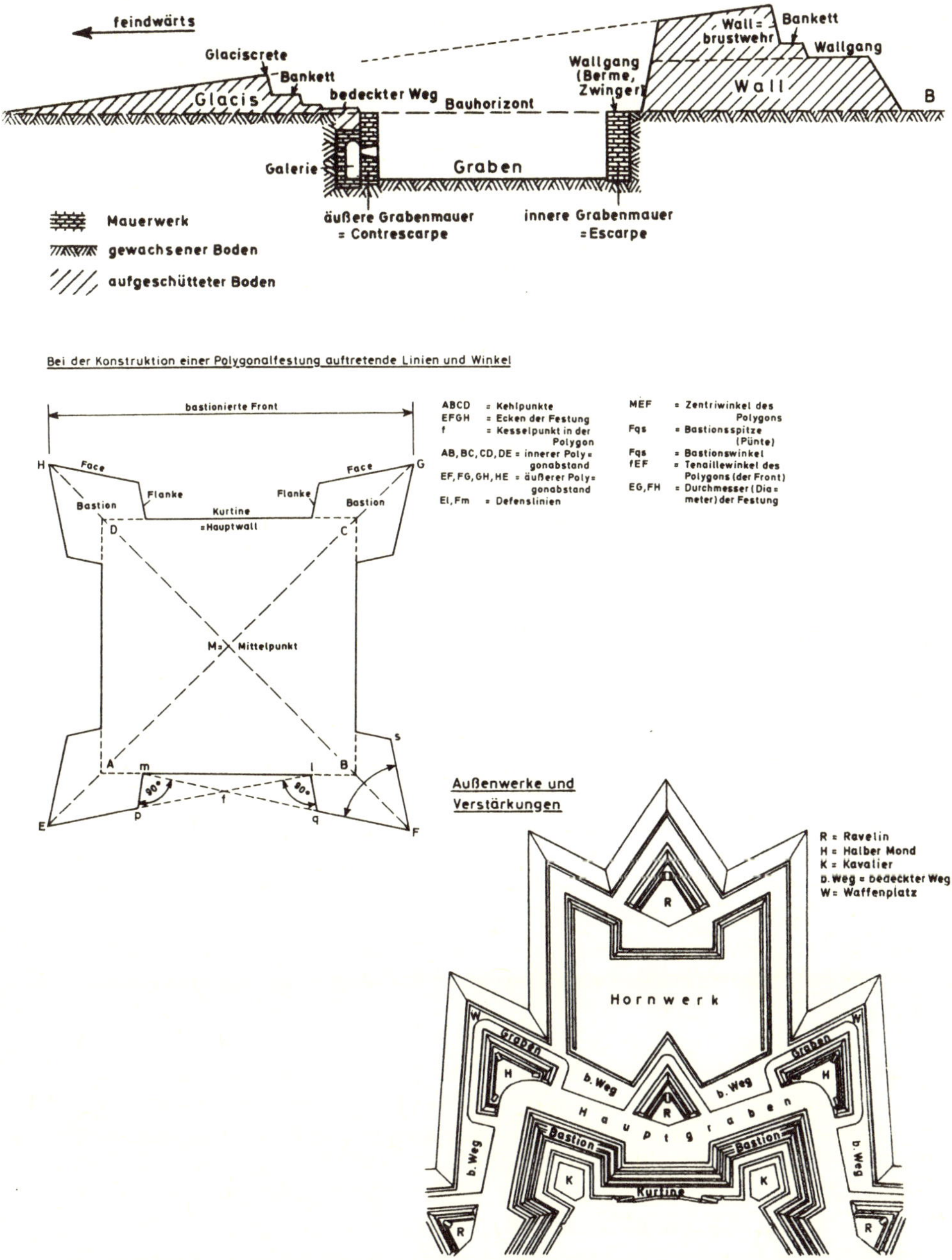

Bei der Konstruktion einer Polygonalfestung auftretende Linien und Winkel

ABCD	= Kehlpunkte
EFGH	= Ecken der Festung
f	= Kesselpunkt in der Polygon
AB, BC, CD, DE	= innerer Poly = gonabstand
EF, FG, GH, HE	= äußerer Poly = gonabstand
EI, Fm	= Defenslinien

MEF	= Zentriwinkel des Polygons
Fqs	= Bastionsspitze (Pünte)
Fqs	= Bastionswinkel
fEF	= Tenaillewinkel des Polygons (der Front)
EG, FH	= Durchmesser (Dia = meter) der Festung

bastionierte Front

Face — Face

Bastion — Flanke — Flanke — Bastion

Kurtine = Hauptwall

M = Mittelpunkt

80° 80°

Außenwerke und Verstärkungen

R = Ravelin
H = Halber Mond
K = Kavalier
b. Weg = bedeckter Weg
W = Waffenplatz

Hornwerk

Hauptgraben

Bastion — Bastion
Kurtine

Abb. 74. Bauelemente einer Festung.

schung Escarpe, die feindwärts liegende Contrescarpe. In der Regel war die Escarpe aus Mauerwerk aufgeführt und lag dem »gewachsenen« Boden an. Rein technisch handelte es sich um Futtermauern, deren Stärke sich nach dem Erddruck richtete. Gab es zur Aufnahme von Geschützen oder Unterbringung der Besatzung direkt an der Mauer Gewölbe, hießen diese Kasematten. Solche Kasematten konnten auch mehrstöckig sein. Befand sich hinter der Mauer nur ein gemauerter Gang mit Schießscharten zum Graben, nannte man diesen Galerie. Von Speckle angeregt und dann von Montalembert und Carnot eingesetzt, gab es auch vom Erdreich des Walles freistehende Escarpenmauern. Beim Einschießen einer solchen Mauer konnten die Erdmassen der Grabenwand nicht nachrutschen und eine gangbare Bresche ergeben. Der Angreifer mußte dann erst die Mauer überwinden und noch den Wall erklimmen. Solche freistehenden Mauern konnten auch »krenelliert« sein, das heißt Schießscharten haben. Um das Ersteigen der Grabenwände zu verhindern, mußten sie »sturmfrei« sein. Daher plante man trockene Gräben recht tief, doch nicht so breit, mit Wasser gefüllte aber stets breit. Eine Wassertiefe von 1,80 m galt als ausreichend, sie hieß »militärische Wassertiefe«.

Wall hieß der Erdaufwurf, der sich über den Bauhorizont, das Geländeniveau vor dem Bau, erhob und die Verteidiger deckte. Er besaß eine Brustwehr mit Auftritten für Schützen oder Geschütze, die Bankette, und dahinter einen breiten Wallgang. Geschütze konnten über die Wallkrone (über die Bank) oder durch eingeschnittene Scharten feuern. Zwischen dem Wall und der Escarpe gab es einen Gang, der Berme, Rondengang oder Zwinger hieß. Um den Graben schon vorneweg verteidigen zu können, war eine Deckung aufgeschüttet, das Glacis mit Brustwehr und Banketten. Der dahinter liegende Raum hieß »gedeckter Weg«. Zur Bestreichung des Grabens konnten die schon erwähnten in den Grabenmauern sitzenden Galerien, die im Graben stehenden gemauerten und mit Scharten versehenen oder als Blockhaus errichteten Kaponnieren sowie die Kasematten dienen. Unterirdische, gemauerte Verbindungsgänge hießen Poternen. Die Wohn- und Vorratsräume sowie Geschützstände waren meist kasemattiert. Aber auch alle anderen Versorgungseinrichtungen sollten bombensicher sein, wie Pulver- und Proviantmagazine, Laboratorien und Lazarette. Der Pulvervorrat einer Festung blieb an mehreren Stellen verteilt. Die dafür üblichen bombensicheren Magazine waren von einem Hohlraum umgeben, damit stets eine gleichmäßige Temperatur herrschte.

Bei den als mehr oder weniger regelmäßigen Vielecken angelegten Festungen bezeichnete man eine Seite als Front. Für deren Länge war die Defenslinie entscheidend, die beim Bastionärsystem die Spitze eines Bastions mit der Flanke des Nachbarbastions verband. Ihre Länge durfte die wirksame Schußweite des Feuergewehrs nicht überschreiten. Wurden die Defenslinien von den in der Kehle liegenden Mittelpunkten der Nachbarbastione gezogen, ergab ihr Schnittpunkt die Spitze des Bastions. Wie schon gesagt, gehörten zu einer bastionierten Front ein gerades Wallstück, die Kurtine oder Mittelwall, und die diesem jeweils anliegenden Flanken und Facen der angrenzenden Bastione. Bei ihrer Anlage wurde angestrebt, daß jede ihrer Linien außer dem eigenen Frontalfeuer noch ein zusätzliches Flankenfeuer von einer benachbarten Linie erhalten konnte. Dieses Bemühen um möglichst lückenloses Flankenfeuer war das Hauptanliegen aller Festungsbauer. Außer der vorherrschenden bastionierten Front gab es auch tenaillierte, später auch gerade Wallstücke, deren Seitenbestreichungen durch Kaponnieren erfolgte.

Um vom Wall aus unübersichtliche Stellen des Vorfeldes einsehen zu können, errichtete man zunächst in den Bastionen überhöhte Erdwerke, die Kavalliere, dann aber kasemattierte Türme. Alle Bauten, die außerhalb des Hauptgrabens lagen, aber noch von dem gedeckten Wege eingeschlossen waren, hießen Außenwerke. Sie sollten den Gegner veranlassen, seine Kräfte schon vor der eigentlichen Front zu verbrauchen. Grundsätzlich war die Höhe der Außenwerke niedriger als die des Hauptwalles, damit sie von dort überschossen und beherrscht werden konnten. Sie hatten Tore zu decken, die durch Kurtinen gingen, die Kurtinen selbst und auch die Bastionsflanken. Ihre Konstruktion mit Wall und Graben entsprach der üblichen Art, sie unterschieden sich nur durch ihre Form und Lage.

Raveline sollten Kurtinen schützen; sie waren meist in Form einer Flesche gebaut. Vor einer Bastion oder einem Ravelin an einer besonders gefährdeten Stelle konnte ein Horn- oder Kronwerk liegen. Besaß es nur eine vorgeschobene bastionierte Front, hieße es Hornwerk, waren es zwei, Kronwerk. Vor den Bastionsspitzen gab es in der Art der Ravelins Werke, deren Rückseiten (Kehlen) vom Hauptgraben halbrund begrenzt waren und die daher Halbmonde hießen. Schon in der Mitte des 18. Jahrhunderts tauchten als vorgeschobene Verteidigungsanlagen außerhalb des gedeckten Weges einzelne, selbständige Forts auf. Sie waren nach ähnlichen Grundsätzen gebaut wie die anderen permanenten Anlagen. Daneben besaßen viele Festungen ein größeres selbständiges Werk in der Festung, um die Verteidigung fortsetzen zu können, wenn der Feind bereits eingedrungen war, die Zitadelle. Ihre Anlage war von den Geländeverhältnissen bestimmt, entweder auf einer Höhe oder von Wasser umgeben. Meist waren Zitadellen nach dem Bastionärsystem gebaut. Um zwischen Zitadelle und Stadt freies Schußfeld zu haben, gab es einen Platz, die Esplanade, der oft auch als Exerzier- und Paradeplatz für die Garnison diente.

Befestigungsmanieren

Das ständige Wechselspiel zwischen der Waffenwirkung und deren Abwehr, aber auch neue Überlegungen führten dazu, daß in der Befestigungskunst laufend neue Formen entstanden, die als Manieren bezeichnet wurden. Sie erhielten ihren Namen entweder nach dem Herkunftsgebiet oder dem Baumeister, der sie vorschlug und einführte. Die meisten Festungen des hier behandelten Zeitabschnitts waren nach dem Bastionärsystem gebaut. Dessen Grundform stammte von italienischen Baumeistern und war von Speckle, den Niederländern und schließlich den Franzosen so verbessert worden, daß die zuletzt von Vauban (1633–1707) entwickelten Formen geradezu kanonisch wirkten. Am reinsten zeigt es das von ihm 1697 neu erbaute Neu-

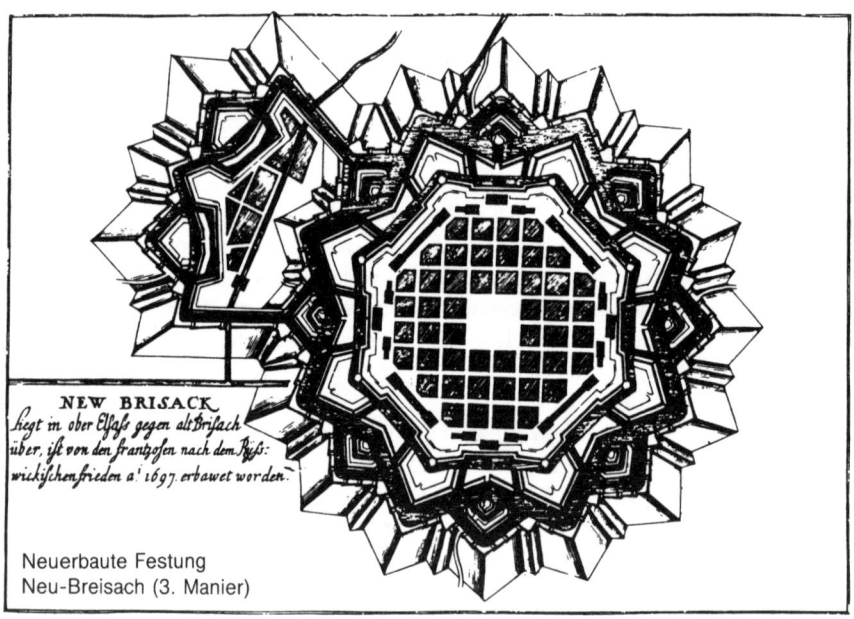

NEW BRISACK
liegt in ober Elsaß gegen alt Brisach
über, ist von den frantzosen nach dem Rß:
wickischenfrieden a' 1697 erbawet worden.

Neuerbaute Festung
Neu-Breisach (3. Manier)

Abb. 75.   Festung nach dem Bastionärsystem (Vaubans 3. Manier).

Breisach mit seinen acht bastionierten Fronten. Die langen Kurtinen erhielten schon kleinere Abschnitte durch kurze, kasemattierte Nebenflanken, die Bollwerkstürme wurden vergrößert und in den Ravelinen zusätzliche Reduits geschaffen. Davor, an der dem Angriff wahrscheinlich ausgesetzten Seite, setzte er ein Kronwerk mit zwei bastionierten Fronten. Im wesentlichen kann man seine Bauweise mit den Worten umschreiben: klare, wenn auch oft schematische Gestaltung des Grundrisses mit bastionierten Fronten, verminderte Höhe des Walles und Wasser als Hindernis sowie gut wirkende Außenwerke, aber wenig Kasematten. Der Einfluß Vaubans hat noch weit bis in das 19. Jahrhundert angehalten. Nach ihm richteten sich weitgehend Cormontaigne und die Ingenieurschule von Mezières; sie fügten kleinere Verbesserungen zu. Auch noch später haben in Frankreich viele Ingenieure, unter anderen Bousmard und Chasseloup, Graf d'Arçon und Haxo dem Bastionärsystem angehangen.

Schon früh im 18. Jahrhundert begann der Streit der Anhänger des Bastionärsystems mit denen der Tennaille. Die Vorteile einer Tenaillenbefestigung waren schon eher bekannt. Der erste Baumeister aber, der diese Vorzüge weiterentwickelte, war der jüngere Landsberg (1670–1746). Seine Überlegung war, daß die Flanke der wichtigste Teil der bastionierten Front sei, weil durch sie die Face und die Kurtine verteidigt wurden. Von diesen drei Linien ist sie aber die kürzeste. Daher brauche ein Angreifer nur die Flanke zu zerstören, um die anderen zu nehmen. Beim Tenaillensy-

206

stem wären aber alle Linien Flanken. Landsberg legte für die Tenaillen als ausspringenden Winkel 60 Grad fest, in den Graben sollten als Verstärkungen Redouten kommen. Der gravierendste Nachteil des Systems bestand darin, keine Querwälle (Traversen) zu besitzen und so leichtes Rikoschettieren zu ermöglichen.

Die alten preußischen Festungen waren, wie überall, ursprünglich nach dem Bastionärsystem gebaut. Doch nach 1730 wandte Walrave, der erste Chef des preußischen Ingenieurkorps, bei der Neubefestigung von Magdeburg erstmalig das Tenaillensystem nach den Gedanken von Landsberg an. Entscheidend wurden aber, wie bei der Befestigung von Mainz, die ebenfalls Walrave prägte, die später den Festungen vorgelagerten Außenwerke mit Rundumverteidigung, die an günstigen Geländepunkten lagen. Zunächst scheute man sich, solche Werke, – Forts genannt – anzulegen, weil sie leicht abgeschnitten werden konnten. Erst die Zusammenstellung mehrerer Forts zu einer Reihe sich gegenseitig unterstützender Werke zeigte dann ihre volle Bedeutung. Durch Friedrich den Großen weiterentwickelt, galten diese Fortgürtel gleichsam als vorgeschobene Treffen der Hauptumwallung. Beste Beispiele waren der Umbau der Festung Neisse mit dem vorgeschobenen Fort Preußen sowie den Nebenwerken Graudenz und Schweidnitz.

Die Abbildung 77 zeigt einen Plan der Festung Schweidnitz. Deutlich erkennt man den vorgeschobenen Fortgürtel mit fünf Forts (I, II, III, IV und V). Jedes Fort ist

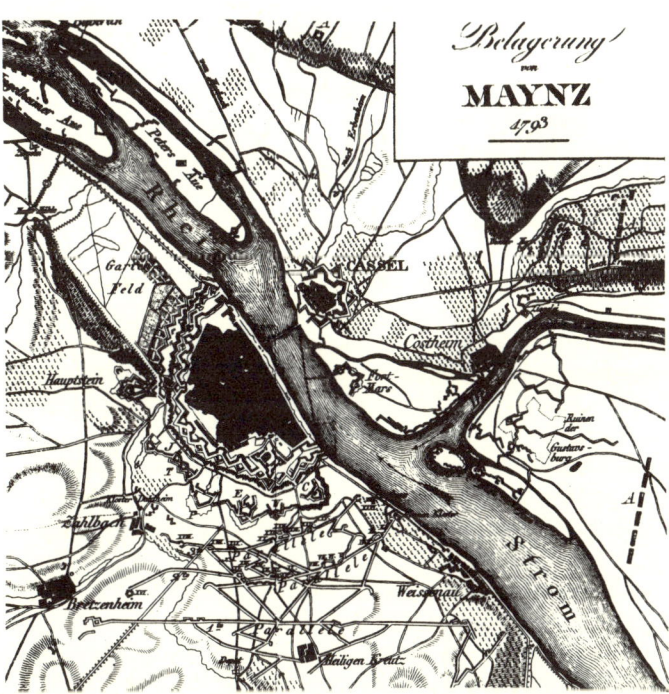

Abb. 76. Die
Festung Mainz
mit ihrer
Außenfortlinie.

207

Preußische Front (Friedrich der Große, Wallrave). 18. Jahrhundert.

Abb. 77.   Die altpreußischen Befestigungen.

tenaillenartig als Sternschanze ausgebildet, seine Kehle abgeschlossen befestigt. Dazwischen befinden sich hinten ganz geschlossene Lünetten. Die Verbindung dieser Außenwerke geschieht durch Kurtinen, die in der Mitte einen Redan haben. Um die Escarpe dem Direktschuß zu entziehen, wurde sie recht niedrig gehalten, doch hohe Contrescarpen enthielten Galerien, um die Gräben zu flankieren. Die eigentliche Stadtumwallung ist nur polygonal gestaltet, mit Türmen und Werken an den Eckpunkten. Wichtige Merkmale dieser altpreußischen Befestigung waren[148]:

1. Bei der Anlage richtete man sich stets nach dem Gelände.
2. Jede Festung sollte detachierte Werke haben, um den Gegner fernzuhalten.
3. Die Außenwerke mußten von der Festung gut bestrichen werden, damit sich der Feind nicht darin festsetzen kann.

4. Alle Außenwerke müssen gegen Handstreich gesichert, also die Kehle befestigt sein.

Dazu trat noch ein vorbereitetes, weitverzweigtes Minensystem zum Gegenangriff oder zur Zerstörung in Feindeshand gefallener Werke.

Friedrich der Große ist als Schriftsteller der Fortifikation nicht hervorgetreten. Wichtigster Theoretiker dieser Zeit wurde der frühere Kavallerieoffizier Marquis de Montalembert (1713–1799). Er faßte seine Gedanken in umfassenden Werken zusammen[149] und wurde so Schöpfer eines neuen Systems, das wegweisend in die Zukunft gerichtet war. Seine Schriften wirkten revolutionär und brachten – außer in seinem Heimatland – den Bruch mit dem Bastionärsystem[150]. Die wichtigsten Punkte seiner Anschauungen waren (siehe auch Abb. 78):

1. Bastione seien unzweckmäßig, daher sollten Tenaillen oder polygonale Fronten gebraucht werden.
2. Man müsse zur Abwehr eines Angriffs große Geschützmassen vereinigen, um dem Angreifer sofort überlegen zu sein; dieser dürfe sich erst gar nicht an der Glaciscrete festsetzen können.
3. In die einspringenden Winkel des Grabens gehören zahlreiche, gut gemauerte und mehrstöckige Defensivkasematten (B), die als Geschützstände und Kasernen für die Besatzung dienen sowie Vorräte aufnehmen. Der Feind könne die Schießscharten dieser Kasematten erst unter Feuer nehmen, wenn seine Artillerie den Grabenrand erreicht hätte. Dann wäre ihm aber ein Festsetzen, wegen der hier bereits konzentrierten Geschützmasse, nicht möglich.
4. Da aber andererseits der Angreifer erst bekämpft werden konnte, wenn er auf dem Glacis stand, sollten, gleichzeitig als Reduit, kasemattierte Türme mit ihrem obersten Stockwerk den Fernkampf führen (A). Bei den längeren polygonen Fronten schlug er für deren Mitte große dreistöckige Geschützkasematten (C) vor, die Hauptkampfträger und Reduit waren und deren oberster Stock, als »hohe kasemattierte Batterie« bezeichnet[151], so überhöht war, daß er über das Glacis zeigte.
5. Jede Befestigung müsse von vornherein solide, permanente Abschnitte erhalten.
6. Vor die Festung gehöre eine Kette detachierter, sturmfreier Außenforts. Sie halten den Gegner fern und geben praktisch ein verschanztes Lager unter den Kanonen der Festung.

Die Skizze links oben (Abb. 78) zeigt eine Front seiner Tenaillenbefestigung mit den Devensivkasematten (B) und dem kasemattierten Turm (A) als Reduit. In der Mitte erkennt man den projektierten Plan für die Befestigung von Cherbourg. Sie war mit

148 Siehe Otto Buchhorn: Befestigungen, in: Zeitschrift für Heereskunde, Jg. 1981, S. F 26.
149 M. Jähns: Geschichte . . . , a. a. O., S. 2789–2800.
150 a. v. Zastrow: Geschichte der beständigen Befestigung, Neudruck der 3. Aufl. Leipzig 1854, Osnabrück 1983, S. 257 f.
151 A. v. Zastrow: Geschichte . . . , a. a. O., S. 333.

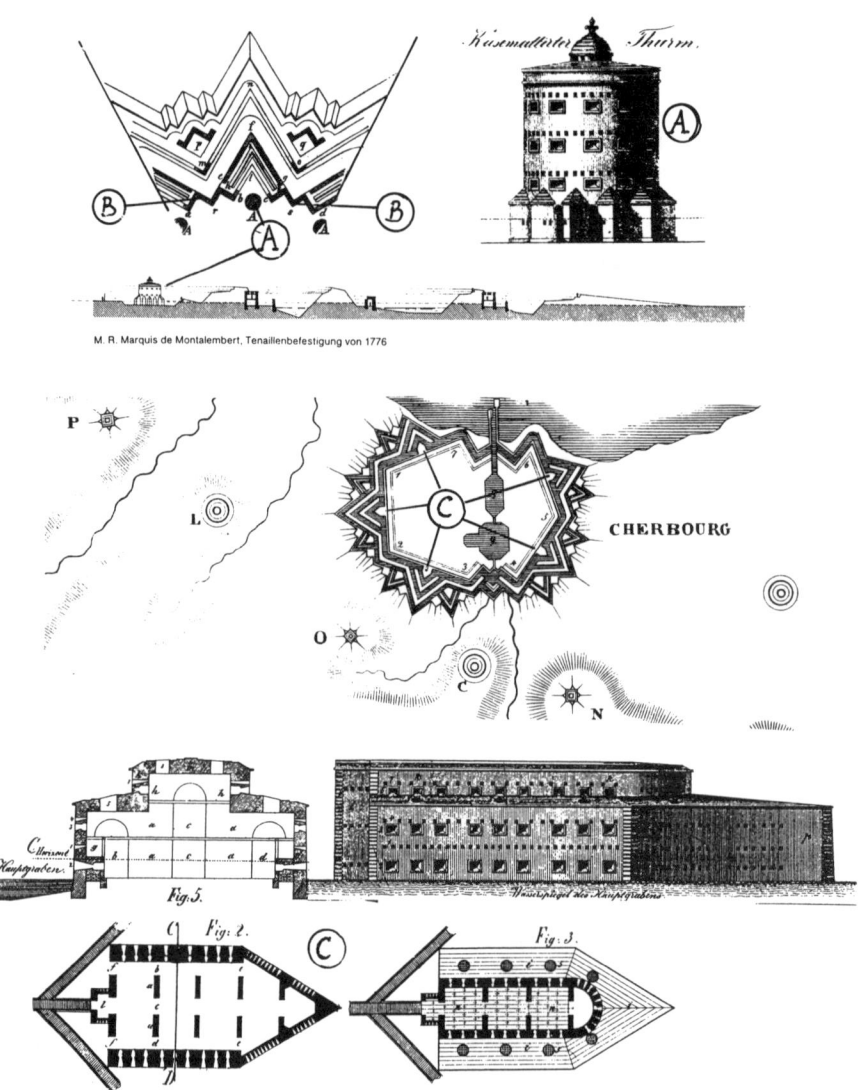

M. R. Marquis de Montalembert, Tenaillenbefestigung von 1776

Abb. 78.   Befestigungsvorschläge nach Montalembert.

sieben Fronten geplant, von denen fünf eindeutig gerade sind, also eine polygonale Front haben. Zur Seitenbestreichung und als Reduit dient die große dreistöckige Geschützkasematte, die nach beiden Seiten wie eine Kaponniere wirkt und deren oberstes Stockwerk den Fernkampf führen sollte (C).

210

Die Schwäche dieser Türme und hohen kasemattierten Batterien lag auf der Hand. Ihr oberstes Stockwerk war dem Fernschuß des Gegners zugänglich. Montelembert glaubt zwar nicht, daß er einen genügende Geschützmenge dagegen aufbringen könne, unterschätzte aber die Wirkung von Kugelschüssen auf Mauerwerk selbst noch auf größere Entfernungen. Seine Vorschläge bestachen trotzdem durch die Einfachheit ihrer Konstruktion und die gute Anpassung an das Gelände. Doch wurde nach seinen Vorschlägen in seinem Heimatland keine Festung gebaut. Neid, falsch verstandener Korpsgeist gegenüber einem Nichtingenieur und die Unfähigkeit, die Tragweite dieser Ideen zu verstehen, führten zur Ablehnung. Seine Gedanken sollten dann aber weit in die fernere Zukunft wirken.

Einen anderen Nachteil der Montalembertschen Entwürfe, daß der Feind erst artilleristisch zu fassen war, wenn er bereits auf dem Glacis stand, suchte Graf Carnot (1753–1823) durch Wurfgeschütz zu beheben, das, in Kasematten voll gedeckt, den Gegner bereits im Vorfeld erreichen konnte. Carnot dachte an einen massierten Einsatz. Dabei spielte es keine Rolle mehr, nach welchem System die Festung angelegt war, obwohl Carnot selbst die Tenaille bevorzugte. Den größten Wert legte er auf kräftige Ausfälle, die dadurch erleichtert wurden, daß von vornherein die äußeren Grabenböschungen durch Rampen von innen besteigbar gemacht wurden. Zudem bevorzugte er freistehende krenellierte Escarpenmauern.

Die Schwäche älterer Festungen, ihre hochragenden Escarpenmauern, führten in den napoleonischen Kriegen häufig zu einer sogenannten Schnellbelagerung. Die Entscheidung fiel oft schon durch artilleristischen Fernkampf, den die Festung nicht mithalten konnte. So entstand, begünstigt durch die Notwendigkeit von Neuanlagen infolge der territorialen Umgestaltung Europas 1815, eine moderne Bauart, die als »neupreußische Befestigung« oder auch »deutsche Schule« bezeichnet wurde. Ihr Grundgedanke war die Sicherung der Festung mittels geringer Besatzung und die Verwendung großer Truppenmassen (Wehrpflichtheere) auf vorbereitetem Kampffeld. Dazu benötigte man einfache, aber doch widerstandsfähige und sturmfreie Kernumwallungen sowie eine Reihe vorgeschobener Forts. Für die Kernumwallung wurden polygonale Fronten bevorzugt, denn diese umschlossen, nach einer Kreisbefestigung, bei möglichst geringer Wallausdehnung den größten inneren Raum. Damit waren sie sowohl Bastionär- als auch Tenaillenfestungen eindeutig überlegen.

Zastrow (1801–1875) erklärt sie mit den Worten: »Polygonal-Befestigung heißt bekanntlich diejenige, in welcher der Wall entweder bloß ausspringende oder auch nur wenig einspringende Winkel bildet. Zu ihrer Eigentümlichkeit gehört, daß der Hauptwall seine Seitenverteidigung von einer Kaponniere oder einem Erdwerk erhält, das im Hauptgraben vor der Front liegt. Man hat daher die Polygonalfestung auch Kaponniersystem genannt[152].«

Weil die Seitenbestreichung einer Front gewöhnlich aus ihrer Mitte erfolgte, konnte diese nun länger sein. Damit mußte auch der Angreifer seinen Parallelen eine

---

152 A. v. Zastrow: Geschichte . . ., a. a. O., S. 327.

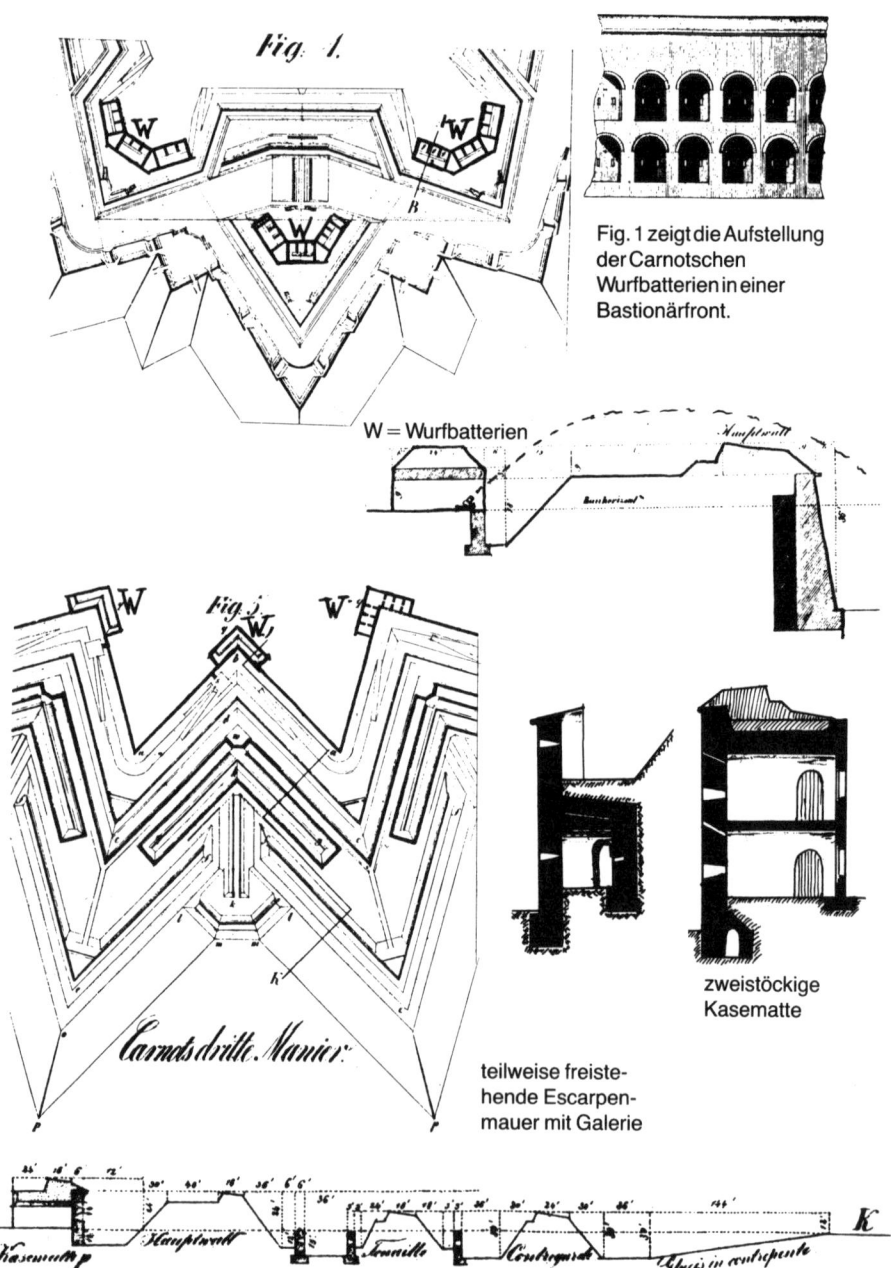

Fig. 1 zeigt die Aufstellung der Carnotschen Wurfbatterien in einer Bastionärfront.

W = Wurfbatterien

zweistöckige Kasematte

teilweise freiste-hende Escarpen-mauer mit Galerie

Abb. 79.   Befestigungsvorschläge nach Carnot.

212

größere Ausdehnung geben; auch wurde für ihn das Enfilieren viel schwieriger als beim bastionierten oder tenaillierten System, weil seine Batterien weiter ab liegen mußten und so eindeutig der Verteidiger artilleristisch überlegen blieb.

Eine Polygonalfront konnte bis 800 m lang sein und besaß dann in ihrer Mitte eine große kasemattierte, mehrstöckige Hauptgraben-Kaponniere, die gleichzeitig den Hauptgraben bestrich und als Reduit diente. Dieses Bauwerk hatte meist Hufeisenform und gestattete aus seinen Stockwerken Geschütz- und Gewehrfeuer, während die Batterie auf ihrer oberen Erddecke in das Vorgelände wirken konnte, ähnlich den »hohen kasemattierten Batterien« Montalemberts. Daneben diente es auch als Wohngebäude für seine Besatzung. Die innere Grabenwand besaß eine anliegende, meist aber freistehende Mauer; die äußere, gemauert oder geböscht, war mit vorbereiteten Minengängen für die Verteidigung des Vorfeldes ausgestattet, in oder auch hinter dem Hauptwall befanden sich verteidigungsfähige Kasernen.

Die Front der Hauptgrabenkaponniere schützte ein Ravelin, dessen Graben die in der Escarpe befindlichen, kasemattierten Batterien bestrichen. Zu beiden Seiten der Hauptgrabenkaponniere gab es gut gesicherte Durchgänge in den Hauptgraben, von diesem einen rampenförmigen Aufgang zum gedeckten Weg. Darauf konnten bei einem Ausfall der Besatzung sogar starke, sektionsbreite Kolonnen auftreten. In den Waffenplätzen des gedeckten Weges standen als Reduits bombensicher abgedeckte Blockhäuser.

Der wirksamen Schußweite der damaligen Geschütze entsprechend lag 500 bis 1000 m vor der Hauptumwallung ein Gürtel selbständiger Forts, die ihre Zwischenräume mit Kartätschen beherrschen konnten, so wie es auch die Skizze des früheren Moselbrückenkopfes bei Koblenz zeigt. Solche detachierten Werke sollten die Angriffsarbeiten weit in das Vorfeld hinausschieben. Sie hatten Lünetten- oder Halbredoutenform, aber eine abgeschlossene Kehle durch eine freistehende Mauer. Im Hof eines jeden Werkes befand sich ein kasemattierter Kernbau, der in der Art eines früheren Kavaliers auf seiner Erdabdeckung Platz für eine Batterie bot und gleichzeitig zur Unterbringung der Besatzung diente. Die Gräben der Werke waren durch Grabenstreichen gesichert, die als Doppelkaponnieren zwei Fronten, als einfache je eine Front bestrichen. Grundsätzlich strebte man im Profil eine vollständige Deckung des Mauerwerks gegen Sicht und direkten Schuß an, und die gemauerte Escarpe hatte stets sturmfrei zu sein. Nach dem damaligen Stand der Artillerietechnik war Mauerwerk nur durch den relativ unsicheren Bogenschuß (indirekt) zu erreichen.

Beim Bau dieser Befestigungen galt der Grundsatz, daß ihre Stärke von außen nach innen zunehmen müsse. Erst mußte die Fortlinie überwunden werden. Dann erst konnte der Angreifer den gedeckten Weg mit den Blockhäusern und dem unterminierten Glacis nehmen. Danach kam der Graben, der durch die Hauptgrabenkaponniere und die Flankenbatterien bestrichen wurde, die alle aus der Ferne nicht zu bekämpfen waren. Nach der Durchbrechung der freistehenden Escarpenmauer mußte der Hauptwall erstiegen werden. Aber erst nach der Wegnahme des Kernwerkes, der Hauptgrabenkaponniere galt der Fall der Front als entschieden.

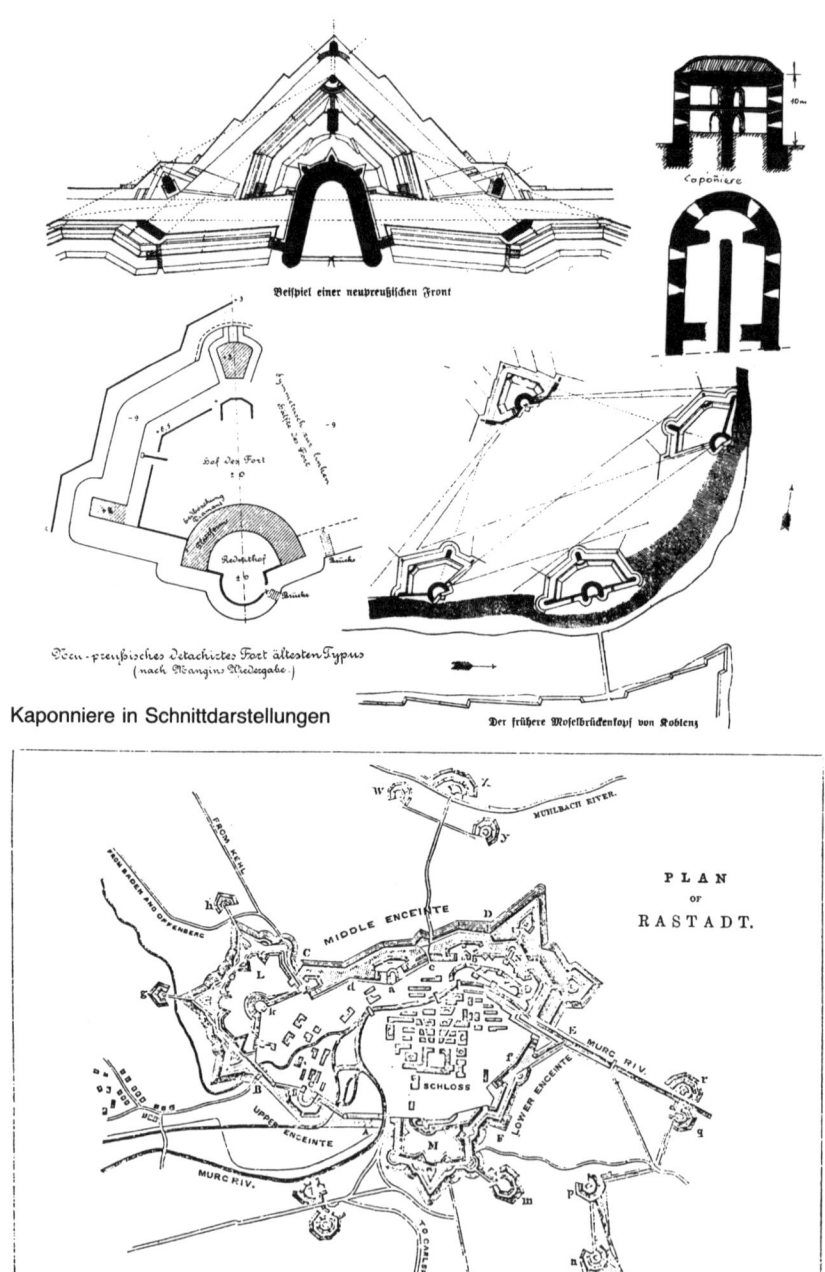

Beispiel einer neupreußischen Front

Kaponiere in Schnittdarstellungen

Neu-preußisches detachiertes Fort ältesten Typus
(nach Mangins Wiedergabe.)

Der frühere Moselbrückenkopf von Koblenz

PLAN
of
RASTADT.

Abb. 80.   Die neupreußische Befestigung.

Das große Verdienst dieses neupreußischen Systems bestand darin, daß man sich vom Bastionärsystem und dem Zwang geometrischer Grundrisse zu befreien vermochte und einfache, ungekünstelte Formen annahm, bei denen sich die jeweiligen Geländevorteile voll ausnutzen ließen. Das führte auf die Gedanken Friedrich des Großen, Montalemberts und Carnots zurück. Die wichtigsten Vertreter dieser neuen Form waren die Generale v. Aster, v. Brese und v. Prittwitz, die auch für die Festungsbauten in Koblenz, Köln, Posen, Königsberg, Mainz und Rastatt verantwortlich zeichneten. Auch Germersheim, Ingolstadt und Spandau entstanden in ähnlicher Art. Im übrigen Europa übernahm man weitgehend diese neuen Richtlinien und bezeichnete sie als »deutsche Schule«. In Österreich wirkte der Feldmarschalleutnant Freiherr v. Scholl, der vor allem die Projekte für die Bundesfestung Ulm lieferte. Eine eigentümliche Art stellte die Befestigung des Pöstlingberges bei Linz dar. Dort bildete eine Kette sich gegenseitig flankierender runder, kasemattierter Türme, die sogenannten Maximilianstürme, den Rahmen für ein verschanztes Lager, eine Kernumwallung fehlte. In England verließ man sich noch weiter auf die Flotte. Deshalb entstanden als Küstenforts in dieser Zeit nur Verteidigungskasematten, die den runden Türmen Montalemberts ähnelten. Nur Frankreich schloß sich dieser Schule nicht an. Größtenteils stagnierte auch der Festungsbau, seine Baumeister bewegten sich geistig noch in den alten Denkweisen und errichteten sogar noch bis 1870 bastionierte Anlagen.

Der Angriff auf und die Verteidigung von Festungen

Im Gegensatz zur Vergangenheit war es infolge der veränderten Kriegsweise nicht mehr unbedingt notwendig, auf dem Wege liegende Festungen einzunehmen. Bestand keine Eile oder sollte nur die Besatzung daran gehindert werden, sich an anderen Operationen zu beteiligen, genügte eine Blockade (Abschneiden der Verbindungen und Zufuhren). Brauchte man aber die Festung, wurde diese umsichtig verteidigt und war zudem gut angelegt, blieb der Ausgang einer Belagerung stets ungewiß; selbst im Falle eines Erfolges waren die Kräfte des Angreifers längere Zeit gebunden. Deshalb stand am Anfang der Versuch, sie auf wohlfeilere Art mit Methoden zu gewinnen, die sich gegenüber der Vergangenheit kaum geändert hatten. Gelegentlich half schon eine Drohung, vor allem, wenn der Gegner durch Schreckensnachrichten bereits demoralisiert war. Ergab sich nämlich die Festung, wurden der Besatzung und den Einwohnern vorteilhafte Bedingungen zugestanden. Möglichkeiten zu einer schnellen Einnahme waren Überrumpelung, gewaltsamer Angriff mit Erstürmung und das Bombardement. War ein Gegner nicht vorgewarnt, konnte eine handstreichartige Überrumpelung der Torwachen gelingen. Zu diesem Zweck verkleidete man Soldaten als Bürger, Landleute oder Frauenspersonen, tarnte sie als Händler oder versteckte sie in Wagenladungen. Durch das Verunglücken eines Wagens in der Toreinfahrt sollte das schnelle Schließen des Tores verhindert werden. Fand der Überfall an einer schwachen oder unbewachten Stelle des Walles durch eine Leiterersteigung

statt, sprach man von einer Eskalade. Gegenmaßnahmen konnten nur Vorsicht und
erhöhte Wachsamkeit sein.

War List nicht möglich, half nur Gewalt. Ein Überfall konnte gelingen, wenn die
Festung schwache Stellen besaß, eine unzuverlässige Besatzung hatte oder Einver-
nehmen mit den Einwohnern bestand. Als Gegenmaßnahme galt eine treue, wach-
same Garnison, die zusätzliche Sicherung schwacher Stellen durch Palisaden und
Sturmpfähle und bei winterlichem Wetter das Aufeisen der Gräben und Überschütten
der Escarpe mit Wasser, damit sie vereiste. Bei einer Erstürmung, die bei älteren
Anlagen möglich war, wurden die Tore mit Hilfe von Petarden oder Pulversäcken
gesprengt, der Wall konnte mit Leitern erstiegen werden. Meist erfolgte ein Sturm
aber erst als Abschluß einer förmlichen Belagerung, wenn wichtige Verteidigungsanlagen schon vorher zerstört waren.

Bei einem Bombardement suchten Wurfgeschütze die Gebäude im Inneren volk-
reicher Städte zu zerstören und in Brand zu setzen; damit sollten die Einwohner
eingeschüchtert und der Kommandant gezwungen werden, sich zu ergeben. Als Vor-
sichtsmaßnahme deckte man daher in den belagerten Städten die feuerempfindlichen
Holzschindel- und Strohdächer ab oder belegte sie dick mit Grassoden, feuchter Erde
oder gar Mist. Bei den älteren Festungen mit über das Glacis reichenden Escarpaden-
mauern war es auch möglich, mit Kanonen schon von Ferne konzentriert anzugreifen.
Bei diesem als »Schnellbelagerung« bezeichneten Verfahren vermochte die Festungsartillerie meist nicht mitzuhalten.

Hatten die aufgezeigten Möglichkeiten keinen Erfolg, blieb nur der förmliche Angriff, wie ihn schon Vauban in die Form gebracht hatte. Sie sollte praktisch bis in die
letzten Jahrzehnte des 19. Jahrhunderts gelten. Bei seiner Methode ließ sich bei den
damals herkömmlichen Festungen die Widerstandsdauer geradezu vorausberechnen.
Vauban war ja nicht nur Ingenieur und Artillerist, sondern auch ein bedeutender
Taktiker und Truppenführer und sah in der Taktik des Festungskrieges das richtige
Vorgehen in einer Kombination von Feuerwirkung der Artillerie, geschütztem Vorgehen mit Hilfe von Sappen und dem Minenkrieg.

Als wichtigstes Angriffsmittel galt die Artillerie. Man brauchte vorwiegend
schwere Kanonen und Wurfgeschütze, die in einem Belagerungspark bereit standen
und jeweils zum Einsatzort transportiert werden mußten. Die Geschütze wurden in
Batterien zusammengefaßt, Kanonenbatterien und Mörserbatterien getrennt. Das
Angriffsziel war in der Regel eine Front der Festung. Je nach ihrer Aufgabe unterschied man zwischen Demontierbatterien, Enfilier- und Rikoschettierbatterien sowie
Breschbatterien. Die Demontierbatterien sollten die Geschütze des Gegners zerstören und auf den angegriffenen Werken die Deckungen demolieren. Waren Geschütze
dazu bestimmt, die Kanonen auf der Bastionsflanke, die den Angriffspunkt bestreichen konnten, zu bekämpfen, hießen sie Kontrebatterie. Für die Enfilier- und Rikoschettierbatterien brauchte man keine allzugroßen Kaliber. Enfilieren hieß das Bestreichen einer Wallinie in der Längsrichtung. Beim Rikoschettieren sollte die Kugel
knapp über den Kamm der deckenden Brustwehr hinweggehen und nach dem ersten

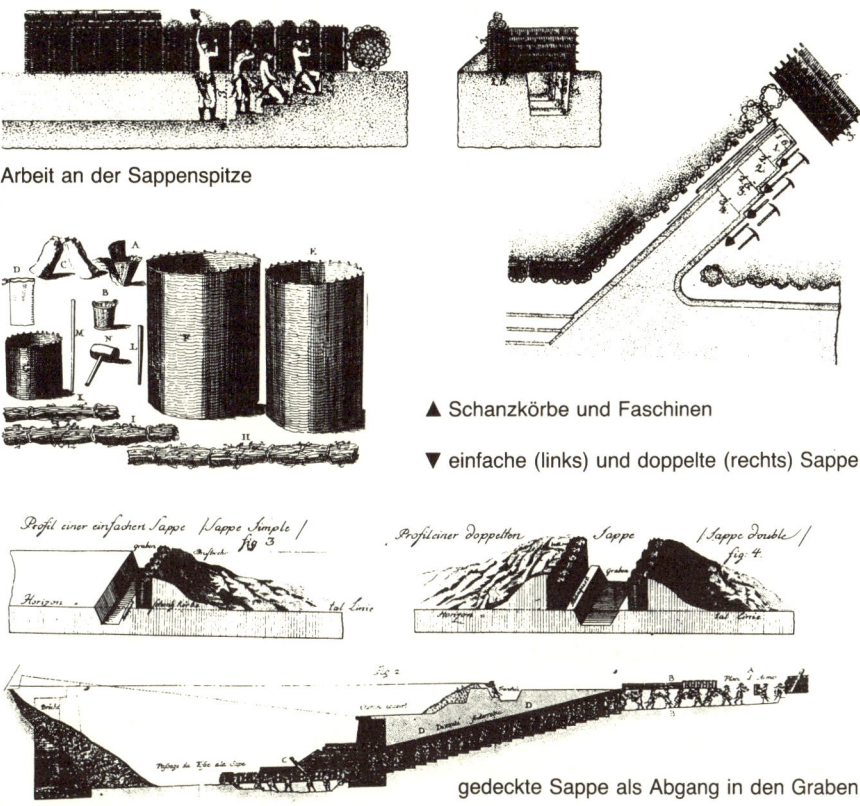

Arbeit an der Sappenspitze

▲ Schanzkörbe und Faschinen

▼ einfache (links) und doppelte (rechts) Sappe

gedeckte Sappe als Abgang in den Graben

Abb. 81.   Das Vortreiben einer Sappe.

Aufschlag in m ehreren flachen Sprüngen im Wallgang weiterhüpfen, dabei die Geschütze zerstören und die Bedienungen vertreiben. Die moralische und tatsächliche
Wirkung dieser Schußart war groß.

Für die Breschbatterien mußte ein schweres Geschütz genommen werden. Sie
konnten erst gebaut werden, wenn die Angreifer sich an die Glaciscrete herangear-
beitet hatten und damit den Graben und die Escarpenmauer sehen konnten. Beim
Brescheschießen sollte die Mauer etwa ein Drittel von unten getroffen und in einer
waagerechten Linie Schuß neben Schuß gesetzt werden. Das Ziel war, das Mauerwerk so zu erschüttern, daß es in den Graben fiel und mit dem nachrutschenden
Erdreich eine gangbare Bresche ergab.

Beim Angriff war der Boden die beste Deckung. Mit Spaten und Hacke (colla pala
e zappa), daher die Bezeichnung Sappe, grub man sich ein. Annäherungsgräben
hießen Sappen oder Approchen und gingen im Zickzack auf den Angriffspunkt,

damit sie nicht vom Geschütz bestrichen werden konnten. Die Deckung der Sappen-spitze im Feindfeuer geschah meist durch einen mit Wolle oder Faschinen gefüllten Rollkorb, gelegentlich durch einen fahrbaren Schutzschild (Mantelet). Zum Herstellen der Sappe dienten Spezialisten, die Sappeure. Ihr erster Mann war oft mit einem Eisenhut und einem Küraß geschützt, die hinter ihm arbeitenden Leute gruben streifenweise und warfen die Erde als Deckung auf die feindwärts liegende Seite. Mit diesem Erdaushub füllte man dabei auch die aus Weidenruten geflochtenen Schanz-körbe. Auf keinen Fall durften Kies oder Steinstücke eingefüllt werden, weil bei einem Treffer Splitterwirkung zu fürchten war. Doppelte Sappen deckten nach beiden Seiten. Kam man in die unmittelbare Nähe des Gegners, wurden die Sappen auch oben mit Faschinen oder Holzbohlen abgedeckt. Sie hießen dann gedeckte Sappen oder Galerien.

Ein sicheres, wenn auch langwieriges Mittel, an die Verteidiger heranzukommen, waren die Minen. Sie dienten nicht allein zum Angriff, sondern auch zur Verteidigung. Minengänge baute eine weitere Spezialtruppe, die Mineure, die sich aus Bergleuten ergänzten. Ausgehend vom Glacis gruben sie die Minengänge nach einem vorher aufgestellten Plan. Sie waren gradlinig, im Zickzack und auch in Schlangenlinien angelegt und zwischen 0,8 und 1,5 m breit und hoch. Die ausgehobene Erde wurde in Ledereimern, Säcken und Körben hinausgeschafft, die entstandenen Hohlräume bergmännisch mit Holz abgestützt. Zur Aufnahme der Pulverladung entstanden besondere Kammern, die Öfen. Dahin packten die Leute das Pulver in Säcken und verdämmten die Ladung mit Wollsäcken oder Erde. Zur Zündung einer Mine dienten mit Pulver gefüllte Leinwandschläuche, die Zündwürste, die jeweils zu den Öfen führten. Viele Festungen waren bereits vorher zur Verteidigung mit einem System von Minengängen ausgestattet worden. Diese gingen meist von der Contrescarpe unter das Glacis und verzweigten sich dort. Auch sollten Außenwerke, bevor sie aufgegeben wurden, vorher unterminiert sein.

Bei dem durch Vauban zur Reife entwickelten Verfahren gab es drei deutlich voneinander unterscheidbare Abschnitte: die Vorbereitung, das Heranarbeiten an den Hauptgraben und schließlich das Erzielen einer gangbaren Bresche mit dem Sturm. Zur Vorbereitung hatte alles bereit zu stehen, die Truppen, die Artillerie, das Material und Schanzzeug, die Munition sowie der Proviant. An Truppen rechnete man doppelt soviel, als die der Verteidiger, für jede Kanone 500 bis 1000 Schuß. Der Belagerungsplan sollte aufgrund vorhandener Festungspläne und Aussagen von Überläufern und Gefangenen gemacht werden. Grundsatz war, den fortifikatorisch schwächsten Teil der Festung anzugreifen, meist an zwei Stellen, eine für den tatsächlichen, eine für den Scheinangriff.

Die Eröffnung der Erdarbeiten erfolgte mit einer großen Zahl von Arbeitern gleichzeitig. Um Verluste zu vermeiden, begannen die ersten Arbeiten, bei denen es noch keine Deckung gab, in der Nacht. Schon in der Abenddämmerung wurde die erste Linie, als Parallele bezeichnet, weil sie parallel zur Hauptumwallung der Festung lief, abgesteckt, die Mannschaften mit Schanzzeug versehen und eingeteilt, jede

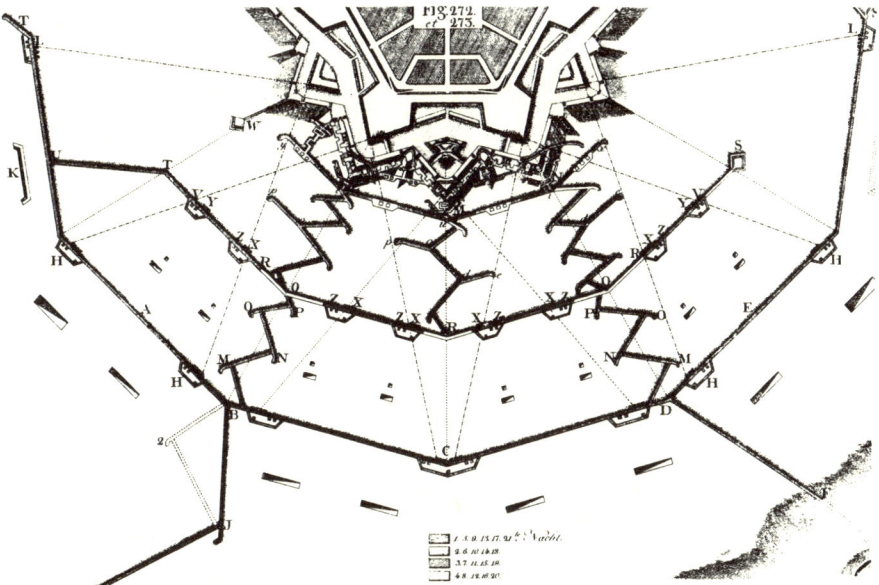

Abb. 82. Der förmliche Angriff.

Gruppe unter Führung eines Pioniers. Dann rückten die Schanzgräber geräuschlos aus und legten sich hinter die abgesteckte Trasse. Auf ein Zeichen begann gemeinsam die Arbeit, wobei sich ein jeder durch Eingraben und die feindwärts geworfene Erde zu decken suchte. Zum Schutz dieser Arbeiter gegen Ausfälle der Besatzung lagen an den Flügeln und vor der Front Deckungstruppen mit ausgestellten Posten. Am Morgen hatte die Parallele meist schon eine Tiefe und Breite von etwa einem Meter sowie einen davor befindlichen Erdwall. Die Arbeiter wurden von anderen abgelöst, die Deckungstruppen begaben sich in den Schutz der Parallele, die gleichzeitig als Artilleriestellung und Waffenplatz dienen konnte. Von dieser Linie gingen dann zickzackförmig zwei Sappen gegen die gewählte Front vor. Dabei entstand auf dem halben Weg zur Festung auf die gleiche Art die zweite und nur etwa 30 m vor dem Hauptgraben die dritte Parallele. Letztere schloß nur die Front ein, die man angreifen wollte. Die ersten Batterien lagen schon in der ersten, Batterien, die die Geschütze der Festung bekämpfen sollten, in der zweiten, Wurfbatterien mit kleinen Mörsern in der dritten Parallele. Die Breschbatterien kamen aber grundsätzlich an die Grabenwandung. Dazu arbeitete man sich mit Sappen an die Glaciscrete vor, längst der Contrescarpe entstanden Laufgräben, um die Verteidiger fernzuhalten.

Damit begann die letzte Phase (Abb. 83 oben). Der Angreifer versuchte, mit Breschgeschützen eine gangbare Bresche zu schießen oder diese durch Minensprengungen zu erreichen. Für die Sturmtruppen bereitete man zu gleicher Zeit einen Weg vom Glacis in den Graben (Abb. 81 unten). War eine gangbare Bresche sei es durch

219

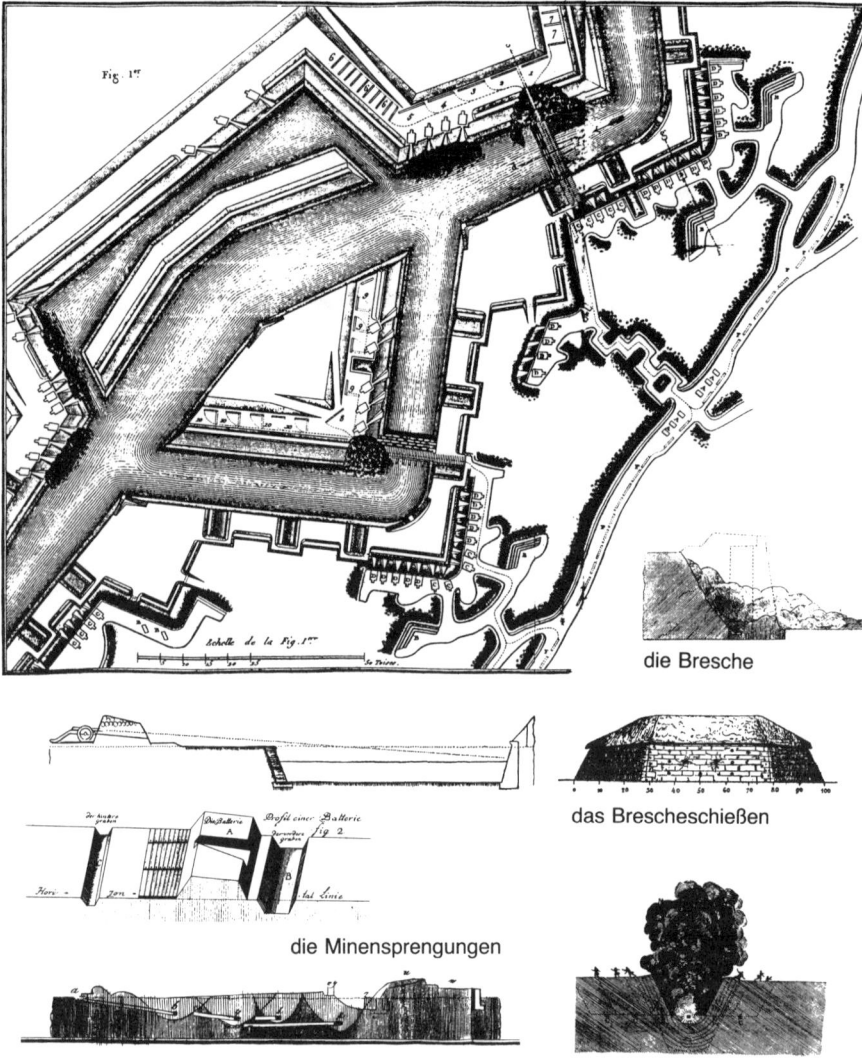

die Bresche

das Brescheschießen

die Minensprengungen

Abb. 83.   Die letzte Angriffsphase.

Geschütz oder Minen gelegt, erfolgte der Generalsturm. Meist ergab sich aber, wenn
es soweit gekommen war, die Besatzung.

Neue Methoden im Festungskrieg brachte die zerstreute Fechtart, wodurch das
langwierige Heranarbeiten an das Glacis erheblich verkürzt wurde. Unter Ausnutzung der Nacht und des Geländes schlichen sich Schützen an das Glacis heran und

gruben sich ein. Von dort aus nahmen sie die Geschützscharten aufs Korn, kamen damit der sich nur mühsam vorarbeitenden Artillerie zuvor und erleichterten das Vortreiben der Sappen. Diese Methode kostete zwar viele Opfer, brachte aber die Gräben ohne Artillerievorbereitung voran. Erst zum Bresheschießen mußten die Geschütze zur Stelle sein. Die hohe Kunst des förmlichen Angriffs war aber in den napoleonischen Kriegen schon weitgehend verlorengegangen.

Ein Beispiel ist die Belagerung von Danzig im Jahre 1807. Die Stadt besaß eine große strategische Bedeutung, denn sie lag im Rücken des linken Flügels der Armee Napoleons und blockierte die Weichselmündung. Wegen ihrer Lage war sie der geeignete Punkt, um Hilfslieferungen aus England, Schweden und Rußland zu landen und als Brückenkopf zu dienen, weswegen Napoleon sie unbedingt zu nehmen suchte. Die Verteidigungsanlagen bestanden aus bastionierten Fronten und waren noch im November 1806 in einem trostlosen Zustand. Man bemühte sich, sie wenigstens notdürftig zu reparieren, wandte aber seine besondere Aufmerksamkeit den vorgeschobenen Werken auf den beiden Hügeln, dem Hagelsberg und dem Bischofsberg zu, wo wahrscheinlich der förmliche Angriff zuerst zu erwarten stand. Wegen der Höhenlage waren an dieser Stelle die Gräben trocken, die Wälle aber ohne Mauerwerk. Im gedeckten Weg errichtete man noch Blockhäuser, die vor direktem Geschützfeuer geschützt lagen. Die Besatzung bestand aus etwa 10 000 Mann, dabei aber viele Polen, die als unsicher galten und häufig desertierten. Lebensmittel waren genügend vorhanden, doch fehlte Pulver.

Napoleon ließ die Festung schon am 10. März einschließen, nur auf dem Wasserwege bestanden noch Verbindungen. Die Verteidiger hatten die Niederungen unter Wasser gesetzt, so daß von dorther und vom Strom aus nicht anzugreifen war. So mußte sich der förmliche Angriff auf die Westseite mit den vorgelagerten Werken auf dem Höhengelände konzentrieren. Der Hauptangriff der Franzosen zielte auf den Hagelsberg (A), ein Nebenangriff auf den Bischofsberg (B). Als erster Schritt folgte die Errichtung einer Batterie (C), um die Weichsel zu sperren, dann die überraschende Wegnahme des Holms (D), einer Weichselinsel nordöstlich der Stadt sowie der Kalkschanze (E). Dadurch verloren die Verteidiger schon rund 1000 Mann. Moralisch traf sie dieser Schlag aber noch schlimmer, weil bei der teilweise unzuverlässigen Besatzung ein gesteigerter Wachtdienst notwendig war und nun der Angreifer vom Holm aus mit Geschützen den Verteidigern des Hagelberges im Rücken stand.

Als am 24. April der große Artilleriebeschuß begann, rechnete Napoleon mit einer Widerstandsdauer von 14 Tagen. Am 9. Mai erfolgte der Versuch, den gedeckten Weg des Hagelsberges durch Überraschung zu nehmen. Doch wurde der bereits eingedrungene Feind durch das Feuer aus dem Blockhaus (F) zur Flucht gezwungen. Als dann die Sappenspitze die Glaciscrete erreicht hatte, wurde dieses Unternehmen wieder vergeblich wiederholt.

Mittlerweile war ein Entsatzversuch der Verbündeten von See aus wegen widriger Winde und ungeschickter Durchführung gescheitert. Auch das Vorhaben, wenigstens

221

Abb. 84.   Plan der Festung Danzig 1807.

Pulver durchzubringen, schlug fehl, das Schiff lief auf Grund und mußte sich ergeben. Um nun das äußerst unbequeme Blockhaus zu zerstören, begannen die Franzosen mit der zeitraubenden Arbeit des Minierens. Als die Zündungen mißglückten, wollte ihr Befehlshaber statt des Hagelsberges nun den Bischofsberg angreifen. Doch Napoleon beharrte auf der Fortsetzung des Angriffs. Als es endlich gelang, das Blockhaus in

Brand zu schießen, standen die Angreifer am Hauptgraben. Dessen Tiefe und die steilen Böschungen zwangen wieder zu minieren. Ein Ausfall der Besatzung zerstörte die geleisteten Arbeiten. In der Nacht gelang es schließlich, in den Graben zu kommen und einen Teil der Palisaden umzureißen. Den Preußen glückte es, die dahin führende bedeckte Sappe in Brand zu setzen, was allerdings in der folgenden Nacht wieder ausgebessert wurde. Nun waren beide Seiten auf einen Sturm vorbereitet, als die Übergabeverhandlungen ihn überflüssig machten. Die Kapitulation wurde mit Pulvermangel begründet, doch hätte der Vorrat sicher noch fünf Tage gereicht. In der Festung war die Artillerie zu diesem Zeitpunkt auch noch keineswegs niedergekämpft. Selbst wenn der Sturm gelungen wäre, was aber zweifelhaft ist, hätten die Angreifer mit dem Hagelsberg nur ein vorgeschobenes Werk gewonnen. Insgesamt hat der Widerstand 76 Tage, nach Eröffnung der Beschießung 37 Tage gedauert, wobei die Angreifer vom gedeckten Weg bis zum Hauptwall allein 15 Tage benötigten.

Bei der Verteidigung einer Festung hatte ein umsichtiger Kommandant für folgendes zu sorgen: das Vorfeld bis auf Schußweite freimachen, Bäume abholzen und das Holz als notwendiges Baumaterial in die Festung schaffen lassen. Die Wassergräben mußten gefüllt und, wenn möglich, Überschwemmungen gestaut werden. In der Stadt waren wegen Feuergefahr durch Bomben- und Karkassenwürfe Dächer mit brennbarem Material entweder abzudecken oder mit feuchter Erde zu belegen. Die Bürgerschaft mußte eine Feuerwehr organisieren. Die Lebensmittel sollten wenigstens für die Dauer eines Feldzuges reichen, unnütze Esser die Stadt verlassen. Pulver und Munition hatte genügend da zu sein, für Kanonen rechnete man 600, für Haubitzen 1000 Schuß.

War es wie zur vorangegangenen Zeit das Ziel der Verteidigung, dem Feind die Annäherung zu verwehren und seine Belagerungsarbeiten durch Ausfälle zu zerstören, so erleichterten die neueren Anlagen diese aktiven Gegenmaßnahmen. Die Besatzung konnte schneller und häufiger zupacken. Besonders der gedeckte Weg mußte hartnäckig verteidigt, jede geschossene Bresche nachts sofort wieder aufgefüllt und ungangbar gemacht werden. Entstanden dahinter rechtzeitig provisorische Verschanzungen mit Brustwehr, Palisaden und Sturmpfählen, ließ sich die Verteidigung abschnittsweise fortsetzen. Reichten die Kräfte hierzu nicht mehr aus, hatte der Kommandant eine vorteilhafte Kapitulation auszuhandeln. Dann wurde »Chamade« geschlagen, womit die Kampfhandlungen ihr Ende fanden.

Literaturübersicht

Es gibt eine schier uferlose Fülle von Schriften, in denen bestimmte Bereiche des bearbeiteten Gebietes behandelt werden. Sie aufzuführen verbietet zum einen der Platzbedarf, zum anderen wäre der Nutzen für den interessierten Leser nur begrenzt. In die Literaturübersicht aufgenommen worden sind grundsätzlich alle Veröffentlichungen, die für die Einarbeitung und Vertiefung wichtig sind und zudem vom Leser in den großen Bibliotheken oder über den auswärtigen Leihverkehr beschafft und benutzt werden können. In diesen Werken wird in der Regel auf weitere, spezielle Literatur hingewiesen. Auf heute noch erhältliche Werke und Nachdrucke wichtiger Bücher wird besonders aufmerksam gemacht.

Allgemeine Literatur über verschiedene Gebiete des Heerwesens und der Bewaffnung

Max Jähns: Geschichte der Kriegswissenschaften, 3 Bde., München und Leipzig 1889–1891 (Nachdruck Hildesheim 1966).
Hans Delbrück: Geschichte der Kriegskunst im Rahmen der politischen Geschichte, 4 Bde., Berlin 1900–1920 (Nachdruck Berlin 1962).
Hermann Meynert: Geschichte des Kriegswesens und der Heerverfassungen in Europa, 3 Bde., Wien 1868/69 (Nachdruck Graz 1973).
Militärgeschichtliches Forschungsamt (Hrsg.): Handbuch zur deutschen Militärgeschichte 1648–1939, 6 Bde., München 1964–1981. Als preiswerte Taschenbuchausgabe: Deutsche Militärgeschichte 1648–1939, 6 Bde., Herrsching 1983.
S. Fiedler: Grundriß der Militär- und Kriegsgeschichte, Bd. 2, München 1975, Bd. 3, München 1978.

Als systematische Biblographie ist zu empfehlen:
L. v. Scharfenort: Quellen der Kriegswissenschaften für den Zeitraum 1740–1910, 2 Bde., Berlin 1910–1913.

Zeitgenössische Bearbeitungen sind:
F. L. Streit: Militärische Encyklopädie ..., o. O. 1800 (Nachdruck Bad Honnef 1982).
H. F. Rumpf: Allgemeine Real-Encyclopädie der gesamten Kriegskunst, 2 Bde., Berlin 1827 (Neudruck Starnberg 1984).
Handbibliothek für Officiere, 12 Bde., Berlin 1828–1840 (Nachdruck von Bd. 1 in 4 Teilen: v. Brandt: Geschichte des Kriegswesens, Wiesbaden 1980).

Literatur über Bewaffnung und Technik

Das gesamte Gebiet über mehrere Zeiträume behandelt:
Wendelin Boeheim: Handbuch der Waffenkunde, Leipzig 1890 (Nachdruck Graz 1966).

Als Nachschlagewerke über die Technik des älteren Waffenbaus sind zu empfehlen (siehe auch unter dem jeweiligen Stichwort!):
J. G. Hoyer: Allgemeines Wörterbuch der Artillerie, 4 Bde., Tübingen 1804 bis 1812 (Nachdruck geplant).
J. G. Krünitz: Oekonomisch-technologische Encyclopädie, 242 Bde., Berlin 1773–1858 (Nachdruck vorhanden).
Anschütz: Die Gewehrfabrik in Suhl, Dresden 1811 (Nachdruck Leipzig 1986)

Blanke Waffen und Handfeuerwaffen

W. Gohlke: Die blanken Waffen und die Schutzwaffen, Berlin 1912 (Slg. Göschen, Bd. 631; Nachdruck Krefeld 1972).

G. Seifert: Schwert-Degen-Säbel, Hamburg 1962.

H. Seitz: Blankwaffen, 2 Bde., Braunschweig 1965.

E. Wagner: Hieb- und Stichwaffen, Prag 1966.

F. Wilkinson: Arms and Armour, London 1971.

Müller/Kölling: Europäische Hieb- und Stichwaffen, Berlin 1981.

A. Dolleczek: Monographie der k.u.k. österr.-ung. blanken und Handfeuerwaffen, Wien 1896 (Nachdruck Graz 1968).

W. Eckardt/O. Morawietz: Die Handwaffen des brandenburgisch-preußisch-deutschen Heeres, Hamburg 1957, 2. Aufl. Hamburg 1973.

W. Gohlke: Geschichte der gesamten Feuerwaffen bis 1850, Berlin 1911 (Slg. Göschen, Bd. 530; Neudruck Krefeld 1972).

J. Schön: Geschichte der Handfeuerwaffen, Dresden 1858 (Nachdruck Satteldorf 1968).

M. Thierbach: Die geschichtliche Entwicklung der Handfeuerwaffen (mit Nachträgen), Dresden 1886–1899 (Nachdruck Graz 1965).

J. Lugs: Handfeuerwaffen, 2 Bde., Prag 1956, deutsch Berlin 1973.

A. Hoff: Feuerwaffen, 2 Bde., Braunschweig 1969.

R. Held: Age of Firearms, Northfield/Ill. 1957, 2. Aufl. 1970.

H. Müller: Gewehre-Pistolen-Revolver, Leipzig 1979, auch Stuttgart 1979.

A. Wirtgen: Die preußischen Handfeuerwaffen 1700–1806, Osnabrück 1976.

A. Wirtgen: Die preußischen Blankwaffen 1700–1806, Osnabrück 1985.

H. D. Götz: Militärgewehre und -pistolen der deutschen Staaten 1800–1870, Stuttgart 1978.

Daneben gibt es zwei kleinere preiswerte Bändchen:

G. Seifert: Einführung in die Blankwaffenkunde, Haiger 1982.

G. Seifert: Fachwörter der Blankwaffenkunde, Haiger 1981.

Geschütze

C. A. Struensee: Anfangsgründe der Artillerie, Leipzig und Liegnitz 1760.

G. v. Scharnhorst: Handbuch für Officiere, Teil 1: Von der Artillerie, 2. Aufl., Hannover 1815.

C. v. Decker: Geschichte des Geschützwesens und der Artillerie, Berlin 1819 (Neudruck Bad Honnef 1981).

G. A. Jacobi: Beschreibung des gegenwärtigen Zustandes der europäischen Feld-Artillerie, 10 Hefte, Mainz 1837–1843.

H. F. Kameke: Sammlung von Zeichnungen, die Einrichtung der materiellen Gegenstände der Preussischen Feld-Artillerie darstellend. Berlin, 1837, 2 Bde.

A. Dolleczek: Geschichte der Österreichischen Artillerie von den frühesten Zeiten bis zur Gegenwart, Wien 1887 (Nachdruck Graz 1973).

Egg/Jobé/Lachouque/Cleator/Reichel: Kanonen. Illustrierte Geschichte der Artillerie, Lausanne 1971, deutsch: Herrsching 1975.

Bestandteile des Heeres, ihre Ausbildung und Taktik

Zu diesem großen und umfangreichen Gebiet gibt es relativ wenig zusammenfassendes zeitgenössisches Schrifttum, doch existiert in zahlreichen Archiven und staatlichen Sammlungen eine große Menge von Schriftstücken, deren Umfang, Inhalt und Wert recht unterschiedlich sind. Vieles ist auch schon vor den erheblichen Brand- und Kriegsverlusten ausgewertet und in den von den historischen Abteilungen der Generalstäbe herausgegebenen Werken über Feldzüge, aber auch in militärischen Zeitschriften und landesgeschichtlichen Veröffentlichungen ausgewertet worden. Daher müssen deren Inhaltsverzeichnisse in jedem Fall gesehen werden.

Wichtige Zusammenfassungen (zeitgenössische Bearbeitungen, aber auch spätere Werke) sind:
G. Scharnhorst: Handbuch für Offiziere, 3. Bde., Hannover 1790.
(E. H. Carl): Beyträge zum praktischen Unterricht im Felde, 4 Hefte, Wien 1806.
v. Haußer: Versuch über die Taktik, Wien 1824.
Carrion-Nisas: Allgemeine Geschichte der Kriegskunst, deutsch von H. F. Rumpf, Leipzig 1827, 2 Bde..
C. v. Decker: Die Taktik der drei Waffen.., 2 Bde., Berlin, Posen, Bromberg 1828.
Jomini: Das Wesen der Kriegskunst, deutsch Leipzig 1839.
v. Brandt: Geschichte des Kriegswesens, Berlin 1835 bis 1838, erschienen als Band I der »Handbibliothek für Officiere« (Nachdruck Wiesbaden 1980).
v. Valentini: Die Lehre vom Krieg, 4 Bde., 2. Ausgabe, Berlin 1829.
G. v. Griesheim: Vorlesungen über die Taktik, Berlin 1855.
W. Rüstow: Geschichte der Infanterie, 2 Bde., Gotha 1857 und 1858 (Nachdruck Bad Honnef 1981).
Großer Generalstab (Hrsg.): Das preußische Heer der Befreiungskriege, 3 Bde., Berlin 1914 (erschienen in der Reihe »Urkundliche Beiträge und Forschungen zur Geschichte des preußischen Heeres«, Heft 21–35; Nachdruck Wiesbaden 1980).
C. Jany: Geschichte der preußischen Armee, 4 Bde., Berlin 1928 (Nachdruck Osnabrück 1967), hier wichtig Band 3 und 4.
W. Hahlweg (Hrsg.): Carl von Clausewitz, Schriften, Aufsätze, Studien, Briefe, Göttingen 1966, bes. Bewaffnungsfragen und kleiner Krieg.

Gute Zusammenfassungen nach Originalquellen bieten meist die ersten Bände über die Feldzüge, die offiziell oder offiziös erschienen, wie:
k.k. Kriegsarchiv: Kriege gegen die französische Revolution, Bd. I, Wien 1900.
v. Holleben/Friederich/v. Janson/v. Lettow-Vorbeck/v. Voß: Geschichte der Befreiungskriege, 4 Teile, Berlin 1904–1906.
Schulz: Geschichte der Kriege in Europa seit dem Jahre 1792, 15 Teile, Berlin und Leipzig 1827–1853.

Daneben gibt es eine Unzahl von kriegsgeschichtlichen Beiträgen und Beschreibungen einzelner Feldzüge, die viele Angaben zur Heeresorganisation und Taktik enthalten.

Die wichtigsten Ausbildungs- und Dienstvorschriften, die einen gewissen Einfluß auf andere erlangt haben, sind:
Reglement für die Königlich Preußische Infanterie, Berlin 1788.
Rêglement, concernant l'exercise et les manoeuvres de l'infanterie, 2 Bde., Paris 1791. In deutsch: Reglement das Exerzitium und die Manövres der französischen Infanterie betreffend vom 1. August 1791, Straßburg 1807.
Abrichtungsreglement für die kaiserlich-königliche Infanterie, Wien 1806.
Exercier-Reglement für die kaiserlich-königliche Infanterie, Wien 1807.
Abrichtungs- und Exercier-Reglement für die kaiserl. königl. Cavallerie, Wien 1805.
Exerzir-Reglement für die Infanterie der Königlich Preußischen Armee, Berlin 1812.
Exerzir-Reglement für die Kavallerie der Königlich Preußischen Armee, Berlin 1812.

Für den Bereich der Taktik ist die wichtigste zusammenfassende Neuerscheinung:
H. Schwarz: Gefechtsformen der Infanterie in Europa durch 800 Jahre, 2 Bde., München 1977.
Über bestimmte Bereiche sind Spezialarbeiten:
E. O. Mentzel: Die Remontierung der Preußischen Armee, Berlin 1845 (Nachdruck Bad Honnef 1982).
H. Helfritz: Geschichte der Preußischen Heeresverwaltung, Berlin 1938.
W. Dittmar: Die Heeres-Ergänzung, Magdeburg 1851.
W. Hülle: Das Auditoriat in Brandenburg-Preußen, Göttingen 1971.

v. Helldorff: Dienstvorschriften der Königlich Preußischen Armee, Berlin 1856 (Nachdruck Wiesbaden 1981).

Neuere, populärwissenschaftliche Bearbeitungen sind u. a.:
F. W. Deiss: Das Deutsche Soldatenbuch, 2 Bde., Leipzig 1926.
B. Schwertfeger: Deutsche Soldatenkunde, 2 Bde., Leipzig 1937.
Allmayer-Beck/Lessing: Das Heer unter dem Doppeladler, München 1981.
H. Bleckwenn: Unter dem Preußen-Adler, München 1978.
G. Ortenburg: Mit Gott für König und Vaterland, München 1979.

Festung und Festungskrieg

Zusammenfassende ältere, aber noch heute wichtige Arbeiten sind:
Der Angriff und Verteidigung der Festungen durch den Herrn von Vauban, in das Deutsche übersetzt von Humbert, Berlin 1744.
Bousmard: Allgemeiner Versuch über die Befestigungskunst, übersetzt von J. W. A. Kosmann, Hof 1811 (2 Teile und Pläne).
M. de Traux: Die beständige Befestigungskunst, Wiener Neustadt 1817.
H. v. Zastrow: Geschichte der beständigen Befestigung, 2 Bde., Leipzig 1854 (Nachdruck Osnabrück 1983).
H. Müller: Geschichte des Festungskrieges seit allgemeiner Einführung der Feuerwaffen bis zum Jahre 1892, Berlin 1892.
Releaux: Die geschichtliche Entwicklung des Befestigungswesens, Leipzig 1912 (Slg. Göschen, Bd. 569).

Gute neuere zusammenfassende Bearbeitungen sind:
O. Buchhorn: Befestigungen, in: Zeitschrift für Heereskunde, Beilagen 60 bis 68 Beckum 1980/81.
R. Schott: Festungswesen, Teil 1, Karlsruhe 1984 (WGM Rastatt-Sammlungen).
H. Neumann: Festungsbaukunst und Festungsbautechnik, Koblenz 1988.

Glossar

Dieses Verzeichnis soll die im Text verwendeten, heute meist nicht mehr bekannten und gebräuchlichen Fachbezeichnungen ohne spezielle Wörterbücher verstehen helfen. Da der Großteil der Fachbegriffe schon im Text erklärt ist, wird in diesen Fällen hier nur das Stichwort aufgeführt und auf die betreffende Textseite mit der näheren Erklärung hingewiesen.

abbrechen (Taktik)   s. S. 122
Abmarsch (Taktik)   s. S. 122
Abschnitt (Festung)   s. S. 223
Alignement = die Seitenrichtung einer Truppenformation
Angel = oberer Klingenteil, an dem das Gefäß befestigt ist
Approchen = Laufgräben bei einer Belagerung
Aptierung (Waffe) = Umbau einer Waffe nach neueren Richtlinien
Aufmarsch (Taktik)   s. S. 122
Aufsatz (Art.) = Gerät zum Festlegen der Höhenrichtung eines Kanonenrohres
Auftritt (Bankett) (Festung)   s. S. 204
Arrieregarde (Nachhut)   s. S. 185
Avantgarde (Vorhut)   s. S. 185

Bajonett   s. S. 37
Ballistik   s. S. 76
bastionierte Front (Festung)   s. S. 201
Bastion = Bollwerk mit Facen, Flanken und Kehle
Bataillenfeuer   s. S. 134
Bataillon   s. S. 124
Bataillonskanonen   s. S. 112
Batterie (Waffe) = Gewehrschloßteil, hier Schlagfläche, auf der ein Feuerstein den Zündfunken erzeugt
Batterie (Art.)   s. S. 145
Batterieschloß (Steinschloß, Flintenschloß)   s. S. 47
bedeckter (auch gedeckter) Weg (Festung)   s. S. 204
Befestigungskunst (Fortifikation)   s. S. 197
Berme (Festung)   s. S. 198
Biwak   s. S. 189
Blocklafette (Art.)   s. S. 68
Bombardier   s. S. 111
Bombe   s. S. 73

Brandel, Brandröhrchen (Art.)   s. S. 73
Breschbatterie (Festung)   s. S. 217
Brigade   s. S. 153
Brustwehr (Festung)   s. S. 198
Büchse (Waffe)   s. S. 58
Büchsenkartätsche (Art.)   s. S. 72

Carabiniers   s. S. 108
Chargierung = gefechtsmäßiges Feuern einer Abteilung
chemische Schlösser (Waffe)   s. S. 43
Chevaulegers   s. S. 108
Chok   s. S. 137
Contrescarpe (Festung)   s. S. 200
Crete (Krone) = obere Kante einer Deckung

Defenslinie (Festung)   s. S. 204
Debouche   s. S. 187
Defilee   s. S. 187
Degen   s. S. 32
Delphin (Art.)   s. S. 66
Demontierbatterie (Festung)   s. S. 216
Deployieren   s. S. 129
Dille (Tulle)   s. S. 37
Direktion (Taktik)   s. S. 121
Division   s. S. 154
Dornsystem (Waffe)   s. S. 62
Dragoner   s. S. 108
Drall = Drehung der Züge im Lauf
enfilieren = Bestreichen eines Wallstückes in der Längsrichtung

Enfilierbatterie (Festung)   s. S. 216
Epauletten = festere Schulterstücke auf der Uniform, auch Rangabzeichen
Escarpe (Festung)   s. S. 200
Escadron (Schwadron)   s. S. 136
Eventailaufmarsch   s. S. 122
Evolution (Taktik)   s. S. 122
Expansionsführung (Waffe)   s. S. 62

Face (Front)   s. S. 201
Faschine = aus Reisig und Ästen hergestelltes Bündel
Faschinenmesser   s. S. 36
Feldwache   s. S. 191
Feldflagge   s. S. 189
Festungsartillerie (Garnisonsartillerie)   s. S. 113
Feuerstein = Flintstein, ein Mineral, das beim Schlag gegen Stahl Funken abgibt
Fladdermine   s. S. 200
Flanke (Taktik)   s. S. 121
Flanke (Festung)   s. S. 201
Flankeur   s. S. 111
Flug (Art.)   s. S. 70
Fort   s. S. 205
Fortifikationslehre (Befestigungskunst)   s. S. 197
Frischen = Verbrennen der unerwünschten Teile des Roheisens zur Herstellung von Stahl und Schmiedeeisen
Front (Taktik)   s. S. 121
Front (Face)   s. S. 201
Füsiliere   s. S. 89/100
Fußartillerie   s. S. 113

Galerie (Festung)   s. S. 204
Garnisonsartillerie (Festungsartillerie)   s. S. 113
Gassenlager   s. S. 189
Gefäß (Waffe)   s. S. 30
Gesenk = Formteil, um beim Schmieden bestimmte Außenformen zu erreichen
Gewehrmantel   s. S. 189
Glacis (Festung)   s. S. 200
Glaciscrete   s. S. 200
Glied (Taktik)   s. S. 121
Graben   s. S. 198
Granate   s. S. 73
Granatkanone   s. S. 74
Grenadiere   s. S. 99
Grenztruppen = militärisch organisierte Siedler in den Grenzgebieten zum osmanischen Reich
Griffwaffen   s. S. 30
Gros (Taktik)   s. S. 185
Guerilla   s. S. 196
Gußeisen (Grauguß)   s. S. 20

Hahn (Waffe)   s. S. 47
Halbmond (Festung)   s. S. 205

Handschar (Waffe)   s. S. 35
Harnisch = Gesamtheit der zum Körperschutz dienenden Waffenteile
Haubitze   s. S. 70
Hornwerk (Festung) = zwei halbe Bastione, mit einer Kurtine verbunden und mit zwei geraden Linien abgeschlossen
Hirschfänger (Waffe)   s. S. 34
Husaren   s. S. 108

Jäger   s. S. 100
Jäger zu Pferde   s. S. 108

Kaliber   s. S. 45
Kammer (Waffe)   s. S. 46
Kammerstück (Art.)   s. S. 66
Kaponniere (Festung)   s. S. 200
Karabiner   s. S. 45
Karkasse = aus Mörsern und Haubitzen geworfene Brandkugel
Karree (Taktik)   s. S. 128
Karronaden   s. S. 74
Kartätschen   s. S. 72
Kartuschen = in Beutel oder Papier abgepackte Pulverladungen
Kasematte   s. S. 204
Kehle (Festung)   s. S. 202
Kette (Taktik)   s. S. 122
Klinge   s. S. 30
Knallquecksilber   s. S. 43
Kolonne   s. S. 122
Kompanie   s. S. 123
Kompaniegasse   s. S. 189
Kontrebatterie (Festung)   s. S. 216
Korn (Waffe) = vorderer, meist dachförmiger Teil der Visiereinrichtung
Krone (Crete) = oberster Teil einer Deckung
Kronwerk (Festung)   s. S. 205
Küraß   s. S. 27
Kürassier   s. S. 107
Kurtine (Mittelwall)   s. S. 204
Kurzgewehr = Stangenwaffe der Unteroffiziere zur Zeit der Lineartaktik

Lafette   s. S. 66
Langtau (Prolonge) = langes Tau, zum Ziehen von Geschützen auf dem Gefechtsfeld
Lanciers (Ulanen)   s. S. 108
Lanze   s. S. 37
Latrine = offener Soldatenabtritt (Abort) im Feldlager

Lauf (Waffe)   s. S. 46
Linie (Taktik)   s. S. 122
Lünette (Festung)   s. S. 201
Lunte   s. S. 76

Manier (Festung)   s. S. 205
Marschtableau   s. S. 183
Masseln = gegossene Knüppel aus Roheisen
Mine   s. S. 218
Minengang (Galerie)   s. S. 218
Mineur   s. S. 118
Mörser   s. S. 70
Musketier   s. S 99.

Ofen (Festung)   s. S. 218
Ordre de bataille   s. S. 152

Pallasch   s. S. 32
Palisade   s. S. 200
Paradelager (Gassenlager)   s. S. 189
Parallele (Festung)   s. S. 218
Parteigänger   s. S. 194
Patrone   s. S. 76
Patrouille   s. S. 191
Pelotonfeuer   s. S. 134
Perkussionszündung   s. S. 44
Petarde = mit Pulver geladenes metallenes
Gefäß zum Aufsprengen von Toren
Pfeilhöhe (Waffe)   s. S. 30
Pflaster   s. S. 58
Pickelhaube = volkstümliche Bezeichnung
für einen mit einer Spitze versehenen Helm
Pionier   s. S. 118
Piston (Waffe) = kleines Röhrchen am Per-
kussionsschloß, auf das das Zündhütchen auf-
gesetzt wird
Platine = Metallblechstreifen, der weiterver-
arbeitet wird
Polygonalbefestigung   s. S. 211
Ponton   s. S. 188
Pontoniere   s. S. 118
Portion = Tagesverpflegungssatz für einen
Menschen
Positionsartillerie   s. S. 112
Poterne (Festung)   s. S. 204
Probiermörser   s. S. 43
Protze   s. S. 68
Pulvermühle   s. S. 41
Pulverprüfer   s. S. 43

Quadrant = Meßgerät aus Viertelkreis und
Lot, um die Rohrerhöhung eines Geschützes
zu messen
Queue = Rückseite einer aufgestellten Truppenformation

Rast (Waffe)   s. S. 47
Ration = Tagesverpflegungssatz für ein Pferd
Ravelin (Festung)   s. S. 205
Redan (Flesche)   s. S. 201
Redoute (Festung)   s. S. 202
Reduit (Festung)   s. S. 200
Regiment   s. S. 123
Regimentsartillerie   s. S. 112
Reglements = gedruckte Vorschriften für den
militärischen Dienst
Reitende Artillerie   s. S. 113
Remonte   s. S. 108
Requisitionssystem   s. S. 183
Retrette (Sternschanze)   s. S. 202
Ringzünder   s. S. 75
rikoschettieren   s. S. 79
Rikoschettbatterie (Festung)   s. S. 216
Rohr (Art.)   s. S. 66
Rotte   s. S. 121
Rückschloß (Waffe)   s. S. 50
Ruhrast (Waffe)   s. S. 47

Säbel   s. S. 34
Salpeter   s. S. 40
Sappe (Approche)   s. S. 217
Sappeur   s. S. 118
Satz = bestimmte, langsam brennende Pul-
vermischung
Seele (Art.)   s. S. 66
Schaschka   s. S. 35
Scheide (Waffe)   s. S. 31
Schildzapfen = etwa im Schwerpunkt des Ge-
schützrohres seitlich angegossene Zapfen, um
dieses im Schießgestell zu lagern
Schlagröhre   s. S. 76
Schleppverhau   s. S. 200
Schmiedeeisen   s. S. 20
Schör (Waffe)   s. S. 35
Schrapnell   s. S. 75
Schußtafel   s. S. 116
Schutzwaffen   s. S. 17
Schwadron (Escadron)   s. S. 136
Schwanzschraube   s. S. 46
Schwenkung (Taktik)   s. S. 122
Soutien (Rückhalt)   s. S. 122

231

spanische Reiter (Festung)   s. S. 200
Spiegel   s. S. 72
Spielraum (Waffe)   s. S. 45
Sponton = Stangenwaffe der Offiziere zur
Zeit der Lineartaktik
Stahl   s. S. 20
Stangenwaffe   s. S. 37
Stauchungsführung (Waffe)   s. S. 61
Steinschloß (Batterieschloß, Flinten-
schloß)   s. S. 47
Sternschanze (Retrette)   s. S. 202
Stoppine (Art.)   s. S. 76
Sturmpfahl (Festung)   s. S. 200

Tambour (Festung)   s. S. 200
Tenaille (Festung)   s. S. 201
Train   s. S. 120
Traube = Abschlußknopf am Boden eines ge-
gossenen Kanonenrohrs
Treffen   s. S. 153
Tülle (Dille)   s. S. 37

Ulanen   s. S. 108

Vedette   s. S. 191
Verhau (Festung)   s. S. 200
Visier = zum Zielen vorgesehene Vorrichtung
am Lauf und Rohr
Voltigeure   s. S. 100
Vorhut (Avantgarde)   s. S. 185
Vorposten   s. S. 191

Waffenplatz (Lager)   s. S. 189
Waffenplatz (Festung) = Sammelplatz für
Truppen zum Ausfall
Wall   s. S. 204
Wandlafette   s. S. 66
Windbüchse (Waffe)   s. S. 62
Wolfsgrube   s. S. 200

Yatagan   s. S. 39

Zitadelle   s. S. 205
Züge (Waffe)   s. S. 58
Zünder   s. S. 73
Zündhütchen   s. S. 44
Zündlicht (Art.)   s. S. 76
Zündloch   s. S. 46

Bildnachweis

Sämtliche Abbildungen aus der Sammlung des Verfassers. Im einzelnen stammen sie (Bildnummern in Klammern) aus folgenden Werken, deren bibliographische Angaben in der Literaturübersicht zu finden sind:

C. v. Decker: Taktik ... (55); Deiss: Soldatenbuch ... (33); Dolleczek: Geschichte ... (28); Exerzier-Reglement 1812 (58); Groß. Generalstab: Das preußische Heer ... (22, 44, 49); v. Holleben u. a.: Geschichte ... (61, 62, 63, 64); Hoyer: Allgemeines ... (23); Jacobi: Beschreibung ... (21); Kameke: Zeichnungen ... (24); k. k. Kriegsarchiv: Krieg ... (56, 69, 76); Releaux: Die geschichtliche ... (80); Rüstow: Geschichte ... (57); J. Schön: Geschichte ... (13, 14, 15, 16, 17, 18, 24); Schwarz: Gefechtsformen ... (43); Seifert: Einführung ... (5); Valentini: Die Lehre ... (65); Zastrow: Geschichte ... (78, 79, 83).

Nachfolgende Werke stehen nicht im Literaturverzeichnis:

v. Alten: Handbuch für Heer und Flotte, Berlin, Leipzig, Wien, Stuttgart 1909–1914 (3); Archiv für Waffen- und Uniformkunde, Frankfurt 1918/19 (6, 7, 8, 34); Gazette des armes (Spezialnummer Baionnettes), Kedichem 1975 (9); v. Erdmannsdorff: Die kleinen Waffen, Magdeburg 1845 (11); Abrichtungs-Reglement für die k. k. Linien-Infanterie 1843, Wien 1845 (46); Faber du Faur: Napoleons Feldzug in Rußland 1812, Leipzig 1897 (66, 71); Handbuch des Pionierdienstes, Glogau 1837 (70, 71, 72); v. Hartwig: Die Elementar-Taktik der Preußischen Armee, Berlin 1838 (38, 39, 40, 41, 45, 47, 48, 52, 53, 54); J. G. v. Hoyer: Handbuch der Pontonierwissenschaft, Leipzig 1793/94 (68); Mathieu: Darstellung des Land- und Seekriegs, Weimar 1849 (67); v. Pelet-Narbonne: Geschichte der Brandenburg-Preußischen Reiterei, Berlin 1905 (50, 51); Paul Pietsch: Formations- und Uniformierungsgeschichte des preußischen Heeres 1808–1914, Bd. 2, Hamburg 1966 (3); Provisorisches Exercir-Reglement für die Großherzoglich Badische Reiterei, Karlsruhe 1831 (35, 36, 42); v. Sauer: Grundriß der Waffenlehre, 1869, Nachdruck Nürnberg o. J. (10, 12, 13, 22, 25. 27, 28); Stölzel: Giesserei über Jahrtausende, Leipzig o. J. (1); Strandh: Die Maschine, Freiburg 1980 (2); Tielke: Beyträge zur Kriegskunst und Geschichte des Krieges, IV. Stück, Freyberg 1781 (77); Zeitschrift für Heereskunde, Jahrgang 1936, Berlin (28).

Zeichnungen stammen von:

Gesellschaft für Österreichische Heereskunde (19); Fritz Kersten (37, 72, 73, 74); Richard Knötel (29, 30, 30a, 60); K. A. Wilke (59), vom Verfasser (4, 20, 23, 26, 57).

Zeitgenössische Stiche ohne nähere Angaben: 31, 32, 81, 82, 84.

Der Autor

Georg Ortenburg

Geboren 1927 in Gleiwitz/Oberschlesien. Abitur an einem humanistischen Gymnasium und Kriegsdienst. Danach Berg- und Maschinenbauingenieur. Mit 30 Jahren Studium der Berufspädagogik. Während der folgenden Tätigkeit als Studienrat Studium der mittleren und neueren Geschichte an der Universität Münster i. W. Lehrer an den Berufsbildenden Schulen des Bergbaus und Oberstudienrat.

Seit über 24 Jahren Vorstandsmitglied der Deutschen Gesellschaft für Heereskunde e. V. gegr. 1898 und langjähriger Schriftleiter der renommierten »Zeitschrift für Heereskunde«. Verfasser zahlreicher Bücher und Zeitschriftenartikel, Herausgeber und Bearbeiter deutscher und ausländischer Fachpublikationen.

Buchveröffentlichungen:

Regulament und Ordnung des gesamten Kaiserlich-Königlichen Fußvolcks von 1749, 2 Bände, Osnabrück 1969 (Bibliotheca Rerum Militarium, hrsg. vom Militärgeschichtlichen Forschungsamt; Bearbeitung).

Th. A. le Roy de Grandmaison: La petite guerre, Osnabrück 1972 (Bibliotheca Rerum Militarium, hrsg. vom Militärgeschichtlichen Forschungsamt; Bearbeitung).

Die Chur-braunschweig-lüneburgische Armee im Siebenjährigen Kriege, Beckum 1976 (mit Joachim Niemeyer).

Englisch: The Hanoverian Army during the Seven Years War, Kopenhagen 1977.

Preußische Husarenbilder um 1791, Beckum 1976.

Die Brandenburg-Preußische Armee in historischer Darstellung, Beckum 1977.

Die Hannoversche Armee 1780–1803, Beckum 1977 (mit Joachim Niemeyer).

Mit Gott für König und Vaterland. Das preußische Heer 1808–1914, München 1979.

Eckert/Monten: Das Deutsche Bundesheer in charakteristischen Gruppen, Würzburg 1835–1842, Neuausgabe in 6 Bänden, Dortmund 1981 (Bibliophile Taschenbücher; Bearbeitung und Text).

Deutsches Militär-Archiv, Braunschweig 1981 ff. (Sammelwerk mit monatlichen Lieferungen, bisher erschienen: 9 Bände Militärarchiv und 5 Bände Ergänzungsarchiv; Schriftleiter und Autor).

Die Sächsische Armee von 1763 bis 1862, Beckum 1982 (mit Fritz Kersten).

Knötel/Pietsch/Collas: Uniformenkunde – Das Deutsche Heer, 2., erweiterte Auflage in 3 Bänden, Stuttgart 1982 (mit Ingo Prömper, Friedrich Herrmann und H. R. von Stein; Bearbeitung).

Hessisches Militär zur Zeit des Deutschen Bundes, Beckum 1984 (mit Fritz Kersten).

Heerwesen der Neuzeit, Koblenz 1984 ff. (Herausgeber).

Waffe und Waffengebrauch im Zeitalter der Landsknechte, Koblenz 1984 (Heerwesen der Neuzeit, Bd. I 1).

Waffe und Waffengebrauch im Zeitalter der Kabinettskriege, Koblenz 1986 (Heerwesen der Neuzeit, Bd. II 1).

Braunschweigisches Militär, Cremlingen 1987.

Historische Literatur
für
Kenner und Liebhaber

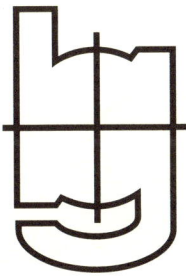

Die auf den folgenden Seiten angezeigten Titel sind nur eine Auswahl aus unserem
Buchprogramm. Fordern Sie bitte unverbindlich Informationsmaterial zu den
Themenbereichen »Geschichte/Politik/Wehrwesen«, »Luftfahrt«, »Marine« und
»Recht und Wirtschaft/Beschaffungswesen« an.

Bernard & Graefe Verlag
Heilsbachstraße 26 · D-53123 Bonn

Zur Geschichte des Zweiten Weltkrieges

Günther W. Gellermann
Moskau ruft Heeresgruppe Mitte ...
Was nicht im Wehrmachtbericht stand:
Die Einsätze des geheimen Kampfge-
schwaders 200 im Zweiten Weltkrieg
326 Seiten, 78 Fotos, 61 Dokumente. Geb.
*" ... sauber recherchiert und ohne luftige
Spekulationen ..."*
Das Historisch-Politische Buch

Günther W. Gellermann
**Die Armee Wenck -
Hitlers letzte Hoffnung**
Aufstellung, Einsatz und Ende der
12. deutschen Armee im Frühjahr 1945
2. Auflage. 215 Seiten, 49 Fotos, 5
Kartenskizzen, 18 Dokumente (Faksmi-
miledrucke). Brosch.
*" ... verdient dieser saubere und solide
Beitrag zur Geschichte des Zweiten
Weltkrieges ... besondere Beachtung."*
Frankfurter Rundschau

Erwin A. Schmidl
Der "Anschluß" Österreichs
Der deutsche Einmarsch im März 1938
3., überarbeitete und erweiterte Auflage.
336 Seiten und 32 Bildtafeln, 64 Fotos
und 10 Karten. Geb.
Das Buch ist frei von pauschalen Ver-
urteilungen. Es zeigt die Tragik, die
Schuld jener Jahre, aber ohne Selbst-
überhebung.
*" ... ist ein lesenswertes Stück jüngster
Zeitgeschichte aus der Region und allen
Interessierten in der Nachbarschaft zu empfehlen."*
Schweizer Soldat

Franz W. Seidler
Die Organisation Todt
Bauen für Staat und Wehrmacht
1938-1945
300 Seiten und 32 Bildtafeln, 72 Fotos, 8
Karten, 15 Skizzen und Graphiken. Geb.
"Das sorgfältig bearbeitete Buch ..."
Frankfurter Allgemeine

Günther W. Gellermann
**Geheime Wege zum Frieden
mit England ...**
Ausgewählte Initiativen zur Beendigung
des Krieges 1940/1942
215 Seiten, zahlreiche Dokumente (Faksimiledrucke).Geb.
Ein spannendes "Kriegstagebuch" des
Versuches, mit England wieder zu Frie-
densverhandlungen zu gelangen.

Franz W. Seidler
Blitzmädchen
2. Auflage/Sonderausgabe. 166 Seiten,
216 Fotos, 5 Karten, 13 Skizzen. Geb.
Die Geschichte der Helferinnen der deutschen Wehrmacht im Zweiten Weltkrieg.

Erich von Manstein
Verlorene Siege
15. Auflage. 664 Seiten und 12 Bildtafeln,
42 Abbildungen, 13 Kartenskizzen. Geb.
Die Kriegserinnerungen des "gefährlich-
sten Gegners der Alliierten" (Sir Basil
Liddel Hart).
*" ... im Rechenschaftsbericht des wahr-
scheinlich größten Strategen auf deutscher Seite, zugleich eine phrasenlose
Würdigung der Tapferkeit und der Leiden
des deutschen Ostheeres."* *Die Welt*

Andreas Hillgruber
Hitlers Strategie
Politik und Kriegführung 1940-1941
3. Auflage. 734 Seiten. Brosch.
Die Studie ist von der internationalen
Fachwelt als grundlegendes Werk über das
entscheidende Jahr des Zweiten Welt-
krieges anerkannt worden.

Diese Titel bilden nur eine Auswahl aus
unserem umfangreichen Buchprogramm.
Fordern Sie bitte unverbindlich weitere
Informationen zu den Themenbereichen
Geschichte/Politik/Wehrwesen/Luftfahrt
und Marine an.

Bernard & Graefe Verlag · Heilsbachstraße 26 · D-53123 Bonn

Das Standardwerk
zur Architectura militaris

Hartwig Neumann
Festungsbaukunst und Festungsbautechnik
Deutsche Wehrbauarchitektur vom XV. bis XX. Jahrhundert
440 Seiten, 612 Abbildungen (Fotos, Zeichnungen,
Skizzen, Karten, Faksimiledrucke). Bildbandformat. Geb.
ISBN 3-7637-5929-8

Festungen und Befestigungen, die seit Einführung der Artillerie im 15. Jahrhundert gebaut wurden, werden allgemein publizistisch recht stiefmütterlich behandelt.

Hartwig Neumann, Festungsforscher aus Leidenschaft, der sich über 20 Jahren mit Fragen der Wehrbauarchitektur und der Denkmalpflege befaßte, will mit seinem vorliegenden Werk Abhilfe schaffen. In Text und Bild gibt er eine systematische Übersicht über 600 Jahre Festungsbau, der mit alten und neuen Wehranlagen viele Städte und Landschaften geprägt hat und zunehmend Gegenstand denkmalpflegerischer Bemühungen sowie kultur- und politikgeschichtlicher Untersuchungen wird.

Der Autor läßt diese Gesichtspunkte in sein Werk einfließen und gibt gleichzeitig einen Exkurs über die militärischen Voraussetzungen, die zu den verschiedenen Festungsformen führten, von denen in seinem Werk über 230 behandelt werden. Kurzbiographien der bedeutendsten Festungsbaumeister sowie eine Bibliographie des Festungswesens sind ebenfalls einbezogen.

Damit wird dem Kulturgeschichtler, Denkmalpfleger und Architekten ein Handbuch geboten, worin das in Ost und West weit verstreute Material in einem attraktiven Band zusammengefaßt ist. Jedoch auch für den Nichtfachmann durch die gar nicht trocken aufbereitete Materialfülle bestens geeignet.

Pressestimmen
"Vielfältig sind die Möglichkeiten, die dieses Buch bietet: als Einführung in die Wissenschaft der Fortifikation, als BAEDECKER zu Festungen oder wegen seines überreichen Bildmaterials einfach als Bildchronik zum Thema.
Allein die Bibliographie mit über 1800 Titeln ... empfiehlt das Werk ... nicht nur dem speziell, sondern auch dem ganz allgemein historisch Interessierten."
Zeitschrift für Heereskunde

" ... das auch dem weniger Eingeweihten deutlich macht, wie eng Festungsbautechnik und -kunst und die Entwicklung von Waffenbau und Kampftechnik zusammenhängen ... gar nicht trocken aufbereitete Materialfülle ... "
Rhein-Zeitung

Bernard & Graefe Verlag · **Heilsbachstraße 26** · **D-53123 Bonn**